Elena Eschrich

Traumata in Kindheit und Jugend

Entwicklungs- und traumapsychologisches
Wissen als Grundlage der Traumapädagogik
in den stationären Erziehungshilfen

disserta
Verlag

Eschrich, Elena: Traumata in Kindheit und Jugend: Entwicklungs- und traumapsychologisches Wissen als Grundlage der Traumapädagogik in den stationären Erziehungshilfen, Hamburg, disserta Verlag, 2014

Buch-ISBN: 978-3-95425-420-0
PDF-eBook-ISBN: 978-3-95425-421-7
Druck/Herstellung: disserta Verlag, Hamburg, 2014
Covermotiv: © altanaka – Fotolia.com

Bibliografische Information der Deutschen Nationalbibliothek:
Die Deutsche Nationalbibliothek verzeichnet diese Publikation in der Deutschen Nationalbibliografie; detaillierte bibliografische Daten sind im Internet über http://dnb.d-nb.de abrufbar.

© disserta Verlag, Imprint der Diplomica Verlag GmbH
Hermannstal 119k, 22119 Hamburg
http://www.disserta-verlag.de, Hamburg 2014
Printed in Germany

Ihr sagt:
„Der Umgang mit Kindern ermüdet uns."
Ihr habt recht.
Ihr sagt:
„Denn wir müssen zu ihrer Begriffswelt hinuntersteigen.
Hinuntersteigen, uns herabbeugen, kleiner machen."
Ihr irrt euch.
Nicht das ermüdet uns. Sondern, daß wir zu ihren Gefühlen
emporklimmen müssen. Emporklimmen, uns ausstrecken,
auf Zehenspitzen stellen, hinlangen.
Um nicht zu verletzen.
(Janusz Korczak)²

Unser Leben hängt
davon ab,
was wir aus dem ma-
chen,
was aus uns gemacht
wurde.
(Jean Paul Sartre)³

---

² Aus: Korczak, Janusz. Wenn ich wieder klein bin und andere Geschichten von Kindern. Göttingen 1973, S. 7.
³ In: Eidmann, Freda. Trauma im Kontext. Integrative Aufstellungsarbeit in der Traumatherapie. Göttingen 2009, S. 247.

Inhaltsverzeichnis

Teil C

1) Einleitung

„Aufhebung"[4]

Sein Unglück
ausatmen können

tief ausatmen
so daß man wieder
einatmen kann

Und vielleicht auch sein Unglück
sagen können
in Worten
in wirklichen Worten
die zusammenhängen
und Sinn haben
und die man selbst noch
verstehen kann
und die vielleicht sogar
irgendwer sonst versteht
oder verstehen könnte

Und weinen können

Das wäre schon
fast wieder
Glück"

(Erich Fried)

Erich Fried konnte mit seinem Gedicht „Aufhebung" verdichtet eine Aufarbeitung von traumatischen Erlebnissen darstellen.[5] Seine Worte machen deutlich, wie schwer es Menschen, zunächst ganz allgemein gesprochen, in unserer heutigen Gesellschaft fällt, über die eigenen Gefühle und Probleme zu sprechen; weinen oder Leid auszudrücken wird allzu oft als das Zeigen von Schwäche missgedeutet und lässt die Person in einer Gestalt erscheinen, die nicht in das Bild einer vermeintlichen perfekten Welt passt. Zu herrschen scheint das Ideal eines Menschen mit einem starken Charakter, der Probleme und Hürden des Lebens alleine bewältigen kann, ohne auf Hilfe von anderen angewiesen und abhängig zu sein. Die Menschen sollen im Sinne der Erwartungen und Anforderungen der heutigen Leistungs- und Disziplinargesellschaft wie Roboter funktionieren - unabhängig davon, welches Schicksal ihnen widerfahren ist.[6]

---

[4] Aus: Kaukoreit, Volker/ Wagenbach, Klaus. Erich Fried. Gesammelte Werke. Berlin 2006.
[5] Vgl. Sachsse, Ulrich/ Schilling, Lars/ Eßlinger, Katja. Ein stationäres Behandlungsprogramm für Patientinnen mit selbstverletzendem Verhalten (SVV) (S. 213-223), in: Streeck-Fischer, Annette (Hrsg.). Adoleszenz und Trauma. Göttingen 1999, S. 223.
[6] Vgl. Schwichtenberg, Nina. Trauma und Sucht – Zusammenhänge und therapeutische Möglichkeiten (Bachelorarbeit). Hamburg 2012, S. 1.

TraumapatientInnen müssen erst lernen, ihr Unglück auszusprechen und über das Erlebte zu berichten und es ist erlaubt und sogar erwünscht, dass sie Schwäche zeigen und die Gefühle offenlegen.[7] Auch bei jüngeren Traumaopfern ist es weit verbreitet, dass diese selten von selbst über das traumatische Erlebnis sprechen,[8] oft, weil sie den Menschen in ihrer Umgebung – v. a. D. den Eltern, Geschwistern und FreundInnen – nicht schaden und sie nicht belasten möchten[9] und Einschüchterung und Scham zu groß sind.[10] Doch oft, gerade wenn Kinder Zeuge von Traumatisierungen sind und z. B. Gewalt miterleben, wird von Außenstehenden nicht erkannt, wie beteiligt die Kinder hierbei sind, zugleich bekommen sie es verboten, über das Vorgefallene zu sprechen. Hierdurch entsteht dann oft die von Dan Bar-On[11] so genannte „doppelte Mauer" – Die Kinder können oder dürfen darüber nicht sprechen, zugleich will die Umwelt dies aber auch nicht hören.[12] Dieses bekannte Phänomen, also dass diejenigen, die Erinnerungen mit sich herumschleppen, eine Mauer um sich herumbauen (müssen) und in diese irgendwann ein Loch gebrochen wird und in dem Moment, wo sie etwas sagen wollen, sie auf die nächste Mauer – die Mauer derer, die nichts hören wollen – treffen,[13] ist eine Problematik, die sich in der Geschichte des Umgangs mit bzw. der Reaktion auf Traumata von Menschen, lange Zeit aufrecht erhielt.[14] In den letzten 20 Jahren konnte jedoch durch zahlreiche wissenschaftliche Erkenntnisse und klinisches Wissen zu

---

[7] Vgl. ebd., S. 1f.

[8] „Die Traumaforschung hat uns darüber belehrt, dass Menschen nach einem Trauma ‚dichtmachen', ihre Gefühle nicht mehr spüren können und dass das ein Schutz ist" (Krüger, Andreas/ Reddemann, Luise. Psychodynamisch Imaginative Traumatherapie für Kinder und Jugendliche. PITT-KID – Das Manual. Stuttgart 2007, S. 127).

[9] Vgl. hierzu Steil, Regina/ Straube, Eckart R. Posttraumatische Belastungsstörung bei Kindern und Jugendlichen (S. 1-13), in: Zeitschrift für Klinische Psychologie und Psychotherapie, 31(1). 2002.

[10] „Das Schamgefühl ist der sicherste Garant dafür, dass sozial nicht akzeptable und peinliche Taten zum Tabuthema und schließlich zum Geheimnis werden. Nicht nur der oder die Täter werden durch das Schamgefühl von einem Offenlegen der Tat abgehalten, auch diejenige, die etwas wissen könnten oder es zumindest ahnen, blicken weg, um nicht mit Schamgefühl konfrontiert zu werden. Das emotionale Band zwischen dem oder den Tätern und der sozialen Gemeinschaft ist damit aber zerrissen" (Ruppert, Franz. Trauma, Bindung und Familienstellen. Seelische Verletzungen verstehen und heilen. Stuttgart 2010 S. 169).

[11] Er gab an, „dass die Tatsache, dass sich nicht nur die Täter, sondern auch Opfer z. T. nicht mehr an Traumatisierungen, die nach Krieg und Holocaust passierte, erinnern wollte, sowohl auf psychischen wie auf sozialen Bedingungen beruht. Er formulierte hierzu das Bild einer „doppelten Mauer des Schweigens": „wenn die Überlebenden ein Loch in die sich schließende Mauer schlugen und endlich bereit waren zu sprechen, stießen sie auf eine zweite Mauer des Schweigens, die sich die umgebende Gesellschaft als einen Schutzwall gegen das Trauma errichtet hatte" (Assmann, Aleida. Der lange Schatten der Vergangenheit. Erinnerungskultur und Geschichtspolitik. München 2006, S. 99).

[12] Vgl. Herrmann, Bernd u. a. Kindesmisshandlung: Medizinische Diagnostik, Intervention und rechtliche Grundlagen. Heidelberg 2008, S. 198. In Bezug auf sexuellen Missbrauch durch Familienmitglieder lautet das gesellschaftliche Tabu somit damals wie heute: „Wer darüber spricht, dem glaubt keiner. Er macht sich lächerlich und grenzt sich aus" [Steinhage, Rosemarie. Sexual Abuse – No Excuse. Bilanz einer parteilichen Arbeit gegen sexualisiert Gewalt (S. 139-155), in: Özkan, Ibrahim (Hrsg.). Trauma und Gesellschaft: Vergangenheit in der Gegenwart. Göttingen 2002, S. 139].

[13] Die Zeit (Hrsg.). Niemand lebt im Augenblick (03.12.1998). URL: http://www.zeit.de/1998/50/199850.assmann_.xml (Stand: 16.05.2013), S. 1.

[14] Vgl. Bilgeri, Robert. Denn sie wissen nicht, was sie tun...Oder wissen sie es doch? (S. 149-186), in: Perner, Rotraud A. (Hrsg.). Missbrauch: Kirche – Täter – Opfer. Wien 2010, S. 162.

diversen Aspekten von Traumata die Entwicklung eines integrierten Verständnisses der Traumaeffekte auf das soziale, psychologische und physiologische Erleben von Einzelpersonen voranschreiten.[15]

Die Geschichte der Erforschung von psychischen Traumatisierungen bei Kindern und Jugendlichen ist jedoch insgesamt als „ein wenig rühmliches Kapitel der dafür zuständigen Fachdisziplinen"[16] zu betrachten. Rückblickend ist es eher schwer nachvollziehbar, dass katastrophale Resultate von Trennungen im Säuglings- und Kleinkindalter, v. a D. in Krippen und Kinderkliniken, sowie das Massenphänomen der Kindesmisshandlung oder sexuellen Kindesmissbrauchs so lange „übersehen" werden konnten.[17] Zwar ist auch hier die Forschung erfreulicherweise fortgeschritten,[18] da z. B. neuere Untersuchungen auch hier eindeutig zeigen, dass psychische Traumatisierungen besonders häufig Kinder und Jugendliche betreffen und zudem einen sehr starken Einfluss auf die Entwicklung und die Lebensqualität haben,[19] doch den Umgang hiermit als einen Teil des pädagogischen Handelns[20] anzusehen, ist eine noch sehr junge Entwicklung.[21] Die Notwendigkeit, das Wissen um den Umgang mit traumatisierten Kindern und Jugendlichen in den pädagogischen Alltag zu integrieren, wird umso deutlicher, wenn man sich vor Augen hält, dass traumatisierte Kinder die Folgen ihrer Traumatisierung natürlich nicht nur in den Therapiestunden zeigen, sondern überall da, wo sie leben: In der Familie, in der Schule, im Freundeskreis, in der Freizeit. Nicht nur PsychotherapeutInnen, gerade auch (Sozial-)PädagogInnen sind in den unterschiedlichsten Handlungsfel-

---

[15] Vgl. Weiß, Wilma. Philipp sucht sein Ich. Zum Umgang mit Traumata in den Erziehungshilfen. Weinheim/ Basel 2013, S, 26.

[16] Fischer, Gottfried/ Riedesser, Peter. Lehrbuch der Psychotraumatologie. Stuttgart 2009, S. 286.

[17] Vgl. ebd.

[18] Zur Forschungslage und die Auflistung von Längsschnittstudien zu frühen Stresserfahrungen vgl. Egle, Ulrich Tiber. Frühe Stresserfahrungen in der Kindheit haben gesundheitliche Folgen (S. 73-96), in: Stiftung zum Wohl des Pflegekindes (Hrsg.). Traumatische Erfahrungen in der Kindheit – langfristige Folgen und Chancen der Verarbeitung in der Pflegefamilie. Tagesdokumentation der 15. Jahrestagung. Idstein 2005, S. 73ff.

[19] Vgl. Terr, Lenore C. Childhood traumas: on outline and overview (pp. 10-20), in: American Journal of Psychiatry, 148. 1991.

[20] Lange Zeit wurde die Bearbeitung von Traumata ausschließlich an den therapeutischen Bereich abgegeben (vgl. Weiß. Philipp sucht sein Ich. 2013, S. 85).

[21] Vgl. Gahleitner, Silke Birgitta. Biografiearbeit und Trauma (S. 142-152), in: Miethe, Ingrid (Hrsg.). Biografiearbeit – Lehr- und Handbuch für Studium und Praxis. Weinheim/ München 2011, S. 142. „Obwohl ein mannigfaltiges Angebot therapeutischer Ansätze für Jugendliche mit psychischen Störungen vorliegt, gibt es bisher einen Mangel an konkreten Ansätzen für die pädagogische Arbeit mit ihnen. Dies liegt sicher mit daran, dass der professionelle Umgang mit psychisch gestörten Menschen bislang vorwiegend den Psychologen und Psychiatern vorbehalten war. Ebenso ist das Gebiet der Diagnostik psychischer Störungen bis heute diesen Berufsgruppen vorbehalten. Psychologie und Psychiatrie haben – jeweils eigene – Erklärungs- und Veränderungsmodelle psychischer Störungen entwickelt, die sich in der Regel auf den Kontext der Einzel- und/oder Gruppentherapie beziehen. Diese Modelle in den pädagogischen Kontext zu übertragen, ist nicht ohne Weiteres möglich. Erschwerend kommt dabei hinzu, dass sich eigene therapietypische Sprachmuster und Ausdrücke herausgebildet haben, die dem Nicht-Therapeuten oft kaum mehr verständlich sind" (Baierl, Martin. Herausforderung Alltag. Praxishandbuch für die pädagogische Arbeit mit psychisch gestörten Jugendlichen. Göttingen 2010, S. 11f.).

dern nahezu ständig mit traumatisierten Menschen konfrontiert, die sie betreuen und denen sie begegnen. Dennoch fehlten und fehlen oftmals Kenntnisse, Handwerkszeug und Ressourcen, um damit angemessen und hilfreich umzugehen.[22] Um traumatisierte Kinder und Jugendliche somit in ihrer Entwicklung adäquat begleiten zu können, ist eine pädagogische Haltung vonnöten, die die aktuellen Forschungserkenntnisse berücksichtigt; auch ist eine Disziplin unabdingbar, die die Fachkräfte anleitet, die betroffenen Kindern und Jugendlichen zu unterstützen und Hilfe zu leisten, in der Hoffnung und mit dem Ziel, dass sie – mit Erich Frieds Worten – ihr „Unglück ausatmen" können.[23] Nur logisch und konsequent entstand hieraus die Notwendigkeit, die aktuellen Erkenntnisse der Traumaforschung auch in pädagogischen Ansätzen zu berücksichtigen, um die betroffenen Mädchen und Jungen ihrem Bedarf entsprechend gerecht unterstützen zu können. Hieraus entwickelte sich in den letzten Jahren die mittlerweile zum Fachbegriff gewordene „Traumapädagogik", die sich als neue, eigenständige Fachdisziplin etabliert hat.[24] Im Zentrum dieser steht die Frage, was die Pädagogik bieten und leisten kann, um diesen Kindern im Alltag zu helfen und eine Bearbeitung traumatischer Erfahrungen über eine parallel stattfindende Traumatherapie hinaus sinnvoll zu unterstützen.[25]

Diese dringende Notwendigkeit, das Wissen hierüber innerhalb der pädagogischen Disziplin zu steigern, wird umso gravierender, wenn man aktuelle Zahlen bzgl. Fremdplatzierungen betrachtet: In Deutschland werden fast 100 Kinder jeden Tag in Einrichtungen der stationären Hilfen aufgenommen. Diese Kinder und Jugendlichen waren in ihrer Biografie überdurchschnittlich häufig komplexen Problemlagen ausgesetzt und haben einen intensiven pädagogischen Betreuungsbedarf. Traumata, in welcher Form auch immer, stehen hier an der Spitze ihrer Belastungen, meist sind es sogar komplexe Traumatisierungen durch Misshandlung, Vernachlässigung oder Missbrauch im unmittelbaren häuslichen Umfeld.[26] Zahlreiche Untersuchungen an Fremdplatzierten zeigen, dass über 70% der Kinder, Jugendlichen und jungen Erwachsenen mindestens ein traumatisches Ereignis erlebt haben. Somit gibt es kaum eine andere psychosoziale Gruppierung, wo traumatische Erfahrungen aufgetreten sind, wie Heranwachsende der stationären Jugendhilfe. Somit wird ersichtlich, wenn man das

---

[22] Vgl. Kühn, Martin. „Macht Eure Welt endlich wieder mit zu meiner!" Anmerkungen zum Begriff der Traumapädagogik (S. 24-37), in: Bausum, Jacob/ Besser, Lutz/ Kühn, Martin/ Weiß, Wilma (Hrsg.). Traumapädagogik. Grundlagen, Arbeitsfelder und Methoden für die pädagogische Praxis. Weinheim/ Basel 2013, S. 34f.

[23] Vgl. Hüsson, Dorothea. Traumatisierte Kinder im pädagogischen Alltag. Leitartikel aus dem Jahresbericht 2010 von Wildwasser Esslingen e. V., S. 1.

[24] Vgl. BAG Traumapädagogik. Standards für traumapädagogische Konzepte in der stationären Kinder- und Jugendhilfe. Positionspapier. 2011, S. 4. Vgl. Bausum 2013, S. 8.

[25] Vgl. Hüsson 2010, S. 1.

[26] Vgl. Weiß. Philipp sucht sein Ich. 2013, S. 9.

Gesamtvolumen der eingesetzten Hilfen in diesem Arbeitsbereich betrachtet, dass die psychosozialen Fachkräfte aus dem Bereich der Sozialen Arbeit und (Heil-)Pädagogik den weitaus größten Teil der Traumaversorgung leisten.[27]

Eigene Praxiserfahrungen

Auch ich selbst konnte im Umgang mit traumatisch belasteten Kindern und Jugendlichen schon zahlreiche Erfahrungen sammeln, die mich umso mehr motivieren, mich mit dieser Thematik zu beschäftigen. Meine persönlichen Eindrücke sollen an dieser Stelle kurz vorgestellt werden, um der Arbeit eine persönlichere Note zu verleihen und womöglich auch beispielhafter eine Vorstellung von der Art der Arbeit und den Problematiken hiermit als Pädagogin/ Pädagoge zu erhalten.

Meine diversen Praktika in stationären Kinder- und Jugendhilfeeinrichtungen und meine derzeitigen Tätigkeit als pädagogische Fachkraft in einer Heimeinrichtung ließen mich ähnliche Erfahrungen machen, wie die bereits einleitend angedeuteten – zum einen die Tatsache, dass viele der Kinder und Jugendliche belastete und zum Teil traumatische Biografien haben, aber eben auch, wie schwierig und herausfordernd es als Pädagogin/ Pädagoge ist und wie ohnmächtig und unwissend man teilweise im Umgang hiermit ist.

Meine eigenen Erfahrungen bzgl. des Schichtdienstes und der oft erlebte Personalmangel, der dazu führte, dass ich keine umfangreiche Einarbeitung in das Arbeitsfeld erhielt, stellten bereits Hürden dar. Doch immer öfter gab es auch zwischenmenschliche Situationen im Kontakt mit den Kindern und Jugendlichen, die ich oftmals zunächst nicht konkret einordnen konnte und (dementsprechend) auch nicht wusste, wie ich hiermit umgehen sollte. Mit der Zeit und je nach Zusammensetzung der Gruppe merkte ich schnell, dass eine solche Arbeit mehr Herausforderung mit sich bringt, als ich anfangs dachte. Im Laufe der Zeit stellten sich bei mir zwar eine gewisse Erfahrung und Gewohnheit ein, was den Tagesablauf und gewisse Routinearbeiten betraf, weniger jedoch, was die Arbeit und den Umgang mit einigen „Problemfällen" anging. Manche Kinder und Jugendliche hatten so schwere Verhaltensauffälligkeiten, dass man sich hier der Situation nicht gewachsen fühlte. Ein Kind war hoch aggressiv und hatte ADHS, ein anderes war sexuell übergriffig und gewalttätig, wieder andere hatten Bindungsprobleme – so kam es oft zu Situationen, wo vieles eskalierte und man zum Teil wirklich hilflos war und sich in seiner Professionalität ohnmächtig fühlte. Das folgende Fallbei-

---

[27] V. a. D. im Bereich komplexer Traumata, bei denen sich die Traumaproblematik mit anderen sozialen Benachteiligungsaspekten vermengt (vgl. Weiß. Philipp sucht sein Ich. 2013, S. 9).

spiel soll einen derartigen Fall und meine Gefühle und Unsicherheiten bzgl. der Reaktion hierauf etwas besser darstellen:

> *Marius (4 Jahre) ist nun schon beinahe ein Jahr in unserer Einrichtung untergebracht. Seine Vergangenheit bestand darin, dass er die Hälfte seiner erst kurzen Lebenszeit zum Teil bei seiner Mutter, zum Teil bei den Großeltern aufgewachsen ist. Seine Mutter dürfte er jedes Besuchswochenende treffen, doch sie, die selbst an einer Borderlinestörung leidet, ist sehr unzuverlässig und psychisch sehr belastet, weswegen es oft vorkommt, dass sie Termine nicht wahrnimmt, den Jungen nicht besucht oder abholt und auch sonst nicht mit ihm Kontakt aufzunehmen versucht. Oft kam es vor, dass bereits fest ausgemachte Termine ihrerseits kurzfristig abgesagt wurden – der Junge, der sich bereits freute und fest mit dem Kommen der Mutter gerechnet hat, ist daraufhin regelmäßig in Tränen ausgebrochen. Mit der Zeit stellte sich Marius immer öfter vor den Spiegel und sagte „ich will so nicht aussehen, ich bin hässlich". Auch zweifelte er immer mehr an seinen eigenen Fähigkeiten und reagierte oft auf Ermunterungen mit „das kann ich nicht". Auch fiel vermehrt auf, dass er auf seinen Fingerkuppen kaute, bis diese bereits blutig waren.*

Mit der Zeit, durch Therapiestunden und Gespräche von KollegInnen mit dem Jungen, konnte sich herausstellen, dass Marius sich selbst die Schuld dafür gibt, dass seine Mutter ihn nicht besucht; er hat es also auf sich übertragen, dass „Mami ihn nicht so lieb hat". Im ersten Moment dieses auftretenden Verhaltens fühlte ich mich hilflos, da ich die Situation nicht einordnen konnte und zudem fehlten mir angemessene Worte. Womit tröstet man so ein Kind? Ihm sagen, dass es nicht hässlich ist, ändert für ihn nichts an der permanenten Abwesenheit der Mutter. Da ich also weder von außen, noch selbst einen „Leitfaden" hatte, wie ich mit ihm oder generell Kindern, die ein auffälliges Verhalten zeigen (hier war oftmals für mich zunächst ja auch nicht ersichtlich, womit dieses auffällige Verhalten zu tun hat) und traumatische Erlebnisse in ihrer Biografie aufweisen, umgehen soll, fühlte ich mich manchmal nahezu machtlos und dahingehend hilflos, da man einerseits unterstützen und entlasten will, andererseits behutsam vorgehen muss und nicht noch mehr verletzen darf – anknüpfend an das eingehende Zitat von Janusz Korczak.[28] Marius erhielt zwar wöchentlich stattfindende Therapiestunden und auch die Mutter erhielt Unterstützung. Doch auch hier wird das eingangs angedeutete Problem wieder deutlich: In der Psychologie scheint der Umgang hiermit klar zu sein, doch wie sieht es in der Pädagogik aus?

Obwohl ich mich oft durch Literatur weiterbildete und somit ein gewisses theoretisches Hintergrundwissen und auch schon zahlreiche Erfahrungen im pädagogisch-praktischen Bereich sammeln konnte, hatte ich das Gefühl, kaum Ressourcen mehr zu haben, auf die ich in solchen „Extremsituationen" zurückgreifen konnte. Solche Situationen und persönlichen Gefühle können innerhalb des Teams zwar besprochen werden und werden auch in einem täglichen „Tagebuch", wo die Mitarbeiter zum gesamten Tagesablauf und

---

[28] „(…) sondern, daß wir zu ihren Gefühlen emporklimmen müssen. Emporklimmen, uns ausstrecken, auf Zehenspitzen stellen, hinlangen. Um nicht zu verletzen" (Korczak 1973, S. 7).

zu jedem Kind speziell Einträge verfassen, dokumentiert, dennoch blieb meinerseits oft der Zweifel, ob ich mich richtig verhalten habe. In einigen Ausnahmesituationen herrschen durchaus Zweifel, ob man so einem Extremjob auf Dauer gewachsen wäre. Aus diesem Grund, weil ich auch gewillt bin, an dieser Herausforderung zu wachsen, bin ich trotz kurzzeitiger Zweifel überzeugt, dass dieses Arbeitsfeld das richtige ist, erkenne aber den großen Bedarf und die Notwendigkeit für eine pädagogische Fachkraft, die in solch einem Bereich und mit solchen Schicksalen arbeitet, sich in diesem Bereich kompetent und professionell weiterzubilden. Ich bin überzeugt, dass dies sowohl zur eigenen Professionalität beiträgt, als auch den Umgang mit den Kindern und Jugendlichen fördert und zum Teil sogar erleichtert.

1.2) Ziel und Aufbau der Arbeit

Sowohl aus den theoretischen Überlegungen und der objektiven Tatsache, dass bzgl. des pädagogischen Umgangs mit traumatisierten Kindern und Jugendlichen noch einiges an Forschung und theoretischem Wissen hierüber benötigt wird (eine Konsequenz daraus, dass es sich um eine noch so junge Disziplin handelt), aber eben auch aufgrund der Bestätigung dessen durch meine eigenen praktischen Erfahrungen, ist es mir ein großes Anliegen, mich in meiner vorliegenden Arbeit mit dem Thema Traumata in Kindheit und Jugend und dem pädagogischen Umgang hiermit zu beschäftigen. Im Mittelpunkt der Betrachtung steht die Frage, vor welche Herausforderungen die Symptome von schwer traumatisierten Kindern und Jugendlichen die pädagogischen Fachkräfte in den stationären Wohngruppen stellen - und wie diesen pädagogisch begegnet werden kann. Hierzu möchte ich die Erkenntnisse und wissenschaftlichen Erfahrungen aus den Teilbereichen der Psychologie, Psychiatrie und auch Pädagogik, v. a. D. der jungen Disziplin der Traumapädagogik, mit einfließen lassen. Insbesondere sollen Grundlagen aus der Entwicklungs- sowie Traumapsychologie dazu führen, eine professionelle bzw. effiziente traumapädagogische Unterstützung in der Praxis begründen und leisten zu können. Diese Arbeit versucht hier einen „Brückenschlag" vorzunehmen und PädagogInnen alltagspraktische Möglichkeiten zum Umgang mit traumatisierten Kindern und Jugendlichen aufzuzeigen.

In der nachfolgenden Ausarbeitung geht es vor allem um die Unterstützung und Beratung von Kindern und Jugendlichen, welche durch eine frühe Traumatisierung Hilfe bei der Bewältigung des Traumas in ihrem alltäglichen Leben unter Einbezug der entwicklungsspezifischen Phasen benötigen. Damit dieser Klientel eine angemessene professionelle Hilfe, Begleitung und Unterstützung zukommt, ist die qualifizierte fachspezifische Auseinandersetzung mit diversen Themen unabdingbar.[29]

Da im Laufe der Arbeit ersichtlich wird, dass zahlreiche Faktoren, sei es die Beschäftigung mit Traumata in der Geschichte, die Entwicklung der Traumapädagogik, die Organisation der Erziehungshilfen etc. entscheidend von der Gesellschaft und deren Offenheit abhängt, möchte ich eingangs zunächst einen Blick auf Kindheit und Jugend und deren veränderte Lebenssituation werfen.[30] Anschließend sollen Einblicke in die Entwicklungspsychologie des Kindes- und Jugendalters vorgenommen werden. Zum einen erschien es für mich unumgänglich, eine gewisse Vorstellung von gewissen Entwicklungsschritten zu haben um einerseits zu wissen, vor welchen Entwicklungsaufgaben die Kinder und Jugendlichen stehen und andererseits, um ein pathologisches Verhalten überhaupt erkennen und ggf. Auswirkungen von Traumata auf die einzelnen Entwicklungsschritte verstehen zu können. Auch sehe ich es als eine notwendige Bedingung für einen adäquaten Umgang mit traumatisierten Kindern und Jugendlichen und den Traumata selbst an, ein Verständnis der kindlichen und adoleszenten Entwicklung zu haben. Es ist es notwendig, zunächst einen Blick auf die „normale" Entwicklung eines Kindes und Jugendlichen zu legen, damit verstanden werden kann, welche Bedeutung und auch Auswirkungen sowohl die Lebensspannen an sich, aber auch Traumata zu Zeiten eben dieser Lebensspannen haben können.[31] Angelehnt werden soll sich hierzu an das Konzept der Entwicklungspsychologie, deren Ziel es ist, zunächst gewisse Entwicklungsnormen zu erstellen um Auskunft über den normalen Entwicklungsverlauf zu erhalten, sodass dann mithilfe von detaillierten Beobachtungen die Auswirkungen von verschiedenen Entwicklungsbedingungen, hier traumatischen Erfahrungen, studiert werden können.[32] Denn nur durch den Vergleich mit einer typischen Entwicklung kann wiederum eine atypische Entwicklung erkannt und diagnostiziert und hierdurch letztendlich Interventionen entwickelt werden.[33] Auch gibt z. B. Peter Riedesser zu bedenken, dass das Trauma selbst, dessen Wahrnehmung und letztendlich die Symptome hieraus, von dem Alter des Kindes abhängen und somit

---

[29] Vgl. hierzu z. B. Weiß. Philipp sucht sein Ich. 2013, S. 90.
[30] Auch um definieren zu können, was Kindheit und Jugend ist und wann diese Lebensphasen jeweils zeitlich festzumachen sind.
[31] Vgl. Posth, Rüdiger. Gefühle regieren den Alltag. Schwierige Kinder zwischen Angst und Aggression. Mit Anmerkungen zur frühen Fremdbetreuung. Münster 2010, S. 11; Winert, Franz E. Entwicklung im Kindesalter. Münster 1998, S. 3.
[32] Vgl. Rossmann, Peter. Einführung in die Entwicklungspsychologie des Kindes- und Jugendalters. Bern 1996, S. 11.
[33] Vgl. ebd.

18

entscheidend ist, in welcher Entwicklungsphase es sich befindet.[34] Nach den verschiedenen Altersspannen unterteilt, sollen in diesem Kapitel somit übersichtlich[35] körperlich-motorische, kognitive, emotionale und soziale Meilensteine der Entwicklung im Kindes- und Jugendalter aufgezeigt werden.

In einem zweiten großen Kapitel soll es dann um Traumata gehen. Es wird aufgezeigt, welche traumatischen Erlebnisse Kindern und Jugendlichen widerfahren können, welche Folgen hieraus resultieren und hier auch der Bogen zum ersten Kapitel gespannt, indem alters- und entwicklungsrelevante Auswirkung auf bestimmte Entwicklungsbereiche aufgezeigt werden. Auch an dieser Stelle scheint es relevant, den Fokus auf Alter und Entwicklung zu legen, da gerade in den Erziehungshilfen potentiell mit jeder Altersklasse gearbeitet wird und jedes Kind/ jeder Jugendliche in seiner Entwicklung begleitet werden soll. Wenn auch bspw. das Kapitel Auswirkungen von Traumata auf unterschiedliche Entwicklungsphasen nur eine Orientierung liefern kann, erscheint es dennoch sinnvoll, eine Vorstellung und Einschätzung darüber zu besitzen, wann sich welches Trauma wie auf den Heranwachsenden auswirken und welche Symptome er warum im pädagogischen Alltag zeigen könnte.[36] Hierdurch erhoffe ich mir, dass die Empathiefähigkeit und Sensibilisierung der pädagogischen Fachkräfte wachsen kann. Doch hierzu ist eben der Überblick über theoretische Hintergründe unabdingbar, da man nur verstehen und verändern kann, worüber man etwas weiß, getreu dem Motto: „Die Brille bestimmt, was wir sehen können".[37]

In einem dritten großen Kapitel soll dann die Arbeit schließlich darin münden, aufgrund der vorhergehenden Kenntnisse, einen Einblick und zugleich eine Anleitung für den pädagogisch-professionellen Umgang mit diesen Kindern und Jugendlichen zu schaffen. Mir geht es hierbei jedoch nicht etwa darum, ein „Patentrezept" für jegliche Situation und für jedes Arbeitsfeld zu erhalten, was sicherlich ohnehin nicht realisierbar wäre. Ich

---

[34] Vgl. Riedesser, Peter. Entwicklungspsychopathologie von Kinder mit traumatischen Erfahrungen (S. 160-171), in: Brisch, Karl Heinz/ Hellbrügge, Theodor (Hrsg.). Bindung und Trauma. Risiken und Schutzfaktoren für die Entwicklung von Kindern. Stuttgart 2003, S. 163.

[35] Eine zu detaillierte Auflistung der einzelnen Entwicklungsschritte je nach Lebensalter hätte den Rahmen der Arbeit gesprengt und erschien auch nicht erforderlich, da es primär um eine grobe Übersicht und Verständnis der Entwicklung geht und v. a. D. die Bereiche Beachtung finden sollten, auf die Traumata einwirken. In diesem Sinne soll an dieser Stelle auf einschlägige Werke der Entwicklungspsychologie wie Berk, Laura E. Entwicklungspsychologie. Weinheim/ Basel 2012 oder Schneider, Wolfgang/ Lindenberger (Hrsg.). Entwicklungspsychologie. Weinheim/ Basel 2012 verwiesen werden.

[36] Obwohl diese Unterteilung nur in weniger Fachliteratur aufzufinden ist, erschien mir dennoch die Einteilung der Auswirkungen je nach Altersgruppe sinnvoll.

[37] Vgl. Beckrath-Wilking, Ulrike. Einleitung (S. 19-24), in: Beckrath-Wilking, Ulrike/ Biberacher, Marlene/ Dittmar, Volker/ Wolf-Schmid, Regina (Hrsg.). Traumafachberatung, Traumatherapie & Traumapädagogik. Ein Handbuch für Psychotraumatologie im beratenden, therapeutischen & pädagogischen Kontext. Paderborn 2013, S. 20.

bin mir bewusst, dass es nicht möglich ist, eine Handlungssicherheit für sämtliche Situationen zu bekommen, da es sich schließlich um Handlungsfelder handelt, die i. d. R. von Ungewissheiten und Unvorhergesehenem geprägt sind.[38] Vielmehr ist es mir ein Anliegen, die pädagogischen Interaktionen beobachten und reflektieren zu können und mich, zunächst theoretisch und dann praktisch, sowohl mit meinen, als auch mit den dieser Thematik zugrundeliegenden Vorstellungen und Überzeugungen zu beschäftigen. Praxisreflexion erkenne ich somit als ein absolutes „Qualitätsmerkmal pädagogischer Praxis" an und bin mir im Klaren darüber, dass „ohne Reflexion nur die Hinnahme des Stattfindenden zur pädagogischen Praxis stilisiert würde".[39] In diesem dritten Kapitel geht es mir, anknüpfend an die vorherigen Überlegungen, darum, auch das Augenmerk auf die unterschiedlichen Altersgruppen zu legen, auch wenn sich dies, aufgrund kaum vorliegender Quellenarbeit hierzu, sich recht schwierig gestaltet. Zudem möchte ich bei dieser Bearbeitung auch durch praktische Beispiele und Ideen erläutern, wie gewisse Empfehlungen umzusetzen sind, da – auch dies fällt negativ bei Literatur zu dieser Thematik auf – oftmals lediglich Fakten zur Verbesserung genannt werden, wie und wodurch dies erreicht werden könnte, kommt jedoch leider oft zu kurz.

Ein abschließender Blick auf die aktuelle Forschung und die Schlussworte sollen ein Resümee des Genannten ziehen und einen Ausblick und Hinweise auf zukünftige, theoretische, empirische sowie praktische Arbeiten und Forschungslücken geben.

Zum Stil und zur Sprache der Arbeit möchte ich sagen, dass, der Einfachheit halber, um jedoch dem geschlechtergerechten Sprachgebrauch zu entsprechen, z. B. immer, wenn es syntaktisch möglich ist, von *PädagogInnen* gesprochen wird. Bei den Kindern und Jugendlichen soll immer die gesamte Altersgruppe und Geschlechter ausgedrückt werden – an Stellen wo dies differenziert zu betrachten ist, soll explizit darauf hingewiesen werden. Auch möchte ich hinzufügen, dass sporadisch in dieser Arbeit, bei Kapiteln bzw. Stellen, an denen es geeignet erschien, Zitate von bekannten Persönlichkeiten einleiten sollen, da diese den Inhalt oft kurz und prägnant wiedergeben und sie das Gesamtbild der insgesamt doch sehr wissenschaftlichen Arbeit auflockern sollen.

Zur Literaturarbeit ist zu sagen, dass sich hauptsächlich auf Literatur aus dem 21. Jahrhundert bzw. speziell auf höchstens einige Jahre alte Quellen bezogen wurde – zum einen, da das Thema, also die Entwicklung des Kindes und Jugendlichen (die Entwick-

---

[38] Vgl. Egloff, Birte. Praxisreflexion (S. 211-219), in: Kade, Jochen u. a. Pädagogisches Wissen. Erziehungswissenschaft in Grundbegriffen. Stuttgart 2011, S. 211.

[39] Merkens, Hans. Wie viel Forschung verträgt ein berufsqualifizierendes Studium? (S. 119-126), in: Otto, Hans-Uwe/ Rauschenbach, Thomas/ Vogel, Peter (Hrsg.). Erziehungswissenschaft. Lehre und Studium. Opladen 2002, S. 121.

lungspsychologie eingeschlossen), aber auch das Thema Trauma und v. a. D. der pädagogische Umgang hiermit, zu ständig neuen Forschungserkenntnissen kommt und, wie eindrucksvoll deutlich wurde, das Thema pädagogischer Umgang mit traumatisierten Kindern und Jugendlichen zur Zeit eine sehr hohe Aktualität besitzt und diese Fachdisziplin noch „in den Kinderschuhen" steckt; zum anderen wandelt sich die Kindheit und Jugend natürlich auch mit der Gesellschaft und den „Umständen", was es unumgänglich macht, aktuelle Erkenntnisse mit heranzuziehen.

Während für das Kapitel 2, also die Einblicke in die Entwicklungspsychologie, hier noch eine große Bandbreite an entsprechenden Veröffentlichungen zu finden und somit ein umfassender und umfangreicher Einblick in die Thematik möglich ist,[40] und auch Grundlagenwissen zum Thema Traumata (Kapitel 3) allgemein aufzufinden ist, so zeigte sich bereits, dass Quellen über Traumata speziell bei Kindern und Jugendlichen schon weitaus übersichtlicher sind.[41] Bereits bei diesem Kapitel, aber vor allen Dingen auch bei dem anschließenden Kapitel 4 (Traumapädagogik bzw. der pädagogische Umgang mit Traumata bei Kindern und Jugendlichen) konnte sich deutlich erkennen lassen, dass man es hier mit einer sehr jungen Disziplin von wenigen Jahren zu tun hat, womit unweigerlich einhergeht, dass das Fachliteraturspektrum zwar über ein breitgefächertes Angebot bzgl. therapeutischer Ansätze zur Förderung psychisch kranker und traumatisierter Kinder und Jugendlicher verfügt, die zur pädagogischen Arbeit jedoch sehr überschaubar sind.[42] Bzgl. dieses Kapitels sei jedoch dennoch das Werk „Philipp sucht sein Ich" von Wilma Weiß[43] hervorzuheben, an dem sich primär orientiert wurde und das einen wichtigen Grundstein der Traumapädagogik[44] geliefert hat.[45]

---

[40] Hier habe ich mich speziell an dem Werk „Entwicklungspsychologie" von Laure E. Berk (Berk, Laura E. Entwicklungspsychologie. München 2011) sowie „Entwicklungspsychologie" von Wolfgang Schneider und Ulman Lindenberger (Schneider, Wolfgang/ Lindenberger, Ulman (Hrsg.). Entwicklungspsychologie. Weinheim/ Basel 2012) orientiert, da diese ein gutes und übersichtliches Grundlagenwissen bieten und überdies mit der von mir präferierten Alterseinteilung (vgl. Kapitel 2.2) konform gingen.

[41] Hier konnten dennoch Werke wie „Trauma und Entwicklung. Frühe Traumatisierungen und ihre Folgen in der Adoleszenz" von Annette Streeck-Fischer (Streeck-Fischer, Annette. Trauma und Entwicklung. Frühe Traumatisierungen und ihre Folgen in der Adoleszenz. Stuttgart 2006) oder „Trauma und Persönlichkeitsstörungen. Psychodynamisch-integrative Therapie" von Wolfgang Wöller (Wöller, Wolfgang. Trauma und Persönlichkeitsstörungen. Psychodynamisch-integrative Therapie. Stuttgart 2006) sowie „Psychotraumatologie des Kindesalters. Grundlagen, Diagnostik und Interventionen" von Markus A. Landolt (Landolt, Markus A. Psychotraumatologie des Kindesalters. Grundlagen, Diagnostik und Interventionen. Göttingen 2012) die Bearbeitung erleichtern.

[42] Dies liegt sicherlich in der Tatsache begründet, dass der professionelle Umgang mit traumatisierten Kindern bislang vorwiegend Psychologen oder Psychiatern vorbehalten war (vgl. Baierl 2008, S. 11).

[43] Weiß, Wilma. Philipp sucht sein Ich. Zum Umgang mit Traumata in den Erziehungshilfen. Weinheim/ Basel 2013.

[44] Vgl. Rießinger, Simone. Traumapädagogik und Sekundäre Traumatisierung (Abschlussarbeit). Bremen 2011, S. 1.

[45] Des Weiteren konnten Werke wie „Traumatisierte Kinder und Jugendliche in Deutschland. Analysen und Empfehlungen zu Versorgung und Betreuung" von Jörg M. Fegert, Ute Ziegenhain und Lutz Goldbeck

Teil A

2) Kindheit und Jugend

2.1) Kindheit und Jugend heute

„Das Konstrukt Kind steuert die Wahrnehmung und Deutung der Phänomene des Kinderlebens; es stellt dar, wie das Kind lebt und bewertet implizit oder explizit, wie es leben soll. Die Bilder und Begriffe vom Kind stehen in einer je eigentümlichen Beziehung zum tatsächlichen Leben der Kinder, zur Kindheit als Element gesellschaftlicher Ordnung. "[46]

Das Thema „Kindheit" ist mittlerweile zu einem interdisziplinären Forschungsgebiet geworden. Die moderne Kindheitsforschung betrachtet den historischen, sozialen, gesellschaftlichen und kulturellen Kontext dieses Lebensabschnitts und die Frage interessiert, welche Wechselwirkung es zwischen dem sich entwickelnden Menschen und der sich wandelnden Umwelt gibt.[47] Historisch gesehen ist das Konzept der „Kindheit" jedoch ein relativ junges Phänomen, da diese erst im Zuge der Aufklärung als eigenständige Phase begriffen wurde; vorher wurden Kinder als „kleine Erwachsene" angesehen.[48] Nach Rathmayr (2007) lassen sich vier Unterscheidungen im Hinblick auf die historische Entwicklung des „Konstrukts Kindheit" vornehmen:

1) Kindheit als Unterwerfung und Gehorsamspflicht. Von der Antike mit dem patriarchalischen Weltbild, über das Mittelalter bis hin in die Frühe Neuzeit galten Gehorsam und Unterordnung „mit unendlich viel Leid in totalem Widerspruch zur Verhätschelung für Kinder" als normales Verständnis von Kindheit.
2) Erziehungskindheit: Seit der Aufklärung im 17. Jahrhundert wird das Kind neu gesehen, nämlich als mit besonderen Maßnahmen in seiner Eigenart zu erziehendes Wesen.[49]
3) Kinder als sozial kompetente Akteure: Seit den 70er Jahren des vorigen Jahrhunderts mit seinen Neuansätzen der Kindheitsforschung in den USA, den skandinavischen Ländern usw. gelten Kinder als eigenberechtigte Personen, die an Erziehung und Sozialisation einen aktiven und konstruktiven Anteil haben.

(Fegert, Jörg M./ Ziegenhain, Ute/ Goldbeck, Lutz (Hrsg.). Traumatisierte Kinder und Jugendliche in Deutschland. Analysen und Empfehlungen zu Versorgung und Betreuung. Weinheim/ München 2010) und das Herausgeberwerk „Traumapädagogik. Grundlagen, Arbeitsfelder und Methoden für die pädagogische Praxis" von Jacob Bausum, Lutz Ulrich Besser, Martin Kühn und Wilma Weiß (Bausum, Jacob/ Besser, Lutz Ulrich/ Kühn, Martin/ Weiß, Wilma (Hrsg.). Traumapädagogik. Grundlagen, Arbeitsfelder und Methoden für die pädagogische Praxis. Weinheim/ Basel 2013) einen zusätzlichen Einblick in diese junge Disziplin ermöglichen.

[46] Ullrich, Heiner. Das Kind als schöpferischer Ursprung – Studien zur Genese des romantischen Kindbildes und zu seiner Wirkung auf das pädagogische Denken. Bad Heilbrunn 1999, S. 13.

[47] Vgl. Oerter, Rolf. Kultur, Ökologie und Entwicklung (S. 85-116), in: Oerter, Rolf/ Montada, Leo (Hrsg.). Entwicklungspsychologie. Weinheim/ Basel 2008, S. 85ff.

[48] Vgl. Hofmann, Regina. Der kindliche Ich-Erzähler in der modernen Kinderliteratur. Eine erzähltheoretische Analyse mit Blick auf aktuelle Kinderromane. Frankfurt am Main 2010, S. 91.

[49] Im 17. Jahrhundert forderte der Pädagoge Johann Amos Comenius einen kindgemäßen Unterricht; der Philosoph John Locke setzte sich für empirische Studien über Kinder und Jugendliche ein. In der Folge formulierten Pädagogen wie Jean-Jacques Rousseau, Heinrich Pestalozzi und Friedrich Fröbel die ersten pädagogischen Diskurse zur menschlichen Entwicklung (vgl. Grob, Alexander/ Jaschinski, Uta. Erwachsen werden: Entwicklungspsychologie des Jugendalters. Weinheim/ Basel/ Berlin 2003, S. 13).

4) Als eine Art Ergänzung (um nicht zu sagen Gegenbewegung) gilt das vierte Konstrukt: Kinder brauchen ein eigenes Kind-Erwachsenen-Verhältnis. Das heißt: Kinder sind angewiesen auf Erwachsene, die ihnen Bindung bieten (v. a. D. die Mutter in der frühen Kindheit), sie brauchen Schutz, weil sie verletzlich sind, emotionale und physische Fürsorge, weil sie sonst verkümmern.[50]

Aus dem vierten Konstrukt wir deutlich, dass Kindheit heute als biographischer Erfahrungszeitraum verstanden wird, in welchem relevante Entwicklungsimpulse an die Kinder herangetragen, aber in dem auch vielfältige Unterstützungen und Hilfen gegeben werden müssen.[51]

Auch die Vorstellung von einer Jugend als eigenständige, von der Kindheit unterschiedene Lebensphase aller Heranwachsenden setzte sich erst im 19. und 20. Jahrhundert durch.[52] Die Bestimmung einer eigenständigen Lebensphase Jugend geschah durch verschiedene gesellschaftlichen Entwicklungen wie z. B. lebenslanges Lernen, die Selbstgestaltung des Lebens, verlängerte Ausbildungszeit und allgemeine veränderte Lebensstrukturen.[53]

Insgesamt hat sich das Entwicklungsverständnis weg von der Zielorientierung menschlicher Entwicklung (das Erwachsenenalter als Ziel der menschlichen Entwicklung, wobei Kindheit und Jugend automatisch eine defizitäre Rolle zugewiesen wird) hin zur Wertschätzung jeder einzelnen Lebensphase von der Antike bis heute radikal verändert.[54] Somit erscheint es relevant, die Kindheit sowie die Jugend als eigenständige Lebensabschnitte anzusehen, mit ihren jeweiligen spezifischen Anforderungen, Aufgaben und Bewältigungskapazitäten.[55]

Wie Kindheit und Jugend im Einzelnen definiert wird, welche Rolle ihnen zugeschrieben und von welchen Disziplinen der Begriff der „Kindheit" und „Jugend" untersucht wird, aber auch, wann Kindheit und Jugend zeitlich anzusetzen sind, hängt somit von historischen und gesellschaftlichen Umständen ab und davon, unter welcher Fragestellung man sie betrachtet.[56] I. d. R. werden diesen Lebensphasen im Alltagsgebrauch sowie in wissenschaftlichen Untersuchungen gewisse Alterskategorien zugeordnet.

---

[50] Vgl. Gudjons, Herbert. Pädagogisches Grundwissen. Bad Heilbrunn 2008, S. 109f.
[51] Vgl. Bründel, Heidrun/ Hurrelmann, Klaus. Einführung in die Kindheitsforschung. Weinheim/ Basel 1996, S. 13.
[52] Vgl. Scherr, Albert. Jugendsoziologie. Einführung in Grundlagen und Theorien. Wiesbaden 2009, S. 19.
[53] Vgl. Grob, Alexander/ Jaschinski, Uta. Erwachsen werden: Entwicklungspsychologie des Jugendalters. Weinheim/ Basel/ Berlin 2003, S. 13.
[54] Sodass weder in der Antike noch im Mittelalter der Entwicklungsbegriff im heutigen Sinne existierte (vgl. ebd.).
[55] Vgl. Bründel/ Hurrelmann 1996, S. 13; Hofmann 2010, S. 91f.
[56] Vgl. ebd. Sowohl die „Entdeckung" von Kindheit und Jugend, aber auch die zunehmende Differenzierung in Altersstufen ist eine Folge von historischen und gesamtgesellschaftlichen Prozessen [vgl hierzu Coelen, Thomas/ Otto, Hans-Uwe (Hrsg.). Grundbegriffe Ganztagsbildung. Das Handbuch. Wiesbaden 2008, S. 32f.].

Doch weder altersgemäß noch symbolisch sind die Übergänge vom Kind zum Jugendlichen klar definiert, sondern eben auch nur gesellschaftlich konstruiert.[57] Gab es also zu Beginn des 20. Jahrhunderts lediglich zwei Lebensphasen – die Kindheit (bis ca. 14 Jahren) und das Erwachsenenalter – so haben sich in den jeweils vierzig folgenden Jahren zwei Kategorien hinzufügen lassen – zur Mitte des zwanzigsten Jahrhunderts die Jugend und der Ruhestand, Ende des zwanzigsten Jahrhunderts eine Unterteilung in Jugend und Nachjugendalter sowie spätes Erwachsenenalter; zu Beginn des 21. Jahrhunderts ist nach Klaus Hurrelmann eine noch feingliedrige Aufteilung der Lebensabschnitte sinnvoll.[58] Den Ausblick auf künftige Unterteilungen gibt er aufgrund möglicher zukünftiger Gesellschaftszusammensetzungen, sowie Verschiebungen in Form von zeitlichen Ausdehnungen. Lebensphasen können in ihrer Dauer gestaucht werden, indem neue Unterteilungen vorgenommen werden oder im Zuge einer genaueren Einteilung sogar neue Lebensphasen hinzukommen.[59]

2.1.1) Kindheit und Jugend aus unterschiedlicher Perspektive

Wie deutlich werden konnte, hat die Lebensphase der Kindheit (aber auch der Jugend) durch gesamtgesellschaftliche Entwicklungen starke Veränderungen erfahren, die man unter dem Begriff der „Veränderten Kindheit"[60] subsumieren kann. Getreu der Aussage, dass Kindheit eine Lebensform und als solche unhintergehbar ist, wird sie zum Gegenstand wissenschaftlichen Interesses.[61] Deutlich werden konnte zudem, dass es sich um

---

[57] Heidrun Bündel und Klaus Hurrelmann geben an, dass die Abgrenzung der Lebensphasen „Kindheit", „Jugend" und „Erwachsensein" aufgrund sich überschneidender Lebensbereiche und -erfahrungen immer schwieriger geworden ist (vgl. Bründel/ Hurrelmann 1996, S. 13). Vor dem Hintergrund ökonomischer und kultureller Faktoren prognostiziert Hurrelmann z. B. für das Jahr 2030 eine immer stärkere Unterteilung der Lebensspannen in einzelne Phasen, im Vergleich zum Jahr 1910. Vgl. hierzu *Abb. 1) Lebensphasen im historisch-gesellschaftlichen Wandel* im Anhang, S. 263 .

[58] Vgl. Muri, Gabriela/ Friedrich, Sabine. Stadt(t)räume – Alltagsräume? Jugendkultur zwischen geplanter und gelebter Urbanität. Wiesbaden 2009, S. 100f.

[59] Klare Grenzen können somit zwischen den einzelnen Lebensabschnitten nicht gezogen werden, denn „die Grenzziehung zwischen den einzelnen Lebensabschnitten könnte in dem gleichen Maße schwinden, wie die Zahl der aufeinander folgenden Lebensphasen im Lebenslauf ansteigt" (Hurrelmann, Klaus. Lebensphase Jugend. Eine Einführung in die sozialwissenschaftliche Jugendphase. Weinheim/ München 1999, S. 25).

[60] Seit Beginn der Nachkriegszeit hat sich die Gesellschaft schnell und grundlegend verändert. Diese Wandlungen erstrecken sich auf fast alle Bereiche des sozialen Lebens, wozu u. a. soziale Abläufe, familiäre Lebens-, sowie Schul- und Arbeitswelten sowie die Vielfalt körperlicher und psychischer Erkrankungen gehören. Diese soziokulturell, sozioökonomisch sowie gesellschaftlich-politisch beobachtbaren Wandlungsprozesse in den letzten Jahrzehnten erfassen längst auch diejenigen Kinder, die heutzutage in veränderten gesellschaftlichen Rahmenbedingungen aufwachsen, weswegen infolge hiervon von einem Wandel des sozialen Zustandes von „Kindheit" gesprochen wird. Diese „veränderte Kindheit" hat wiederum zum Teil schwerwiegende Änderungen für die Verläufe und Ergebnisse des Aufwachsens von Kindern und Jugendlichen sowie deren Handlungsweisen zur Folge [vgl. Block, Britta. Kindheit im Wandel – Veränderte Bedingungen des Kindseins seit dem Ende des zweiten Weltkrieges (Vordiplomarbeit) 2006, S. 4].

[61] Vgl. Ossowski, Ekkehard/ Rösler, Winfried (Hrsg.). Kindheit. Interdisziplinäre Perspektiven zu einem

ein interdisziplinäres Interesse handelt und je nach wissenschaftlicher Disziplin zeigen sich unterschiedliche Schwerpunktsetzungen in der Klärung des Begriffes „Kindheit". So lassen sich z. B. drei Perspektiven unterschiedlicher, aber miteinander korrelierender und sich ergänzender wissenschaftlicher Disziplinen[62] unterscheiden, die im Rahmen dieser Arbeit Anwendung finden: Kindheit aus soziologischer Perspektive, wo Kindheit als Lebensphase mit individuellen Sozialisationsprozessen und als sozio-kulturelles Muster gedeutet wird,[63] das diesen Prozessen vorausgeht und damit die Bedeutung von gesellschaftlichen Veränderungen und Prozessen ins Spiel kommt. Hierdurch wird eine Annäherung an den Begriff der „Veränderten Kindheit" überhaupt erst möglich.[64] Diese Perspektive soll dahingehend Anwendung in der Arbeit finden, indem immer wieder auf gesellschaftliche Verhältnisse und Hürden, aber auch Zuschreibungen hingewiesen wird, so z. B. die vorgestellte soziologische Betrachtung der Lebensphasen Kindheit und Jugend.[65] Die zweite Perspektive, die im beruflichen Alltag relevant ist und die im letzten Drittel der Arbeit eine bedeutende Rolle spielt, ist die Kindheit aus pädagogischer Perspektive; hier werden Fragen nach Erziehung und Bildung in der dieser Lebensphase in den Blick genommen und diskutiert. Die dritte Perspektive ist die Kindheit aus entwicklungspsychologischer Perspektive, bei der es darum geht, Kindheit und Jugend als eine Abfolge von Entwicklungsphasen zu konzipieren und illustrieren, bei denen mit stetig wachsenden motorischen, kognitiven, affektiven und psychosozialen Fähigkeiten des Kindes und Jugendlichen deren „Welt" ständig wächst und komple-

---

Forschungsgegenstand. Stuttgart 2002, S. 1.

[62] „Kindheit ist ein Begriff, der in den Wissenschaftsdisziplinen, die sich im weitesten Sinne mit Kindern beschäftigen, in sehr unterschiedlicher, jeweils spezifischer Form gefasst wird. Aus biographie- oder entwicklungspsychologischer Perspektive wird Kindheit als der individuelle Lebensabschnitt gesehen, der besonders prägend für die eigene Biographie ist; aus erziehungswissenschaftlicher Perspektive als Lebensphase, in der bestimmte Kompetenzen, Qualifikationen und Eigenschaften erworben werden sollen, die Konsequenzen für den Lebenslauf als Ganzes haben; aus juristischer Perspektive als Altersphase, der spezifische rechtliche Attribute wie Unmündigkeit, Geschäftsunfähigkeit, Religions-Unmündigkeit, Schulpflicht etc. zugeordnet sind, oder aber auch aus soziologischer Perspektive als Zusammenhang gesellschaftlicher Bedingungen, in denen Kinder leben. Auf welche Art und Weise Kindheit gefasst wird, ist der jeweiligen Disziplin inhärent, die diese als ihren Gegenstand bestimmt und damit Kindheit konstituiert. Die jeweiligen disziplinären Bestimmungen sind kulturell und historisch entstanden und geprägt. Das heißt, ihre Erklärungsversuche und Modellbildungen verändern sich über die Zeit" (Mierendorff, Johanna. Kindheit und Wohlfahrtsstaat. Entstehung, Wandel und Kontinuität des Musters moderner Kindheit. Weinheim/ München 2010, S. 15f.).

[63] Vgl. Honig, Michael-Sebastian/ Leu, Hans-Rudolf/ Nissen, Ursula. Kindheit als Sozialisationsphase und als kulturelles Muster. Zur Strukturierung eines Forschungsfeldes (S. 9-29), in: Honig, Michael-Sebastian/ Leu, Hans-Rudolf/ Nissen, Ursula (Hrsg.). Kinder und Kindheit. Soziokulturelle Muster – sozialisationstheoretische Perspektiven. Weinheim/ München 1996, S. 9.

[64] Vgl. Angele, Claudia. Kompetenzen zur Alltagsbewältigung im privaten Haushalt. Ein Desiderat lebensnaher Allgemeinbildung. Münster 2008, S. 35f.

[65] Aber z. B. auch die historischen Wurzeln der Beschäftigung mit Traumata (Kapitel 3.2) oder der Traumapädagogik (Kapitel 4.2), sowie die politischen und gesellschaftlichen sowie institutionellen Gegebenheiten, die fortan nötig sind (Kapitel 4.6).

xer wird[66] und es, in der Auffassung von Robert J. Havighurst, bestimmte Entwicklungsaufgaben zu bewältigen hat.[67]

Dieser Punkt soll in den nun folgenden Abschnitten ausführlicher behandelt werden.

2.2) Entwicklungspsychologische Überlegungen zu Entwicklungsschritten in Kindheit und Jugend

Die Entwicklungspsychologie ist ein Teilgebiet der Psychologie[68], die sich vor rund 100 Jahren als eigenes Wissenschaftsgebiet etabliert hat. Sie beschäftigt sich mit der Frage, wie und wann psychische Funktionen und Strukturen entstehen und in welcher Weise sie sich über die Lebensspanne des Menschen verändern. Die entwicklungspsychologische Forschung hat es sich zum Ziel gemacht, eine grundlegende Orientierung über den menschlichen Lebenslauf zu erarbeiten, sodass typische Entwicklungen und typische Probleme in bestimmten Lebensabschnitten kennengelernt werden können.[69] Auch für die Entwicklungspsychopathologie, die sich mit der Genese psychopathologischer Symptome[70] innerhalb einer normalen oder gestörten Entwicklung beschäftigt und den Einfluss von psychosozialen Belastungen für die Entwicklung beschreibt, was für das vorliegende Thema bzgl. Traumata zentral ist, ist es wichtig, Kenntnisse über sich vollziehende Entwicklungsschritte in diversen Lebensabschnitten auf biologischer, kognitiver, affektiver und sozialer Ebene zu erhalten.[71] Es ist hierbei nicht sinnvoll, nur

---

[66] Vgl. Schultheis, Franz/ Perrig-Chiello, Pasqualina/ Egger, Stephan (Hrsg.). Kindheit und Jugend in der Schweiz. Weinheim/ Basel 2008, S. 20.

[67] Vgl. Lohaus, Arnold/ Vierhaus, Marc/ Maass, Asja. Entwicklungspsychologie des Kindes- und Jugendalters für Bachelor. Berlin/ Heidelberg 2010, S. 20.

[68] Wobei hier anzumerken ist, dass durch die immer stärker werdende wechselseitige Durchdringung von Entwicklungspsychologie und anderen psychologischen Disziplinen (Allgemeine Psychologie mit ihren Teilgebieten Wahrnehmungs-, Kognitions-, Lern- und Motivationspsychologie, Differentielle Psychologie, Pädagogische Psychologie) sowie Disziplinen außerhalb der Psychologie (Genetik, Physiologie, Ethologie oder Soziologie) es immer schwieriger ist, die Entwicklungspsychologie von anderen Forschungsgebieten eindeutig abzugrenzen (vgl. Trautner, Hanns Martin. Lehrbuch der Entwicklungspsychologie. Band 1: Grundlagen und Methoden. Göttingen 1992, S. 15).

[69] „Durch Erstellen von Entwicklungsnormen soll Auskunft über den normalen Entwicklungsverlauf gegeben werden und anhand genauer Beobachtungen sollen die Auswirkungen verschiedener Entwicklungsbedingungen studiert werden. Dadurch soll es möglich werden, ihre Wirkung künftig vorherzusagen. Somit ist Entwicklungspsychologie aber nicht nur eine Grundlagenwissenschaft, sondern bekommt auch eine handfeste praktische Anwendungsrelevanz, denn durch den Vergleich mit der typischen Entwicklung können atypische Verläufe erkannt und diagnostiziert werden und auf der Basis des Wissens über die zu erwartenden Auswirkungen können konkrete Interventionen geplant, durchgeführt und evaluiert werden" (Rossmann 1996, S. 11).

[70] Diese sind Krankheitszeichen und „sind als gleich oder ähnlich erkennbare Erlebens- und Verhaltensweisen, die sich herausheben aus dem alltäglichen Gewöhnlichen der Menschen eines bestimmten Kulturkreises" zu bezeichnen (Scharfetter, Christian. Allgemeine Psychopathologie: Eine Einführung. Stuttgart 2002, S. 13).

[71] Vgl. Schüssler, Gerhard. Psychologische Grundlagen psychiatrischer Krankheiten (S. 178-207), in: Möller, Hans-Jürgen/ Laux, Gerd/ Kapfhammer, Hans-Peter (Hrsg.). Psychiatrie und Psychotherapie. Berlin 2005, S. 191.

einzelne Ebenen herauszugreifen, da sie sich zum Teil gegenseitig bedingen und miteinander korrelieren.[72] Die psychische Entwicklung, ein lebenslanger dynamischer Prozess, bei der es sich um Veränderungen im Psychischen und Physischen handelt,[73] kann somit nie nur für sich betrachtet werden, da sie mit zahlreichen Einflussgrößen wie den körperlichen Reifungsvorgängen oder aber eben auch den gesellschaftlichen Bedingungen eng verflochten ist.[74] Zu diesen Veränderungen tragen das anlagebedingte Wachsen und Reifen des Organismus und seiner physischen und psychischen Funktionen, bei. Dies geschieht in Abhängigkeit sowohl von der chronologischen Zeit sowie zufällig auftretender Ereignisse als auch durch die Wechselwirkung des sich entwickelnden Individuums mit den Umwelteinflüssen. Letztere können in Gestalt mannigfaltiger Anforderungen und daraus resultierender Lernprozesse[75] vorgeburtlich (pränatal)[76] wie auch nach der Geburt (postnatal) existieren.[77]

Entwicklung und Reifung erstreckt sich somit über die gesamte Lebensspanne eines Menschen, der über das komplette Leben auf sogenannte Entwicklungsaufgaben trifft. Entsprechend seinen inneren und äußeren Entwicklungs- und Reifungsprozessen wird er somit immer wieder mit neuen Aufgaben und Anforderungen konfrontiert. Die Bewältigung hiervon führt zu Veränderungen und trägt zur Stabilisierung der Persönlichkeit bei.[78]

---

[72] Vgl. hierzu Steinhausen 2010, S. 4; Zinnecker, Jürgen/ Silbereisen, Rainer K. Kindheit in Deutschland: Aktueller Survey über Kinder und ihre Eltern. Weinheim/ München 1998, S. 147; Heller, Angela. Nach der Geburt: Wochenbett und Rückbildung. Stuttgart 2002, S. 170; Flehmig, Inge. Normale Entwicklung des Säuglings und ihre Abweichungen: Früherkennung und Frühbehandlung. Stuttgart 2007, S. 40.

[73] Vgl. Joswig, Helga. Phasen und Stufen in der kindlichen Entwicklung (14.02.2003/ geändert am 23.05.2011). URL: https://www.familienhandbuch.de/kindliche-entwicklung/allgemeine-entwicklung/ phasen-und-stufen-in-der-kindlichen-entwicklung (Stand: 10.06.2013).

[74] Vgl. Rossmann 1996, S. 11.

[75] „Die Erbanlage verteilt die Karten, die Umwelt spielt das Blatt aus" (Charles L. Brewer 1990, in: Myers, Davig G. Psychologie. Heidelberg 2008, S. 120) - Bei der Frage, wie die Entwicklung antreibt, kommt die seit langem geführte Anlage-Umwelt-Debatte zum Vorschein: Im Mittelpunkt hiervon steht die Frage, ob das Verhalten und die Fähigkeit eines jeden Menschen eher auf angeborene Anlagen oder hingegen auf Umwelteinflüsse (Erziehung, sozialer Hintergrund oder Bildung) beruhen. Erforscht durch verschiedene Zwillings- und Adoptionsstudien, kam man zu den Erkenntnissen, dass Anlagen bestimmte Fähigkeiten nur hervorbringen können, wenn diese entwickelt und gefördert werden, sodass man in jüngerer Zeit von der polarisierenden Fragestellung Anlage oder Umwelt immer mehr abgeht. Vielmehr werden heutzutage, aufgrund der Erkenntnis, dass ungünstige Umwelteinflüsse verhindern können, dass sich bestimmte Anlagen entfalten, v. a. D. die Wechselwirkungen zwischen Anlage *und* Umwelt untersucht (vgl. Schrader, Sabine. Psychologie. Allgemeine Psychologie, Entwicklungspsychologie, Sozialpsychologie. München 2008, S. 19).

[76] „In der Kindheitsforschung wird sehr häufig der Beginn der Kindheit zeitlich mit der Geburt des Kindes festgelegt. Allerdings ist es auch durchaus denkbar, „die vorgeburtliche Entwicklung mitunter ein Verständnis von Kindheit zu fassen, da die Persönlichkeitsentwicklung eines Kindes mit Sicherheit nicht erst mit dem Zeitpunkt der Geburt beginnt" (Bründel/ Hurrelmann 1996, S. 25).

[77] Wie wissenschaftliche Untersuchungen zu dieser Thematik ergeben haben, muss von einer breiten Streuung beobachtbarer psychischer Besonderheiten, sogenannten inter- und intraindividuellen Unterschieden, ausgegangen werden. Bei der Berücksichtigung solcher Erkenntnisse lassen sich dennoch Phasen bzw. Stufen in der Entwicklung festmachen, die es ermöglichen, Charakteristisches (Typisches) in der Persönlichkeitsentwicklung hervorzuheben (vgl. Joswig 2003).

[78] „Die dadurch phasenweise ansteigenden äußeren und inneren Anforderungen an das Individuum,

Zwar bringt jeder Lebensabschnitt seine eigenen spezifischen Herausforderungen und Möglichkeiten mit sich, die jedoch zu gewissen Ähnlichkeiten bei der Entwicklung verschiedener Menschen führen.[79] Aber dennoch unterscheiden sich die Herausforderungen, denen sich der Einzelne in seinem Leben stellen muss, sowie seine Anpassungsstrategien von denen anderer Menschen. Sowohl die Entwicklungszeitpunkte als auch das Entwicklungsmuster sind individuell ganz verschieden.[80]

Lange Zeit glaubte man, dass Entwicklung in Stufen, Phasen oder Perioden erfolgt; in der neueren Entwicklungspsychologie vertritt man jedoch die Auffassung, dass Entwicklungsveränderungen eher kontinuierlich ohne feste Stufen, jedoch nicht völlig gleichmäßig erfolgen.[81]

Im Unterschied zum Beginn des 20. Jahrhunderts wird Entwicklung heute so verstanden, dass sie nicht auf einen End- oder Reifezustand am Ende der Pubertät mit dann folgender Stagnation abzielt, sondern Entwicklung wird als lebenslanger Prozess verstanden, der erst mit dem Tod endet. Vertrat man früher die Auffassung, dass Entwicklung immer zu einem höheren Niveau führt, so gehen neuere Ansätze davon aus, dass Entwicklung über die gesamte Lebensspanne immer gleichzeitig sowohl mit Wachstum oder Gewinn als auch mit Abbau oder Verlust verbunden ist.[82] Weiterhin war man lange Zeit der Meinung, dass Entwicklung etwas Kulturunabhängiges ist, wohingegen in modernen Konzeptionen hervorgehoben wird, dass Entwicklung stark von der Kultur abhängt, dies gilt insbesondere z. B. für die Moralentwicklung, aber auch für die Dauer und Gestaltung ganzer Entwicklungsabschnitte; selbst die biologische Entwicklung kann stark von kulturellen Einflüssen abhängen.[83]

---

einhergehend mit einer Destabilisierung der bis dahin erreichten Position und verstärkter Unsicherheit, erfüllen die Kriterien eines krisenhaften Zustandes. Diese sich im Laufe des Lebens wiederholenden Kriterien sind Teil des normalen Entwicklungsprozesses" [Benz, Marisa/ Scholtes, Kerstin. Von der normalen Entwicklungskrise zur Regulationsstörung (S. 159-170), in: Cierpka, Manfred (Hrsg.). Frühe Kindheit 0-3 Jahre. Berlin/ Heidelberg 2012, S. 160].

[79] So lässt sich z. B. eine übersichtliche Tabelle der Entwicklungsschritte einzelner Abschnitte formulieren. Vgl. hierzu *Abb. 2) Die wichtigsten Phasen der menschlichen Entwicklung über die gesamte Lebensspanne* im Anhang, S. 264.

[80] Vgl. Berk, Laura E. Entwicklungspsychologie. München 2011, S. 8.

[81] Vgl. Hinz, Arnold/ Wagner, Rudi F. Entwicklung (S. 57-90), in: Wagner, Rudi F./ Hinz, Arnold/ Rausch, Adly/ Becker, Brigitte (Hrsg.). Modul Pädagogische Psychologie. Bad Heilbrunn 2009, S. 60.

[82] Generell kann man zwar sagen, dass in der Kindheit die Gewinne dominieren und im höheren Lebensalter die Verluste, jedoch gibt es auch in der Kindheit Verluste (so verliert das Kind beim Übergang zum Sprechen z. B. die Fähigkeit, gleichzeitig atmen und trinken zu können) und im höheren Lebensalter Gewinne (vgl. Hinz/ Wagner 2009, S. 59).

[83] Vgl. ebd., S. 59f.

Alterseinteilungen in der vorliegenden Arbeit

Wie bereits erläutert, werden, je nach Perspektiven, unterschiedliche Zeitpunkte für „Kindheit" und „Jugend" aufgeführt. Zur Strukturierung des individuellen Lebenszyklus werden in der Entwicklungspsychologie traditionell Alterseinteilungen benutzt.[84]

Die einzelnen Entwicklungsabschnitte werden rein pragmatisch, ohne der Annahme eines Stufenmodells, in verschiedene Lebensphasen eingeteilt: Die frühe Kindheit[85], die Kindheit, das Jugendalter, das frühe Erwachsenenalter, das mittlere Erwachsenenalter und das höhere Erwachsenenalter. Da für die vorliegende Arbeit nur die Lebensabschnitte der Kindheit und Jugend interessant sind, sollen auch nur diese Phasen betrachtet werden.

Aufgrund der zuvor aufgeführten Erkenntnisse wird deutlich, dass es schwierig ist, verlässliche zeitliche Angaben für die einzelnen Abschnitte der Entwicklung zu geben, da diese sehr individuell und auch je nach Geschlecht unterschiedlich anzusiedeln sind.[86] Auch das Ende ist vor dem Hintergrund der Kulturabhängigkeit des Jugendalters schwer zu bestimmen.[87] Je nach Autor lassen sich somit unterschiedliche zeitliche Eingrenzungen ablesen.[88]

Ich möchte mich, da diese Einteilung in einigen entwicklungspsychologischen Quellen[89] auffindbar ist, im Folgenden an die Unterteilung in pränatale Entwicklung,

---

[84] Der Gegenstand der Entwicklungspsychologie ist die ontogenetische Entwicklung, welche nach Funktionsbereichen (z. B. motorische Entwicklung, Sprachentwicklung, moralische Entwicklung, Identitätsentwicklung) oder nach Lebensphasen (Kindheit, Jugend, Erwachsenenalter und Alter) beschrieben werden kann. Bei der Einteilung und Betrachtung von Lebensphasen ist jedoch nicht das Verstreichen von Zeit, sondern die komplexe Wechselbeziehung zwischen individuellen biologischen, psychischen Veränderungen und Umweltanforderungen als ursächlich für die auffälligen körperlichen, motorischen, kognitiven und sozial-emotionalen Veränderungen von Kindern anzusehen. Trotz der bereits benannten großen interindividuellen Differenzen sind Übereinstimmungen in Entwicklungssequenzen innerhalb verschiedener psychischer Funktionsbereiche im Kindes- und Jugendalter nicht zu übersehen [vgl. Pöhlmann, K. Entwicklungspsychologie aus psychologischer Sicht (S. 71-75), in: Janssen, Paul L./ Joraschky, Peter/ Tress, Wolfgang (Hrsg.). Leitfaden Psychosomatische Medizin und Psychotherapie. Köln 2009, S. 71ff.].

[85] Die frühe Kindheit lässt sich des Weiteren noch unterteilen in die vorgeburtliche Entwicklung, das Säuglingsalter und das Kleinkindalter.

[86] Die oben aufgeführten möglichen Unterteilungen in diverse Abschnitte, ließe sich ohne Weiteres um mehrere Möglichkeiten erweitern (vgl. hierzu z. B. Raithel, Jürgen/ Dollinger, Bernd/ Hörmann, Georg. Einführung Pädagogik: Begriffe, Strömungen, Klassiker, Fachrichtungen. Wiesbaden 2007, S. 46f.). Vgl. hierzu *Abb. 3) Kindheit und Jugend – Alters- und Phaseneinteilung* im Anhang, S. 264.

[87] „Entsprechend schwer ist es, den Beginn und das Ende des frühen Erwachsenenalters zu bestimmen (etwa vom 21. Bis zum 29. Lebensjahr). Eine Altersangabe zur Trennung zwischen dem mittleren und dem höheren Erwachsenenalter ist ebenfalls kaum möglich, weil sie abhängig ist von veränderlichen Faktoren wie Lebenserwartung, Renten- bzw. Pensionierungsalter, Gesundheit etc." (Hinz/ Wagner 2009, S. 60f.).

[88] Vgl. z. B. ebd., S. 57ff.; Poser, Märle. Identitätsentwicklung, Reifungsprozesse und Lebenszyklus (S. 271-292), in: Schneider, Kordula/ Brinker-Meyendriesch, Elfriede/ Schneider, Alfred (Hrsg.). Pflegepädagogik. Springer. Heidelberg 2005, S. 277; Bründel, Heidrun/ Hurrelmann, Klaus. Einführung in die Kindheitsforschung. Weinheim/ Basel 1996, S. 28.

[89] Vgl. z. B. Schneider/ Lindenberger 2012.

29

Neugeborenenalter, erstes und zweites Lebensjahr, frühe Kindheit (3-6), mittlere und späte Kindheit, (6-11) und Jugend (11-18) halten.

Oft wird, wenn von der Entwicklung des Kindes und Jugendlichen gesprochen wird, lediglich auf Entwicklungsmodelle[90] (weniger Entwicklung nach Lebensabschnitten) [z. B. die drei bekannten entwicklungspsychologischen Modelle nach Erik H. Erikson (Entwicklung als Weg zur Identität), Jean Piaget (kognitive Entwicklungsphasen des Kindes) und Lawrence Kohlberg (moralische Entwicklung)] hingewiesen oder die Entwicklungsaufgaben nach Robert James Havighurst oder Klaus Hurrelmann aufgegriffen. Eben weil es sich bei der Betrachtung jedoch um ein interdisziplinäres Wissen handelt (und somit auch soziale und gesellschaftliche Bedingungen mit einfließen sollten) und viele der Modelle als teilweise überholt gelten[91] und des Weiteren, um die Entwicklung nicht nur anhand von Modellen und Thesen begreifen zu können, soll eine Unterteilung in die einzelnen Entwicklungsbereiche nach Alter vorgenommen werden. Die Entwicklungsmodelle werden trotz allem an relevanter Stelle mit einbezogen.

2.3) Entwicklung in Kindheit und Jugend

„Sind die Kinder klein, müssen wir ihnen helfen, Wurzeln zu fassen. Sind sie aber groß geworden, müssen wir ihnen Flügel schenken."[92]

Die Entwicklung eines Menschen lässt sich in verschiedene Bereiche unterteilen: Der zunächst auffälligste Entwicklungsbereich ist die körperliche Entwicklung. Hiermit verbunden sind die Entwicklung der Wahrnehmung, der Psychomotorik und die sexuelle Entwicklung. Ein weiterer zentraler Bereich der Entwicklung ist die kognitive (geistige) Entwicklung. Eng hiermit verbunden oder ein Teilaspekt hiervon sind die Gedächtnisentwicklung, die moralische Entwicklung und die Sprachentwicklung. Wichtige Bereiche sind des Weiteren noch die emotionale sowie die soziale Entwicklung.[93]

---

[90] So z. B. Theorien bzw. Modelle nach Sigmund Freud, Erik Erikson, Jean Piaget oder Lawrence Kohlberg (vgl. hierzu ausführlicher Thomas, R. Murray/ Feldmann, Birgitt. Die Entwicklung des Kindes. Ein Lehr- und Praxisbuch. Weinheim/ Basel 2002).

[91] „Kleine Kinder verfügen bereits über manche Fähigkeiten, die Piaget erst für spätere Stadien postulierte. Kohlbergs Stufenmodell hatte anscheinend den gebildeten Mann im Blick, der einer individualistischen Kultur angehört, und legte deshalb den Akzent zu sehr auf das Denken, während das Handeln eine geringere Rolle spielt. Das Leben des erwachsenen Menschen verläuft nicht in festen, vorhersagbaren Schritten, wie es sich Erikson vorgestellt" (Myers 2008, S. 210).

[92] Otto, Johannes. Volksmund ausgewählter Länder der Erde. Norderstedt 2010, S. 114.

[93] Vgl. Hinz/ Wagner 2009, S. 60.

2.3.1) Pränatale Entwicklung

„In der Wahl seiner Eltern kann man nicht vorsichtig genug sein."[94]

Die Einbeziehung der vorgeburtlichen Periode in die psychische Entwicklung des Kindes ist deshalb so bedeutungsvoll, weil in der Zeit von der Empfängnis bis zur Geburt vielfältige Prozesse des Wachsens und Reifens, aber auch schon des Lernens ablaufen, die jene Voraussetzungen schaffen, die für die Existenz in der biologischen und sozialen Umwelt notwendig sind.[95] Eine gewisse Kenntnis über vorgeburtliche Abläufe zu besitzen, ist somit für das Verständnis der Entwicklung von wichtiger Bedeutung, u. a. auch deswegen, weil diverse Prinzipien, die eine Aussage über die pränatale Entwicklung erlauben, wiederum auch die Entwicklung nach der Geburt erklären und umgekehrt zahlreiche postnatale Beeinträchtigungen ihren Ursprung in Störungen der vorgeburtlichen Entwicklung haben.[96] Dieser Notwendigkeit konnte dank der Entwicklung der Ultraschalluntersuchungen immer weiter nachgekommen und somit eine Vielzahl von Erkenntnissen über die intrauterine Entwicklung erfahren werden.[97] Die Erforschung der pränatalen Psychologie ist insgesamt zwar noch sehr jung und die bereits erworbenen Erkenntnisse über die pränatale psychische Entwicklung sind noch sehr lückenhaft[98], doch es bleibt zu hoffen und es ist auch davon auszugehen, dass in den nächsten Jahren noch weitere interessante und gewinnbringende Entdeckungen auf diesem Gebiet gemacht werden.[99]

Eine Schwangerschaft dauert im Normalfall rund 40 Wochen[100] von der Konzeption bis zur Geburt.[101] In dieser Zeit wächst im Mutterleib aus einer Zelle ein lebensfähiger Mensch mit all seinen Organen und Gliedmaßen heran.[102] Man unterscheidet drei

---

[94] „Dieser Satz beschreibt die enorme, prägende Verantwortung der engsten Bezugspersonen im frühen Kindesalter. Bereits der Moment der Befruchtung unterliegt ganz unterschiedlichen Bedingungen. Handelt es sich um ein Wunschkind, einen ,Zufall' oder gar um die Folge sexueller Gewalt?" [Wettig, Jürgen. Eltern-Kind-Bindung: Kindheit bestimmt das Leben, in: Deutsches Ärzteblatt 2006: 103(36), A 2298/ B1992/C1922, URL: http://www.aerzteblatt.de/archiv/52567/Eltern-Kind-Bindung-Kindheit-bestimmt-das-Leben (Stand: 10.06.2013)]. Mit der Empfängnis sind Vater und Mutter bestimmt mit ihren biologischen und sozialen Bedingungen. Diese Konstellation ist bereits von diesem Zeitpunkt an entwicklungsfördernd oder aber entwicklungshemmend für das zukünftige Leben des Kindes (vgl. Joswig 2003).

[95] Vgl. ebd.

[96] Vgl. Petermann, Franz/ Nieband, Kay/ Scheithauer, Herbert. Entwicklungswissenschaft. Berlin/ Heidelberg 2004, S. 77.

[97] Vgl. Becker, Heidrun. Pränatale Entwicklung und erstes Lebensjahr (S. 10-18), in: Becker, Heidrun/ Steding-Albrecht, Ute. Ergotherapie im Arbeitsfeld Pädiatrie. Stuttgart 2006, S. 10.

[98] Stand: 2007 [vgl. Reh-Bergen, Thorgund. Entwicklungspsychologie – die gesunde Entwicklung eines Menschen (S. 2-43), in: Bund Deutscher Hebammen (Hrsg.). Psychologie und Psychopathologie für Hebammen. Die Betreuung von Frauen mit psychischen Problemen. Stuttgart 2007, S. 3].

[99] Vgl. ebd.

[100] Vgl. hierzu Schneider/ Lindenberger 2012, S. 16.

[101] Vgl. Becker 2006, S. 10.

[102] Vgl. Wettig, Jürgen. Schicksal Kindheit. Heidelberg 2009, S. 10.

Phasen der Entwicklung von der Eizelle bis zur Geburt: 1) Keimphase (erste bis Mitte der zweiten Schwangerschaftswoche); hier erfolgen die Befruchtung, die ersten Zellteilungen und die Einnistung der Eizelle im Uterus; Embryonalstadium (Mitte der zweiten bis zur achten Woche), in dem sich die wichtigsten Organsysteme entwickeln; Fetalstadium (ab der neunten Woche nach der Befruchtung)[103], das v. a. D. dem Wachstum und der Ausreifung dient.[104] Die pränatale Entwicklung ist größtenteils genetisch vorprogrammiert, wobei sich bereits hier Umwelteinflüsse[105] bemerkbar machen können.[106]

Körperlich-motorische und sensorische Entwicklung

Die Entstehung eines Menschen beginnt mit der Befruchtung, wenn also ein Spermium in eine Eizelle eindringt und die beiden hälftigen DNS-Stränge[107] zu einer einzigartigen Genkombination verschmelzen. Wenn dieser Prozess erfolgreich ist, teilt sich die befruchtete Eizelle (Zygote) nach ca. 30 Stunden zum ersten Mal[108]; in den folgenden drei bis vier Tagen erfolgt eine ganze Reihe von schnell aufeinander folgenden Zellteilungen.[109] Nach ungefähr fünf bis sechs Tagen differenziert sich die Zellansammlung (diese nennt man nun Blastozyste) in zwei Teile, von denen sich dann einer zum Embryo weiterentwickelt, während aus dem anderen Versorgungsstrukturen entstehen. Am Ende der ersten Schwangerschaftswoche (SSW) kommt es zu einer Einnistung der Blastozyste in die Gebärmutterschleimhaut, am Ende der zweiten SSW ist dann die Keimscheibe gebildet, aus der der Embryo dann entsteht. Somit sind einige relevante Entwicklungsschritte bereits geschehen, bevor die Mutter die Schwangerschaft überhaupt registriert.[110] In der Embryonalzeit ab der dritten SSW setzt dann die Entstehung des Nervensystems, sowie der inneres Organe und äußeren Extremitäten ein. Das erste

---

[103] Zahlreiche Literaturangaben sprechen nur von zwei Stadien, die wesentlich zeitlich großzügiger angesetzt sind: So z. B. Simone Rothgangel, die davon spricht, dass der menschliche Keim in den ersten acht bis zwölf Wochen als Embryo bezeichnet wird und am dem dritten Monat als Fötus bzw. Fetus (Rothgangel, Simone. Kurzlehrbuch Medizinische Psychologie und Soziologie. Stuttgart 2010, S. 109).

[104] Vgl. ebd. Vgl. hierzu *Abb. 4) Drei Stadien der pränatalen Entwicklung mit verschiedenen Bezeichnungen für den menschlichen Keim* im Anhang, S. 265.

[105] „Schädigende Einflüsse verschiedenster Art können die pränatale Entwicklung stören. Je nach Art, Zeitpunkt und Intensität der Schädigung reicht die Spannbreite von kaum merklichen funktionellen Abnormitäten bis hin zum Fruchttod" (Menche, Nicole. Pflege heute. München 2011, S. 126).

[106] Vgl. ebd., S. 125.

[107] Sie erhielten die Hälfte der 46 Chromosomen, die sich in allen normalen menschlichen Körperzellen finden, von ihrer Mutter und die andere Hälfte von ihrem Vater (vgl. Zimbardo, Philip G./ Gerrig, Richard J. Psychologie. München 2008, S. 443).

[108] Vgl. Romahn, Mechthild. Physiologische Entwicklung der Schwangerschaft (S. 83-112), in: Mändle, Christine/ Opitz-Kreuter, Sonja/ Wehling, Andrea (Hrsg.). Das Hebammenbuch. Lehrbuch der praktischen Geburtshilfe. Stuttgart 2007, S. 83.

[109] Vgl. Gassen, Hans-Günther/ Minol, Sabine. Die Menschen Macher. Weinheim 2006, S. 260.

[110] Vgl. Schneider/ Lindenberger 2012, S. 160.

Verhalten jedes Kindes ist hierbei der Herzschlag, der mit etwa drei Wochen einsetzt, wo der Embryo gerade mal 0,4cm groß ist.[111]

Jeder Mensch durchlebt bei seiner embryonalen Entwicklung die Stadien der früheren Stammesentwicklung. So entwickeln sich bereits nach etwa 17 Tagen nach der Befruchtung durch die am Embryo entstehende Neuralrinne erste Ansätze des Gehirns und aus der sich zum 27. Tag das Neuralrohr als Vorläufer von Rückenmark und Gehirnstamm entwickelt (bis zur Geburt sind der Gehirnstamm und das Rückenmark nahezu vollständig entwickelt). Rückenmark und Stammhirn bilden die älteren, hinteren Abschnitte des Gehirns und werden manchmal auch Reptiliengehirn genannt, da sie für die Steuerung der Überlebensreaktionen zuständig sind (Regulation der Atemmuskulatur, des Herz-Kreislaufsystems, Körpertemperatur und vegetatives Nervensystem).[112] Die mittleren Abschnitte bestehen aus Mittel- und Zwischenhirn. Hier ist auch das limbische System beheimatet, das eine zentrale Rolle bei Gefühlen spielt („emotionales Gehirn").[113] Der dritte Abschnitt ist der sich am spätesten und langsamsten entwickelnde Teil des Gehirns (Vorderhirnhemisphären, orbifrontaler Kortex/ kognitives Gehirn), der dazu benötigt wird, diverse Fähigkeiten[114] auszuüben.[115]

Schon ab der fünften bis sechsten Woche nach der Befruchtung beginnt der Embryo seinen Kopf und sein Rückgrat zu beugen. Mit etwa sieben Wochen ist so etwas wie „Schluckauf" zu beobachten.[116] In der siebten[117] bzw. achten SSW ist das Nervensystem dann bereits so weit ausgereift und mit den Extremitäten verbunden, dass bereits erste, jedoch zunächst noch unkoordinierte Bewegungen und einfache Reaktionen auf Berührungen möglich sind. Weitere Entwicklungsschritte in der Embryonalzeit sind der

---

[111] Vgl. Zimbardo/ Gerrig 2008, S. 443.

[112] Vgl. Fritsch, Gerlinde Ruth. Der Gefühls- und Bedürfnisnavigator. Gefühle und Bedürfnisse wahrnehmen. Paderborn 2010, S. 11.

[113] Vgl. ebd.

[114] Aufrecht gehen zu lernen, lesen, schreiben, rechnen; Fähigkeit, ein Selbstbild und Selbstwirksamkeitskonzepte zu entwickeln, psychosoziale Kompetenzen auszubilden, Handlungen planen und die Folgen des eigenen Handelns abschätzen zu lernen, sich selbst zu motivieren und die aus älteren Bereichen des Gehirns aufsteigenden Impulse und Triebe kontrollieren zu lernen (vgl. Hüther, Gerald/ Krens, Inge. Das Geheimnis der ersten neun Monate. Unsere frühesten Prägungen. Weinheim/ Basel 2008, S. 75).

[115] „Die drei Gehirnteile entstehen in der Gehirnentwicklung im Allgemeinen nacheinander, so dass von einer Entwicklung von unten nach oben gesprochen werden kann. Bis zur Geburt sind Gehirnstamm und Rückenmark nahezu vollständig entwickelt. Nach der Geburt beginnt die Myelinisierung der mittleren Gehirnregionen; die Myelinisierung des Kortex ist am langsamsten und unregelmäßigsten und dauert bis lange nach der Geburt und der ersten Lebensjahre an" [Verdult, Rien. Die Neuverdrahtung des Gehirns. Zerebrale Entwicklung, pränatale Bindung und ihre Konsequenzen für die Psychotherapie (S. 47-80), in: Schindler, Peter (Hrsg.). Am Anfang des Lebens. Neue körperpsychotherapeutische Erkenntnisse über unsere frühesten Prägungen durch Schwangerschaft und Geburt. Band 7: Körper und Seele. Basel 2011, S. 70f.; vgl. Fritsch 2010, S. 11]. Vgl. hierzu *Abb. 5) Dreiteiliges Gehirn* im Anhang, S. 265.

[116] Vgl. Reh-Bergen 2007, S. 3.

[117] Vgl. Eggers, Christian. Die somatische Entwicklung und ihre Varianten (S. 3-26), in: Fegert, Jörg M./ Eggers, Christian/ Resch, Franz (Hrsg.). Psychiatrie und Psychotherapie des Kindes- und Jugendalters. Berlin/ Heidelberg 2004, S. 5.

Beginn der Entwicklung der Sinnesorgane (der Tastsinn ist hierbei der zuerst entstehende Sinn; bereits mit fünfeinhalb Wochen zeigt der Fetus Reaktionen auf Berührung der Lippen und Nase)[118] und die Entwicklung der Geschlechtsorgane.[119]

Bei der dann einsetzenden, als Fetalstadium titulierten, Zeit, sind dann alle zentralen Organe sowie Körperteile angelegt, sodass die weitere Entwicklung v. a. D. durch Größenwachstum, Differenzierung, Koordination und pränatales Leben geprägt ist. In der zwölften SSW sind dann, bedingt durch die Reifung des zentralen und peripheren Nervensystems sowie der Muskeln, erste koordinierte Bewegungen möglich, die dann für die Mutter ab der 17. bis 20. SSW spürbar sind.[120] Auch reifen zu dieser Zeit auditorische und visuelle Sinnesorgane heran, sodass in der 20. SSW bereits erste Reaktionen auf Geräusche, sowie Lichtreize auftreten. Spätestens ab dem sechsten Schwangerschaftsmonat ist eine Reaktion des ungeborenen Kindes auf Außengeräusche mit Veränderungen in ihren Bewegungen und der Pulsfrequenz zu vernehmen. Ab der 23. SSW können Föten dann bereits auf Hörreize reagieren, allerdings nur auf laute Geräusche und nur auf bestimmte Frequenzen; ab der 35. Woche ist der Gehörsinn dann bereits differenziert und Tonhöhen und Klänge können unterschieden werden.[121] Auch kann der Fetus ca. ab der 28. Gestationswoche Gerüche wahrnehmen.[122]

Im dritten Schwangerschaftsdrittel sorgt dann das Wachstum der Großhirnrinde[123] (zerebraler Kortex) für eine fortschreitende neurologische Organisation, sodass ab der 28. SSW wechselnde Phasen von Wachheit und Inaktivität auftreten. Außerdem besteht eine zunehmende Reaktionsbereitschaft auf äußere Reize, auch erste Reflexe treten auf (z. B. Greifen).[124]

Fand die Entwicklung des Gehirns und der Sinnesorgane zunächst unabhängig voneinander statt, kommt es zwischen der 25. bis 37. SSW zur Verschaltung.[125] Ab diesem

---

[118] Vgl. Becker 2006, S. 10.

[119] Vgl. Schneider/ Lindenberger 2012, S. 161.

[120] In der zehnten Woche berührt das Kind dann z. B. das Gesicht mit der Hand, ab der zwölften Woche ist es dann zum Saugen und Schlucken fähig. Auch Räkeln, Strecken, Schaukeln, sich Abstoßen und Greifen sind weitere Aktivitäten eines Fetus. Dieses „Training" dient verschiedenen Aspekten: -Kräftigung der Muskulatur, -Feinabstimmung der Regelkreise, die die Motorik steuern, -Vorbereitung auf Atmung und Verdauung (Becker 2006, S. 10).

[121] Vgl. ebd., S. 11.

[122] Vgl. ebd.

[123] „Zwei Wachstumsschübe charakterisieren das Gehirnwachstum: Der erste findet zwischen dem dritten und fünften Gestationsmonat statt. In dieser Zeit vermehren sich die Nervenzellen rapide, zugleich ist das Risiko für eine Schädigung des Gehirns besonders hoch. Der zweite Wachstumsschub beginnt wenige Wochen vor der Geburt und hat seinen Höhepunkt im dritten bis vierten Monat nach der Geburt. In dieser Zeit findet die Ausdifferenzierung der Nervenzellen statt; es bilden sich Dendriten und Synapsen. Das höchste Ausmaß der Myelinisierung wird erst im dritten Lebensjahr erreicht" (Rothgangel 2010, S. 110).

[124] Vgl. Schneider/ Lindenberger 2012, S. 161.

[125] Obwohl der Fetus bereits vorher sehr „kompetent" wirkte, war er bis zur 22. SSW jedoch noch nicht

Zeitpunkt sind die neurophysiologischen Grundlagen für Lernerfahrungen über die Sinnesorgane gelegt.[126] Ab der 30. SSW wird der Körper dann auf das Leben außerhalb des Mutterleibs vorbereitet, sodass u. a. die Lungen ausreifen, eine Fettschicht in der Haut angelegt wird (u. a. zur Temperaturregulation) und der Fetus Antikörper aus dem Blut der Mutter (Immunsystem) erhält.[127] Da im letzten Schwangerschaftsdrittel nicht mehr viel Bewegung in der Gebärmutter möglich ist, stehen für das Kind in dieser Zeit das Hören[128], die propriozeptive[129] und taktile Wahrnehmung im Vordergrund. Es spürt die Berührung des Fruchtwassers sowie den Druck der Gebärmutterwand, zudem riecht, schmeckt und hört es; so bereitet es sich bereits auf seine neue Umwelt vor.[130]

Als gesichert kann angenommen werden, dass sich die vorgeburtliche Entwicklung jedoch nicht nur etwa auf die körperliche Entwicklung eines Menschen bezieht. Trotz der „Unreife" eines Fetus erwirbt dieser eine Menge von Eindrücken und Erfahrungen, die ihn auf das Leben nach der Geburt vorbereiten.[131] Auf diese kognitiven Aspekte möchte ich nun kurz eingehen.

Geistige/ kognitive Entwicklung

Als Kognitionen versteht man Erkenntniseinheiten des Bewusstseins, die auf Sinneserfahrungen, Vorstellungen, Denken und/ oder Erinnern beruhen. Kognitive Prozesse sind Prozesse der Informationsverarbeitung und der Handlungssteuerung des Menschen im Licht von Bewertungen und des verfügbaren Wissens. Diese Prozesse können auf sehr unterschiedlichem Niveau, je nach Entwicklungsstand des Individuums, stattfinden.[132] Die geistige Entwicklung beginnt bereits pränatal und es ist belegt, dass das Kind bereits im Mutterleib eine Wahrnehmungsfähigkeit besitzt.[133] Die Frage, ob man sich an das Leben vor der Geburt erinnern kann, wirft immer wieder neues Interesse auf, insbesondere, wenn es um negative Einflüsse wie Traumata oder schweren Stress der

---

alleine überlebensfähig, da u. a. die Lungen und das Verdauungssystem noch nicht ausreichend entwickelt sind; auch kann das Gehirn hier noch nicht die Atemfunktion steuern oder die Körpertemperatur regulieren (vgl. ebd.).

[126] Vgl. Rothgangel 2010, S. 110.

[127] Vgl. Schneider/ Lindenberger 2012, S. 161.

[128] Daher ist verständlich, dass das ungeborene Kind viele Geräusche erreichen kann, wie z. B. den Herzschlag, das Pulsieren der großen Blutgefäße, Darmgeräusche und die Sprache der Mutter (vgl. Reh-Bergen 2007, S. 5).

[129] „Propriozeption ist die Wahrnehmung der Lage und Stellung der Körperteile sowie der Bewegung des Organismus" (Behrends, Jan C. u. a. Physiologie. Stuttgart 2010, S. 594).

[130] Vgl. Becker 2006, S. 11.

[131] Vgl. Reh-Bergen 2007, S. 5. Vgl. *Abb. 6) Wichtige Schritte der vorgeburtlichen Entwicklung* im Anhang, S. 266.

[132] Vgl. Thanner, Moritz. Kinderheilkunde für Heilpraktiker und Heilberufe. Lehr-, Lern- und Praxisbuch. Stuttgart 2004, S. 31.

[133] Vgl. Menche 2011, S. 125.

Mutter während Schwangerschaft und Geburt geht. Um sich an diese Frage anzunähern, ist es jedoch relevant zwei Arten des Erinnerns zu unterscheiden, die in Kapitel 2.3.3 nochmal genauer behandelt werden: 1) bewusste, explizite Erinnerungen (die man als Gedächtnis bezeichnet) und 2) unbewusste, implizite Erinnerungen.[134] Die bewussten Erinnerungen enthalten Fakten und Ereignisse und mithilfe des expliziten Gedächtnisses ist es uns möglich, zu wissen, wer wir sind was und wann wir etwas erlebt haben usw. Die unbewussten Erinnerungen hingegen enthalten eine Fülle von Eindrücken, Gewohnheiten, erlernten motorischen, perzeptiven und kognitiven Fähigkeiten und Konditionierungen. Zunächst entwickelt sich jedoch das implizite Erinnern, weswegen in der Pränatalzeit nur von dieser Art Erinnerungen auszugehen ist.[135] Bereits dem Fetus ist es somit möglich, Erfahrungen abzuspeichern, sodass das Kind also Erinnerungen an die vorgeburtliche Zeit hat, die z. B. die Wahrnehmung und das Lernen beeinflussen, jedoch sind sie nicht explizit abrufbar, da sich die neurologischen Strukturen, die hierzu notwendig wären, nur langsam und bis in die späte Kindheit hinein entwickeln.[136] Untersuchungen konnten zudem zeigen, dass das Gedächtnis eines Fetus nicht nur auf das kurzfristige Wiedererkennen beschränkt ist, sondern Säuglinge sich nach der Geburt an Erfahrungen erinnern, die sie im Mutterleib gemacht haben, oft sogar bereits Monate später.[137] Vor allem im dritten Schwangerschaftsdrittel sind die Lernfähigkeit und das Gedächtnis des Fetus so weit entwickelt, dass pränatale Erfahrungen über die Geburt hinweg und über längere Zeiträume bestehen bleiben.[138]

Insgesamt lassen sich einige Lernprozesse in dieser Phase erkennen,[139] sodass ein Hinweis auf intrauterines Lernen z. B. der Prozess der Gewöhnung ist. Ab der 23. Woche ist nachweisbar, dass der Fetus sich an Reize zu gewöhnen scheint und nicht mehr auf diese reagiert.[140] Auch eine weitere Form des Lernens, die klassische Konditionierung, konnte bereits bei fünfeinhalbmonatigen Feten nachgewiesen werden. Eine

---

[134] Vgl. Becker 2006, S. 12.
[135] Implizite Erinnerungen machen es möglich zu wissen, wie etwas gemacht wird; zwar benötigt es etwas Übung, bis dieses Wissen abgespeichert ist, doch dann sind die Erfahrungen relativ stabil (so dass z. B. das Fahrradfahren nicht wieder verlernt wird) (vgl. ebd.).
[136] Vgl. ebd.
[137] Mennella Julie. A./ Jagnow, Coren P./ Beauchamp, Gary. K. Prenatal and postnatal flavor learning by human infants. Pediatrics, 107(6): E88. 2001.
[138] Vgl. Schneider/ Lindenberger 2012, S. 164.
[139] Vgl. Drude, Carsten (Hrsg.). Geistes- und Sozialwissenschaften. München 2008, S. 24.
[140] „Föten mit Störungen wie Downsyndrom, Sauerstoffmangel, Nikotinkonsum der Mutter entwickeln kein normales Gewöhnungsmuster. Ihnen fehlt also eine wichtige Möglichkeit, anhaltende, bedeutungslose Reize zu unterdrücken" (ebd.).

gewisse Musik, die die Kinder intrauterin hörten, löste nach der Geburt auch die gleiche Reaktion hervor wie intrauterin.[141]

Heutzutage wird davon ausgegangen, dass Lernerfahrungen im Zentralnervensystem (ZNS) gespeichert werden, indem neue Verbindungen zwischen Nervenzellen entstehen bzw. vorhandene Verbindungen verändert werden. In der Pränatalzeit wird die Grundlage für diese Prozesse geschaffen und hierbei kommt es zunächst zu einer Überproduktion an Neuronen und neuronalen Verbindungen. Aber bereits in dieser Zeit setzen auch gegenläufige Prozesse ein, indem Neuronen absterben (Apoptose) oder neuronale Verbindungen gekappt werden (Pruning). Dieser gleichzeitige Auf- und Abbau ermöglicht eine Selektivität der Entwicklung, denn durch das Absterben nicht genutzter Neuronen entstehen Freiräume für benötigte neuronale Verbindungen. Hierbei bestimmen Erfahrungsproesse, welche Verbindungen gestärkt werden und welche nicht.[142]

Die pränatale Entwicklung ist also zum Großteil genetisch vorprogrammiert, aber auch hier machen sich bereits Umwelteinflüsse bemerkbar. Denn obwohl das im Fruchtwasser schwebende Ungeborene im Uterus geschützt und von vielen Reizen abgeschirmt erscheint, ist es einer Menge von Reizen ausgesetzt, die auf die werdende Mutter einwirken und in seinem Nervensystem verarbeitet werden und seine Entwicklung beeinflussen können. Jüngere Forschungsergebnisse legen somit nahe, dass das Erleben des Fetus Auswirkungen auf seine weitere Entwicklung hat.[143] So spricht man von einigen vorgeburtlichen Risikofaktoren, die die gesunde Entwicklung des Kindes auf verschiedene Art und Weise[144] beeinträchtigen können (Teratogene)[145]: Krankheiten,

---

[141] Vgl. ebd.

[142] Bei der immensen Komplexität des ZNS bedeutet dies nicht, dass Fähigkeiten unwiederbringlich verloren gehen, wenn bestimmte Erfahrungen ausbleiben. Doch es heißt, dass durch das Zusammenwirken von Reifung und Erfahrung diejenigen Bereiche des ZNS gestärkt werden, die für die Lebenswelt des Individuums wichtig sind (vgl. Schneider/ Lindenberger 2012, S. 164).

[143] Vgl. Reh-Bergen 2007, S. 3.

[144] Die Wahrscheinlichkeit einer Schädigung des Kindes hängt neben dem Ausmaß der Einwirkung auch von dem Zeitpunkt des Auftretens des Risikofaktors innerhalb der pränatalen Entwicklung ab. Speziell innerhalb der ausgeprägten Wachstumsphasen sind das zentrale Nervensystem und die Sinnesorgane besonders gefährdet. Solche Einflüsse wirken sich während der ersten drei Schwangerschaftsmonate vor allem schädigend auf die Organentwicklung des Kindes aus. Im Fötalstadium beeinträchtigen solche schädigenden Einflüsse insbesondere die Sauerstoff- und Nahrungsversorgung, die Gehirnentwicklung sowie die Aktivität des Fetus (vgl. Joswig 2003). Auch ist eine potentielle Schädigung u. a. abhängig von der Art des Einflusses und von der Dosis während der Schwangerschaft. Daher ist es relativ schwierig vorhersagbar, ob potentiell schädigende Umwelteinflüsse die pränatale Entwicklung tatsächlich beeinflussen werden und, wenn ja, welche Bereiche wie stark geschädigt sein werden (vgl. Schneider/ Lindenberger 2012, S. 161).

[145] Direkte Auswirkungen von Teratogenen beziehen sich auf Fehlentwicklungen von Körperstrukturen und/ oder Organen. Indirekte Auswirkungen von Teratogenen zeigen sich erst zu späteren Zeitpunkten im Verhalten und Erleben des Kindes, z. B. in Aufmerksamkeits-, Lern- oder Verhaltensproblemen. Man geht davon aus, dass Teratogene Mikrodefekte im zentralen Nervensystem verursachen können, z. B. eine verminderte Anzahl neuronaler Verbindungen oder Störungen der chemischen Informationsübertragung zwischen den Neuronen, welche sich wiederum auf das spätere Verhalten auswirken. Da aber auch andere

Einnahme bestimmter Medikamente, Drogen, Alkohol, Rauchen, Umweltgifte, ionisierende Strahlung wie Röntgen, Fehl- oder Unterernährung der Mutter, mangelnde Versorgung durch die Plazenta (steigt bei höherem Alter der Mutter) etc. Neben den gesundheitlichen Risiken können aber auch genetische Risikofaktoren und auch psychische Belastungen (wie z. B. die Ablehnung des Kindes, Tod des Partners, schwierige Lebensumstände) die Entwicklung des Kindes negativ beeinflussen.[146]

Sozio-emotionale Entwicklung

Etwa acht Wochen vor der Geburt kann das heranwachsende Kind die mütterlichen Herztöne und Umweltgeräusche hören und es beruhigt sich, wenn die Mutter z. B. über den Bauch streichelt.[147] Das Ungeborene bindet sich somit über sensorische Wahrnehmung, doch auch durch Riechen und Hören stellt der Fetus sicher, dass er bevorzugt auf die Umgebung reagiert, die sich nach seiner Geburt höchstwahrscheinlich um ihn sorgen wird. Diese sensorische Grundausstattung kann man somit als Ursprung von Bindung, wie man sie heute definiert, verstehen. Ein genauer Zeitpunkt, wann diese Bindung exakt beginnt, ist schwer festzumachen. Man kann jedoch davon ausgehen, dass Reiz-Reaktionsschleifen ab dem Zeitpunkt der Empfängnis bereits einsetzen, da sich immerhin die Eizelle ein Spermium aussucht, mit dem sie interagieren kann.[148]

Jede Empfindung der Mutter sowie Außenreize übertragen sich auf das Kind. Auch die Einstellung der werdenden Mutter zu ihrem Kind ist für seine Entwicklung, seine Persönlichkeit, seine Beziehungen sowie sein soziales Verhalten von Bedeutung.[149] Die emotionale Einstellung der Mutter beeinflusst somit auch die emotionale Entwicklung und Bindungsfähigkeit des Babys, da das Kind direkt erlebt, ob sich seine Mutter freut, ob sie unter Stress steht, wie sie sich fühlt oder wie ihre Einstellung gegenüber ihrem Kind ist. Die gelingende Kommunikation der Mutter mit dem ungeborenen Kind schafft eine tiefe beidseitige Verbindung, die gerade für das Kind zu einer unschätzbaren Ressource wird.[150] Insgesamt gilt die Entwicklung der Beziehung zum ungeborenen

---

Faktoren zu Problemverhalten des Kindes führen können (z. B. familiäre Probleme), ist die Kausalität von indirekten teratogenen Wirkungen schwierig nachzuweisen (vgl. ebd., S. 161f.).

[146] Vgl. Rothgangel 2010, S. 110. Für eine noch ausführlichere Übersicht über Teratogene vgl. Deutsch, Johann/ Schnekenburger, Franz G. Kinderchirurgie für Pflegeberufe. Stuttgart 2009 , S. 127f. Vgl. *Abb. 7) Empfindliche Phasen der Schwangerschaft* im Anhang, S. 266.

[147] Vgl. Menche 2011, S. 126.

[148] Vgl. Trautmann-Voigt, Sabine/ Voigt, Bernd. Grammatik der Körpersprache. Ein integratives Lehr- und Arbeitsbuch zum Embodiment. Stuttgart 2012, S. 57.

[149] Vgl. Hidas, György/ Raffai, Jenö. Nabelschnur der Seele. Psychoanalytisch orientierte Förderung der vorgeburtlichen Bindung zwischen Mutter und Baby. Gießen 2006, S. 17.

[150] Vgl. ebd., S. 49ff.

Kind als wichtige Voraussetzung für die postnatale Mutter-Kind-Beziehung.[151] Herrschen in der pränatalen Zeit jedoch zu viele stressvolle Stimuli oder negative Einflüsse, so kann es neben Störungen der Hirnentwicklung, die Auswirkungen auf den Aufbau der Nervenzellen, das Hirnvolumen und die Gehirninnenräume haben, auch zu Störungen der Bindungsfähigkeit nach der Geburt kommen. Dies drückt sich dadurch aus, dass diese Kinder z. B. ein schwach ausgeprägtes Geborgenheitsgefühl mit auf die Welt bringen und ängstlicher, unsicherer und schwerer zu beruhigen sind als Kinder mit günstigen pränatalen Erfahrungen (vgl. Kapitel 3.6 und 3.7.2).[152]

2.3.2) Das Neugeborene

Körperliche-motorische Entwicklung

Das reif geborene mitteleuropäische Kind ist im Durchschnitt 50 bis 53cm lang und wiegt ca. 3.500g,[153] wobei die männlichen Neugeborenen durchschnittlich 100g schwerer sind als die Mädchen. Bei der Körperlänge gibt es nur unwesentliche Unterschiede zwischen den Geschlechtern.[154]

Bei der Geburt besitzt das Neugeborene[155] Fähigkeiten in den Bereichen der Motorik, der Wahrnehmung und dem Lernen. Relevante Aufgaben bestehen darin, den Körper an die nun neue Umgebung außerhalb des Mutterleibs anzupassen, Körperfunktionen zu regulieren und in eine Beziehung zu den Menschen zu treten, die ihm das Überleben sichern.[156] Obwohl Föten im Mutterleib schon sehr koordinierte Bewegungen ausführen konnten, so wirken Neugeborenen zunächst schwach und hilflos.[157] Auch gelingt bei einem Neugeborenen die Koordination der einzelnen Extremitäten noch nicht gut, sodass an vielen Bewegungen der ganze Körper beteiligt ist. Die Hände sind meistens zu einer Faust geballt, das Strampeln wirkt ruckartig und der Kopf kann noch nicht selbstständig gehalten werden. Mit der schnell zunehmenden Muskulatur und Verbesserung der Koordination können die meisten Kinder jedoch bereits nach zwei Wochen

---

[151] Vgl. Munz, Dorothee. Die pränatale Mutter-Kind-Beziehung (S. 162-172), in: Strauß, Bernhard/ Buchheim, Anna/ Kächele, Horst (Hrsg.). Klinische Bindungsforschung. Stuttgart 2002, S. 162.
[152] Vgl. Trautmann-Voigt/ Voigt 2012, S. 56f.
[153] Vgl. Joswig 2003.
[154] Vgl. Mayatepek, Ertan. Pädiatrie. München 2007, S. 27.
[155] Als Neugeborene bezeichnet man lebendgeborene Kinder in der Zeit vom ersten Atemzug bis zum Alter von vier Wochen [vgl. Köster, Hella/ Schwarz, Clarissa. Das Risikoneugeborene (S. 127-169), in: Deutscher Hebammenverband (Hrsg.). Das Neugeborene in der Hebammenpraxis. Stuttgart 2010, S. 127; vgl. Sitzmann, Friedrich Carl. Pädiatrie. Stuttgart 2007, S. 71], selten auch von sechs bis acht Wochen (vgl. Schneider/ Lindenberger 2012, S. 165).
[156] Vgl. ebd., S. 160f.
[157] Grund hierfür ist, dass die fötalen Bewegungen mit der unterstützenden Wirkung des Fruchtwassers erfolgen (vgl. ebd., S. 166).

ihren Kopf aus der Bauchlage anheben,[158] zudem zeigt das Neugeborene motorisch besser differenzierte und strukturierte Verhaltensmuster, die man früher für Reflexe hielt und heute als Reaktionen bezeichnet. Diese verschwinden z. T. wieder und werden erst Monate später wieder in abgewandelter und angepasster Form aufrauchen.[159] Zu diesen Reaktionen gehört bspw. das Drehen des Kopfes zu einer Berührungsquelle, saugen, greifen, kriechen, schreiten, Schwimmbewegungen sowie Nachahmungen.[160] Bei der Geburt wird auf diese Reaktionen getestet, was über den Entwicklungsstand von Motorik und Nervensystem Aufschluss geben soll.[161]

Sensorik und Wahrnehmung

Gingen frühere Modelle der Wahrnehmung von Neugeborenen davon aus, dass Informationen zunächst getrennt in einzelnen Sinnesmodalitäten vorliegen und eine integrierte Verarbeitung erst nach einigen Lebensmonaten möglich ist, machen moderne Methoden hingegen eine intermodale Integration bei Neugeborenen deutlich, also eine Integration von Informationen aus verschiedenen Sinnesmodalitäten zu einem einheitlichen Wahrnehmungseindruck.[162]

Tasten/ Fühlen:

Neugeborene können mit dem Mund bereits Objekte unterscheiden und setzen ihn zum Tasten ein, die Hände haben diese Funktion jedoch noch nicht übernommen.[163]

Berührungen zu fühlen ist für ein Neugeborenes besonders wichtig, da sie zur Stressreduktion beitragen, auf das Immunsystem und auf das emotionale Wohlbefinden sowie das kognitive Potential und den allgemeinen Gesundheitszustand wirken.[164] Föten und Neugeborene können bereits Qualitätsunterschiede von Berührungen ausmachen, sodass ein angenehmer Reiz z. B. zu einer Hinwendung des Körpers und ein schmerzhafter Reiz zum Zurückziehen führen.[165]

---

[158] Vgl. Oerter, Rolf/ Montada, Leo. Entwicklungspsychologie. Weinheim 2002, S. 146.

[159] Zur Erklärung und Kritik hieran zum Verschwinden hiervon vgl. Schneider/ Lindenberger 2012, S. 166f.

[160] Vgl. hierzu ausführlicher Flehmig 2007, S. 12ff.
Auf diese Reaktionen soll an dieser Stelle nicht ausführlicher eingegangen werden, sondern hierfür auf die Tabellen im Anhang verwiesen werden: Vgl. *Abb. 8) Untersuchungen zur Früherkennung sensomotorischer Störungen beim Neugeborenen* und *Abb. 9) Typische Reaktionen von Neugeborenen auf spezifische Reize (Auswahl)* im Anhang, S. 267f.

[161] Vgl. hierzu und zu den weiteren Vorsorgeuntersuchungen Beise, Uwe/ Heimes, Silke/ Schwarz, Werner. Gesundheits- und Krankheitslehre. Das Lehrbuch für die Pflegeausbildung. Heidelberg 2009, S. 31f.

[162] Vgl. ebd., S. 170. Beispiel: Akustische Lokalisation: „Wenn ein Neugeborenes den Kopf in Richtung eines Geräuschs dreht, muss es hören, von welcher Seite das Geräusch kommt, fühlen, zu welcher Seite sich der Kopf dreht, und sehen, was eine mögliche Quelle des Geräusches sein könnte" (ebd.)

[163] Vgl. Becker 2006, S. 13.

[164] Vgl. hierzu Eliot, Lise. Was geht da drinnen vor? Die Gehirnentwicklung in den ersten fünf Lebensjahren. Berlin 2003.

[165] Vgl. Schneider/ Lindenberger 2012, S. 167.

Schmecken und Riechen:

Geschmack und Geruch werden durch Rezeptoren in Mund und Nase vermittelt, welche im Speichel gelöste bzw. über die Atemluft aufgenommene chemische Stoffe registrieren und analysieren. Neugeborene können bereits so gut wie Erwachsene riechen und insbesondere den Geruch der mütterlichen Brust von anderen laktierenden Frauen unterscheiden. Die frühe Funktion des Geruchs sichert, dass das Kind die mütterliche Brust findet, den Nahrungsbedarf stillt und die Bindung zur Mutter gesichert wird. Der Geschmackssinn ist bereits in der Pränatalzeit vorhanden und auch Neugeborene unterscheiden verschiedene Geschmacksrichtungen, was man u. a. an ihren mimischen Reaktionen hierauf erkennen kann.[166]

Hören:

Das Hörvermögen des Neugeborenen macht es ihm bereits möglich, Stimme und Sprache von anderen Geräuschen und Lauten zu unterscheiden und so können sie z. B. die Muttersprache wiedererkennen und präferieren diese auch, sind jedoch auf eine höhere Lautstärke angewiesen als Erwachsene. Insgesamt können sie jedoch niedrige Frequenzen besser unterscheiden als hohe und bevorzugen komplexe Laute (z. B. Stimmen) gegenüber einzelnen Tönen und die sogenannte „Ammensprache" gegenüber der normaler Sprache und am ehesten die Stimme der Mutter im Vergleich zu der einer anderen Frau.[167]

Sehen:

Das Sehen ist der am wenigsten entwickelte Sinn bei der Geburt, da im Mutterleib nur wenige Seherfahrungen gemacht werden können, zudem sind visuelle Gehirnareale und die Augen noch nicht vollständig ausgebildet.[168] Scharf sehen können die Neugeborenen somit nur auf 20-25cm Entfernung[169] bei mittlerer Helligkeit und unterscheiden bereits Formen und Größen und bewegte Objekte von unbewegten. Die Augen können noch nicht zwischen nah und weit akkommodieren und auch das Fixieren mit beiden Augen fällt dem Neugeborenen noch schwer. Das Farbsehen ist ihnen bereits möglich,

---

[166] Vgl. ebd. „Bei Neugeborenen lässt sich eine hohe Sensibilität und Affinität für Süßes feststellen, hingegen wird Saures ebenso wie Bitteres abgelehnt. Bei salzigem Geschmack reicht das Spektrum von Ablehnung über Indifferenz bis hin zur Präferenz. Da für den Menschen ungenießbare Stoffe häufig bitter oder sauer schmecken, ist die angeborene Ablehnung dieser beiden Geschmacksqualitäten als Schutz vor der Aufnahme derartiger Stoffe zu verstehen" [Hebebrand, Johannes. Riechen, Schmecken und Essen (S. 154-160), in: Herpertz-Dahlmann u. a. (Hrsg.). Entwicklungspsychiatrie. Biopsychologische Grundlagen und die Entwicklung psychischer Störungen. Stuttgart 2008, S. 156].

[167] Vgl. Schneider/ Lindenberger 2012, S. 169.

[168] Vgl. ebd.

[169] Bereits mit acht Monaten verfügen Kinder dann aber bereits über eine ähnliche Sehschärfe wie Erwachsene (vgl. ebd.).

jedoch noch nicht ausgereift; dennoch werden Farben und Schwarz-Weiß-Kontraste gegenüber grauer Farbe präferiert. Auch reagieren sie hauptsächlich auf Muster gegenüber homogenen Flächen, auf vertikal symmetrische gegenüber horizontal symmetrischen Mustern sowie auf sich bewegende gegenüber statischen Objekten.[170]

Geistige/ kognitive Entwicklung

Exkurs: Piaget und die kognitive Entwicklung:

Der Schweizer Entwicklungspsychologe Jean Piaget beschäftigte sich seit 1920 mit der Denkweise von Kindern.[171] Er versuchte, ihre Entwicklung des Denkens regelhaft zu beschreiben; sein Stufenmodell leitet sich zum Großteil aus den Beobachtungen seiner eigenen Kinder ab. Er ging davon aus, dass es eine feste Abfolge von Entwicklungsphasen gibt, die alle Kinder (unterschiedlich schnell) durchlaufen und die nächste Phase dann dadurch erreicht wird, dass die vorausgehende bewältigt wurde. Die Phasenabfolge läuft nach dem Äquilibrationsprinzip (= Gleichgewichtsprinzip) ab, d. h. dass das Kind durch den Entwicklungsschritt einen Zustand des Gleichgewichts erreicht. Dieser wird zunächst stabilisiert (Assimilation) und dann durch eine neue Umwelterfahrung ins Ungleichgewicht gebracht. Durch die dann erfolgte Anpassung an die neuen Verhältnisse – Akkomodation – erlangt das Kind erneut einen Gleichgewichtszustand, jedoch auf höherem Niveau.[172]

In Piagets Theorie bewegen sich Kinder durch vier Hauptstadien, in welchen sie direkt auf die Umwelt einwirken. Es bilden sich psychologische Strukturen oder Schemata, die eine bessere Anpassung an die äußere Realität schaffen. Schemata verändern sich auf zweifache Weise: Erstens durch Adaptation (die aus Assimilation und Akkomodation besteht), zweitens durch Organisation, also die innere Anordnung von Schemata in ein streng miteinander verbundenes kognitives System.[173] Piaget unterschied hierbei vier Phasen bzw. Stadien und drei Übergänge: 1) Sensomotorische Intelligenz[174] (0 bis zwei Jahre): Entwicklung der sensomotorischen Schemata – *1. Übergang: Entwicklung der Symbolfunktionen*; 2) Präoperatives Denken (zwei bis sieben Jahre): Verinnerlichung der sensomotorischen Schemata zur Repräsentationen – *2. Übergang: Entstehung der*

---

[170] Vgl. ebd.
[171] Vgl. Myers 2008, S. 158.
[172] Vgl. Dietz, Franziska. Psychologie. Band 2: Grundlagen, Krankheitsmodelle und Psychotherapie. Marburg 2006, S. 22.
[173] Vgl. Berk 2011, S. 201f.
[174] Diese unterteilte er wiederum in mehrere Unterstufen: 1) Angeborene Reflexe (Geburt-1 Monat), 2) Primäre Kreisreaktionen (1-4 Monate), 3) Sekundäre Kreisreaktionen (4-8 Monate), 4) Koordination sekundärer Kreisreaktionen (8-12 Monate), 5) Tertiäre Kreisreaktionen (12-18 Monate), 6) Mentale Repräsentationen (18 Monate-2 Jahre) (vgl. ebd., S. 203).

Reversibilität und Ablösung von der unmittelbaren Wahrnehmung; 3) Konkret-operative Logik (sieben bis zehn/ elf Jahre): Ausbildung der Operationen mit konkreten Inhalten – *3. Übergang: Abstraktion von konkreten Inhalten*; 4) Formal-operative Intelligenz (elf/ zwölf bis 16/17 Jahren): Entwicklung der hypothetischen, kombinatorischen und komplexen proportionalen Operationen.[175]

Piaget konnte insgesamt wichtige kognitive Entwicklungsschritte erkennen und inspirierte ein weltweites Interesse an der Frage, wie der Geist sich entwickelt.[176] Neuere Forschungsergebnisse bestätigten Piagets Entdeckung, dass sich die kognitiven Fähigkeiten eines Menschen unabhängig von der jeweiligen Kultur im Wesentlichen immer in dergleichen Reifenfolge entwickeln. Jedoch ist hervorzuheben, dass kleine Kinder kompetenter sind als er annahm und der Entwicklungsverlauf kontinuierlicher ist, als er glaubte.[177] Anscheinend bilden sich rudimentäre Formen der für bestimmte Stufen typischen kognitiven Fähigkeiten bereits auf der vorangehenden Stufe. Es lassen sich aktuell also folgende Kritikpunkte an der Theorie von Piaget zusammentragen: 1) Empirische Prüfungen der Annahmen über die stadientypische Kohärenz des kindlichen Denkens ergaben eine weit größere Variabilität zu diversen Zeitpunkten der Entwicklung, als nach Piaget anzunehmen war. 2) Er unterschätzte die kognitiven Fähigkeiten von jüngeren Kindern und sogar Säuglingen bei Weitem. 3) Seine Theorie ist in Hinblick auf die vermuteten Entwicklungsmechanismen zu vage.[178]

Aus diesem Grund, gerade aufgrund Punkt zwei, möchte ich zusätzlich auf die neuesten Forschungsergebnisse auf diesem Gebiet in Bezug auf das Alter hinweisen.

Wie bereits deutlich wurde, beginnt die kognitive Entwicklung auf Basis der Entwicklung neuronaler Strukturen bereits intrauterin. Der neugeborene Säugling befindet sich im Hinblick auf den Prozess kognitiver Entwicklung in dem von Piaget als sensomotorische Phase bezeichneten Entwicklungsstadium, in welcher der Adaptationsvorgang an die Umwelt primär aus der Koordinierung sensorischer Wahrnehmungen und motorischen Verhaltens besteht. Der Säugling lernt seine Umgebung durch eigene Handlungen kennen und realisiert die Existenz einer äußeren Welt. Auch wenn sich die Sprachproduktion und das Sprachverständnis erst deutlich später entwickeln, werden im Neugeborenenalter bereits die Grundlagen für die Sprachentwicklung gelegt: Neugeborene

[175] Vgl. Kohler, Richard. Jean Piaget. Stuttgart 2008, S. 75.
[176] Aus diesem Grund möchte ich diese Denkanstöße nicht völlig außer Acht lassen.
[177] Es besteht eine breite Übereinstimmung darüber, dass viele kognitive Veränderungen in der Kindheit eher kontinuierlicher als in Phasen oder Stufen verlaufen und dass verschiedene Aspekte der Kognition sich eher unregelmäßig als auf eine integrierte Weise entwickeln (vgl. Berk 2011, S. 209ff.).
[178] Vgl. Schneider/ Lindenberger 2012, S. 390.

nehmen Menschen wahr und versuchen bereits mit ihnen zu kommunizieren. In den ersten Tagen reagieren Neugeborene schon auf vertraute Geräusche mit Lächeln und auf unvertraute Geräusche mit Weinen oder Schreien.[179] Kognitive Errungenschaft von Kindern im Alter von null bis einem Monat sind nach Laura Berk, über die Neugeborenenreaktionen hinaus,[180] „sekundäre Kreisreaktionen, die begrenzte motorische Fähigkeiten benutzen wie Lutschen an einem Sauger, um Zugang zu interessanten Ansichten und Geräuschen zu gewinnen".[181]

Auch wenn noch zahlreiche Fragen zu strukturellen und funktionalen Hirnreifung nicht geklärt sind, ist bekannt, dass Struktur und Funktion von Nervenzellen und die Verbindungen maßgeblich durch Lernen beeinflusst werden. Der Begriff „Lernen" bezieht sich auf die Verhaltensveränderungen in Folge von gesammelten Erfahrungen. Das Baby kommt mit einem „programmierten" Lernvermögen auf die Welt, das ihm hilft, sofort von Erfahrungen zu profitieren. Der Säugling besitzt die Fähigkeit, auf zwei verschiedene Weisen zu lernen, die klassische[182] und die operante[183] Konditionierung. Auch lernt es aufgrund seiner natürlichen Vorliebe für neue Reize sowie durch die Beobachtung anderer Menschen kurz nach der Geburt, sodass es ihm recht schnell möglich ist, den Gesichtsausdruck und die Gesten Erwachsener in seinem Umfeld nachzuahmen.[184]

---

[179] Vgl. Strauß, Bernhard. Entwicklungspsychologische Aspekte (S. 634-639), in: Jorch, Gerhard/ Hübler, Axel (Hrsg.). Neonatologie. Die Medizin des Früh- und Reifgeborenen. Stuttgart 2010, S. 635.

[180] Die adaptive Verhaltensweise, die Piaget ihnen zuschrieb (vgl. Berk 2011, S. 203).

[181] Ebd.

[182] Die klassische Konditionierung als eine der elementarsten Lernformen, wirkt wahrscheinlich bereits pränatal, was sich z. B. daran zeigt, dass Neugeborene beim Erklingen einer bestimmten Melodie, zu der sich die Mutter während der Schwangerschaft regelmäßig entspannen konnte, postnatal ebenfalls mit Entspannung reagieren. Die Melodie wirkt in diesem Zusammenhang offenbar wie ein unkonditionierter Reiz als Hinweis auf Entspannung (DeCasper, Anthony J./ Spence, Melanie J. Prenatal maternal speech influencees newborns' perception of speech sounds (pp. 133-150), in: Infant Behaviour and Development, 9. 1986).

[182] Vgl. Berk 2011, S. 174.

[183] Im Zuge der Untersuchung zu den Kompetenzen des Neugeborenen wurde deutlich, dass operante Konditionierungsprozesse, d. h. eine Veränderung der Auftretenshäufigkeit von Reaktionen infolge von Belohnung und Bestrafung, ebenfalls bereits bei Neugeborenen beobachtbar sind. Dies zeigt sich z. B. in Untersuchungen zum sogenannten Saugpräferenzparadigma, in dem Kinder sehr schnell lernten, ihr Nuckelverhalten so anzupassen, dass sie eine ihnen vertraute Geschichte oder Stimme mit Belohnungscharakter zu hören bekommen (DeCasper, Anthony J./ Fifer, William P. Of human bonding: Newborns prefer their mother's voices (pp. 1174-1176), in: Science, New Series, 208. 1980).

[184] Vgl. Berk 2011, S. 177ff. Auch das Modell- oder Beobachtungslernen kann somit von früh an nachgewiesen werden, wobei sich die Nachahmung des Neugeborenen zunächst nur auf sehr einfache mimische Gesten beschränkt. Gezielte Nachahmungen von einfachen Handlungen lassen sich dann aber bereits drei bis vier Monate später beobachten [vgl. Strauß, Bernhard. Entwicklungspsychologische Aspekte (S. 634-639), in: Jorch, Gerhard/ Hübler, Axel (Hrsg.). Neonatologie. Die Medizin des Früh- und Reifgeborenen. Stuttgart 2010, S. 636]. In der Entwicklungspsychologie lassen sich jedoch verschiedene Auffassungen darüber finden, ob Neugeborene zur Nachahmung im Stande sind. So legen Versuche dar, dass mimische Gesten wie Zunge herausstrecken, Blinzeln, Stirnrunzeln und Fingerbewegungen nachgeahmt werden. Manche Psychologen erklären dies jedoch eher durch Reflexe und Instinkthandlungen, die in Interaktionshandlungen gehäuft auftreten (vgl. Becker 2006, S. 14).

Sozio-emotionale Entwicklung

Das Neugeborene bringt einige Fähigkeiten mit, die eine soziale Interaktion möglich machen, da es menschliche Stimmen und Gesichter bevorzugt und sich ihnen zuwendet; auch mag es sich bewegende Objekte und kann bereits visuelle sowie auditive Wahrnehmungen verknüpfen. Während es noch in den ersten vier Wochen nach der Geburt mit der physischen Anpassung an die neue Umgebung beschäftigt ist und die Wachphasen, in denen es aufnahme- und kontaktbereit ist, noch kurz sind, so wird es nach etwa vier bis sechs Wochen zunehmend wacher; diese Zeit wird von manchen Forschern als das „soziale Erwachen" tituliert, da es hier zum ersten Mal auch ein Lächeln zeigt, wenn man sich ihm zuwendet.[185]

Der Versuch, mit Menschen in ihrer Umgebung zu kommunizieren, geschieht u. a. auch über den emotionalen Gesichtsausdruck der Bezugsperson. Kinder können relativ rasch nach der Geburt die emotionale Gestimmtheit anderer Personen wahrnehmen und sind in ihrem eigenen Verhalten dadurch beeinflusst. Der mimische Affektausdruck spielt somit im Hinblick auf die emotionale Wahrnehmung und Ausdrucksfähigkeit eine große Rolle. Beim Neugeborenen sind jedoch zunächst nur globale und an der Valenz der Gefühle orientierte Emotionsunterscheidungen vorherrschend, die in den folgenden Monaten dann erst ausdifferenziert werden (das Neugeborene zeigt z. B. zunächst nur ganz allgemein ein Disstressschreien, wohingegen zwei Monate später schon zwischen unterschiedlichen Ausdrucksformen des Schreiens differenziert werden kann), ähnlich verhält es sich mit dem Lächeln (Neugeborenenlächeln, 4 Monate später Ausdruck von Freude). Die am frühesten sichtbaren Emotionen mit Regulationsfunktion der Interaktion der eigenen Person sind Ekel (von Geburt an), Interesse und Erregung ab dem ersten Lebensmonat und Freude ab dem zweiten Lebensmonat. Die Selbstregulation als Teil der emotionalen Grundfunktionen beim Neugeborenen ist jedoch zunächst noch sehr rudimentär ausgebildet. Sie sind in den ersten Lebensmonaten sehr rasch durch Umgebungsreize überlastbar und reagieren häufig mit Stress.[186]

Verschiedene stabile individuelle Unterschiede in der Qualität und Intensität von emotionalen Reaktionen, in der emotionalen Selbstregulation sowie im Aktivierungsniveau der Aufmerksamkeit lassen sich bereits in diesem Stadium unterscheiden – hierbei

---

[185] Vgl. ebd. Ob dies jedoch eine Instinkthandlung oder eine konditionierte Reaktion ist, ist noch umstritten. Auch ist nicht sicher, ob das Kind diverse Gefühlszustände anderer Personen unterscheiden und imitieren kann oder ob dies auch nur eine instinktive Verhaltensweise ist (vgl. hierzu Holodynski, Manfred/Friedlmeier, Wolfgang. Emotionen – Entwicklung und Regulation. Heidelberg 2006, S. 94; vgl. Berk 2011, S. 170).

[186] Vgl. Strauß 2010, S. 636.

spricht man von frühkindlichem Temperament[187] und kann als Basis für Persönlichkeitsunterschiede angesehen werden. Als Grundlage des jeweiligen Temperaments[188] kann man individuell ausgereifte Regelkreise des ZNS vermuten, die für die Steuerung von Körperfunktionen und für die Erregungsregulation verantwortlich sind. Stella Chess und Alexander Thomas[189] unterschieden drei Grundtypen des Temperaments: *Einfache Kinder* reagieren mit Interesse und Zuwendung auf neue Reize, haben stabile biologische Rhythmen, eine positive Grundstimmung und sind leicht zu beruhigen; *schwierige Kinder* zeigen häufig negative Reaktionen auf neue Reize, haben unregelmäßige Körperfunktionen und sind leicht irritierbar und schwierig zu beruhigen; nur *langsam aktiv werdende Kinder* zeigen allgemein wenig Aktivität, sie benötigen etwas Zeit, um sich neuen Reizen zuzuwenden (langsame Anpassung) und ihre Grundstimmung ist eher negativ.[190] Das Temperament eines Kindes beeinflusst insgesamt auch die Interaktion sowie das Erziehungsverhalten der Eltern und ist insgesamt ein wichtiger Faktor für die sozioemotionale Entwicklung, jedoch auch für die Entwicklung von Verhaltensstörungen.[191]

2.3.3) Erstes und zweites Lebensjahr

„Die Kindheit hat ihre eigene Art und Weise zu sehen, zu denken und zu fühlen. Es gibt nichts Dümmeres als den Versuch, der kindlichen Sichtweise die Unsere aufzudrücken."[192]

Körperlich-motorische Entwicklung

Damit das Neugeborene in den kommenden Monaten nun immer mehr lernen kann, sich aktiv mit seiner Umwelt auseinanderzusetzen, sind einige Dinge vonnöten, die es in dieser Zeit zu bewältigen gilt: Körperkontrolle; lernen, Dinge in der Umgebung zu erreichen; Fortbewegung; Hände gezielt dazu nutzen, Objekte zu untersuchen.[193] Ersichtlich wird somit zu diesem Zeitpunkt immer mehr, dass die biologische Entwick-

---

[187] Vgl. Heinrichs, Nina/ Lohaus, Arnold. Klinische Entwicklungspsychologie. Weinheim/ Basel 2011, S. 21.

[188] Die Ermittlung hiervon erfolgt über Elternfragebögen, wo Einschätzung bzgl. diverser Dimensionen (z. B. Aktivitätsniveau, Aufmerksamkeitsspanne u. ä.) erfolgen sollen (vgl. ebd.).

[189] Chess, Stella/ Thomas, Alexander. Origins and evolution of behavior disorders. From infancy to early adult life. New York 1984, p. 43ff.

[190] Somit hängen die Art des Temperaments und die frühkindlichen Regulationsfähigkeiten miteinander zusammen (vgl. hierzu Heinrichs/ Lohaus 2011, S. 21).

[191] Vgl. Faix, Wilhelm. Bindung als anthropologisches Merkmal. Die Bedeutung der Eltern-Kind-Beziehung (S. 260-291), in: Hille, Rolf/ Klement, Herbert H. (Hrsg.). Ein Mensch – was ist das? Wuppertal 2004, S. 275. Bereits hier sei jedoch angemerkt, dass ein Mensch diesem „genetischen Schicksal" nicht bedingungslos ausgeliefert ist. Die im Gehirn wirksamen chemischen Botenstoffe sind immer auch zusätzlich ein Produkt der frühkindlichen sowie lebenslangen Erfahrung. Das Temperament kann als „Farbe der Persönlichkeit" oder auch „Stil des Verhaltens" übersetzt werden. Immer kommt es somit darauf an, welches Kind mit welchem Temperament in welche Familie oder Umgebung hineingeboren wird (Wettig 2009, S. 74f.) Vgl. *Abb. 10) Persönlichkeit: Temperament und Charakter* im Anhang, S. 268.

[192] Jean-Jacques Rousseau, 1798, in: Myers 2008, S. 158.

[193] Vgl. Schneider/ Lindenberger 2012, S. 171.

lung des Säuglings und Kleinkinds die Basis für seine psychische Entwicklung darstellt.[194] Dies leuchtet auch ein, wenn man sich überlegt, wie ein Kind Erfahrungen sammeln sollte, wenn es nicht dazu im Stande wäre, die Gegenstände in seiner Umgebung zu betasten oder wie es neue Gegebenheiten erkunden könnte, wenn es sich nicht sicher fühlen würde.[195]

Die Körpergröße eines Säuglings nimmt zwischen der Geburt und dem Ende des ersten Lebensjahres um 50% zu, am Ende des zweiten sogar um 75%. Bei dem Gewicht sind es ähnlich starke Veränderungen, sodass sich im fünften Lebensmonat das Geburtsgewicht bereits verdoppelt, zu Ende des ersten Lebensjahres verdreifacht und im Alter von zwei Jahren vervierfacht hat.[196] Zunächst besitzt das Kind zu Beginn des ersten Lebensjahrs eine Menge an dem sogenannten „Babyspeck", ein Phänomen, das etwa im neunten Monat seinen Höhepunkt findet und der Konstanthaltung der Körpertemperatur dient; während des zweiten Lebensjahres wird die Gestalt dann aber wieder schlanker. Das Muskelgewebe nimmt im Vergleich hierzu jedoch nur sehr langsam zu.[197] Auffallend ist zudem, dass sich in den Wachstumsphasen die verschiedenen Bereiche des Körpers unterschiedlich schnell entwickeln.[198] Man differenziert hier zwei Entwicklungsrichtungen, die die Veränderungen in den Körperproportionen beschreiben: 1) cephalocaudal („vom Kopf zum Steiß"): Dies deutet darauf hin, dass der Kopf sich in der pränatalen Phase schneller als der Rumpf entwickelt, sodass der Kopf bei der Geburt ein Viertel der Gesamtgröße in Anspruch nimmt, die Beine nur ein Drittel. Der Rumpf holt mit der Zeit aber auf, sodass im Alter von zwei Jahren der Kopf nur mehr ein Fünftel so groß wie der gesamte Körper und die Länge der Beine die Hälfte der Gesamtgröße des Kindes ausmacht. 2) proximodistal („körpernah zu körperfern", d. h. von der Körperhauptachse nach außen gehend): In der pränatalen Phase entwickelt sich erst der Kopf, der Brustkorb und der Rumpf, anschließend Arme und Beine und zuletzt Hände und Füße. Auch im Säuglings- und Kleinkindalter wachsen Arme und Beine etwas schneller als Hände und Füße.[199]

---

[194] Vgl. Myers 2008, S. 155.
[195] Vgl. Mietzel, Gerd. Wege in die Entwicklungspsychologie. Kindheit und Jugend. Weinheim 2002, S. 102ff.
[196] Hinzufügen lässt sich hier, dass die Zunahme von Gewicht und Körpergröße nicht gleichmäßig vonstattengeht und es hier individuelle und kulturelle Unterschiede gibt. So z. B. das Geschlecht (Mädchen sind etwas kleiner und nicht so schwer und weisen einen höheren Anteil an Muskelfett auf als Jungen), ethnische Unterschiede (Unterernährung etc.), Unterschiede im Wachstumstempo (Kinder entwickeln sich hinsichtlich Körpergröße und Proportionen unterschiedlich schnell; Mädchen gelten als körperlich reifer, was womöglich als bessere Resistenz gegenüber schädlichen Umwelteinflüssen beitragen kann) (vgl. Berk 2011, S. 158).
[197] Vgl. ebd., S. 157f.
[198] Vgl. hierzu Zimbardo/ Gerrig 2008, S. 447.
[199] Vgl. Berk 2011, S. 158.

Gehirn

Eine zentrale Rolle für die motorische Entwicklung spielt die Gehirnentwicklung, die sich auch im Säuglings- und Kleinkindalter in ganz erstaunlicher Geschwindigkeit weiterentwickelt,[200] weil mit fortschreitendem Reifungsprozess der Muskeln sowie des Nervensystems komplexere Abläufe von Bewegungen und deren Koordination möglich werden.[201] Es ist vor allem die rasant zunehmende Anzahl der Verbindungen, in Abhängigkeit von den Lernanregungen durch die Umwelt, zwischen den einzelnen Neuronen nach der Geburt, was die Hirnentwicklung vor allem ausmacht. Auch die im Verlauf der ersten zwei Jahre rasante Entwicklung immer neuer Synapsen stellt sicher, dass das Kind neue Fähigkeiten erlernt, wobei auch dies in Abhängigkeit zu der Stimulierung von außen steht.[202] Neugeborene haben zwar bereits alle Nervenzellen, die sie ihr ganzes Leben behalten werden, was sich jedoch ändert, ist die sogenannte Myelinisierung (das Umgeben der Nerven mit einer Fettschicht). Diese sorgt für eine bessere Leitfähigkeit und beginnt sehr schnell nach der Geburt, ist aber erst mit dem Beginn der Adoleszenz abgeschlossen. Das schnelle Entstehen von Nervenfasern ist zusammen mit dem Prozess der Myelinisierung für die rasche Zunahme an Größe und Gewicht des Gehirns verantwortlich, sodass sich das Gewicht hiervon innerhalb der ersten drei Jahre verdreifacht.[203]

Motorik

Die Entwicklung des Gehirns ermöglicht wie gesagt auch die Koordination der Bewegungen. Mit fortschreitendem Reifungsprozess der Muskeln und des Nervensystems werden komplexere Bewegungsabläufe möglich.[204] Bei der Entwicklung der Motorik lassen sich Grob- und Feinmotorik unterscheiden: Die Entwicklung der Grobmotorik bezieht sich hierbei auf das Beherrschen von Handlungen, die dem Kind bei der Fortbewegung in seiner Umgebung helfen (wie etwa das Krabbeln, das aufrechte Stehen und Laufen).[205] Die Entwicklung der Feinmotorik bezieht sich hingegen auf feinere

---

[200] Vgl. ebd.
[201] Vgl. Myers 2008, S. 156.
[202] Vgl. Berk 2011, S. 159f. Glaubte man früher, dass sich sämtliche Hirnzellen während der Hirnreifung nach einem bereits vorgegeben Bauplan selbst verdrahten und somit die jeweilige Funktion des Organs sicherstellen, weiß man mittlerweile, dass die synaptischen Verbindungen zunächst relativ provisorisch sind und nur sehr grob an den endgültigen Zustand erinnern. Nötig sind also auf der einen Seite er genetisch vorliegende Bauplan, aber auf der anderen Seite auch der Einfluss frühkindlicher Erfahrungen und spätere Lebensbedingungen (vgl. Wettig 2009, S. 23).
[203] Vgl. hierzu ausführlicher Lohaus/ Vierhas/ Maass 2010, S. 77ff.
[204] Vgl. Myers 2008, S. 149.
[205] Das zweite Lebensjahr dient der Vorbereitung zur Aufrichtung und des Stehens und Laufens. Gesunde Säuglinge beginnen im Alter von sechs bis sieben Monaten sich über beide Seiten aus der Rückenlage zu drehen, die Arme anzuheben, wenn sie aufgenommen werden wollen, sich zum Sitzen hochzuziehen, in Bauchlage die Beine anzuziehen. Ein Vierfüßlerstand gelingt meist erst im achten Monat. Im zehnten

48

Bewegungen (wie etwa das Greifen und Zupacken).[206] Bis auf wenige Ausnahmen verlaufen die motorische, wie auch die körperliche, Entwicklung in derselben Reihenfolge.[207] Auch hier lassen sich wieder cephalokaudale und proximodistale Richtungen erkennen, so dass z. B. die motorische Kontrolle des Kopfes der von Armen und Rumpf vorausgeht, was zeitlich vor der Fähigkeit der Kontrolle der unteren Extremitäten liegt (cephalokaudal). Auch geht die Kontrolle über Kopf, Rumpf und Armen der Fähigkeit zur Koordination der Hände und Finger voraus (proximodistal).[208]

Die sogenannte dynamische Systemtheorie definiert die Beherrschung motorischer Fertigkeiten als ein komplexes Aktionssystem. Wenn die motorischen Fertigkeiten in einer Art System zusammenarbeiten, greifen diverse Fähigkeiten ineinander, wobei jede mit der anderen kooperiert und so dazu beiträgt, dass das Kind auf möglichst effektive Art und Weise sein Umfeld explorieren und kontrollieren kann. Jede neue Fertigkeit erweist sich als das Ergebnis von: 1) der fortschreitenden Entwicklung des ZNS, 2) den Fähigkeiten des Körpers, sich zu bewegen, 3) der Ziele, die das Kind verfolgt und 4) der Unterstützung, die die Umwelt der Entwicklung der neuen Fertigkeiten zuteil werden lässt.[209]

Sensorik und Wahrnehmung

Hörsinn:

Kinder sind in ihrem ersten Lebensjahr dazu im Stande, Geräusche in komplexere Muster zu organisieren und die Schallquelle zu erkennen.[210] Sie reagieren auch auf Lautunterschiede in ihrer Muttersprache und auf Unterschiede in den Lautmustern

---

Monat setzen sich die meisten Kinder ohne Hilfe auf, stützen sich zur Seite, nach vorn und hinten ab, stehen ohne Festhalten, laufen an Möbeln entlang, krabbeln mit zunehmender Sicherheit und Geschwindigkeit. Das erste Stehen mit Festhalten, sich zum Stehen hochziehen und sich aufsetzen ist bei rund 90% der Kinder im Alter von sieben bis neun Monaten zu beobachten, Laufen an Möbeln entlang im Alter von acht bis zwölf Monaten, freies Laufen von zehn bis 14 Monaten. Zehn Prozent der Kinder laufen später [vgl. Maier, Erne. Die Reifung des Kinderfußes (S. 33-41), in: Baumgartner, René/ Stinus, Hartmut. Die orthopädietechnische Versorgung des Fußes. Stuttgart 2001, S. 39].

[206] Vgl. Berk 2011, S. 180.
[207] Vgl. Myers 2008, S. 149. Dennoch lassen sich natürlich nach wie vor auch individuelle Unterschiede ausmachen, was die Geschwindigkeit angeht (obwohl dennoch die Abfolge in der motorischen Entwicklung bei allen Kindern ziemlich gleichmäßig vor sich geht) (vgl. Berk 2011, S. 181).
[208] „Diese offensichtlichen Ähnlichkeiten zwischen körperlicher und motorischer Entwicklung lassen auf eine genetische Grundlage für die Fortschritte in der motorischen Entwicklung schließen. Wir müssen allerdings vorsichtig sein und dürfen nicht davon ausgehen, dass die Entwicklung motorischer Fähigkeiten einem festgelegten Reifezeitplan folgt, denn jede einzelne dieser Fähigkeiten ist ein Ergebnis von zuvor stattgefundenen motorischen Entwicklungen und trägt zu den darauf folgenden Entwicklungsschritten bei und jedes Kind erwirbt dieser Fähigkeiten auf sehr individuelle Weise" (ebd.).
[209] Bewegungsmöglichkeiten und eine anregende Umgebung beeinflussen die motorische Entwicklung nachhaltig. Auch kulturelle Werte und Methoden der Kindererziehung tragen zur Entstehung und Verfeinerung früher motorischer Fertigkeiten bei (vgl. ebd., S. 191ff.).
[210] Neugeborene bevorzugen komplexere Töne mittlerer Intensität; ab dem zweiten Lebensmonat erkennen sie dann schon Rhythmusveränderungen im komplexen musikalischen Sequenzen, mit acht bis elf Monaten reagieren sie auf feinere Veränderungen von einer Melodie oder auf die Verschiebung einer Melodie um eine ganze Tonlage (vgl. Schneider/ Lindenberger 2012, S. 130).

49

zwischen Mutter- und Fremdsprache. Während der ersten Hälfte des ersten Lebensjahres setzen sie ihre bemerkenswerte Fähigkeit, Klangmuster zu analysieren ein, um bedeutungsvolle Spracheinheiten zu erkennen. Haben Neugeborene noch mit Kopfbewegungen auf Reize aus der Umgebung reagiert, so scheint diese Orientierungsfähigkeit mit ca. sechs bis acht Wochen zu verschwinden und im Alter von drei bis vier Monaten wieder aufzutauchen.[211]

Sehsinn:

Die schnelle Entwicklung des kindlichen Auges und visueller Zentren im Gehirn unterstützen die Entwicklung von Akkomodation (dynamische Anpassung der Brechkraft des Auges), Farbunterscheidung und Sehschärfe während des ersten Lebensjahres. Die Fähigkeiten, die Umgebung mit den Augen abzutasten und sich bewegende Gegenstände zu verfolgen, verbessern sich ebenfalls. Konnte das Neugeborene nach der Geburt zunächst nur auf 25cm scharf sehen, so reift der Sehsinn ab dem dritten bis vierten Lebensmonat heran, Tiefeninformationen werden möglich, [212] und wird so zu einer leistungsfähigen Informationsquelle.[213] Nach ca. sechs Monaten ist dann die Sehschärfe eines Erwachsenen erlangt.[214]

Tastsinn:

Sinnespsychologisch betrachtet besteht der Tastsinn aus einer motorischen und sensorischen Komponente, die nur schwer auseinanderzuhalten sind. Dieses System entwickelt sich im ersten Lebensjahr und reift zu einem Mittel zur Erfassung der Umwelt. Anfangs durch Mund oder Hände, nimmt dieses orale und manuelle Abtasten von Gegenständen bis in den siebten Lebensmonat zu und anschließend ab. Mit der sich entwickelnden visuo-motorischen Koordination sowie dem Erlernen des Aufrechtsitzens nimmt das manuelle Geschick der Kinder deutlich zu.[215]

---

[211] Da Säuglinge nun nicht mehr systematisch ihren Kopf in Richtung der Geräuschquelle drehen, was durch eine funktionelle Reorganisation hervorgerufen wird, bei der, unter dem Einfluss einer vorübergehenden Hemmung der subkortikalen Strukturen, die kortikalen Regionen diese Strukturen langsam funktionell ablösen. Im Alter von drei bis vier Monaten drehen Kinder dann ihren Kopf wieder in die Richtung der Reizquelle, was darauf hindeutet, dass in diesem Stadium der Raum bereit kortikal repräsentiert ist (vgl. Gesundheits- und Kinderkrankenpflege: EXPRESS Pflegewissen (o. A.). Stuttgart 2009, S. 48).

[212] Das Tiefensehen an sich ist zwar angeboren, jedoch ist davon auszugehen, dass Kleinkinder erst ab ca. zwei Monaten Tiefen wahrnehmen können; erst mit ca. neun Monaten reagieren sie dann mit Angst bei Abgründen (vgl. ebd.). Vgl. hierzu ausführlicher Pauen, Sabina/ Vonderlin, Eva. Entwicklungspsychologische Grundlagen (S. 3-22), in: Schneider, Silvia/ Margraf, Jürgen (Hrsg.). Lehrbuch der Verhaltenstherapie (Band 3: Störungen im Kindes- und Jugendalter). Heidelberg 2009, S. 12.

[213] Vgl. Schneider/ Lindenberger 2012, S. 130.

[214] Vgl. ebd.

[215] Vgl. ebd., S. 129

Kognitive Entwicklung[216]

Nachdem der Säugling im ersten Lebensmonat zu sekundären Kreisreaktionen fähig ist, so konnten Ergebnisse von Untersuchungen mit dem Paradigma der nicht eingetroffenen Erwartung auf ein Bewusstsein vieler Eigenschaften von Gegenständen im Alter von einem bis vier Monaten hinweisen. Neben einem Bewusstsein über Objektkonstanz, Objektfestigkeit und Schwerkraft sind Kinder in diesem Alter auch zu einer aufgeschobenen Nachahmung eines Ausdrucks im Gesicht eines Erwachsenen nach einer kurzen Verzögerung (einem Tag) im Stande. Mit vier bis acht Monaten ist ein numerisches Grundwissen vorhanden und ein verbessertes physikalisches Wissen sowie die Möglichkeit der aufgeschobenen Nachahmung neuer Handlungen eines Erwachsenen nach einer kurzen Verzögerung (einem Tag). Mit acht bis zwölf Monaten besteht die Fähigkeit, in verschiedenen Situationen nach versteckten Gegenständen zu suchen – wenn sie von einem Tuch verdeckt sind, wenn eine Hand sie unter ein Tuch deponiert und wenn sie von einem Ort zum anderen bewegt wurde (akkurate A-B-Suche); außerdem existiert die Fähigkeit, sensumotorische Probleme durch Analogie mit einem vorangegangenen ähnlichen Problem zu lösen. Mit zwölf bis 18 Monaten zeigen sich die aufgeschobenen Nachahmungen neuer Handlungen eines Erwachsenen mit einem Gegenstand nach einer langen Verzögerung (etliche Monate) und über eine Veränderung im Kontext hinaus. Mit eineinhalb bis zwei Jahren sind dann aufgeschobene Nachahmung von versuchten Handlungen eines Erwachsenen möglich, selbst wenn diese nicht voll realisiert wurden, was auf eine beginnende Fähigkeit hinweist, die Ziele anderer zu erschließen. Vermehrt werden auch alltägliche Verhaltensweisen und soziale Rollen in Als-ob-Spielen nachgeahmt.[217]

Zwar erleben alle Menschen geistige Zustände wie Gedanken oder Gefühle. Man kann jedoch nur die eigenen mentalen Zustände wahrnehmen und erkennen (Subjektperspektive), während die mentalen Zustände anderer Personen (Objektperspektive) aus deren Verhalten oder aus verbalen Äußerungen erschlossen werden müssen. Bereits junge Kinder zeigen Verhaltensweisen, die auf diese beginnende Theory of Mind[218] hinweisen. Die Zuschreibung verschiedener geistiger Zustände entwickelt sich über das Kindergartenalter hinweg, wobei Handlungsabsichten, Wünsche und Emotionen ab dem

---

[216] Auch an dieser Stelle möchte ich lediglich auf Piagets Theorie der sensumotorischen Phase hinweisen, jedoch auch an dieser Stelle die aktuellsten Forschungsergebnisse zur Unterteilung kognitiver Errungenschaften je nach Alter nennen.

[217] Vgl. Berk 2011, S. 209.

[218] Als Theory of Mind bezeichnet man die Fähigkeit, sich selbst und anderen mentale Zustände (z. B. Wissen, Wünsche, Gedanken, Emotionen) zuzuschreiben (vgl. Schneider/ Lindenberger 2012, S. 182).

zweiten Lebensjahr verstanden werden.[219] Ein weiterer wichtiger Entwicklungsschritt ist die im Alter von zwei Jahren auftretende Entwicklung des Selbst, wo das Kind also ein Gefühl oder eine Vorstellung von sich selbst als eigenständige Person zu bilden beginnt[220] und zunehmend die eigene Person von außen betrachtet wird, d. h. der Mensch fungiert als Objekt seiner eigenen Erkenntnisse und Bewertungen. Die kognitive Repräsentation von individuellen Merkmalen, Fähigkeiten oder Überzeugungen werden als Selbstkonzept bezeichnet, und der Selbstwert resultiert aus der eigenen Bewertung dieser Aspekte. Aufgrund mangelnder sprachlicher Fähigkeiten können diese Aspekte im zweiten Lebensjahr noch nicht erfasst werden.[221] Gegen Ende des zweiten Lebensjahrs zeigen Kinder dann auch zum ersten Mal selbst-bewusste Emotionen wie Verlegenheit, Stolz und Scham. Diese Emotionen setzen eine objektive Selbstwahrnehmung voraus und auch das Bewusstsein, wie andere Personen auf die eigene Person reagieren.[222]

Gedächtnis

An dieser Stelle möchte ich nochmal intensiver auf die zwei „Formen" des (Langzeit-) Gedächtnisses eingehen, die im Rahmen dieser Arbeit eine besondere Rolle spielen und die bereits im Kontext der pränatalen Entwicklung unter Kapitel 2.3.1 angesprochen wurden.[223]

Mit dem *impliziten Gedächtnis* sind alle Formen des Lernens im frühen Säuglingsalter (und wie gesagt im pränatalen Alter) gemeint. Während das explizite, autobiographische Gedächtnis erst zwischen dem zweiten und vierten Lebensjahr ausgereift ist, ist das implizite Gedächtnis bereits im ersten Lebensjahr dazu fähig, aus wiederholten interaktiven Erfahrungen eine Regelmäßigkeit zu ermitteln. Es sind insgesamt motorische, emotionale und die soziale Entwicklung, die nicht separat voneinander ablaufen, sondern sich zu interaktiven Schemata bzw. zum interaktiven Gedächtnis verknüpfen lassen. Es beinhaltet also motorische Gewohnheiten, aber auch perzeptive, kognitive

---

[219] Zur genaueren Ausführung vgl. ebd., S. 182f.

[220] Unterschieden wird hier das Konzept des Ichs, das mit spätestens drei Monaten vorhanden ist und das Konzept des Selbst, das sich gegen Ende des zweiten Lebensjahrs entwickelt (vgl. ebd., S. 179).

[221] Dafür gilt das Sich-selbst-Erkennen im Spiegel als klassischer Test zur Entstehung des Selbst: Dem Kind wird unauffällig ein Farbpunkt auf die Nase gemalt, und anschließend wird es vor einen Spiegel gesetzt. Erst im Alter von 15 bis 22 Monaten beginnen Kinder mit der eigenen Außenwelt zu experimentieren und versuchen, den Fleck wegzuwischen (vgl. ebd., S. 180).

[222] Vgl. ebd., S. 179f.

[223] Insgesamt lassen sich diverse Gedächtnisformen unterscheiden (vgl. hierzu Deitersen-Wieber. Sport und Persönlichkeit unter besonderer Berücksichtigung der arbeitsbezogenen Persönlichkeitsforschung. Münster/ Hamburg/ London 2003, S. 82), da die hier beschriebenen Gedächtnisformen für die vorliegende Arbeit jedoch besondere Relevanz besitzen, möchte ich auf diese genauer eingehen. Es erschien sinnvoller, an dieser Stelle die Thematik ausführlicher zu behandeln, da in dieser Lebensphase die Entstehung hiervon anzusiedeln ist.

und affektive Vermögen, die sich auch ohne bewusste Aufmerksamkeit oder Instruktionen bilden. Eine Bindung oder eine Interaktion[224] von einem Organismus mit einem Objekt oder Ereignis wird im Gedächtnis verankert. Jedoch erst, wenn man sich nicht nur in der sozialen Welt entwickelt, sondern wenn man mit anderen auch „aktiv" zusammen ist und in der gemeinsamen Praxis gewisse soziale Verhaltensbereitschaften lernt, können diese verinnerlicht werden und zum Teil des impliziten Beziehungsgedächtnisses werden.[225] Die Amygdala, das emotionale Gedächtnis, ist bei der Entstehung und Steuerung von Gefühlen wichtig und gilt als „Anatomie der Seele". Sie ist bei Neugeborenen bereits voll funktionstüchtig und bleibt es auch das ganze Leben über. Sinneseindrücke, Empfindungen und starke Gefühle werden unbewusst aufgenommen; hierbei sind es insbesondere die von negativen Emotionen begleiteten Außenreize, die von der Amygdala gespeichert und an die Großhirnrinde weitergeleitet werden und „negative" körperliche Reaktionen zur Folge haben – ein Aspekt, der besonders im Kontext der Erfahrung und Bearbeitung von Traumata relevant ist (vgl. hierzu Kapitel 3.7.3).[226]

Das *explizite [bzw. (auto-)biographische] Gedächtnis*, das im Hippocampus[227] angesiedelt ist, wird vom Bewusstsein gesteuert und steht in Verbindung zum Sprachzentrum. Aufgabe des Hippocampus ist es, Reize und Situationen mit Vorerfahrungen zu vergleichen und zu bewerten, die im assoziativen Kortex gespeichert sind („Dort- und Damals-Erfahrungen").[228] Diese Art des Gedächtnisses muss mit der Zeit reifen und wird dann etwa ab dem dritten Lebensjahr aktiv.[229] Erinnerungen, die bereits verdrängt wurden,

---

[224] Ein Säugling lernt im sozialen Umgang mit anderen, seine entstehenden Empfindungen, Wahrnehmungen und Gefühlsreaktionen mit der Bedeutung zu verknüpfen, die sie für andere in der Situation haben (vgl. Fuchs, Thomas. Das Gehirn – ein Beziehungsorgan: Eine phänomenologisch-ökologische Konzeption. Stuttgart 2009, S. 188).

[225] Dies würde heißen, dass die Interaktion mit der Umwelt durch synaptisches Lernen Spuren auf neuronaler Ebene hinterlässt. Diese Spuren sind Formen des Wahrnehmens, Fühlens oder Verhaltens und sind nicht lokalisierbare, fix gespeicherte „Erinnerungen" oder „Abbildungen" der jeweiligen Interaktion bzw. der Person, mit der diese eingegangen wurde. Dies lässt sich mit den Mustern der Netzwerkverbindungen erklären, die sowohl sensorische, als auch motorische und emotionale Zentren einbeziehen. „Sie treten in Resonanz zu aktuellen Umweltsituationen oder Personen und aktivieren dazu passende Verhaltensformen, auch ohne dass sich das Kind explizit an frühere Lernprozesse erinnern muss" (ebd., S. 189f.).

[226] Angst, Wut und Ekel lösen oft ganz bestimmte Verhaltensweisen wie Furcht, Flucht oder Aggression aus; Puls und Bluthochdruck steigen an und die Muskeln verspannen. So komplexe Körperreaktionen kommen zustande, weil sie im Zentrum weiterer wichtiger Hirnanteile stehen und mit diesen vernetzt sind (vgl. Wettig 2009, S. 17).

[227] Vgl. *Abb. 11) Längsschnitt des Gehirns* im Anhang, S. 269.

[228] Vgl. Morschitzky, Hans. Angststörungen: Diagnostik, Konzepte, Therapie, Selbsthilfe. Wien/ New York 2009, S. 211.

[229] Nach Ausreifung und Myelinisierung des Hippocampus (Zellverband im Gehirn, der für Speicherung bewusster Erinnerungen wie Orte, Namen und Ereignisse zuständig ist, die die biographische Erinnerung ermöglicht) [vgl. hierzu Michaelis, Richard. Entwicklungsneurologie (S. 5-152), in: Michaelis, Richard/ Niemann, Gerhard. Entwicklungsneurologie und Neuropädiatrie. Grundlagen und diagnostische Strategien. Stuttgart 2010, S. 18f.].

werden hier wieder präsent und verfügbar.[230] Mithilfe dieser Gedächtnisform kann man sich an Lebensereignisse erinnern; es beinhaltet persönliche Erinnerungen, die sowohl konkrete persönliche Erlebnisse (episodisches Gedächtnis) aber auch Faktenwissen über die eigene Person (semantisches Gedächtnis) beinhalten können. Auch bildet es die Grundlage für die eigene Identitätsentwicklung, bildet aber auch einen Erfahrungshintergrund, der dazu beiträgt, Motive, Gefühle und Verhaltensweisen von unseren Gegenübern zu verstehen und interpersonelle Probleme lösen zu können. Eine Speicherung der Ereignisse erfolgt dann besonders gut bzw. intensiv, wenn hiermit eine starke emotionale Regung verbunden wurde und sie eine gewisse Relevanz für die Person haben.[231]

Sprachentwicklung

Nachdem die Grundlagen und Vorarbeiten der bzw. für die Sprachentwicklung bereits pränatal gelegt wurde,[232] beginnt das Kleinkind mit etwa drei Monaten[233] mit Plappern, Glucksen und Gurren, das sich zu einem Silbenlallen mit etwa sechs bis sieben Monaten ausweitet. Bereits zwei Monate später ist es zur Artikulation und Dehnung der Silben fähig. Im zehnten Lebensmonat werden Silben dann gezielt nachgeahmt und bereits mit ca. einem Jahr sind Einzelwörter möglich. Im folgenden halben Jahr dehnt sich die Sprachentwicklung auf Ein- oder sogar Zweiwortsätze aus. Mit zwei Jahren sind dann einfache Sätze mit Nomen und Verben möglich,[234] auch kommt zu den ersten Fragen, die das Sprachverstehen anregen. Die Sätze werden jetzt immer komplexer, sind aber noch weitgehend agrammatikalisch.[235]

Die Sprachentwicklung ist größtenteils angeboren und verläuft in allen Kulturen nach dem gleichen Muster: Zunächst wird monatelang die Sprache gehört, sodass das Kind viele Wörter und Zusammenhänge bereits versteht, bevor es das erste Wort selbst

---

[230] Vgl. De Klerk, Adriaan. Kastrationsangst und die Beschneidung Neugeborener. Anmerkungen zu Franz Maciejewski: „Zu einer „dichteren Beschreibung" des kleinen Hans. Über das vergessene Trauma der Beschneidung" (S. 464-470), in: Psyche, Zeitschrift für Psychoanalyse und ihre Anwendungen, 58(5). Stuttgart 2004, S. 464.

[231] Ereignisse ohne größere Bedeutung werden lediglich im Kurzzeitgedächtnis abgelegt und schnell wieder vergessen. Durch die sogenannte Konsolidierung geraten relevante Ereignisse jedoch in die Großhirnrinde (vgl. Wettig 2009, S. 16).

[232] Vgl. hierzu ausführlicher Liem, Torsten/ Schleupen, Angela/ Altmeyer, Peter/ Zweedijk, René. Osteopathische Behandlung von Kindern. Stuttgart 2012, S. 289.

[233] Dies ist damit zu erklären, dass sich zu dieser Zeit der Kehlkopf absenkt und sich die Höhle hinter der Zunge öffnet, sodass sich diese vorwärts und rückwärts bewegen kann. Jetzt können Laute gebildet werden sowie Lautstärke und Tonhöhe verschieden intoniert werden (vgl. ebd.).

[234] Vgl. Werthmann, Antje/ Wieting, Johannes. Medizinische Psychologie und Soziologie (S. 983-1094), in: Emminger, Hamid (Hrsg.). Physikum EXAKT. Das gesamte Prüfungswissen für die 1. ÄP. Stuttgart 2005, S. 1036.

[235] Vgl. Günther, Herbert. Sprache hören – Sprache verstehen. Sprachentwicklung und auditive Wahrnehmung. Weinheim/ Basel 2008, S. 37. Für eine genauere Übersicht über die Sprachentwicklung vgl. Böhme, Gerhard. Sprach-, Sprech-, Stimm- und Schluckstörungen. Band 1: Klinik. München/ Jena 2003, S. 23ff.

spricht. Schnell wächst der Wortschatz, der zu Beginn überwiegend aus Bitten und Befehlen besteht. Schon jetzt ist die soziale Funktion der Sprache erkennbar, da sie v. a. D. der Kommunikation dient, eigene Wünsche offenbart und den anderen dazu veranlassen will, etwas zu tun.[236]

Sozio-emotionale Entwicklung

> *„Die Fähigkeit des Menschen, Sprache und andere Symbole zu gebrauchen, sein Vermögen, Pläne und Modelle zu entwickeln, eine langandauernde Zusammenarbeit und endlose Konflikte mit anderen einzugehen, dies macht den Menschen zu dem, was er ist. All diese Prozesse haben ihren Ursprung in den ersten drei Lebensjahren, und alle sind zudem von den ersten Lebenstagen an Teil der Organisation des Bindungsverhaltens."*[237]

Während die Gefühlswelt des Säuglings kurz nach der Geburt noch auf zwei allumfassende Erregungszustände (dem Hingezogensein zu wohltuender Stimulation und einem Rückzug angesichts unangenehmer Stimulation) angewiesen war und mit zwei bis drei Monaten dann zu einem sozialen Lächeln fähig ist und es den Gesichtsausdruck eines Erwachsenen in einer ähnlichen Weise erwidert, so ist es bereits mit drei bis vier Monaten dazu im Stande, bei ausgesprochen aktivierenden Hinweisreizen zu lachen. Mit sechs bis acht Monaten ist dann der Ausdruck von Primäremotionen bereits gut organisiert und verändert sich bedeutungsvoll mit der jeweils vorherrschenden Situation. Aus den zunächst ungerichteten Ausdruckszeichen entstehen also im Verlauf der ersten Monate zunehmend gerichtete Ausdruckszeichen (z. B. Hungerschrei, soziales Lachen), die an einen bestimmten Anlass gekoppelt sind (Hunger, Interesse) und auf eine bestimmte Reaktion bei der Bezugsperson zielen (Füttern, Spiel).[238]

Parallel zu dem beschriebenen Emotionsausdruck setzt auch die Entwicklung der emotionalen Eindrucksfähigkeit ein, d. h. der Säugling lässt sich in seinem Erleben vom emotionalen Ausdruck einer anderen Person beeindrucken. Zunächst handelt es sich hierbei um eine Gefühlsansteckung, doch bereits mit wenigen Monaten können die Säuglinge die Mimik anderer Personen deuten und erwarten, dass zu einem fröhlichen Gesicht auch eine freundliche Stimme gehört etc. Mit etwa neun Monaten nehmen die Kinder dann den Ausdruck der Bezugsperson als deren innere Befindlichkeit wahr und beobachten sehr genau, wie die Mutter auf eine neue Situation oder ein neues Objekt reagiert. Das sogenannte „emotional referencing" wird also erst dann möglich, wenn die Kinder eine Beziehung zwischen dem Emotionsausdruck der Mutter und dem Situati-

---

[236] Vgl. Künkel, Almuth. Die Psychologie der zahnärztlichen Gruppenprophylaxe. Hannover 2003, S. 67.
[237] Bowlby 1982, z. n. Wettig, Jürgen. Schicksal Kindheit. Heidelberg 2009, S. 106.
[238] Vgl. Pauen 2009, S. 15.

onsanlass hierfür herstellen.[239] Mit 18 bis 24 Monaten sind dann auch komplexe soziale Emotionen wie Scham, Verlegenheit, Schuld und Stolz erkennbar.[240] Voraussetzung um diese zeigen zu können, sind die Selbstwahrnehmung und die Anleitung der Eltern dazu, wann bzw. in welcher Situation das Kind die jeweilige Emotion haben sollte.[241] Auch der Sprachschatz rund um den Gefühlsausdruck erweitert sich rasant und die emotionale Selbstregulation verbessert sich zunehmend.[242]

Bindung

Der Säugling wird öfter ärgerlich und zeigt seine Wut in zunehmend breit gefächerten Situationen. Furcht, v. a. D. Fremdenangst, beginnen sich nun zu zeigen. Eine Bindung zu einer dem Kind bekannten und vertrauten Bezugsperson ist klar erkennbar und Trennungsangst tritt nun auf.[243] Der Säugling benutzt die ihm vertraute Bezugsperson als eine sichere Basis für Explorationen. Mit etwa zwölf Monaten ist zu beobachten, dass entweder in unvertrauter Situation oder wenn sich das Kind unwohl fühlt, das Bindungsverhalten an die Bezugsperson aktiviert wird; jetzt, da die kognitiven Voraussetzungen vorhanden sind, eine bestimmte Person zu vermissen, und es andererseits aktiv Nähe und Distanz regulieren kann.[244]

Das Auftreten der Fremdenangst legt den Hinweis darauf, dass das Kind im neunten Lebensmonat eine besondere Beziehung und Bindung zu der Bezugsperson aufgebaut hat. Der englische Kinderpsychiater und Psychoanalytiker John Bowlby nahm hierbei an, dass alle Kinder gegen Ende des ersten Lebensjahres eine intensive Gefühlsbindung an ihre Hauptbezugspersonen entwickeln und vertrat die Meinung, dass Kinder und Erwachsene hierzu durch die Evolution ausgerüstet sind, da der evolutionäre Nutzen hierbei im Schutz des Kindes vor Gefahr oder Verlorengehen besteht.[245]

Voraussetzung für den Aufbau einer Eltern-Kind-Bindung ist seitens der Eltern das Bonding, also das emotionale Zuwenden zum Kind, was sich in einem intuitiven

---

[239] Vgl. ebd.

[240] Man spricht hierbei auch von selbstbezogenen Emotionen, da sie entweder bei einer Verletzung oder einer Steigerung des Selbstgefühls auftreten (vgl. Berk 2011, S. 249).

[241] Vgl. ebd.

[242] Die Bezugspersonen helfen dem Säugling bei seiner emotionalen Selbstregulation, indem sie das Kind beruhigen, wenn es unter Anspannung steht, indem sie mit dem Kind anregend spielen und negativen Emotionsausdruck nicht ermutigen. Während des zweiten Lebensjahres führt die Zunahme an Fähigkeiten in den Bereichen des Aufbaus mentaler Repräsentationen und der Sprache zu effektiveren Möglichkeiten der Emotionsregulation (vgl. ebd., S. 250f.).

[243] Wenn das Kind sich dann aus eigener Kraft fortbewegen und ein Gefühl für Objektpermanenz entwickelt hat, kann beobachtet werden, dass es Furcht vor unbekannten Personen zeigt, also „fremdelt" und kann als eine Art Schutzmechanismus für Säuglinge im Alter von 8 oder mehr Monaten angesehen werden (vgl. hierzu Berk 2011, S. 259ff.).

[244] Vgl. ebd., S. 261.

[245] Vgl. Schneider/ Lindenberger 2012, S. 180.

Elternverhalten (spontanes Verhalten, entsprechend den Fähigkeiten und Bedürfnissen des Kindes zu reagieren) sowie angeborenes Fürsorgeverhalten (ausgelöst durch Signale des Kindes) ausdrückt. Seitens des Kindes wird die Bindung dadurch ausgelöst, indem es entsprechende Bindungssignale (z. B. Hilflosigkeit, tiefes Vertrauen) und entsprechendes Bindungsverhalten (z. B. Schreien, Lächeln, Hinterherkrabbeln) zeigt.[246]

Obwohl zwar alle Kinder eine personenspezifische Bindung aufbauen, sind dennoch Unterschiede in der Qualität dieser Bindungen zu erkennen. Der sogenannte Fremde-Situations-Test[247] macht es möglich, eine Einschätzung der Bindungsqualität bei zwölf bis 23 Monate alten Kindern zu geben. In acht kurzen Szenen wird hierbei das Erkundungs- und Bindungsverhalten aktiviert, und das Verhalten des Kindes beobachtet:[248]

1) Bezugsperson (BP) und Kind betreten einen Raum mit Spielzeugen
2) Kind kann die Umgebung erkunden – BP als sichere Basis für Erkundungsverhalten?
3) Fremde Person (FP) tritt ein und unterhält sich mit BP. – Reaktion auf FP?
4) BP verlässt den Raum, FP bleibt beim Kind – Reaktion auf Trennung; Tröstbarkeit durch FP?
5) BP kommt wieder, FP geht. – Reaktion auf Wiedervereinigung?
6) BP verlässt den Raum, Kind ganz allein. – Reaktion auf Trennung?
7) FP tritt ein. – Tröstbarkeit durch FP?
8) BP kommt wieder, FP verlässt den Raum. – Reaktion auf Wiedervereinigung?[249]

Durch die verschiedenen Reaktionen (wie hat das Kind auf die Abwesenheit der BP reagiert, wie hat es sich verhalten, wenn die BP wiederkommt) lassen sich vier Bindungsstile[250] unterscheiden:

Typ A (unsicher-vermeidender Bindungsstil): Das Kind zeigt hier bei der Rückkehr der Mutter nur wenige Emotionen, sucht nicht ihre Nähe, sondern beschäftigt sich weiter mit seinem Spielzeug.

Typ B (sicherer Bindungsstil): Das Kind zeigt, wenn es alleine gelassen wird, mehr oder weniger starken Kummer. Beim Zurückkehren der Mutter, lässt es sich schnell trösten und spielt fröhlich mit der Mutter weiter.

---

[246] Vgl. ebd.
[247] Ainsworth, Mary D./ Blehar, Mary C./ Waters, Everett/ Wall, Sally. Patterns of Attachment. A psychological study of the strange situation. Hillsdale NJ 1978.
[248] In mehreren Drei-Minuten-Episoden erfährt das Kind in zunehmender Intensität Unvertrautheit, Neuheit und zwei kurze Trennungen von der Mutter. Das gezeigte Verhalten des Kindes, insbesondere nach der Trennung, kann als ausschlaggebend für die Bindungsqualität erachtet werden [Schowalter, M. Entwicklung und primäre Sozialisation (Kindheit) (S. 158-167), in: Faller, Hermann/ Lang, Hermann. Medizinische Psychologie und Soziologie. Berlin/ Heidelberg 2010, S. 161].
[249] Vgl. Schneider/ Lindenberger 2012, S. 180.
[250] „Die Bindungsstile bleiben bei wiederholten Messungen relativ stabil und man nimmt an, dass aus den frühen Erfahrungen ein inneres Arbeitsmodell der Bindung entsteht, das sich auf alle zukünftigen engen Beziehungen auswirkt. Das Arbeitsmodell besteht aus Erwartungen darüber, inwiefern nahestehende Personen in stressreichen Situationen verfügbar sind und mit welcher Wahrscheinlichkeit sie Unterstützung bieten" (ebd., S. 181).

Typ C (ambivalent-unsicher Bindungsstil): Das Kind zeigt hier deutlichen Kummer, wenn es alleine ist. Beim Zurückkehren der Mutter, verhält es sich ambivalent: Es sucht einerseits körperliche Nähe, widersetzt sich aber auch den Kontaktangeboten der Mutter.[251]

Typ D (unsicher-desorganisierter Bindungsstil):[252] Hier zeigen die Kinder während der Beobachtung für eine kurze Zeit weder Bindungs- noch Explorationsverhalten. Sie wirken erstarrt, brechen angefangen Verhaltensweisen ab und zeigen zum Teil gleichzeitig bzw. kurz darauf widersprüchliches Verhalten. Auch werden oft stereotype Verhalten und Bewegungen beobachtet. Als „desorganisiert" kann man diesen Bindungsstil bezeichnen, weil sie kurzzeitig keinerlei organisierte Verhaltensstrategie aufweisen können. Das Bindungssystem des Kindes scheint zwar aktiv zu sein, aber das Bindungsverhalten kann nicht in einer ausreichend konstanten und eindeutigen Verhaltensstrategie gezeigt werden.[253]

Einer der wichtigsten Faktoren für die Bindungsqualität ist das Einfühlungsvermögen bzw. die Sensibilität der Mutter: Mütter von sicher gebundenen Kindern reagieren meist verlässlich, offen und freundlich auf die Signale des Kindes und helfen dem Kind bei dessen Gefühlsregulierung. Mütter von unsicher gebundenen Kindern hingegen sind wenig sensitiv und reagieren entweder zu stark oder zu schwach auf die kindlichen Signale. Mütter der unsicher-vermeidenden Kinder missbilligen starke Emotionsausbrüche und erwarten eine eigenständige Emotionsregulation seitens des Kindes. Unsicher-ambivalente Kinder erleben ihre Mütter als nicht vorhersagbar, mal zugeneigt, mal unerreichbar. Übertriebenes Bindungsverhalten soll eine Reaktion der Mutter provozieren. Dieser Bindungstyp geht häufig mit schwerwiegenden familiären Problemen einher (z. B. psychische Probleme der Mutter, Kindesmisshandlung und Vernachlässigung).[254]

Auch das Temperament bzw. allgemein die Eigenschaften eines Säuglings werden mittlerweile als Faktoren, die zur Bindungsqualität beitragen, angesehen. Säuglinge mit einfachem Temperament können so besser als schwierige Babys auf Kontaktversuche der Eltern reagieren und deren Beruhigungshilfen für Erregungsregulation nutzen. Desorganisiertes Bindungsverhalten entsteht bei einigen Kindern durch Übergänge in neue Verhaltensstrategien oder durch überdauernde Probleme bei der Verhaltensregula-

---

[251] Vgl. Sodian, Beate/ Ziegenhain, Ute. Die normale psychische Entwicklung und ihre Varianten (S. 35-60), in: Fegert/ Eggers/ Resch 2012, S. 45f.

[252] Dieser Bindungsstil wurde erst nachträglich von Mary Main und Judith Salomon im Jahr 1986 festgestellt (vgl. Grossmann, Karin/ Grossmann, Klaus E. Bindungen – das Gefühle psychischer Sicherheit. Stuttgart 2012, S. 156).

[253] Vgl. Bolten 2009, S. 61.

[254] Vgl. Schneider/ Lindenberger 2012, S. 181.

tion. Langfristig sind desorganisierte Kinder besonders gefährdet, Verhaltensprobleme zu entwickeln. Auch die Passung zwischen den Eigenschaften von Eltern und Kindern beeinflusst die Beziehung, denn die Eltern bringen ihr eigenes Arbeitsmodell der Bindung mit ein. Zusätzlich spielen bei der Einfühlsamkeit der Eltern familiären Umstände wie die Qualität der Eltern-Beziehung, sozioökonomische Probleme, psychische Belastungen,[255] aber auch die gesellschaftlichen und kulturellen Bedingungen eine Rolle.[256]

2.3.4) Frühe Kindheit (3-6 Jahre)

Körperlich-motorische Entwicklung

Die noch sehr rasante Zunahme der Körpergröße in den ersten beiden Lebensjahren verläuft in der frühen Kindheit etwas langsamer. Im Durchschnitt nehmen die Kinder nun jedes Jahr 5-8cm Körperlänge und ca. 2kg an Gewicht zu, wobei Jungen nach wie vor etwas größer sind als Mädchen. Der sogenannte Babyspeck, der bereits im Kleinkindalter abnahm, wird noch geringer und das Kind nach und nach dünner, obwohl Mädchen etwas mehr an Körperfett behalten und Jungs muskulöser sind. Der Rumpf verlängert sich und weitet sich aus und die inneren Organe ordnen sich sauber an, die Wirbelsäule wird gerader. Durch die nun ähnlich werdenden Körperproportionen wie die eines Erwachsenen[257] verbessert sich nun auch zunehmend Haltung und Gleichgewicht – Veränderungen, die den Gewinn in der motorischen Koordination unterstützen. Auch hier sind natürlich individuelle Unterschiede erkennbar.[258]

Gehirn

Auch das Gehirnwachstum ist in der frühen Kindheit beträchtlich. Während das Gehirn eines Zweijährigen noch halb so schwer ist wie das eines Erwachsenen, so weist es

---

[255] Vgl. ebd.

[256] So ist es in Japan z. B. üblich, dass die Kinder im ersten Lebensjahr ganz selten von der Mutter getrennt sind und auch keine Fremdbetreuung erfahren (wie z. B. in Deutschland oder der USA). Japanische Kinder hätten somit in der fremden-Situation als unsichere Bindungskinder agiert, wenn sie panikartig beim Verlassen der Mutter reagiert hätten. Dennoch kann man sagen, dass die Beziehung der japanischen Kinder zu ihren Müttern keineswegs gestört ist (vgl. Mietzel, Gerd. Wege in die Psychologie. Stuttgart 1994, S. 94). Auch deutsche Eltern erziehen ihre Kinder, im Gegensatz zu amerikanischen, mehr zur Unabhängigkeit und weniger zur Aufnahme von körperlichem Kontakt. So konnten Untersuchungen zeigen, dass deutsche Kinder bei der Rückkehr der Mutter nicht zwangsläufig mit übermäßiger Freude reagieren, nicht zwangsläufig zu ihnen laufen und sie umarmen. Auch diese Kinder hätten womöglich den Stempel „unsichere Bindung" erhalten, aber auch hier konnte keine gestörte Eltern-Kind-Bindung nachgewiesen werden, da sich die sichere Bindung einfach nur auf eine andere Art und Weise zum Ausdruck gebracht wurde (vgl. ebd., S. 95).

[257] „Der Kopf wächst ab dem Alter von 3 Jahren längst nicht mehr so schnell wie die übrigen Körperteile, hat allerdings bei einem 4- bis 5-Jährigen schon fast die Größe wie bei einem Erwachsenen erreicht und wirkt demnach immer noch überproportional groß. Da Rumpf und Extremitäten in der Zeit zwischen dem 4. Und 6. Lebensjahr stark wachsen, gleichen die Proportionen eines 6-Jährigen bereits weitgehend denen eines Erwachsenen" (Schneider/ Lindenberger 2012, S. 188).

[258] Vgl. ebd.

gegen Ende der Vorschulzeit bereits ca. 90% des Gewichts auf. Auch hier hängt die Zunahme zentral mit dem Vorgang der Myelinisierung zusammen.[259] Wenn die Bildung von Synapsen, die Myelinisierung und das „synaptische Zurechtstutzen" fortgeführt werden, verbessert sich eine Vielfalt von Fertigkeiten bei Vorschulkindern – körperliche Koordination, Wahrnehmung, Aufmerksamkeit, Gedächtnis, Sprache, logisches Denken und Vorstellungen. Messungen der Nervenaktivität in verschiedenen kortikalen Regionen weisen ein besonders rasantes Wachstum von drei bis sechs Jahren in Frontallappenbereichen nach, die dem planenden und organisierenden Verhalten dienen. Dies stimmt damit überein, dass in dieser Zeit z. B. die Sprachfertigkeit, die typischerweise in der linken Hemisphäre beheimatet ist, enorm zunimmt und dieser Hirnbereich zwischen drei bis sechs Jahren besonderes aktiv ist. Auch die räumlichen Fertigkeiten nehmen enorm zu.[260]

Motorik

Die beschriebenen körperlichen Veränderungen führen zusammen mit der Ausreifung des ZNS dazu, dass sich die Vorschulkinder auch motorisch rasant weiterentwickeln, was sich zunächst v. a. D. in der Grobmotorik, die Bereiche, die also der Gesamtbewegung (Laufen, Hüpfen, Springen) dienen, postulieren lässt. Nachdem die Kleinkinder zwischen zwölf und 18 Monaten zu laufen begannen, so ist die motorische Entwicklung in der Folge durch den Erwerb immer neuer Fortbewegungsmöglichkeiten gekennzeichnet.[261] Wenn die Körper der Kinder schlanker werden und der Kopf weniger schwer, so sinkt der Schwerpunkt nach unten, dem Rumpf zu, was zur Folge hat, dass sich das Gleichgewicht verbessert und den Weg freimacht für neue motorische Fähigkeiten, welche die großen Körpermuskeln beanspruchen. Mit etwa zwei Jahren wird die Gangart der Kinder gleichmäßig und rhythmisch, sicher genug, um sich vom Boden zu erheben, zuerst durch Laufen und allmählich durch Springen, Hüpfen, Rennen und Seilspringen.[262] Die zunehmende Kräftigung der Muskulatur führt zusammen mit der besseren Muskelsteuerung nun dazu, dass sich Einzelbewegungen verfeinern und komplexere Bewegungsabläufe möglich sind. Ab drei Jahren lässt sich dann im Hinblick auf grobmotorische Fertigkeiten eine deutliche Beschleunigung beim Laufen sowie eine größere Wendigkeit und Geschicklichkeit sowie ein ausgeprägterer Gleichgewichtssinn beobachten, wenn sich z. B. Laufen und Springen abwechseln. Rückwärts

---

[259] Vgl. ebd.
[260] Vgl. ebd.
[261] Vgl. ebd., S. 188.
[262] Vgl. Berk 2011, S. 297.

60

laufen, auf Zehenspitzen stehen, auf Balken balancieren[263] zählen ebenso zu neuen Fertigkeiten wie Werfen und Fangen von Bällen, Steuern von Dreirädern und das Schaukeln auf waagerechten Stangen und Ringen.[264]

Gekennzeichnet ist diese Entwicklungsphase dadurch, dass das Aktivitätsniveau des Kindes substantiell und dabei kontinuierlich zunimmt.[265]

Auch die Feinmotorik[266] macht im Vorschulalter einen enormen Schritt nach vorn. Mit zunehmender Kontrolle von Hand und Fingern, können die Kinder nun immer besser Puzzles zusammensetzen, mit kleinen Klötzen bauen, schneiden, kleben und Perlen aufziehen. Eltern machen die Verbesserung der Feinmotorik v. a. D. an zwei Bereichen fest: 1) Pflege des eigenen Körpers, 2) Zeichnungen und Bilder, die sich von Kritzel-zeichnungen (mit ca. zwei Jahren) bis hin zu darstellenden Formen (mit ca. drei Jahren) und schließlich realistischen Zeichnungen (mit ca. sechs Jahren) aufgrund verbesserter kognitiver und feinmotorischer Fähigkeiten entwickeln.[267] Ersichtlich ist, dass es v. a. D. koordinierte Bewegungen von Händen und Fingern sind, die für das Dreijährige relativ schwierige Bewegungen darstellen, die teilweise auch genaue Abstimmung bzw. Kontrolle mit Augen und Ohren erfordern. Auch beim Malen sieht man, dass das Dreijährige zunächst noch die Malbewegungen von den großen Muskeln gesteuert und vom Arm gelenkt werden, und die Feinmotorik dann aber immer präziser wird, sodass das Kindergartenkind bereits vom Unterarm aus malt und so auch kleinere Figuren und Elemente abbilden kann. Mit dem Eintritt in die Schule muss es dann lernen, nicht aus dem Unterarm, sondern auch dem Handgelenk heraus zu schreiben, was eine größere Umstellung und gezielte Übung erfordert.[268]

Auch bei diesem Punkt sei noch einmal darauf hingewiesen, dass es große individuelle Unterschiede[269] gibt, was die genaue Präzision bzgl. Altersangaben bzgl. des Erreichens einer bestimmten Entwicklungsschrittes schwierig macht.[270]

---

[263] Vgl. Schneider/ Lindenberger 2012, S. 188f.
[264] Vgl. Berk 2011, S. 297.
[265] Vgl. Schneider/ Lindenberger 2012, S. 188f.
[266] Bewegungen, an denen nur einzelne Muskeln beteiligt sind, v. a. D. Muskelbewegungen der Finger und Hände. Obwohl die Ausbildung der Hand- und Fingergeschicklichkeit zweifellos zu den wesentlichen Merkmalen gehört, sind weiterhin auch Abläufe der Sprechmotorik und der Mimik unter diesen Begriffen zu subsumieren (vgl. ebd., S. 189).
[267] Vgl. Berk 2011, S. 299.
[268] Vgl. Schneider/ Lindenberger 2012, S. 189.
[269] Kulturell bedingt; Geschlechtsunterschiede, Förderung bzw. Aktivitäten (je nach Geschlecht); soziales Klima (vgl. hierzu Berk 2011, S. 300).
[270] Vgl. Schneider/ Lindenberger 2012, S. 189. Vgl. *Abb. 12) Erstmaliges Auftreten von motorischen Meilensteinen in der frühen Kindheit* im Anhang, S. 269.

Kognitive Entwicklung

Kognitive Zugewinne bei den Zwei- bis Vierjährigen sind zunächst das dramatische Ansteigen in repräsentierender Aktivität, wie es z. B. in der Sprachentwicklung, dem Als-ob-Spiel und der Kategorisierung wiedergespiegelt wird. Vermehrt nimmt es nun in vereinfachten, vertrauten Situationen und in der Kommunikation von Angesicht zu Angesicht die Perspektive anderer ein. In der frühen Phase dieses Lebensabschnitts dominiert noch das animistische, magische Denken, wenn Vorschulkinder z. B. über Gegenstände wie Wolken, Mond und Sonne befragt werden. Die meisten drei- bis vierjährigen Kinder glauben noch an übernatürliche Kräfte bei Märchenwesen wie Feen oder Zwerge und pendeln zwischen magisch-animistischen und realistisch-naturalistischen Weltsichten hin und her. Magie scheint für alle diejenigen Vorgänge verantwortlich, die sich die Kinder nicht erklären können. Mit zunehmendem Alter und zunehmend größerer Vertrautheit mit physikalischen Prinzipien nimmt das magische Denken der Kinder ab[271] und sie können nun vermehrt belebte Wesen von unbelebten Gegenständen unterscheiden und leugnen immer mehr, dass Zauberei die alltäglichen Erfahrungen verändern kann. Das Kind ersetzt nun immer mehr die magischen Annahmen mit plausiblen Erklärungen und es zeigt nun verbesserte Fähigkeiten, zwischen Erscheinungen und Wirklichkeit zu unterscheiden.[272] Es bemerkt Transformationen, nimmt Umkehrprozesse im Denken vor und erklärt Ereignisse im vertrauten Kontext auf eine logische Weise. Es kategorisiert nun Gegenstände auf der Grundlage der gebräuchlichen Funktionen und des Verhaltens (nicht nur nach wahrgenommenen Merkmalen) und entwickelt Ideen über zugrunde liegende Merkmale, die einzelne Einheiten (Begriffe) von Kategorien gemeinsam haben. Es ordnet auch vertraute Gegenstände in hierarchisch organisierte Kategorien. Mit vier bis sieben Jahren wird ihm nun zunehmend bewusster, dass Als-ob[273] (und andere Denkprozesse) repräsentierende Aktivitäten sind.[274] Obwohl das Denken von Vorschulkindern natürlich noch nicht ganz so gut entwickelt ist, wie das von Kindern im Schulalter, so zeigen sie bereits Anfänge von logischen Operationen, wenn man ihnen etwas weniger schwierige Aufgaben gibt, die auf vertrauten Erfahrungen beruhen. Dass Vorschulkinder ein gewisses logisches Verständnis zeigen, deutet darauf hin, dass sich nach und nach logische Operationen beherrschen. Sie können sich mit der Zeit zunehmend auf mentale (im Gegensatz zu wahrnehmungsfähigem) Verfahren, Probleme zu lösen, verlassen. So

---

[271] Vgl. ebd., S. 190f.
[272] Vgl. Berk 2011, S. 309.
[273] Die Als-ob-Spiele kommen schon ab dem zweiten Lebensjahr zum Einsatz, wobei der Höhepunkt wohl zwischen drei und vier Jahren erreicht wird (vgl. Schneider/ Lindenberger 2012, S. 191).
[274] Vgl. Berk 2011, S. 309.

sind sie dazu im Stande, wenn sie einmal zählen können, diese Fertigkeit auf Aufgaben mit Zahlen bei wenigen Gegenständen anwenden. Wenn das Zählen dann besser wird, erweitern sie diese Strategie auf Aufgaben mit mehr Gegenständen; mit etwa sechs Jahren verstehen sie dann bereits, dass die Anzahl auch nach einer Transformation gleich bleibt, solange nichts hinzugefügt oder weggenommen wird, sodass sie nicht mehr nachzählen müssen, um die Antwort zu wissen.[275]

Gedächtnis

Kinder in dieser Altersspanne werden noch sehr leicht abgelenkt und beschäftigen sich nur relativ kurz mit bestimmten Aufgaben. Vorschulkinder lernen und behalten insgesamt eher beiläufig und unbewusst, sodass hier eher implizite Lern- und Gedächtnisvorgänge im Vordergrund stehen. Sobald sie z. B. Kindertageseinrichtungen oder die Vorschule besuchen, ändert sich die Situation jedoch insofern, als nun mehr Lerngelegenheiten angeboten werden und das Gedächtnis gefördert wird.[276] Im Gegensatz hierzu ist das Wiedererkennungs-Gedächtnis[277] von Vorschulkindern sehr gut, die Leistungen der Vier- bis Fünfjährigen fast perfekt. Vorschulkinder werden sich auch ihres eigenen mentalen Lebens bewusster und fangen an, schulisch relevantes Wissen zu erwerben. Ein Trend, der sich über die Jahre stetig verbessert, denn die Kinder sind in der Schule später darauf angewiesen. Die Fähigkeit des Erinnerns ist in diesen Jahren jedoch noch nicht sehr stark ausgeprägt. Der Grund hierfür liegt darin, dass kleine Kinder weniger effektiv sind in der Anwendung von Gedächtnisstrategien[278], also überlegten mentale Aktivitäten, die die Chancen des Erinnerns verbessern.[279] Grund hierfür ist das noch begrenzte Arbeitsgedächtnis: Vorschulkinder haben Schwierigkeiten, bei den zu lernenden Informationen zu bleiben und gleichzeitig eine Strategie anzuwenden.[280] Ab der frühen Schulzeit mit den vielfältigen Gedächtnisübungen und –erfahrungen wird dieses Defizit dann jedoch allmählich überwunden.[281] Wolfgang Schneider und Ulman Lindenberger legen nahe, dass ein weiterer Grund neben den Reifungsprozessen auch die Erfahrungen im Elternhaus sind, je nachdem, wie stark mit den Kindern also über

[275] Vgl. Halford, Graeme S./ Andrews, Glenda. Children´s ability to make transitive inferences: The importance of premise integration and structural complexity (S. 479-513), in: Cognitive Development, 13, 1998, z. n. Berk 2011, S. 309.
[276] Vgl. Schneider/ Lindenberger 2012, S. 193.
[277] D. h. die Fähigkeit, anzugeben, ob ein Reiz der gleiche ist wie der oder ähnlich dem, den sie zuvor gesehen haben (vgl. Berk 2011, S. 316).
[278] Bis zum Schulalter stellen sich einige einfache Strategien im Gebrauch des Gedächtnisses ein, z.B. Wiederholungsstrategien (Vor-Sich-Hersagen) (vgl. ebd.).
[279] So z. B. das Wiederholen, also Bestandteile immer wieder aufsagen, oder organisieren, also Bestandteile, die nach einem oder mehrerer Merkmale zusammengehören, zusammenfassend gruppieren, damit sie leicht ins Gedächtnis zurückgerufen werden können (vgl. ebd.).
[280] Vgl. ebd.
[281] Vgl. Schneider/ Lindenberger 2012, S. 194f.

erlebte Ereignisse unterhalten wurde und mit gezielten Fragetechniken Ereignisse erfragt werden. Auch die Abhängigkeit von der Güte von Erinnerungshilfen ist stark.[282]

Grundsätzlich kann man das Gedächtnis für vertraute und das für einmalige Ereignisse unterscheiden:

1. Gedächtnis für vertraute Ereignisse: Vorschulkinder erinnern sich an vertraute wiederkehrende Ereignisse (z. B. das Abendessen) im Sinne von allgemeinen Beschreibungen dessen, was passiert und wann es in einer bestimmten Situation passiert. Diese allgemeinen Beschreibungen sind erst einfacher Struktur, werden aber mit zunehmendem Alter immer ausgefeilter. Diese allgemeinen Beschreibungen helfen den Kindern, sich wiederholende Ereignisse zu organisieren und zu interpretieren. Die Kinder verlassen sich auf diese Beschreibungen, die wiederum auch die frühesten Anfänge des Planens unterstützen, da sie Abfolgen von Handlungen repräsentieren, die zu einem erwünschten Ziel führen.[283]

2. Gedächtnis für einmalige Ereignisse (autobiographisches Gedächtnis): Wenn sich die kognitiven und kommunikativen Fertigkeiten der Vorschulkinder verbessern, werden die Beschreibungen besonderer oder einmaliger Ereignisse besser organisiert, detaillierter und in Beziehung zu größeren Kontexten ihres Lebens gesetzt.[284] Soziale Erfahrungen fördern die Gedächtnisfähigkeiten der Kinder, weswegen z. B. Eltern die autobiografischen Erzählungen der Kinder wecken können. Forschungen belegen, dass Eltern verschiedene Fragen stellen und den Aussagen ihrer Kinder Informationen hinzufügen sollten. Im Gegensatz zum Stellen einfacher, immer derselben Fragen ohne Hinzufügen von Informationen produzieren Kinder hierbei nach ein bis zwei Jahren besser organisiertere und detailliertere persönliche Geschichten.[285]

Sprachentwicklung

Der Wortschatz wächst in der frühen Kindheit enorm an,[286] mit 18 Monaten wird meistens die „50-Wort-Grenze" überschritten. Bis ca. drei Jahre sind es v. a. D. Nomen,

---

[282] Vgl. ebd.

[283] Hudson, Judith A./ Sosa, Brandi B./ Shapiro, Lauren R. Scripts and plans: The development of preschool children's event knowledge and event planning (pp. 77-102), in: Friedman, Sarah L./ Scholnick, Ellin Kofsky (eds.). Why, how and when do we plan? The developmental psychology of planning. Hillsdale, NJ 1997, z. n. Berk 2011, S. 317.

[284] Fivush, Robyn. Owning experience: Developing subjective perspective in autobiographical narratives (pp. 35-52). In: Moore, Chris/ Lemmon, Karen (eds.). The self in time: Developmental perspectives. Mahwah, NJ 2001, z. n. Berk 2011, S. 317.

[285] Cleveland, Emily S./ Reese, Elaine. Maternal structure and autonomy support in conversations about the past: Contributions to children's auto-biographical memory (pp. 376-388), in: Development Psychology, 41, 2005.

[286] Mit zwei Jahren ca. 200 Wörter, mit sechs Jahren ca. 10.000, d. h. ca. fünf neue Wörter pro Tag (vgl. Berk 2011, S. 331).

Verben und Adjektive, danach auch Funktionswörter wie Präpositionen, Artikel und Hilfsverben. Nun können dann schon vollständige Sätze gebildet werden, deren Komplexität sich immer mehr ausweitet, was auch damit zu tun hat, dass die Kinder zum Ende der frühen Kindheit komplexe grammatikalische Formen erworben haben. Mit fünf Jahren können dann schon präzise Fragen gestellt und auch beantwortet werden, Wünsche geäußert und das Verhalten sprachlich begründet werden.[287] Unterstützt wird dies durch die sogenannte Schnellzuordnung oder -erfassung („fast mapping"): Wenn Kinder also ein neues Wort hören, setzen sie es zunächst in Kontrast zu bereits bekannten Wörtern und nehmen oft an, dass es zu einer vollkommen anderen Kategorie gehört. Wenn ein Gegenstand von Erwachsenen mit mehreren Namen tituliert wird, beobachten Kinder, wie Wörter in der Satzstruktur benutzt werden oder verwenden soziale Hinweise, um die Bedeutung des Wortes herauszufinden. Wenn ein ausreichender Wortschatz erreicht wurde, weiten Vorschulkinder die Sprachbedeutungen aus, prägen neue Wörter und schaffen Metaphern. In Interaktionen von Angesicht zu Angesicht mit Gleichaltrigen sind jüngere Vorschulkinder bereits geübte Gesprächsteilnehmer. Das Geben und Nehmen in einer Unterhaltung mit geübten Sprechern fördert den Sprachfortschritt der Kinder; Erwachsene vermitteln oft ein explizites Feedback bei der Deutlichkeit der Sprache und ein indirektes Feedback zur Grammatik durch Erweiterungen und Umgestaltungen[288].

Moral

In der kognitiven Entwicklungspsychologie werden Kinder als aktiv über soziale Regeln nachdenkende Wesen gesehen. Auf Grund von Konzepten, die sie über Gerechtigkeit und Fairness entwickeln, entscheiden sie, was falsch und richtig ist. Bereits relativ früh lässt sich bei z. B. zweijährigen Kindern ein Stresserleben bei aggressiven Handlungen u. ä. erkennen und auch in ihrem Sprachschatz („gut", „schlecht") und in den Unterhaltungen der Kinder wird auch immer mehr ein zunehmendes Moralgefühl und Gewissen erkennbar. Soziale Erfahrungen sind für das Kind von grundlegender Bedeutung. In Auseinandersetzungen mit Gleichaltrigen über Besitz, Vorrechte und Recht entwickeln Vorschulkinder erste Ideen über Fairness und Gerechtigkeit.[289] Aber auch der Umgang von Erwachsenen mit Regelübertretungen, und wie sie Fragen der

---

[287] Vgl. Schneider/ Lindenberger 2012, S. 195.

[288] Eine unangemessene Sprache in eine korrekte Form bringen (vgl. hierzu ausführlicher Berk 2011, S. 335).

[289] Die Theorie von Kohlberg und die Konzeption von Moral als Gerechtigkeit wurde jedoch kritisiert, da sie zu einer zu engen Definition von moralischem Handeln führen würde, da Moral nicht nur damit zu tun hat, was gerecht ist, sondern auch damit, was gutes und wünschenswertes Handeln ist. Zur Diskussion und Übersicht über die Moralentwicklung vgl. Keller, Monika. Moral in Beziehungen: Die Entwicklung des frühen moralischen Denkens in Kindheit und Jugend (S. 111-140), in: Edelstein, Wolfgang/ Oser, Fritz/ Schuster, Peter (Hrsg.). Moralische Erziehung in der Schule: Entwicklungspsychologische und pädagogische Praxis. Weinheim/ Basel 2001.

Moral diskutieren, ist von großer Bedeutung.[290] Zunächst scheint die Moral des Kindes eine durch Erwachsene extern kontrollierte zu sein, doch nach und nach wird diese durch innere Standards reguliert, indem die von Erwachsenen übermittelten Handlungsanweisungen und Begründungen internalisiert werden.[291] Das bedeutet, dass moralische Regeln auch bei Abwesenheit von Autoritätspersonen eingehalten werden.[292]

Sozio-emotionale Entwicklung

Das Selbstverständnis

Die Verbesserungen der kognitiven Entwicklung (die Repräsentation der Welt, das Gedächtnis und Problemlösen) sowie der Sprachentwicklung führen die Kinder zur Möglichkeit, immer mehr über das eigene Denken nachzudenken und eigene Denkprozesse zu reflektieren. Auch andere Faktoren tragen zur Würdigung geistigen Lebens bei, wie ältere Geschwister, Interaktionen mit Freunden, Als-ob-Spiele oder der Kontakt mit reiferen Mitgliedern der Gesellschaft. Die neuen Fähigkeiten der inneren Repräsentation ermöglichen es den Kindern in der frühen Kindheit zu reflektieren. Die Sprache ermöglicht ihnen über ihr *eigenes Ich*, ihr eigenes Seelenleben zu sprechen und so ihr Verständnis ihrer inneren Gefühlzustände zu verfeinern. Wenn das *Ich* sich allmählich konsolidiert, verändert sich der Fokus des Kindes bis zu seinem *Selbst*, also dem Wissen über und der Bewertung der Eigenheiten des eigenen Selbst. Sie beginnen, ein Selbstkonzept zu entwickeln, ein Muster von Attributen, Fähigkeiten, Einstellungen und Wertvorstellungen, von denen ein Individuum überzeugt ist und über die sich eine Person definiert.[293] Dieses besteht zum Großteil aus beobachtbaren Merkmalen und typischen Emotionen sowie Einstellungen. Die zunehmende Selbstwahrnehmung geht

---

[290] Vgl. Famipoint (Hrsg.). Die emotionale und soziale Entwicklung in der frühen Kindheit. 2011. http://www.famipoint.de/p.die_emotionale_und_soziale_entwicklung_2_bis_6.html (Stand: 20.05.2013). Vgl. Berk 2011, S. 354.

[291] Die Ansätze der Psychoanalyse und des sozialen Lernens zur Moralentwicklung konzentrieren sich darauf zu erklären, wie Kinder sich die von den Erwachsenen vorgegebenen Standards aneignen. Ihrer Meinung nach ist die erklärende Erziehungsmaßnahme eine effektive Methode, um Selbstkontrolle und prosoziales Verhalten zu fördern; die soziale Lerntheorie betrachtet die Verstärkung und das Modelllernen als Grundlage des moralischen Handelns; die kognitive Entwicklungstheorie betrachtet Kinder als aktive Problemlöser im Bereich sozialer Regeln. Im Alter von vier Jahren beginnen Kinder, Intentionen mit einzubeziehen, wenn sie moralische Urteile fällen und Wahrheit von Lüge unterscheide (vgl. Berk 2011, S. 381).

[292] Diese Aneignung sollte nicht, wie von Freud empfohlen, durch Disziplinierung, die Angst vor Strafe und den Verlust der elterlichen Liebe aufbaut, erreicht werden; vielmehr hilft eine erklärende Erziehungsmethode dabei, um Selbstkontrolle und prosoziales Verhalten zu fördern. Natürlich muss die Erklärung dem Alter und Verständnisniveau des Kindes angepasst werden, um ein effektives Erziehungsmittel darstellen zu können. Indem dem Kind gezeigt wird, wie sich sein Verhalten auf andere auswirkt, ermutigen die Eltern das Kind zu Empathie und Sympathie, was prosoziales Verhalten fördert. Dem Kind wird vermittelt, wie es sich zu verhalten hat, was es auch auf andere Situationen anwenden kann. Dem Kind wird sinnvoll begründet, wie es sich verhalten soll, was es dazu ermutigt, moralische Standards zu internalisieren (vgl. Famipoint 2011).

[293] Vgl. ebd., S. 343.

u. a. mit Streitereien um gewünschte Objekte und den ersten Versuchen, mit anderen zu kooperieren, einher. Im Verlauf der frühen Kindheit differenziert sich auch der Selbstwert, also die Beurteilung des eigenen Wertes und der Gefühle, die mit Beurteilungen dieser Art einhergehen,[294] in verschiedene Selbstbeurteilungen. Dies ist ein sehr wichtiger Aspekt der Selbstentwicklung, da die Beurteilung der eigenen Kompetenzen unsere emotionalen Erfahrungen, das zukünftige Verhalten und die langfristige psychische Anpassung beeinflussen. Erkennbar ist in dieser Phase, dass dies geprägt ist von der Geschlechtstypisierung[295], also dem Prozess der Geschlechterrollenentwicklung, d. h. der Entwicklung geschlechtsbezogener Vorlieben und Verhaltensweisen, die von der Gesellschaft als Werte anerkannt sind.[296]

Emotionen

Kinder im Alter von drei bis vier Jahren besitzen bereits verschiedene Strategien zur Selbstregulation. Das Temperament, aber auch der Einfluss der elterlichen Rollenmodelle wirkt sich auf die Fähigkeit des Vorschulkindes aus, mit negativen Emotionen umzugehen. Zu der sich stetig verbessernden emotionalen Selbstregulierung trägt auch die rasche Entwicklung der Sprechfertigkeiten bei. Im Verlauf des Vorschulalters nehmen die intrapersonalen Regulationsvorgänge zu, was darauf hindeutet, dass sich die intrapersonale allmählich aus der interpersonalen Emotionsregulation ausgliedert. Die Konsequenz ist, dass Vorschulkinder somit nicht mehr zwangsläufig die Unterstützung ihrer Bezugspersonen erwarten, sondern immer mehr Strategien der Emotionsregulation entwickeln und zielgerichtet einsetzen können. Mit zunehmendem Selbstkonzept des Vorschulkindes beginnt es zudem, häufiger selbstbezogene Emotionen wahrzunehmen. Auch lernen sie allmählich, ihren Emotionsausdruck als wirksames Kommunikationsmittel einzusetzen, mit dem andere Personen beeinflusst werden können.[297] Diejenigen

---

[294] Vgl. ebd., 381.

[295] „Nach der sozialen Lerntheorie erwerben sich Vorschulkinder ihre ersten geschlechtstypischen Reaktionen durch Modelllernen und Verstärkung und organisieren diese dann zu geschlechtsbezogenen Vorstellungen über sich selbst. Die kognitive Entwicklungstheorie geht davon aus, dass die Geschlechtskonstanz zunächst gemeistert werden muss, bevor das Kind geschlechtstypisches Verhalten entwickeln kann. Im Gegensatz zu den Aussagen der kognitiven Entwicklungstheorie, besteht das Geschlechterrollen entsprechende Verhalten lange, bevor eine Geschlechtskonstanz erreicht ist. Die Geschlechtsschematheorie ist ein Ansatz, der Aspekte der sozialen Lerntheorie und der kognitiven Entwicklungstheorie in sich vereint. Während das Kind geschlechtsstereotype Vorlieben und Verhaltensweisen entwickelt, bildet es Kategorien von Männlichkeit und Weiblichkeit bzw. Geschlechtsschemata, die es auf die eigene Person anwendet und bei der Interpretation seiner Umwelt benutzt" (Berk 2011, S. 382).

[296] Vorschulkinder erwerben sich viele dieser Geschlechtsstereotypen und geschlechtstypischen Verhaltensweisen. Die Vererbung, aufgrund pränataler Hormone, trägt bei zu einer höheren Aktivität bei Jungen sowie zu vermehrt offener Aggression sowie der Vorliebe für gleichgeschlechtliche Spielkameraden. Zudem ermutigen die Eltern, Lehrer und Peers und die Gesellschaft insgesamt viele der als geschlechtstypisch angesehenen Verhaltensweisen (vgl. ebd., S. 373).

[297] In der Kindergartenzeit entwickeln sich weiterhin relevante selbstwertende Emotionen wie Stolz auf einen Erfolg und Scham nach Misserfolg, was in Bezug auf eigene Tüchtigkeitsmaßstäbe erfolgt.

Botschaften, die von den Eltern ausgehen, beeinflussen die Situationen, in denen diese Emotionen auftauchen, wie auch ihre Intensität.[298] Auch Empathie tritt nun häufiger auf. Das Temperament des Kindes sowie die Erziehung der Eltern[299] beeinflussen das Ausmaß, in dem Empathie zu Mitleid und zu prosozialem oder altruistischem Verhalten führt.[300]

Bindung

Im Vorschulalter sind die Beziehungen zu den engsten Bezugspersonen in der Familie weiterhin sehr wichtig und eng. Die Qualität der frühen Eltern-Kind-Beziehung für die weitere sozial-emotionale Entwicklung ist insgesamt bedeutsam. In der Regel bietet das Elternhaus eine schützende Atmosphäre und die Eltern selbst bemühen sich um vielseitige Entwicklungsförderung. Wenn die Mutter-Kind-Beziehung durch Zuneigung und emotionale Wärme bestimmt wird, in der Interaktion klare Verhaltensregeln definiert und den Vorschulkindern autonomiefördernde Handlungsspielräume eingeräumt werden, ist davon auszugehen, dass sich die Kinder zu selbstbewussten, leistungsfähigen, emotional stabilen und sozial kompetenten Individuen entwickeln.[301]

Die zunehmende Fähigkeit einer Theory of Mind macht es dem Kind möglich zu erkennen, dass die Mutter oder der Vater eigene Absichten, Gefühle und oft eine andere Sicht der Sachlage hat als es selbst. Es hat nun ein Zeitverständnis, weswegen ihm die Beständigkeit der Beziehung zu den Eltern klar ist, auch wenn man sich zeitweilig nicht sieht. Zudem beherrscht es nun auch viele Routineabläufe, die kaum noch Herausforderungen darstellen und Beistand benötigen oder Angst machen. Mit diesen Entwicklungsfortschritten erhält die Organisation der Bindungsverhaltensweisen eine neue Qualität. Zu diesem Zeitpunkt können die Perspektiven und Pläne der Bindungsperson sowie die eigenen berücksichtigt werden, wenn das Bindungssystem durch Angst, Ärger oder Trauer aktiviert wird (hier wird von der zielkorrigierten Partnerschaft in der Bindungsentwicklung gesprochen). Seltener als früher wird somit eine unmittelbar beruhigende Zuwendung von Seiten der Bindungsperson nötig und angefordert, da das Kind nun im Stande ist, die Erfüllung des Wunsches aufzuschieben. Braucht es jedoch die direkte Zuwendung, so muss es sein Bindungsverhalten partnerschaftlich organisieren.[302]

Zunächst sind sie sicherlich von Rückmeldungen erwachsener Bezugspersonen geprägt, doch später erfolgen sie eher unabhängig von sozialen Bewertungen oder Reaktionen anderer (vgl. Schneider/ Lindenberger 2012, S. 204).

[298] Die Eltern können also durch ihre Rückmeldung erheblichen Einfluss auf die Entwicklung selbstbezogener Emotionen nehmen (vgl. Berk 2011, S. 381).

[299] Vgl. hierzu ebd., S. 346ff.

[300] Vgl. ebd., S. 381.

[301] Vgl. Schneider/ Lindenberger 2012, S. 206.

[302] Vgl. Grossmann/ Grossmann 2012, S. 305.

Auch die Bedeutung von Gleichaltrigenbeziehungen nimmt in der frühen Kindheit zu. Diese befinden sich alle auf etwa dem gleichen Niveau, müssen also untereinander Verantwortung übernehmen, miteinander kooperieren und Ziele für ein Spiel setzen. Diese Erfahrung ist für Kinder äußerst wichtig. Insofern verändert sich mit der Zeit auch die Art des Spielens. Ist zunächst das *Alleinspiel* vorherrschend, entwickelt sich hieraus das so genannte *Parallelspiel*: Das Kind spielt mit ähnlichen Materialien in der Nähe anderer Kinder, beeinflusst diese aber nicht. Danach kommt das *assoziative Spiel*: Kinder beschäftigen sich mit unterschiedlichen Aktivitäten, tauschen aber beispielsweise Spielzeuge aus und/ oder kommentieren das Handeln des anderen. Dann folgt das *kooperative Spiel*, bei dem sich Kinder an einem gemeinsamen Ziel ausrichten. Durch die frühe Kindheit sind alle Spielarten präsent. Im Alter zwischen drei und sechs Jahren bleiben das Allein- und das Parallelspiel vorherrschend und das kooperative Spiel nimmt nach und nach mehr Raum ein.[303]

Durch die zunehmende Interaktion mit Gleichaltrigen bilden sich auch die ersten Freundschaften, ein sehr wichtiger Umstand für die emotionale und soziale Entwicklung. Allerdings ist das Verständnis für Freundschaft noch sehr reduziert und bezieht sich auf das gemeinsame Spiel oder das Teilen von Spielzeug. Gegenseitiges Vertrauen oder eine Erwartung an langfristige Qualität besteht noch nicht.[304] Jedoch scheinen sich Kinder durch Freundschaften auf eine Weise in ihre Lernumgebung zu integrieren, die sowohl die akademische, als auch die soziale Kompetenz fördert. Eltern haben auf die sozialen Beziehungen ihrer Kinder sowohl eine direkte Auswirkung, indem sie sich bemühen, die Peerbeziehungen zu beeinflussen, als auch eine indirekte durch ihre Erziehungspraktiken. Eine sichere Bindung und emotional positive Gespräche zwischen Eltern und Kindern korrelieren mit positiven Peerinteraktionen.[305]

Erziehungsstile

Es wurde bereits ersichtlich, dass Eltern die Kompetenz ihrer Kinder auf verschiedene Art und Weise fördern können – durch Wärme und Feinfühligkeit gegenüber deren Bedürfnissen, indem sie selbst Vorbild sind und reifes Verhalten verstärken, durch vernünftige Gespräche und erklärende Erziehungsmaßnahmen sowie durch Anleitung und Ermutigung, wenn das Kind neue Fertigkeiten erlernt. Das Zusammenwirken elterlichen Verhaltens, das sich in den verschiedensten Situationen zeigt und so ein

---

[303] Vgl. Berk 2011, S. 350.
[304] Vgl. hierzu die Untersuchungen von Selman, Robert L. Die Entwicklung des sozialen Verstehens. Entwicklungspsychologische und klinische Untersuchungen. Frankfurt am Main 1984.
[305] Vgl. hierzu ausführlicher Schneider/ Lindenberger 2012, S. 228.

kontinuierliches Erziehungsklima schafft, ist der sogenannte Erziehungsstil. Unterscheiden lassen sich hier grob vier Erziehungsstile (autoritativer, autoritärer, permissiver und unbeteiligt), die sich jeweils in Akzeptanz und eigener Beteiligung, Kontrolle und Gewähren von Autonomie unterscheiden:

- Bei einem *autoritären Erziehungsstil* zeigen die Eltern ihrem Kind wenig Akzeptanz und Anteilnahe und ein hohen Ausmaß von Zwangsmaßnahmen. Auch gewähren sie ihrem Kind nur wenig Selbstständigkeit.
- Der *permissive Erziehungsstil* an sich ist warmherzig und akzeptierend. Dennoch bringen sich die Eltern hier nicht selbst ein, sondern schenken ihren Kindern entweder zu viel oder zu wenig Aufmerksamkeit. Sie üben wenig Kontrolle über das Verhalten ihrer Kinder aus. Anstatt nach und nach Selbstständigkeit einzuräumen, erlauben sie ihren Kindern in vielen Bereichen, eigene Entscheidungen zu fällen, wenn diese ihrem Alter nach weder fähig noch bereit dazu sind.
- Der *unbeteiligte Erziehungsstil* ist eine Kombination niedriger Akzeptanz und Beteiligung mit wenig Kontrolle und einer allgemeinen Indifferenz gegenüber dem Gewähren von Autonomie.
- Der *autoritative Erziehungsstil* ist der erfolgreichste Erziehungsansatz und setzt eine hohe Akzeptanz des Kindes voraus sowie ein persönliches Beteiligtsein, adaptive Kontrollmechanismen und ein angemessenes Einräumen von Handlungsspielräumen.[306]

Im Vergleich zum autoritären, permissiven und unbeteiligten Erziehungsstil wirkt sich der autoritative Erziehungsstil auf die Entwicklung kognitiver, emotionaler und sozialer Kompetenz förderlich aus. Warmherzigkeit, Erklärungen und angemessenes Fördern reifer Verhaltensweisen machen die Effektivität des autoritativen Erziehungsstiles aus.[307]

2.3.5) Mittlere und späte Kindheit (6-11 Jahre)

Körperlich-motorische Entwicklung

Erstklässler sind im Durchschnitt zwischen 105-110cm groß und wiegen knapp 20kg. Insgesamt verläuft das Größenwachstum mit ca. sechs cm pro Jahr in eher gemäßigten Bahnen, ebenso wie die Zunahme des Körpergewichts mit etwa zwei bis 3,6kg pro Jahr. Mädchen sind bis zum Alter von acht Jahren etwas kleiner und leichter als Jungen – ein Trend, der sich mit ca. neun Jahren dann aber bereits verkehrt. Mädchen haben auch hier etwas mehr Körperfett und Jungen mehr Muskeln. In den folgenden Jahren wach-

---

[306] Vgl. Berk 2011, S. 374f.
[307] Vgl. ebd., S. 375f.

sen Mädchen schneller und übertreffen zeitweise gleichaltrige Jungen an Größe, bis die Jungen schließlich mit dem Einsetzen des vorpuberalen Wachstumsschubes wieder voraneilen.[308] Zu Beginn des Pubertäts-Wachstumsschubes sind sie dann etwa 150cm groß und wiegen ca. 36kg.[309] Anschließend setzt eine verhältnismäßig ruhige und gleichmäßige körperliche Entwicklung ein. Da sich der Körper nun nicht mehr so rasant wie während des Vorschulalters entwickelt, kann sich das Kind nun verstärkter darauf konzentrieren, die Motorik unter seine Kontrolle zu bringen.[310]

Gehirn

Bei Schulkindern im Alter von sechs bis zwölf Jahren wachsen hintere Hirnregionen und die graue Gehirnsubstanz[311] vermehrt sich, was eine Rolle beim räumlichen Vorstellungsvermögen sowie der Entwicklung sprachlicher Fähigkeiten spielt. Auch wird im Schulalter das Gehirn weiterhin optimiert, Nervenbahnen myelinisiert und nicht benötigte Synapsen zurechtgestutzt.[312] Die Struktur des Gehirns spiegelt zunehmend die vorherrschenden Aktivitäten und Beschäftigungen der jeweiligen Person wider.[313]

Motorik

Die beschriebene Zunahme an Körpergröße und Muskelkraft haben eine verbesserte motorische Koordination während der mittleren Kindheit zur Folge. Auch die fortschreitende kognitive und soziale Reife macht es möglich, die neuen motorischen Fertigkeiten auf eine komplexere Weise zu nutzen.[314]

Während der Vorschulzeit hatten die Kinder bereits vielfältige Gelegenheiten, motorische Fertigkeiten zu üben. Zu Beginn der Grundschulzeit sind sie daher in der Regel recht gut in ihrer Grobmotorik und können sehr gut laufen, klettern, hüpfen und springen. Recht bald nach dem Eintritt in das Grundschulalter werden sie dann werfen, fangen und stoßen mit dem Fuß hochgradig beherrschen.[315] In der Zeit der mittleren

---

[308] Vgl. Mietzel 2002, S. 294.

[309] Vgl. Künkel, Almuth. Kinder- und Jugendpsychologie in der zahnärztlichen Praxis. Hannover 2000, S. 66.

[310] „Die Übung dieser Funktionen geht allerdings keineswegs ruhig vonstatten. Wenn man einmal Kinder im Grundschulalter beobachtet, wird man in der Regel sehr häufig Verhaltensweisen beobachten, die Erwachsene meist als ‚wild' zu kennzeichnen pflegen" (ebd.).

[311] „Im Gehirn bildet die graue Substanz die oberflächlich gelegene Rinde (Kortex) und Ansammlungen von Nervenzellen im Inneren des Gehirns (Kerne, Nuclei)" [Hanusch, Birgit C. Anatomie (S. 151-402), in: Emminger, Hamid (Hrsg.). Physikum EXAKT. Das gesamte Prüfungswissen für die 1. ÄP. Stuttgart 2005, S. 175].

[312] Vgl. Reh-Bergen 2007, S. 32.

[313] Vgl. Textor, Martin R. Gehirnentwicklung im Kleinkindalter – Konsequenzen für die Erziehung, in: Staatsinstitut für Frühpädagogik. URL: http://www.ifp.bayern.de/veroeffentlichungen/infodienst/ textor-gehirnentwicklung.html (Stand: 05.08.2013).

[314] Vgl. Berk 2011, S. 395.

[315] Vgl. Mietzel 2002, 294.

Kindheit verfeinern sich das Laufen, Springen, Hopsen und Fertigkeiten beim Ballspiel.[316] Sämtliche Fertigkeiten zeigen Zugewinne in vier grundlegenden motorischen Fähigkeiten: *Flexibilität*: Im Vergleich zu Vorschulkindern sind Kinder im Schulalter körperlich biegsamer und elastischer, ein Unterschied, der beobachtet werden kann, wenn die Kinder einen Schlagball schlagen, einen Ball kicken, über eine Hürde springen oder Fallübungen ausführen. *Gleichgewicht*: Ein verbessertes Gleichgewicht unterstützt Fortschritte in vielen sportlichen Fertigkeiten einschließlich Laufen, Hopsen, Springen, Werfen, Kicken und schneller Bewegungswechsel, wie es in vielen Mannschaftssportarten erforderlich ist. *Flinkheit*: Schnellere und genauere Bewegungen werden sichtbar in der ausgefeilten Fußarbeit beim Seilspringen und Himmel-und-Hölle-Spiel sowie in den Vorwärts-, Rückwärts- und Seitwärtsbewegungen, die ältere Kinder benutzen, wenn sie Gegnern beim Fußball ausweichen. *Kraft*: Ältere Kinder können einen Ball härter werfen und treten und sich selber weiter vom Boden abheben, wenn sie laufen und springen, als sie es in einem früheren Alter konnten.[317]

Auch die Feinmotorik verbessert sich über die Schuljahre. Mit ca. sechs Jahren können die meisten Kinder das Alphabet und ihren Vor- und Nachnamen sowie die Zahlen von eins bis zehn außerordentlich deutlich schreiben. Die Schrift neigt jedoch noch dazu, sehr groß zu sein, da sie den ganzen Arm statt dem Handgelenk und Finger benutzen, um Striche zu ziehen. Nach und nach nimmt die Lesbarkeit ihrer Schrift aber immer mehr zu. Auch die Zeichnungen zeigen zu dieser Zeit erstaunliche Fortschritte und deuten auf Zuwächse in Organisation, Detail und Darstellung von Tiefe hin.[318]

Kognitive Entwicklung

Das sechs- bis siebenjährige Kind strebt nun vermehrt nach realistischer Welterkenntnis und überwindet nun die egozentrische Perspektive und versucht, zwischen den eigenen Wünschen und Phantasien sowie objektiven Zusammenhängen zu trennen und strebt danach zu wissen, „wie es wirklich ist"; hierzu bemüht es sich z. B., sachgerechte und naturwissenschaftliche Erklärungen nachzuvollziehen. Es löst sich aus dem Bann des vordergründigen optischen Eindrucks und lernt, bei der Lösung eines Problems mehrere Faktoren zur gleichen Zeit zu berücksichtigen. Neben den in der Grammatik erhaltenen Ausdrucksmöglichkeiten für sachliche Zusammenhänge, erhält es nun auch abstrakte

---

[316] „Dritt- bis Sechstklässler sprinten aus dem Stand, wenn sie über den Spielplatz rennen, üben sich im Seilspringen, versuchen sich an komplizierten Bewegungsmustern beim Himmel- und Hölle-Spiel, kicken und dribbeln beim Fußball, schlagen beim Baseball von Klassenkameraden geworfene Bälle und balancieren geschickt über schmale Balken und Mauern" (Berk 2011, S. 395).

[317] Haywood, Kathleen M./ Getchell, Nancy. Life span motor development. Champaign, IL 2009, pp. 295ff.

[318] Vgl. Berk 2011, S. 396.

Ordnungsprinzipien (Reihenbildung, Klassenbildung, Messbegriff). Wesentliche Denkgesetze (z. B. Mengenkonstanz, Reversibilität des Denkens) werden ihm bewusst und es wendet sie folgerichtig an. So denkt das Grundschulkind am Ende dieser Phase logisch korrekt, wenn die Denkaufgabe seinem Erfahrungsbereich entstammen und es die Ergebnisse an der Realität überprüfen kann. Dem Wissensdurst des Kindes muss entsprochen werden, um den Lerneifer und die Leistungsmotivation zu erhalten.[319]

Gedächtnis und Informationsverarbeitung

Jean Piaget konzentrierte sich auf die Gesamtveränderung der Kognition, während der Informationsverarbeitungsansatz[320] getrennte Aspekte des Denkens betrachtete. Hervorzuheben sind hier die Erkenntnisse der rasanten Zunahme der Geschwindigkeit der Informationsverarbeitung[321], sowie der Zugewinn der kognitiven Hemmung[322], die Veränderung der Aufmerksamkeit (sie wird selektiver, angepasster und planvoller), der Kurzzeit- und Arbeitsgedächtnisprozessen[323] und in kognitiven Kontrollprozessen[324]. Auch Verbesserungen in der Nutzung und Anwendung von Strategien zur Verbesserung von Gedächtnis- und kognitiven Kontrollleistungen, die in der Schule durch Lernaktivität noch gefördert werden (Wiederholen, Organisation und Elaboration) lassen sich ausmachen. Die Intelligenz[325], also die Fähigkeit, sich schnell und flexibel an neue Gegebenheiten der Umwelt anzupassen und diese zu verändern sowie Neues zu lernen, wird um das Alter von sechs Jahren stabiler als im frühen Alter und korreliert gut mit schulischen Leistungen.[326]

---

[319] Vgl. Senckel, Barbara. Mit geistig Behinderten leben und arbeiten. München 2006, S. 73.

[320] Da die Meinung vorherrscht, dass eine Mischung von Gedanken Piagets und der Informationsverarbeitung das größte Potential bergen, die kognitive Entwicklung in der mittleren Kindheit zu verstehen (vgl. Berk 2011, S. 406), soll diese noch mit aufgeführt werden.

[321] Aufgrund eines biologischen Zugewinns des Denktempos, womöglich aufgrund der Folge einer Myelinisierung und des synaptischen Zurechtstutzens im Gehirn; effektives Denken erhöht die Informationsverarbeitende Kapazität, denn ein schneller Denker kann mehr Informationen auf einmal behalten und mit mehr Informationen operieren (vgl. hierzu ebd.)

[322] Hiermit kann man verhindern, dass ihr Bewusstsein an unwichtigen Gedanken festhält und besitzt somit die Fähigkeit, innere und äußere ablenkende Reize zu kontrollieren (vgl. hierzu ebd.).

[323] Die Entwicklung der Langzeitwissensbasis erleichtert das Gedächtnis, indem neue Informationen einfacher gespeichert und zurückgerufen werden können. Die Motivation der Kinder, das anzuwenden, was sie wissen, führt ebenfalls zur Entwicklung des Gedächtnisses (vgl. ebd., S. 438).

[324] Langsam beginnt sich nun auch die kognitive Selbstregulation (also das, was man weiß, in Handlungen umzusetzen) zu entwickeln, die sich in Abhängigkeit von Instruktionen, welche die kognitive Aktivität überwachen, steigert. Auch die kognitive Kontrolle nimmt zu, was mit Reifungsprozessen im präfrontalen Kortex in Verbindung gebracht werden kann (vgl. ebd., S. 411).

[325] Intelligenz ist ein Produkt von Vererbung und Umwelt. IQ-Testwerte werden von spezifischen Lernerfahrungen beeinflusst, einschließlich der Erfahrung mit bestimmten Kommunikationsstilen und dem Wissen, das der Test abfragt (vgl. ebd., S. 439).

[326] Da es zum Teil erhebliche individuelle Unterschiede gibt und da das Intelligenzniveau mit schulischen Leistungen korreliert, wurden in den letzten Jahrzehnten eine Reihe von Intelligenztests mit dem Ziel entwickelt, die Voraussetzungen für den Schulerfolg besser einschätzen zu können (vgl. Schneider/ Lindenberger 2012, S. 220).

Kinder im Schulalter betrachten den eigenen Geist nun als aktives, konstruktives Mittel und entwickeln eine integrierte Theorie des Geistes. Auch der Sprachschatz wächst in der mittleren Kindheit enorm an, was sich darin bemerkbar macht, dass Kinder ein genaueres und flexibleres Verständnis der Wortbedeutung haben. Nun sind sie auch zur Verwendung komplexer grammatikalischer Konstruktionen und Strategien in der Unterhaltung fähig. Auch die Bewusstheit der Sprache trägt ebenso zum Fortschritt der Sprache im Schulalter bei.[327]

Moral

Im mittleren Kindheitsalter hat das Kind eine große Menge an diversen moralischen Regeln internalisiert.[328] Während sich die Ideen des Kindes hinsichtlich Gerechtigkeit entwickeln, werden dem Kind auch immer mehr moralische und soziale Konventionen klarer und es wird Verbindungen ziehen. Mit der Zeit wird sein Verständnis sehr viel komplexer und ein breites Spektrum verschiedenster Variablen wird mit einbezogen. Wenn es Regelübertretungen beurteilt, berücksichtigt es dabei den Zweck der betreffenden Regeln, die Intentionen der Beteiligten und den Handlungskontext.[329]

Kinder im Schulalter werden sich über moralische Regeln klar und bringen diese mit sozialen Konventionen in Verbindung. Vorschulkinder eignen sich eine Menge an moralisch relevanten Verhaltensweisen durch Modellierung und Verstärkung an; wenn die mittlere Kindheit erreicht ist, haben sie Zeit gehabt, diese Erfahrungen zu reflektieren und die Regel für gutes Verhalten zu internalisieren. Dies führt dazu, dass sie nun wesentlich unabhängiger werden und man ihnen auch zunehmend mehr vertrauen kann, da sie nun auch mehr Verantwortung übernehmen können.[330]

Sozio-emotionale Entwicklung

Die Persönlichkeitsentwicklung schreitet in der mittleren und späten Kindheit stark voran. Während der mittleren Kindheit beinhaltet das Selbstkonzept[331] des Kindes

---

[327] Vgl. Berk 2011, S. 425ff.
[328] Vgl. ebd., S. 454.
[329] Vgl. ebd., S. 457f.
[330] Zu diesen Fortschritten kommt es allerdings nur, wenn das Kind fortwährend angeleitet wurde und durch fürsorgliche Eltern Vorbilder in seinem Leben hatte (vgl. ebd., S. 458f.).
[331] Hatte sich dies bei den Drei- bis Vierjährigen hauptsächlich auf konkrete, beobachtbare Eigenschaften bezogen und war noch sehr unzusammenhängend und verallgemeinernd und unrealistisch positiv, werden sie im Grundschulalter schon differenzierter, umfassender und v. a. D. realistischer, da soziale Vergleiche mit Gleichaltrigen vermehrt vorgenommen werden (vgl. ebd., S 445).
„Wenn Mädchen und Jungen das Alter von sechs oder sieben Jahren erreicht haben, ist ihr Selbstbild (bzw. Selbstkonzept) insofern umfassender geworden, als sie nunmehr zum einen beschreiben können, wie sie in den vielfältigen Situationen über sich erfahren haben; zum anderen wird sie in der Lage, sich Gedanken über ihre Gefühle, Vorstellungen, Fähigkeiten sowie über eigene besondere Kennzeichen zu machen" (Mietzel 2002, S. 295).

Persönlichkeitseigenschaften[332] und soziale Vergleiche. Auch der Selbstwert differenziert sich noch weiter, wird hierarchisch strukturiert und nimmt über die ersten Schuljahre hinweg wieder ab,[333] während das Kind seine Selbstbeurteilungen an den Rückmeldungen der Umgebung misst und anpasst.[334] Er ist also in hohem Maße von der sozialen Umwelt beeinflusst.[335]

Das Selbstwertgefühl hängt also entscheidend von den Rückmeldungen und dem Vergleich zu Menschen in der Umgebung ab. Für die Entwicklung eines positiven Selbstwertgefühls ist die weitgehende Akzeptanz durch die Bezugspersonen maßgeblich. Als weitere günstige Determinanten gelten eindeutige Verhaltenserwartungen, Wertschätzungen der kindlichen Aktivitäten und eine positive Selbstakzeptanz der Bezugspersonen. Eine negative Selbstwertentwicklung ist mit Gefühlen von Abhängigkeit und Hilflosigkeit sowie mit Rückzug und Passivität assoziiert.[336] Auch wird es beeinflusst durch den bereits vorgestellten elterlichen Erziehungsstil: So kann der autoritäre Stil häufig zu einem eher geringen Selbstwertgefühl führen, da die Kinder den Eindruck gewinnen, wenig Kontrolle ausüben zu können und ihre Fähigkeiten zum eigenverantwortlichen Handeln nicht erproben zu können. Kinder, die so erzogen

---

[332] Als Persönlichkeit allgemein kann man die Kombination aus angeborenem Temperament und erworbenem Charakter, der wiederum persönliche Einstellungen beinhaltet sowie Ziele und Werte, die man im Laufe der Entwicklung sich angeeignet hat, bezeichnen (vgl. Butcher, James N./ Hooley, Jill M./ Mineka, Susan. Klinische Psychologie. München 2009, S. 91), in Abhängigkeit der zahlreichen anderen Einflussfaktoren für Temperament und Persönlichkeit wie pränatale Faktoren, soziale Unterstützung, Lebensereignisse, chronisch aggressive Umweltbedingungen, Wahrnehmung und Interaktion mit der Umwelt [vgl. Herpertz, Sabine C./ Saß, Henning/ Herpertz-Dahlmann, Beate. Temperament und Persönlichkeit (S. 208-220), in: Herpertz-Dahlmann/ Resch/ Schulte-Markwort/ Warnke 2008, S. 215].

[333] „Das Selbstwertgefühl unterliegt entwicklungstypischen Veränderungen. Zwischen dem 10. und 13. Lebensjahr kommt es zu einer Verschlechterung, sehr wahrscheinlich mit bedingt durch den Übergang von der Primar- zur Sekundarstufe und den damit verbundenen Veränderungen der Schulsituation. Hintergrund sind wahrscheinlich gestiegene schulische Leistungsanforderungen sowie Belastungen durch die Einstellungen auf neue Klassengemeinschaften. Der Zeitpunkt der Pubertät ist ebenfalls von Bedeutung, insbesondere bei Mädchen. Früher Pubertätsbeginn ist bei ihnen mit einem negativeren Selbstwertgefühl assoziiert, was vor allem auf der Unzufriedenheit mit Figur und Gewicht beruht" (Blanz, Bernhard u. a. Psychische Störungen im Kindes- und Jugendalter. Ein entwicklungspsychopathologisches Lehrbuch. Stuttgart 2006, S. 40).

[334] Während das Kleinkind seinen Selbstwert noch über Lob und Anerkennung bzw. Tadel und Bestrafung erfahren hat, so bewertet sich das Grundschulkind anhand seiner erbrachten Leistungen und seines Verhaltens im Vergleich mit anderen. Der Selbstwert wird somit primär an der Anerkennung oder Ablehnung von Gleichaltrigen, Lehrern oder Eltern gemessen [vgl. Heinz, Claudia/ Jung-Heintz, Heike/ Straub-Westphal, Tanja. ATL Kind, Frau, Mann sein (S. 420-433), in: Kellnhauser, Edith/ Juchli, Liliane. Pflege. Professionalität erleben. Stuttgart 2004, S. 427].

[335] Vgl. Schneider/ Lindenberger 2012, S. 233. Das Selbstwertgefühl wird also durch die Bewertung einer bestimmten Eigenschaft oder Fähigkeit bestimmt. Hierbei werden Vergleiche mit den eigenen Idealvorstellungen sowie Bewertungen durch Dritte vorgenommen. In diesem Kontext entscheidend ist die Erkenntnis, die bereits im Kindergartenalter einsetzt, von den anderen wahrgenommen und bewertet zu werden. Während in diesem Entwicklungsstadium die Selbstbewertung jedoch zunächst aus den Reaktionen Dritter abgeleitet wird, so werden im weiteren Verlauf werden deren Bewertungskriterien übernommen, sodass auf dieser Grundlage wiederum im Grundschulalter die Fähigkeit erworben wird, Selbstbewertungen vorzunehmen (vgl. Blanz u. a. 2006, S. 39)

[336] Vgl. ebd.

75

wurden, sind Gleichaltrigen gegenüber eher aggressiv, da sie gelernt haben, dass sich der Stärkere durchsetzt. Permessiv erzogene Kinder sind anderen hingegen oft impulsiv und rücksichtlos und daher unter Gleichaltrigen weniger beliebt. Ein eher geringes Selbstwertgefühl kann zusätzlich daraus resultieren, dass die Eltern den Kindern gegenüber oft den Eindruck erwecken, an der Aufstellung und Einhaltung von Regeln nicht interessiert zu sein, weil es ihnen zu viel Mühe bereitet. Durch empathische Eltern, die die Sorgen und Ängste hingegen ernstnehmen (autoritativer Stil), erleben die Kinder eine gewisse Wertschätzung und können durch die Nutzung zunehmend größerer Handlungsspielräume eigene wichtige Erfahrungen sammeln. Autoritativ erzogene Kinder sind häufig sehr kompetent, selbstbewusst und bei Gleichaltrigen beliebt.[337]

Auch wird der Selbstwert entscheidend von der Qualität der Beziehungen zu Gleichaltrigen und der Fähigkeit zur Knüpfung von Freundschaften beeinflusst.[338] Im mittleren Kindheitsalter werden die Peerbeziehungen zunehmend prosozialer und die Aggression nimmt ab. Gegen Ende der Grundschuljahre finden sich die Kinder in Peergruppen zusammen. Die Freundschaften entwickeln sich zu symmetrischen Beziehungen, die auf beiderseitigem Vertrauen basieren. I. d. R. werden Freunde gesucht, die den Kindern in vielen Punkten ähnlich sind.[339]

Emotionen

In der mittleren Kindheit werden selbstbezogene Emotionen wie Stolz und Schulgefühl von einem persönlichen Verantwortungsgefühl regiert. Wenn das Kind intensive Schamgefühle erleben muss, kann dies sein Selbstwertgefühl zerstören.[340] Die intrapersonalen Emotionen wie Stolz, Scham und Schuld treten nun zunehmend auch in Abwesenheit von anderen Personen bzw. Erwachsenen auf. Auch löst nicht jegliche Form von Fehlverhalten diese Emotionen aus, sondern v. a. D. vorsätzliches (Lügen, Stehlen). Selbstbezogene Emotionen wie Stolz über den Erfolg eigener Tüchtigkeit oder Scham bei Misserfolg spielen eine wichtige Rolle für den Aufbau der Leistungsmotivation und beeinflussen, ob Kinder Leistungssituationen eher mit Optimismus oder Pessimismus angehen bzw. diese aufsuchen oder vermeiden. Insgesamt nimmt das Verständnis von Emotion stärker zu. Schulkinder beziehen Emotionen nicht nur auf die Umwelt, wie es Vorschulkinder tun, sondern verwenden Emotionen auch immer öfter zur Beschreibung der eigenen Gefühlslage; die Beschreibung der emotionalen Zustände

---

[337] Vgl. Schneider/ Lindenberger 2012, 227.
[338] Vgl. ebd., S. 233.
[339] Gute, liebevolle Freundschaften stärken prosoziales Verhalten. Freundschafen zwischen aggressiven Kindern wirken sich jedoch verstärkend auf antisoziales Handeln aus (vgl. Berk 2011, S. 460).
[340] Vgl. ebd., S. 451.

wird hierbei differenzierter. Auch das Verständnis, dass eine Sache ambivalente Gefühle hervorrufen kann nimmt zu.[341] Kinder im Schulalter nehmen wahr, dass Menschen mehr als ein Gefühl auf einmal haben können. Des Weiteren lassen sie sich von mehreren Hinweisreizen leiten um die Gefühle anderer Menschen zu interpretieren, wobei auch die Empathie zunimmt. Gegen Ende der mittleren Kindheit verfügen die meisten Kinder über einen adaptiven Vorrat an Strategien zu Emotionsregulation. Kinder, die ihre Emotionen gut regulieren können,[342] sind für gewöhnlich optimistisch, prosozial und beliebt bei ihren Peers.[343]

Die Fähigkeit zur Perspektivenübernahme verbessert sich in den Schuljahren enorm. Kognitive Reife und Erfahrungen, bei denen Erwachsene und Peers das Kind ermutigen, sich in einen anderen Menschen hineinzuversetzen, wirken sich auf die Fähigkeit des Kindes zur Perspektivenübernahme förderlich aus. Kinder, die über diese Fähigkeit in ausreichendem Maß verfügen, haben auch vermehrt positive soziale Fähigkeiten.[344]

Das Verständnis des Kindes hinsichtlich der Geschlechterrollen wird in der mittleren Kindheit wesentlich breiter und seine Geschlechterrollenidentität, also die Sichtweise seiner selbst, als relativ maskulin bzw. feminin, unterliegt auch Veränderungen.[345] Kinder im Grundschulalter dehnen ihre Wahrnehmung von Geschlechtsstereotypen auf die Persönlichkeitseigenschaften und die Schulfächer aus. Zudem entwickeln sie eine offenere Einstellung bezüglich dessen, was Männer und Frauen tun können. Jungen verstärken ihre Identifikation mit der maskulinen Rolle, während Mädchen häufig mit geschlechtsübergreifenden Aktivitäten experimentieren.[346]

---

[341] Vgl. Schneider/ Lindenberger 2012, S. 232.
[342] Kinder, die lernen, auch mit negativen Emotionen gut umzugehen, entwickeln im Laufe des Schulalters zunehmend das Gefühl, selbst Kontrolle über die eigenen emotionalen Erfahrungen zu haben und damit ein Gefühl der emotionalen Selbstwirksamkeit. Bei Kindern, denen das weniger gut gelingt, überwiegen negative Gefühlslagen. Sie sind häufig weniger sozial kompetent und werden von ihren Altersgenossen häufig abgelehnt (vgl. ebd.).
[343] Vgl. ebd.
[344] Vgl. Berk 2011, S. 481.
[345] Vgl. ebd., S. 463f.
[346] Vgl. ebd., S. 482.

2.3.6) Jugend[347] (11-20 Jahren)

Körperlich-motorische Entwicklung

Die Adoleszenz beginnt mit der Pubertät, womit Veränderungen biologischer Merkmale gemeint sind: Es sind hormonelle Veränderungen, die zur Mitte der mittleren Kindheit einsetzen und die Pubertät einleiten. Bei Mädchen setzt dies rund zwei Jahre eher ein als bei Jungen ein. Das erste äußere Zeichen, das sich in diesem Zusammenhang feststellen kann, ist der Wachstumsschub,[348] anschließend verlangsamt sich die Geschwindigkeit wieder und das Wachstum ist dann mit 16 bis 17 Jahren bei Mädchen und 17 bis 19 Jahren bei Jungen abgeschlossen.[349] Die Jungen fangen mit diesem Wachstum somit etwas später an, doch steigern sie ihre Körpergröße dann jährlich um ca. 10cm, wohingegen Mädchen nur ca. 9cm in zwölf Monaten wachsen:[350] Daher sind erwachsene Männer im Durchschnitt etwas größer als Frauen.[351] Parallel zu diesem Körperwachstum erhöht sich auch das Gewicht, wobei Mädchen erneut mehr subkutanes Fettgewebe zulegen, wohingegen bei Jungen der Anteil an Muskelgewebe deutlich ansteigt, was insgesamt zu der erwachsenen Körpersilhouette führt.[352] Wenn der Körper größer wird, so verbreitern sich dann auch die Hüften der Mädchen und die Schultern der Jungen.[353] Auch das innere Organsystem ist von dem Wachstumsschub betroffen: So verdoppelt das Herz seine Größe, die Herzfrequenz sinkt, der systolische Blutdruck steigt an und die Zusammensetzung des Blutes verändert sich. Auch die Größe und Vitalkapazität der Lunge nimmt zu und der Stoffwechsel verlangsamt sich. Hiermit geht insgesamt eine Vergrößerung der Leistungsfähigkeit einher. Auch die primären und sekundären Geschlechtsmerkmale unterliegen Veränderungen: So wachsen bei Jungen die Hoden (elf bis 15 Jahre), und Penis (zwölf bis 14 Jahre), die Schambehaarung entwickelt sich

---

[347] Oft wird hier auch von „Adoleszenz" [frühe biologisch orientierte Theorien sahen die Adoleszenz vielmehr als eine unvermeidliche Periode vom „Sturm und Drang" an. Eine alternative Sichtweise betrachtete die soziale Umgebung als allein verantwortlich für die breite Variation in der adoleszenten Anpassung. Moderne Forschung zeigt, dass die Adoleszenz ein Produkt von biologischen wie von sozialen Kräften ist (vgl. ebd., S. 489f.)] gesprochen, v. a. D., wenn man an die gesellschaftlich und kulturell geformten Erwartungen und Gestaltungsmöglichkeiten für junge Leute in diesem Altersbereich denkt und somit Jugend als eine soziale Konstruktion begreift (vgl. Schneider/ Lindenberger 2012, S. 236).

[348] „Der Wachstumsschub und damit der Eintritt in die Pubertät beginnt bei den meisten Mädchen im Alter zwischen 9 ½ und 14 ½ Jahren (vielfach im Alter von 10) und bei Jungen typischerweise später, d. h. zwischen 10 ½ und 16 Jahren (bei der Mehrheit im Altersbereich zwischen 12 und 13 Jahren)" (Mietzel 2002, S. 354).

[349] Vgl. Berk 2011, S. 491.

[350] Vgl. Remschmidt, Helmut. Adoleszenz. Entwicklung und Entwicklungskrisen im Jugendalter. Thieme: Stuttgart 1992, z. n. Mietzel 2002, S. 108.

[351] Das Wachstum beginnt beim Kopf, den Händen und Füßen und geht dann auf den Rumpf über (vgl. Mietzel 2002, S. 354).

[352] Vgl. Schneider/ Lindenberger 2012, S. 238.

[353] Vgl. Berk 2011, S. 491f.

(elf bis 15 Jahre) und zwei Jahre später erfolgt dann das Wachstum der Achsel- und Bartbehaarung. Späte pubertäre Ereignisse bei Jungen sind der Stimmbruch und der erste Samenerguss. Bei Mädchen bilden sich zuerst die Brüste heraus (elf bis 15 Jahre) und die Haare in der Schamgegend wachsen (elf bis 14 Jahre). Die inneren weiblichen Geschlechtsorgane durchlaufen einen Wachstumsschub (zwölf bis 13 Jahre), gekennzeichnet durch die Vergrößerung und muskuläre Verstärkung der Gebärmutter, Entwicklung der Gebärmutterschleimhaut und Vergrößerung der Vagina. Um das zwölfte Lebensjahr kommt es im Durchschnitt dann auch zur ersten Regelblutung.[354]

Gehirn

Mit den somatischen und endokrinen Veränderungen sind auch zahlreiche zentralnervöse Umstrukturierungen beobachtbar, die wiederum mit Veränderungen in Kognitionen und jugendtypischen Verhaltensweisen in Beziehung stehen.[355] Die Gehirnstruktur verändert sich in dieser Lebensphase erneut, sodass eine weitere Myelinisierung erfolgt (die Myelinisierung der zentralen Nervenfasern wird dann in den folgenden Jahren, im zweiten Lebensjahrzehnt, abgeschlossen sein) und zugleich aber auch der Verlust einzelner Nervenzellen beobachtbar ist; die Verbindungen zwischen den verbliebenen Nervenzellen nimmt aber weiter zu.[356] Über die Jugendzeit reorganisieren sich schließlich auch das dopaminerge[357] und serotenerge[358] System dahingehend, dass eine Abnahme der Dichte der Rezeptoren für Domanin bzw. Serotonin zu beobachten ist. Resultat hiervon ist, dass weniger stimulierende Reize den Kortex erreichen und besonders Areale des präfrontalen Kortex und des limbischen Systems weniger stark aktiviert werden als in der Kindheit. Wir erinnern uns, dass diese beiden Hirnregionen zuständig sind für die Verarbeitung emotionaler Reize, der Bewertung von Reizen und der Umsetzung von Aktivitäten. Zusätzlich kommt dem präfrontalen Kortex eine

---

[354] Über das letzte Jahrhundert hinweg haben sich die körperlichen Veränderungen in der Pubertät immer weiter nach vorn verlagert, was auf verschiedene Ursachen, wie Verbesserung allgemeiner Umweltbedingungen, kalorienreichere Ernährung (Vergrößerung des Körperfettanteils) und Verbesserungen in medizinischer Versorgung und sanitären Bedingungen zurückzuführen ist (vgl. Schneider/ Lindenberger 2012, S. 239), aber auch Vererbung und allgemeiner Gesundheitszustand (vgl. Berk 2011, S. 494f.). Aber auch psychosoziale Merkmale des Umfelds stehen im Mittelpunkt der Erklärung individueller Unterschiede (Belastungen in der Familie, Abwesenheit des Vaters, Ressourcenarmut, Konflikte, unsichere Bindung), was zu depressiver Stimmung und erhöhten Körperfett eine frühere Reife bedingen. „Im Jugend- und Erwachsenenalter soll dieser Entwicklungspfad mit schnell wechselnden sexuellen Beziehungen und geringem Investment in Partner- und Elternschaft einhergehen. Besonders für Mädchen ist diese Theorie recht gut empirisch belegt; und biopsychosoziale Studien zeigen, dass das Stresshormon Cortisol, das unter Belastungen verstärkt ausgeschüttet wird, die Konzentration der Gonadenhormone beeinflusst" (Schneider/ Lindenberger 2012, S. 239).

[355] Vgl. Spear, L. P. The adolescent brain and age-related behavioural manifestations (pp. 417-463), in: Neuroscience and Biobehavioral Review, 24, 2000.

[356] Vgl. Schneider/ Lindenberger 2012, S. 241.

[357] Dopamin: stimulierender Neurotransmitter, der bei positiven Gefühlen ausgeschüttet wird (vgl. ebd.).

[358] Serotonin: ebenfalls ein erregender Neurotransmitter, der die Kontraktion der Blutgefäße steuert (vgl. ebd.).

wichtige Funktion beim Ausführen zielgerichteten Verhaltens zu. Durch die verringerte Reizzufuhr in den mesokortikalen Strukturen (v. a. D. im limbischen System als Teil des sogenannten Belohnungssystems) suchen Jugendliche aktiv nach neuartigen Erlebnissen mit ausgeprägten Reizen. Die höhere Aktivierung der Amygdala soll zudem bedingen, dass riskante Aktivitäten positiver als früher im Lebenslauf bewertet werden.[359]

Motorik

Die pubertären Veränderungen führen zur Verbesserung der grobmotorischen[360] Leistungen, wobei Jungen hier einen größeren Zugewinn zeigen als Mädchen. Die Zuwächse bei Mädchen sind langsam und graduell und flachen gegen das Alter von 14 Jahren ab. Jungen hingegen zeigen einen dramatischen Schub an Stärke, Geschwindigkeit und Ausdauer, der sich in den Teenagerjahren noch fortsetzt.[361] Bis dahin sind Geschicklichkeit, Kraft und sportliche Betätigung für beide Geschlechter gleich interessant und wichtige Stützen sozialer Anerkennung. Mit der Adoleszenz erreichen Geschicklichkeit, motorisches Tempo und Gleichgewichtsfunktionen ihr Maximum, das nur durch Übung zu steigern ist, und Ausmaß und Dauer von Mitbewegungen bleiben stabil.[362] Im Bereich der konditionellen Fähigkeiten begünstigen die hormonellen Veränderungen und die intensiven Wachstumsprozesse (einschließlich der Organe und Organsysteme) die Entwicklung besonders von Kraft- und Ausdauerfähigkeiten. Die Genese von Schnelligkeitsfähigkeiten erreicht wiederum zum Ende der ersten puberalen Phase allmählich ihre Endwerte. Mit dem „Umbau" der motorischen Fähigkeiten sowie den körperbaulichen Voraussetzungen gehen zumeist auch entsprechende Veränderungen sowohl in der Qualität der Bewegungskoordination im Allgemeinen als auch im Beherrschungsgrad von sporttechnischen Fähigkeiten einher.[363]

---

[359] Vgl. ebd.

[360] Da bereits bei älteren Schulkindern die feinmotorische Entwicklung bereits größtenteils abgeschlossen ist, soll diese hier nicht mehr explizit aufgeführt werden. Zu nennen ist jedoch, dass durch die abgeschlossene Entwicklung der Feinmotorik komplexe Bewegungsmuster, wie z. B. das Erlernen eines Instruments, bewältigt werden kann und Werkzeuge und Geräte zunehmend differenzierter eingesetzt werden [vgl. Heller, Barbara. Schulkinder (S. 34-39), in: Becker, Heidrun/ Steding-Albrecht, Ute (Hrsg.). Ergotherapie im Arbeitsfeld Pädiatrie. Stuttgart 2006, S. 39].

[361] Vgl. Berk 2011, S. 492.

[362] Vgl. Blanz u. a. 2006, S. 21.

[363] Die Veränderungen im Gefüge der leistungsbestimmten und leistungsbeeinflussenden Faktoren (körperbaulich, koordinativ, konditionell) veranlassen uns, die motorische Entwicklung während der Pubeszenz insgesamt als eine „Phase der Umstrukturierung motorischer Fähigkeiten und Fertigkeiten" zu kennzeichnen (Meinel, Kurt/ Schnabel, Günter. Bewegungslehre Sportmotorik. Abriss einer Theorie der sportlichen Motorik unter pädagogischem Aspekt. Aachen 2007, S. 324).

Kognitive Entwicklung

Parallel zu den eben aufgezeigten zentralnervösen Veränderungen gehen im Verlauf des Jugendalters auch eine Reihe an Fortschritten in der kognitiven Leistungsfähigkeit einher, die z. B. Verbesserungen der Aufmerksamkeit, des Arbeitsgedächtnisses und der Ausbildung des metakognitiven und abstraktes Denken mit sich bringen. In der Forschung zur kognitiven Entwicklung im Jugendalter geht es über die Darstellung der Entwicklungsfortschritte in den verschiedenen Domänen des Denkens und ihrer Anlässe hinaus um integrative Modelle, die sowohl Befunde aus den Neurowissenschaften, als auch die Analyse von Längsschnittstudien und neue Erkenntnisse zur Rolle von Kultur und Kontext für die Entwicklung kognitiver Funktionen einbeziehen. Auch die Betrachtung der Fortschritte im Jugendalter hin zu einem bewussten, selbstgesteuerten Geist ist von zentraler Bedeutung.[364]

Die Fortschritte der kognitiven Entwicklung lassen sich in fünf Bereichen verdeutlichen:

1) *Psychometrische Intelligenz*: Die sprachliche Intelligenz (z. B. Wortschatz) nimmt in der frühen Adoleszenz noch deutlicher gegenüber der späten Kindheit zu, aber nicht mehr bis zum Ende der Adoleszenz. Die nicht-sprachliche Intelligenz (z. B. Erkennen von Analogien) hingegen zeigt über die gesamte Adoleszenz einen, wenn auch sich abflachenden Zuwachs.

2) *Logisches Denken*: In der Adoleszenz wird weniger induktiv[365] argumentiert und zunehmend deduktiv[366]. Hier wird davon ausgegangen, dass es sich um einen potentiellen (nicht aber normativen) Entwicklungsfortschritt handelt, dessen Ausbildung auch von kontextuellen Anregungen moduliert wird.[367]

3) *Urteilsbildung- und Entscheidungsprozesse*: Sowohl Jugendliche als auch Erwachsene folgen beim Treffen von Entscheidungen nicht immer logischen Regeln und analytischen Pfaden, sondern bilden eher heuristische Pfade und nutzen frühere Erfahrungen und Annahmen als Entscheidungsgrundlage. Diese werden bevorzugt, weil sie „kognitiv ökonomisch" sind und i. d. R. zu nützlichen Urteilen führen. Jugendliche sind zudem

---

[364] Vgl. ebd. Jüngste Untersuchungen zur kognitiven Entwicklung im Jugendalter bringen Verhaltensdaten, Informationen zu strukturellen Veränderungen des Gehirns und zur Aktivität von einschlägigen Gehirnregionen zusammen (vgl. Myers 2008, 172).

[365] Beobachtungen münden eine Hypothese, die in der Folge durch weitere Beobachtungen verifiziert wird (vgl. Schneider/ Lindenberger 2012, S. 242).

[366] Ausgehend von einer Hypothese werden logisch notwendige und testbare Schlussfolgerungen gebildet (vgl. ebd.).

[367] Keating, Daniel. P. Cognitive and braing development (pp. 45-84), in: Lerner, Richard M./ Steinberg, Laurence (eds.). Handbook of adolescent psychology. Hoboken, NJ 2004, z. n. Schneider/ Lindenberger 2012, S. 242.

mehr und mehr in der Lage, den Entscheidungsprozess selbst zu regulieren, bspw. durch Metakognitionen, bleiben aber anfällig gegenüber Emotionen.[368]

4) *Informationsverarbeitung*: Die Verarbeitungsgeschwindigkeit, das Arbeitsgedächtnis sowie Problemlösen (inkl. verbalem, quantitativem und räumlichem Denken) verbessern sich über die Adoleszenz, wobei sich die verschiedenen Bereiche voneinander unabhängig verändern. Für das Arbeitsgedächtnis lassen sich im Jugendalter bereits Höchstwerte postulieren. Externe Faktoren können zudem die kognitive Entwicklung vorantreiben (individuelle Interessen, Anregungen in den Entwicklungskontexten sowie Selbstwahrnehmung und Selbstregulation).[369]

5) *Expertise*: Besonders der präfrontale Kortex und seine Reifung über die Adoleszenz stehen im Mittelpunkt der Forschung. Die fortschreitende Myelinisierung, die Zunahmen in der Konnektivität und Organisation sowie der Verlust der grauen Substanz werden hinter einer allgemein höheren bewussten Kontrolle gesehen. Letzteres ist vor allem bedeutsam, wenn eine Situation ambivalent, stressreich oder emotional aufgeladen ist. Da sich das Gehirn unter dem Einfluss von Erfahrungen verändert, sind kulturelle und kontextuelle Einflüsse auch hier von Bedeutung.[370]

Die zunehmende Fähigkeit zu abstraktem Denken der Teenager und der Gebrauch neuer kognitiver Fähigkeiten führen dazu, dass sie streitbarer, idealistischer und kritischer werden. Heranwachsende zeigen auch einen Zugewinn an Selbstregulation, haben aber oft Schwierigkeiten, im Alltagsleben Entscheidungen zu treffen.[371] Die wachsende Fähigkeit der Jugendlichen zu logischem Denken und Diskutieren bringt sie auf eine neue Stufe sozialer Wahrnehmung und moralischer Urteilsfähigkeit. In dem Maße, wie bei jungen Teenagern die Fähigkeit wächst, über ihr eigenes Denken nachzudenken und sich Gedanken darüber zu machen, wie andere Menschen denken, stellen sie sich auch vermehrt vor, was andere über sie denken. Mit zunehmender Reife der kognitiven Fähigkeiten, denken Jugendliche darüber nach, wie eine ideale Welt aussehen könnte;

---

[368] Haase, Claudia M./ Silbereisen, Rainer K. Effects of positive affect on risk perceptions in adolescence and younger adulthood (pp. 29-37), in: Journal of Adolescence, 34. 2011.

[369] Forscher des Informationsverarbeitungsansatzes nehmen an, dass eine Reihe spezifischer Veränderungsmechanismen abstraktes Denken fördern, einschließlich verbesserter Aufmerksamkeit, effektiverer Strategien, mehr Wissen, einer wirksamen kognitiven Selbstregulation, Zugewinn an informationsverarbeitender Kapazität und besonders Fortschritte in der Metakognition; Forschungen über wissenschaftliches Denken weisen darauf hin, dass die Fähigkeit, eine Theorie mit Beweismaterial zu koordinieren, sich während der Adoleszenz verbessert, da junge Leute zunehmend komplexe Probleme lösen, ihr Denken reflektieren und damit ein besseres metakognitives Verständnis erwerben. Heranwachsende entwickeln bei unterschiedlichen Aufgabentypen formal-operationales Denken auf eine ähnliche, schrittweise Art und Weise und konstruieren damit allgemeine Modelle, die bei vielen Beispielen eines betreffenden Aufgabentyps angewendet werden können (vgl. Berk 2011, S. 521f.)

[370] Vgl. ebd.

[371] Vgl. ebd., S. 541f.

sie üben Kritik an der Gesellschaft, in der sie leben, sie kritisieren ihre Eltern und machen mit ihrer Kritik auch nicht vor ihren eigenen Unzulänglichkeiten halt.[372]

Moral

Jean Piaget glaubte, dass das moralische Urteil von Kindern und Jugendlichen auf deren kognitiven Entwicklung aufbaut. Lawrence Kohlberg[373] nahm diesen Gedanken auf und versuchte, die Entwicklung des moralischen Denkens zu beschreiben, d. h. wie wir und was wir denken, wenn wir uns die Frage nach richtig und falsch stellen.[374] Er glaubte, dass wir parallel zu unserer intellektuellen Entwicklung sechs Stadien des moralischen Denkens durchlaufen, ansteigend vom vereinfachenden und konkreten zu abstrakten und prinzipiellen Denken. Diese sechs Stadien fasste er wiederum in drei Stufen zusammen: die präkonventionelle, wo die Moralität als von Belohnungen und Bestrafungen sowie durch die Macht der Autoritätsfiguren kontrolliert betrachtet wird; die konventionelle, in dem die Konformität mit Gesetzen und Regeln als eine Notwendigkeit betrachtet wird, um positive menschliche Beziehungen sowie eine gewisse soziale Ordnung zu gewährleisten; und die postkonventionelle Stufe, in dem das Individuum für sich abstrakte, universelle Gerechtigkeitsprinzipien entwickelt.[375] Der Einfluss situativer Faktoren auf die moralische Entwicklung lässt annehmen, dass Kohlbergs Stadien der moralischen Entwicklung am besten als lose organisierte Sequenzen betrachtet werden sollten. [376] Veränderungen im moralischen Stadium, im moralischen Denken und Fühlen sowie fürsorgliches Handeln, sind abhängig von vielen Umweltfaktoren und lassen sich ausbilden. So sind es z. B. die Erziehungsgewohnheiten der Eltern, das schulische Umfeld, die Interaktion mit Gleichaltrigen sowie die verschiedenen

---

[372] Vgl. Myers 2008, S. 172.

[373] Wenngleich es auch an dieser Theorie mittlerweile einige Kritikpunkte gibt, so „hat die Theorie der kognitiven Moralentwicklung viel geleistet, um unser großes moralisches Potenzial zu erklären. Zahlreichen Einwänden zum Trotz hat Kohlbergs zentrale Annahme – dass nämlich alle Menschen mit zunehmendem Alter ein tieferes Verständnis von Fairness und Gerechtigkeit entwickeln, das moralisches Handeln lenkt – nach wie vor großen Einfluss" (Berk 2011, S. 564).

[374] Kohlberg stellte Kinder, Jugendliche und Erwachsene vor ein moralisches Dilemma und analysierte dann ihre Antworten um verschiedene Entwicklungsstufen des moralischen Denkens nachzuweisen (vgl. ebd., S. 554).

[375] Zu den Stadien bzw. Stufen von Kohlberg sei angemerkt, dass neuere Untersuchungen jedoch davon ausgehen, dass die moralische Reife auf den Stufen 3 und 4 (Stufe 3: Gegenseitige Erwartungen, Beziehungen und interpersonelle Konformität; Stufe 4 Soziales System und Gewissen) des konventionellen Stadiums beruht und nur wenige Menschen das postkonventionelle Niveau erreichen (vgl. hierzu ausführlicher ebd., S. 553ff.).

[376] Ähnlich wie bei Piaget lässt sich hierzu jedoch, wenn man die Einflussfaktoren auf das moralische Urteil (vgl. ebd., S. 556f.) betrachtet, sagen, dass Kohlbergs moralische Stufen nicht allzu rigide strukturiert sind. Anstatt sich auf eine abgegrenzte schrittweise Art zu entwickeln, wie es der theoretische Ansatz vorsieht, scheint der Mensch auf eine ganze Reihe moralischer Reaktionsweisen zurückzugreifen, die je nach Kontext variieren. Mit zunehmendem Alter nimmt die Bandbreite dieser Reaktionen zu, während unreifes moralisches Denken nach und nach von einem fortgeschrittenerem moralischen Urteilsvermögen abgelöst wird (vgl. ebd., S. 557).

Aspekten der betreffenden Kultur, die beeinflussen können. Dies ergibt die Schlussfolgerung, dass jungen Menschen kognitive Herausforderungen geboten werden sollten, die sie dazu anregen, über moralische Problemstellungen in zunehmend komplexer Weise nachzudenken.[377]

Sozio-emotionale Entwicklung

Die Jugendzeit stellt wohl die wesentlichste und sensibelste Phase für die Entwicklung und Konsolidierung der Identität des Heranwachsenden dar.[378] Kognitive Veränderungen führen dazu, dass die Selbstbeschreibungen des Adoleszenten zunehmend besser organisiert und konsistenter sind. Persönliche und moralische Werte werden zu Kernbestandteilen des Selbstkonzeptes.[379] Während in der Kindheit ein geringer Selbstwert nicht unbedingt zeitlich stabil ist, erweist sich die Zeit der Jugend, in der eine eigene Identität und Persönlichkeit gesucht wird, als eine Zeit, in der ein geringer oder sinkender Selbstwert von zunehmender Dauerhaftigkeit sein kann.[380] Im Selbstwertprofil junger Menschen sind sehr große Unterschiede zu finden.[381] Während sich zwischen dem zehnten und 13. Lebensjahr das Selbstwertgefühl verschlechtert[382], und auch der Pubertätsbeginn[383] hierbei eine Rolle spielt, zeigt sich zwischen dem 13. und 18. Lebensjahr aber eine generelle Tendenz zu positiverer Selbstwerteinschätzung. Hierfür sind verschiedene Faktoren verantwortlich: Eine verbesserte Realitätswahrnehmung trägt dazu bei, die Diskrepanzen zwischen Idealvorstellungen von der eigenen Person und den tatsächlichen Voraussetzungen zu reduzieren. Größere Unabhängigkeit und die

---

[377] Vgl. ebd., S. 559. Viele verschiedene Erfahrungen tragen zur moralischen Reifung bei, einschließlich eines warmen, angemessenem Erziehungsklimas, die Jahre der Schulausbildung und Diskussionen unter Peers über moralische Problemstellungen. Junge Menschen in Industrienationen entwickeln sich auf einem höheren Niveau moralischen Verständnisses als junge Menschen in Nationen mit vorwiegend dörflichen Gesellschaftsstrukturen. Allerdings spielen auch weitere Faktoren eine Rolle beim moralischen Handeln, wie etwa Empathie und Schulgefühle, das individuelle Erleben moralisch relevanter Erlebnisse in der Vergangenheit des Einzelnen sowie das Ausmaß, zu dem die Moralität einen zentralen Aspekt des eigenen Selbstkonzeptes ausmacht (vgl. Berk 2011, S. 582f.).

[378] Vgl. Groen, Gunter. Der Verlauf depressiver Störungen im Jugendalter. Norderstedt 2002, S. 48.

[379] Es treten moralische sowie persönliche Wertvorstellungen als Schlüsselthemen in der Entwicklung des Selbstkonzepts des älteren Adoleszenten hervor. Während die jungen Menschen ihre Sichtweise ihrer selbst immer wieder revidieren, um dauerhafte Überzeugungen und Pläne mit einzubeziehen, schaffen sie sich langsam aber sicher ein einheitliches Selbstkonzept, das zentral ist für die Identitätsentwicklung (vgl. Berk 2011, S. 528).

[380] Vgl. Lohaus/ Vierhaus/ Maas 2010, S. 176

[381] Vgl. Bong, Jin Ban. Selbständerung und Selbstentwicklung im Rahmen von Pädagogik, Training und Beratung – Von der Wissenschaft zur Praxis (Dissertation). Köln 2011, S. 73.

[382] Was vermutlich durch den Übergang von der Primar- zur Sekundarstufe und den damit verbundenen Veränderungen der Schulsituation erklärbar ist. Insgesamt scheinen Umgebungsveränderungen (z. B. Schulwechsel) soziale Herausforderungen zu implizieren, die neue Möglichkeiten eröffnen oder hingegen Belastungen darstellen und es auf diese Weise zu einer Beeinflussung der Selbstwerteinschätzung kommt (vgl. Blanz u. a. 2006, S. 40).

[383] Früher Pubertätsbeginn kann, v. a. D. bei Mädchen mit einem negativeren Selbstwertgefühl assoziiert werden, was v. a. D. auf die Unzufriedenheit mit Figur und Gewicht beruht (vgl. ebd.).

damit verbundenen erweiterten Entscheidungsspielräume spielen auch eine Rolle. Für die betroffenen Jugendlichen verbessern sich hierdurch nämlich die Möglichkeiten, sich solchen sozialen Gruppierungen anzuschließen, die eine optimale Unterstützung gewährleisten und sich auf diese Weise positiv auf die Selbstwerteinschätzung auswirken. Außerdem sind ältere Jugendliche grundsätzlich besser in der Lage, die sozialen Rollenerwartungen zu erfüllen und auf diese Weise positive Rückmeldungen zu evozieren.[384]

Bestimmte Aspekte des Selbstkonzepts bzw. Selbstbilds, das alle Erfahrungen und Informationen zur eigenen Person umfasst, haben entwicklungsabhängig unterschiedliche Bedeutung für das Selbstwertgefühl. So rangieren im Jugendalter das Aussehen und die soziale Akzeptanz in der Gleichaltrigengruppe eindeutig vor dem schulischen Leistungsvermögen und sportlichen Aktivitäten, also Merkmalen, die im späten Kindesalter bedeutsam sind. Im Jugendalter ist für Mädchen die körperliche Attraktivität bedeutender als für Jungen; Mädchen sind ab der Pubertät mit ihrem Aussehen prinzipiell unzufriedener. Demgemäß haben in dieser Entwicklungsstufe Mädchen ein negativeres Selbstwertgefühl als Jungen, sie fühlen sich unattraktiver und beschreiben eine größere Diskrepanz zwischen erwünschtem und wahrgenommenem Erscheinungsbild. Weiterhin können Mädchen ihre ausgeprägten physischen Veränderungen im Rahmen der Pubertät schlechter akzeptieren als Jungen. Während im Kindesalter noch die Eltern maßgeblich bzgl. des Einflusses auf das Selbstwertgefühl sind, so werden im Jugendalter die wahrgenommenen oder vermuteten Beurteilungen von Gleichaltrigen weitaus bedeutsamer.[385]

Identitätsbildung

Eine der Hauptaufgaben des Jugendalters ist die Entwicklung eines Identitätsgefühls, also das Gefühl, ein eigenständiges Individuum mit unverwechselbaren eigenen Merkmalen zu sein. Zum Identitätsgefühl gehört die Wahrnehmung der eigenen Person als getrennt von anderen, das Gefühl für die Konsistenz oder Ganzheit, das Gefühl, dass sich die Wahrnehmungen der eigenen Person mit den Wahrnehmungen anderer decken. Identitätsentwicklung an sich ist ein lebenslanger Prozess, aber die Suche nach Identität ist im Jugendalter von ganz besonderer Bedeutung. Die Erarbeitung eines klaren

---

[384] Vgl. ebd.
[385] Vgl. ebd.

Identitätsgefühls braucht Zeit und hängt u. a. von kognitiven Fähigkeiten ab, doch auch Familienbeziehungen spielen bei der Suche nach Identität eine Rolle.[386]

Gut strukturierte Selbstbeschreibungen und ein differenziertes Selbstwertgefühl bieten dem Adoleszenten die kognitive Grundlage für die Entwicklung einer eigenen Identität.[387] Adoleszente, die sich mit gegensätzlichen Überzeugungen und Wertvorstellungen flexibel und offen auseinandersetzen können und sich mit ihren Eltern verbunden fühlen, aber dennoch die Freiheit haben, ihre eigene Meinung klar zum Ausdruck zu bringen, sind zumeist recht fortgeschritten in ihrer Identitätsentwicklung. Enge Freunde unterstützen den jungen Menschen in der Exploration verschiedener Möglichkeiten.[388]

Auch nimmt in der Phase der Adoleszenz die eigene Geschlechterrolle bzw. -typisierung zu und wird intensiver; biologische, soziale und kognitive[389] Faktoren spielen hierbei eine Rolle. Diese Veränderungen veranlassen den Teenager dazu, sich selbst auf geschlechtsspezifische Art und Weise zu betrachten. Außerdem nimmt in dieser Zeit auch der Druck, sich geschlechtstypisch zu verhalten, von Seiten der Eltern und Peers zu.[390]

Die Entwicklung in der Adoleszenz ist seitens der Jugendlichen von einem Streben nach Autonomie gekennzeichnet – ein Gefühl für das eigene Selbst als eigenständiges, selbstbestimmtes Individuum, womit automatisch auch eine Umstrukturierung der Beziehung zu den Eltern einhergeht („den Kindern Flügeln geben"). Adoleszente brauchen somit Freiheit, um experimentieren zu können, auf der anderen Seite sind sie oft noch auf Führung und manchmal auch Schutz vor gefährlichen Situationen angewiesen. Hinsichtlich der Bindung wird das Jugendalter oft als eine Übergangsphase dargestellt, da die Jugendlichen große Anstrengungen unternehmen, um weniger abhängig von den primären Bindungspersonen zu werden. Die zunehmenden sozialen und emotionalen Kompetenzen führen zu einer Entidealisierung, d. h. realistischeren, Sicht der Eltern und zugleich gewinnt das Explorationssystem an enormer Bedeutung.[391] Effektive, elterliche Erziehung in der Adoleszenz erfordert

---

[386] Vgl. Mussen, Paul H./ Conger, John J./ Kagan, Jerome/ Huston, Aletha C. Lehrbuch der Kinderpsychologie (Band 2). Stuttgart 1993, S. 310.

[387] Vgl. Berk 2011, S. 548. Es lassen sich vier verschiedene Identitätsstadien (die erarbeitete Identität, das Moratorium, die übernommene Identität sowie die diffuse Identität) unterscheiden (vgl. hierzu Berk 2011, S. 549).

[388] Vgl. ebd., S. 566f.

[389] So sorgen z. B. die kognitiven Veränderungen – v. a. D. die Besorgnis darüber, wie andere über einen denken – dafür, dass der Jugendliche für Geschlechterrollenerwartungen empfänglicher wird (vgl. ebd., S. 583).

[390] Vgl. ebd., S. 568f.

[391] Das nach Autonomie strebende Verhalten des Jugendlichen ist ein Teil des Explorationssystems, das sozusagen von einer sicheren Basis aus möglich ist. Ohne eine Exploration bei gleichzeitiger relativer Autonomie wäre die soziale Weiterentwicklung des Jugendlichen, also z. B. die Zuwendung zu Freunden oder der Aufbau langfristiger „romantischer" Beziehungen, unmöglich. Im Jugendalter findet also nicht

einen autoritativen Stil, der versucht, eine Balance zwischen Verbundenheit und Getrenntsein zu finden.[392]

Die Autonomieentwicklung vollzieht sich v. a. D. durch Erfahrungen in der Interaktion mit den Peers, denn während die Eltern-Kind-Beziehung noch von einer asymmetrischen Machtstruktur geprägt ist, so ist die Peerbeziehung durch Gleichheit und Reziprozität gekennzeichnet. Mit den Peers können sie aufgrund ihrer prinzipiell ebenbürtigen kognitiven, emotionalen und sozialen Entwicklungsvoraussetzungen wichtige Themen aushandeln oder Konflikte mit gleichen Strategien lösen. Im Idealfall praktizieren sie einen „herrschaftsfreien" Dialog: Sie üben hierbei ihre Diskussions-, Argumentations- und Verhandlungsfähigkeiten und lernen, Kompromisse zu schließen.[393] Generell werden nun die Beziehungen zu den Gleichaltrigen[394] intensiviert. Die Natur der geschlossenen Freundschaften verändert sich hin zu einer größeren Intimität und Loyalität.[395] In Mädchenfreundschaften wird hierbei mehr Wert gelegt auf eine emotionale Nähe; in Jungenfreundschaften hingegen auf Aspekte wie Status und Erfolg. Insgesamt scheint in den Freundschaften das Bedürfnis nach einer vertrauensvollen Beziehung außerhalb der Familie zu sein. Hiermit ist das Sichöffnen, sowie die Erwartung, von den besten Freunden Unterstützung zu erfahren.[396]

Auch romantische Beziehungen bilden sich in der Adoleszenz als Folge der Pubertät und der Gewahrwerdung der eigenen sexuellen Bedürfnisse und sie erfahren Attraktion für und durch andere und beginnen Wege zu finden, um die neuen und teilst widerstrebenden Erfahrungen in kulturell angemessener Weise auszudrücken.[397]

---

etwa eeine Reduktion von Bindungsbedürfnissen und –verhalten statt, sondern es ist vielmehr als eine zunehmende Transformation und Verschiebung zu verstehen, bei dem beide Beteiligten (also der Jugendliche selbst und z. B. ein Freund) einander umsorgen und unterstützen (Allen, Joseph P./ Land, Deborah. Attachment in Adolescence (p. 319-335), in: Cassidy, Jude/ Shaver, Phillip R. (eds.) Handbook of attachment theory and research and clinical applications. New York 1999).

[392] Vgl. Berk 2011, S. 565ff.

[393] Vgl. hierzu ausführlicher Salisch, Maria von. Peer-Einflüsse auf die Persönlichkeitsentwicklung (S. 345-405), in: Amelang, Manfred (Hrsg.). Differentielle Psychologie in der Enzyklopädie der Psychologie. Band 4: Determinanten individueller Differenzen. Göttingen 2000.

Das Konformgehen mit den Peers ist während der Adoleszenz ausgeprägter als in jüngerem oder späterem Alter. Diese sogenannte (soziale) Homophilie, also das ähnlich sein der Peers und Freunde untereinander, ist zwei unterschiedlichen Prozessen geschuldet: 1) Einerseits gesellt sich gleich und gleich gerne; denn wer sich schon vorab ähnlich ist, verspürt Attraktion, weil man sich aufgrund der Ähnlichkeit wechselseitig besser einschätzt, leichter miteinander kommuniziert und die Beziehung dank geringer Konflikte auch stabil ist; 2) Andererseits weil man durch den Kontakt ähnlicher wird durch Übernahme von Einstellungen und Verhaltensweisen des jeweils anderen, weil solche Gruppen Konformität befördern (vgl. Schneider/ Lindenberger 2012, S. 248).

[395] Vgl. Berk 2011, S. 583.

[396] Vgl. Schneider/ Lindenberger 2012, S. 248.

[397] Vgl. ebd., S. 249.

Auch die Freizeit zeichnet sich durch Möglichkeiten zu Selbstbestimmung und Selbstverwirklichung aus. Zudem ist die Schule für Jugendliche der Ort, an dem die motivationalen und kognitiven Voraussetzungen für die künftigen Aufgaben in Arbeit und Beruf gelegt und Wege aufzeigt werden, wie man dies durch selbstreguliertes Lernen erreichen kann.[398]

---

[398] Vgl. ebd., S. 250f.

Teil B

3) Traumata bei Kindern und Jugendlichen

"There are wounds that never show on the body that are deeper and more hurtful than anything that bleeds."[399]

Nicht immer erfolgt die Entwicklung von Kindern und Jugendlichen so „normal" und positiv, wie in Kapitel 2 dargestellt. Es gibt auch diejenigen, die in ihrer Entwicklung schweren Belastungen ausgesetzt und oft schwer traumatisiert wurden bzw. sind. Frühe Traumatisierungen, die ein Kind ertragen muss, graben sich tief in Körper, Geist und Seele des jungen Menschen ein und bestimmen mitunter sein ganzes Leben – und das weit umfassender, als das vielfach zur Kenntnis genommen wird.[400] Da traumatische Erlebnisse bei Kindern und Jugendlichen in den Entwicklungsprozess eingreifen,[401] soll dieses Kapitel nun, in Folge der dargestellten „normalen" Entwicklung, einen Blick auf die „pathologische" Entwicklung von traumatisierten Kindern und Jugendlichen werfen.

Um den vielen Facetten des Begriffes „Trauma" gerecht zu werden und v. a. D. um die Verbindung zu den in Kapitel 2 aufgezeigten entwicklungspsychologischen Grundlagen gewährleisten zu können, möchte ich mich in den folgenden Unterkapiteln an dem entwicklungspsychopathologischen Referenzrahmen von Gottfried Fischer und Peter Riedesser[402] orientieren und mit dessen Reihenfolge konform gehen. Diese Matrix wurde auf der Grundlage der entwicklungspsychologischen Arbeiten von Erik H. Erikson, Anna Freud und Jean Piaget entwickelt und hat sich als ein klinisch und wissenschaftlich nützliches Modell zum besseren Verständnis der Entstehung einer traumatischen Situation erwiesen. Ziel ist es, zahlreiche bewusste und unbewusste psychische Wirkmechanismen, die die traumatische Situation individuell kennzeichnen, einzubeziehen.[403] Getrennt für jedes Entwicklungsalter lassen sich in der Matrix somit entscheidende Faktoren für die Auswirkungen eines belastenden Erlebnisses nebeneinanderstellen. Ausgangspunkt ist die Annahme, dass ein Kind in einem bestimmten Alter – mit seinen altersspezifischen Entwicklungsaufgaben (vgl. Kapitel 2.3) und

---

[399] In: Hamilton, Laurell K. Mistral's Kiss. New York 2007, p. 169.
[400] Vgl. Streeck-Fischer, Annette. Trauma und Entwicklung. Frühe Traumatisierungen und ihre Folgen in der Adoleszenz. Stuttgart 2006, S. V.
[401] Vgl. Lennertz, Ilka. Trauma und Bindung bei Flüchtlingskindern. Erfahrungsverarbeitung bosnischer Flüchtlingskinder in Deutschland. Göttingen 2011, S. 111.
[402] Riedesser, Peter. Entwicklungspsychopathologie von Kinder mit traumatischen Erfahrungen (S. 160-171), in: Brisch/ Hellbrügge 2003. Vgl. hierzu *Abb. 13) Entwicklungspsychopathologischer Referenzrahmen* im Anhang, S. 270.
[403] Vgl. ebd., S. 162.

einem hieraus resultierenden Reservoir an Bewältigungsfähigkeiten – einer potentiell traumatisierenden Situation ausgesetzt ist und hiernach Symptome entwickelt. Durch die Übersichtlichkeit des Schemas werden die Analyse der traumatischen Situation, die entwicklungspsychologische Einordnung von altersspezifischen Alarmreaktionen sowie Bewältigungsanstrengungen, die Identifizierung von Symptomen und nicht zuletzt die Planung von therapeutischen und präventiven Maßnahmen erleichtert: In der *ersten Spalte* dieser entwicklungspsychologischen Matrix werden die Entwicklungsaufgaben und –themen der jeweiligen Altersstufe eingetragen, in der *zweiten Spalte* dann die Entwicklungsschwierigkeiten (beim Jugendlichen wären dies z. B. die Auseinanderset-zungen mit den Eltern im Zuge der Ablösung von zuhause etc.). Diese Bereiche wurden bereits mit dem zweiten Kapitel abgedeckt, weswegen die Vorarbeit hierfür bereits geleistet wurde. In die *dritte Spalte* wird dann die traumatische Situation dargestellt. Diese ist ebenfalls abhängig vom jeweiligen Alter, denn ob und inwiefern sie als Belastung wahrgenommen wird, hängt entscheidend vom kognitiven, emotionalen und sozialen Entwicklungsstand des Kindes ab. Daher möchte ich zunächst allgemein auf mögliche traumatische Situationen eingehen (Kapitel 3.4) und dann, anknüpfend an die Vorarbeit aus Kapitel 2, diese für jede Altersstufe konkret aufzeigen (vgl. Kapitel 3.6). In der *vierten Spalte* werden Bewältigungsversuche beschrieben. Diesem Punkt soll dann Kapitel 3.7 und nachgehen, aber auch in anderen Kapiteln werden immer wieder altersspezifische Bewältigungsversuche aufgezeigt. In der *fünften Spalte*, Symptomatik, werden Auffälligkeiten der jeweiligen Kinder skizziert. Auch in diesem Kontext möchte ich besonders auf die Auswirkungen des Traumas auf die Entwicklung und entspre-chende Symptome hinweisen und hier die Traumafolgen je nach Alter des Kindes darstellen (vgl. Kapitel 3.7.2). Dem Bereich *Intervention und Prävention* soll das gesamte nächste große Kapitel 4 gerecht werden, indem auf den pädagogischen Um-gang mit Traumata eingegangen wird.[404]

3.1) Der Begriff „Trauma"

Definitionen und auch Interpretationen von Traumata gibt es in diversen Zusammen-hängen und Kontexten, z. B. im Medizinischen, Biologischen und Rechtlichen.[405] Im Folgenden soll es um das psychische Trauma gehen.

---

[404] Vgl. Riedesser. Entwicklungspsychopathologie. 2003, S. 162ff.
[405] Vgl. Weiß. Philipp sucht sein Ich. 2013, S. 25.

Das Wort „Trauma" kommt ursprünglich aus dem Griechischen und bedeutet übersetzt so viel wie „Verletzung"[406] oder „Wunde"[407]. So, wie der Körper Verletzungen durch einmaliges, wiederholtes oder dauerhaftes äußeres Einwirken davontragen kann, kann auch die Psyche größere Belastungen nicht unbeschadet standhalten.[408] Traumata treten durch Ereignisse auf, die die normale Anpassungsstrategien eines Menschen überfordern und eine Bedrohung für Leben und körperliche Unversehrtheit darstellen und sind immer von Gefühlen intensiver Angst, Hilflosigkeit und Kontrollverlust begleitet.[409]

Nach der Weltgesundheitsorganisation ist ein Trauma im Internationalen statistischen Klassifikation der Krankheiten und verwandter Gesundheitsprobleme (ICD) definiert[410] als

> ...ein belastendes Ereignis oder eine Situation außergewöhnlicher Bedrohung oder kata-strophenartigen Ausmaßes (kurz- oder langanhaltend), die bei fast jedem eine tiefe Verstö-rung hervorrufen würde.[411]

Wie die Formulierung „bei fast jedem" schon deutlich macht, wird auch der Begriff des psychischen Traumas unterschiedlich verwendet, sodass sich Begriffsdefinitionen auf subjektives Erleben und Verarbeiten eines oder mehrerer belastender Ereignisse in einem spezifischen lebensweltlichen und kulturellen Kontext beziehen, was die folgen-de Definition noch einmal explizit hervorhebt, indem sie davon spricht, dass

> ein traumatisches Ereignis ein Ereignis [ist], bei dem ein oder mehrere Menschen in ihren körperlichen und/ oder seelischen Integrität massiv gefährdet werden (...). Die dabei erleb-te Hilflosigkeit und das Ausgeliefertsein überschreiten die kulturelle Norm.[412]

Neben einer äußeren und objektiv leichter zu bestimmenden Komponente umfasst das Trauma somit eben auch eine subjektive Komponente des Erlebens und der Interpretati-on, der Bewertung und des Verarbeitens einer traumatischen Situation auf Seiten des Opfers.[413] Es ist das subjektive Erleben einer völligen Hilflosigkeit, Ohnmacht sowie

---

[406] Vgl. Krall, Hannes. Trauma bei Kindern und Jugendlichen. Szenische Arbeit in Psychotherapie und Pädagogik. Pädagogik und Gesellschaft, Band 6. Wien u. a. 2007, S. 53.

[407] Vgl. Weiß. Philipp sucht sein Ich. 2013, S. 25.

[408] Vgl. Krall 2007, S. 53.

[409] Vgl. ebd.

[410] Wobei diese Definition noch recht objektiv gehalten ist. „Der Vorteil einer objektiven Trauma-Definition mag jedoch allenfalls sein, dass für Forschungszwecke eine überschaubare Anzahl traumatischer Ereignisse zusammengestellt werden kann, wobei die Frage der Konsequenz für das betroffene Individu-um im Hinblick auf das Auftreten einer psychopathologischen Belastungsreaktion als empirische Frage offen bleiben kann. Ein Nachteil besteht darin, dass Ereignisse subjektiv als extrem traumatisch erleben werden können, obgleich sie in solchen Listen nicht erscheinen" [Wöller, Wolfgang. Trauma und Persönlichkeitsstörungen. Ressourcenbasierte Psychodynamische Therapie (RPT) traumabedingter Persönlichkeitsstörungen. Stuttgart 2013, S. 22].

[411] In: Weiß. Philipp sucht sein Ich. 2013, S. 25.

[412] Perren-Klingler, Gisela. Trauma – vom Schrecken des Einzelnen zu den Ressourcen der Gruppe. Bern 1995, S. 13f.

[413] Vgl. Krall, Hannes. Sozialpädagogische Arbeit mit beeinträchtigten Kindern und Jugendlichen. Biografische Belastung, Traumatisierung und Gewalt (S. 449-460), in: Heinrich, Martin/ Greiner, Ulrike (Hrsg.). Schauen, was 'rauskommt. Kompetenzförderung, Evaluation und Systemsteuerung im Bildungs-wesen. Wien 2006, S. 450.

des Ausgeliefertseins, das das Trauma ausmacht.[414] Auch die Definition eines psychischen Traumas nach Fischer und Riedesser hebt diese Komplexität hervor. Sie definieren es

> *als ein vitales Diskrepanzerlebnis zwischen bedrohlichen Situationsfaktoren und den individuellen Bewältigungsmöglichkeiten, das mit Gefühlen von Hilflosigkeit und schutzloser Preisgabe einhergeht und so eine dauerhafte Erschütterung von Selbst- und Weltverständnis bewirkt.[415]*

Verdeutlicht wird diese subjektive Komponente, wenn man an diejenigen Patienten bzw. Traumaopfer denkt, die in ihrer Kindheit zwar massiv über- oder unterstimuliert wurden, jedoch erstaunlich wenig Schaden davongetragen haben, während andere durch vermeintlich objektiv weniger intensive oder schmerzhafte Erfahrungen tiefe Verletzungen erlitten.[416] Nicht zuletzt aus diesem Grund ist es schwierig zu benennen, bei was oder ab wann man von „traumatisch" sprechen kann, also quantitative Überlegungen dazu anzustellen, welche Stärke einer Stimulation notwendig ist, damit sie als traumatisch tituliert wird.[417] Obwohl es natürlich gewisse Situationen gibt, die für nahezu alle Menschen traumatisch sind, so kann in anderen Situationen die Bewältigungsfähigkeit interindividuell eben sehr variieren. Die hiermit zusammenhängenden Faktoren sind die *traumaspezifische Bedeutung*, da eine Situation eine ganz persönliche Bedeutung und Relevanz für das Selbstkonzept eines Menschen haben kann. Des Weiteren sind die *kultur- und kontextspezifischen Interpretationen* entscheidend dafür, ob ein Geschehen traumatisch wirkt[418] und auch entscheidet das *Entwicklungsstadium*, in dem das Trauma eintritt, ebenso wie die phasenspezifischen Entwicklungskonflikte, ob ein Ereignis traumatisch wirksam ist.[419]

---

[414] Vgl. Wöller, Wolfgang. Trauma und Persönlichkeitsstörungen. Psychodynamisch-integrative Therapie. Stuttgart 2006, S. 11.

[415] Fischer/ Riedesser 2009, S. 84. Auch Bessel A. van der Kolk und Annette Streeck-Fischer definieren es ähnlich: Nach ihnen ist ein Trauma „ein Ereignis, das die psychischen und biologischen Bewältigungsmechanismen eines Menschen überfordert und das durch eine äußere Unterstützung, die diese Unfähigkeit der Person bzw. des Organismus ausgleichen könnte, nicht kompensiert werden kann. Ein Trauma ist damit kein objektives Ereignis, das Sich allgemeingültig auf alle Menschen anwenden ließe, sondern eine Erfahrung, die aufgrund der persönlichen Interpretation des Opfers überwältigend ist" [Van der Kolk, Bessel A./ Streeck-Fischer, Annette. Trauma und Gewalt bei Kindern und Heranwachsenden (S. 1020-1040), in: Heitmeyer, Wilhelm/ Hagan John (Hrsg.). Internationales Handbuch der Gewaltforschung. Wiesbaden 2002, S. 1021].

[416] Vgl. ebd.

[417] Vgl. ebd.

[418] „Besonders unter Kriegsbedingungen wird deutlich, wie sehr die seelische Belastung davon abhängt, ob eine Gewalthandlung als im eigenen Wertesystem legitim definiert wird oder nicht. Meist wird das Miterleben von Gewalt gegen einen Gefährten als extrem belastend erlebt. Demgegenüber erscheint das Miterleben von Gewalt gegenüber einem definierten Feind als weniger belastend" (Wöller 2006, S. 12).

[419] Vgl. ebd., S. 11f.; vgl. hierzu Furst, Sidney S. Psychich trauma: A survey (pp. 3-50), in: Furst, Sidney S. (ed.). Psychic Trauma. New York 1967.

3.2) Ein historischer Exkurs: Die Geschichte der Wahrnehmung von Traumata

„Die traumatische Realität kann nur dann im Bewusstsein bleiben und auch erforscht werden, wenn die gesellschaftliche Wirklichkeit dies zulässt."[420]

Die Geschichte der Wahrnehmung von Traumata ist eine Geschichte von periodischer Tabuisierung. Die gesellschaftlichen Reaktionen sind

(...) selten Ergebnis objektiver und rationaler Einschätzungen. Sie sind eher hauptsächlich Folge konservativer Impulse im Dienste der Aufrechterhaltung der Annahme, dass die Welt im Wesentlichen gerecht ist, dass „gute" Menschen ihr Leben im Griff haben und dass nur „schlechte" Menschen Schlimmes zustößt.[421]

Das Wissen um langanhaltende und ernsthafte seelische Störungen als mögliche Folge von psychisch traumatisierenden Ereignissen ist insgesamt nicht neu. Die Auswirkungen traumatischer Erlebnisse wurden bereits seit der Antike immer wieder erwähnt.[422] Obgleich bereits in früheren Berichten oder Erzählungen Reaktionen nach bedrohlichen Ereignissen, also historische" Formen von Traumata,[423] beschrieben wurden, entwickelte sich die Auffassung, dass traumatische Erfahrungen psychische Folgeerscheinungen mit sich bringen könnten, jedoch erst in der zweiten Hälfte des 19. Jahrhunderts. Anlass hierzu gaben zum einen traumatisierte Soldaten aus dem amerikanischen Bürgerkrieg, die Symptome wie generelle Schwäche, Brustschmerzen, Atemlosigkeit, Kopfschmerzen, Schwindel, Schlafstörungen und gastrointestinalen Beschwerden zeigten; zum anderen die zahlreichen an schweren Unfällen beteiligten Personen seit der Einführung der Eisenbahn im 19. Jahrhundert.[424] Zur etwa selben Zeit wurde in Frankreich der traumatischen Ursprung der Hysterie durch den Arzt und Neurologen Jean-Martin Charcot sowie seinem Nachfolger Pierre Janet an der Pariser Nervenklinik Salpêtrière

---

[420] Weiß. Philipp sucht sein Ich. 2013, S. 68. „Wenn die Unterordnung von Frauen und Kindern in einer patriarchalischen Gesellschaft infrage gestellt wird, wenn Kriegsveteranen keine Helden sein müssen, wenn Folteropfer gehört werden, wenn Eltern nicht als Eigentümer ihrer Kinder gelten etc. und wenn Einzelne oder Gruppen von Betroffenen – wie z. B. von dem eigenen Vater sexuell missbrauchte Frauen – den Mut haben, auf sich aufmerksam zu machen" (ebd.).

[421] McFarlane, Alexander C./ van der Kolk, Bessel A. Trauma und seine Herausforderung an die Gesellschaft (S. 47-70), in: van der Kolk, Bessel A./ McFarlane, Alexander C./ Weisaeth, Lars (Hrsg.). Traumatic stress. Grundlagen und Behandlungsansätze: Theorie, Praxis und Forschung zu posttraumatischem Streß sowie Traumatherapie. Paderborn 2000, S. 51.

[422] Vgl. hierzu Fischer/ Riedesser 2009, S. 33.

[423] Vgl. Richter, Hans-Günther. Imagination und Trauma. Bilder und Träume von traumatisierten Menschen. Frankfurt am Main 2006, S. 11.

[424] Der englische Chirurg Erichsen untersuchte hierbei das Verhalten von Zugpassagieren, die bei diesen Unfällen Verletzungen davontrugen und beschrieb in diesem Zusammenhang das „Railroad Spine Syndrome", das Ängste, Gedächtnis- und Konzentrationsprobleme, Schlafstörungen, Albträume und verschiedene somatische Symptome beinhaltet und das Erickson nicht mit Hysterie zu verwechseln angab. Als eine Ursache für diese Symptome wurde eine nicht organische angesehen, nämlich eine Verletzung des Rückenmarks (Landolt, Markus A. Psychotraumatologie des Kindesalters. Grundlagen, Diagnostik und Interventionen. Göttingen 2012, S. 19, vgl. hierzu Erichsen, John Eric. On railway and other injuries of the nervous system. Philadelphia 1867).

entdeckt. Sie führten Hypnoseexperimente und therapeutische Ansätze durch, die zeigen konnten, dass zahlreiche psychopathologische Auffälligkeiten und Symptombildungen, unter denen die psychiatrischen Patienten gelitten haben, mit verdrängten Erinnerungen an traumatische Ereignisse zusammenhingen. Janet war es, der durch umfassende Beschreibungen die Wirkung eines Traumas auf die Psyche beschrieben hat.[425] Sigmund Freud, der Begründer der Psychoanalyse, war ein Zeitgenosse von Charcot und Janet und war anlässlich seiner Besuche im Salpêtrière von der Arbeit Charcots beeindruckt, übernahm Ideen von ihm und entwickelte sie in seinen eigenen Werken zur Hysterie weiter. Er selbst untersuchte und behandelte hysterische Patientinnen, die allesamt von sexuellen Übergriffen in ihrer Kindheit berichteten. Aufgrund dessen betonte Freud die zentrale Stellung, welche Traumatisierungen in der Entstehung von psychischen Erkrankungen zukommt. Er sah Hysterien und Neurosen somit zunächst als Folge realer (sexueller) Traumata im Kindesalter an. Später[426] revidierte er diese Auffassung jedoch weitgehend wieder und vertrat fortan vielmehr die Ansicht, dass es sich hier lediglich um phantasierte Erlebnisse im Rahmen der ödipalen Entwicklungskrise[427] handle. Freuds Neurosenlehre[428] führte schließlich dazu, dass die Psychoanalyse lange Zeit die Bedeutung von realen und aktuellen Traumatisierungen vernachlässigte und sich stattdessen mehr für prämorbide, frühkindliche Konfliktkonstellationen und Phantasien interessierte. Diejenigen Psychoanalytiker der damaligen Zeit, die dennoch die Wichtigkeit des realen Traumas in der Genese krankmachender Symptome betonten, wie z. B. Ungare Ferenczi[429], wurden von der psychoanalytischen Gesellschaft daher lange Zeit ignoriert bzw. deren Theorien verworfen.[430]

---

[425] Vgl. hierzu Weiß. Philipp sucht sein Ich. 2013, S. 69; vgl. hierzu Janet, Pierre. L'amnésie et la dissociation des souvenirs par l'emotion (pp. 417-453), in: Journal de psychologie, 1. Paris 1904.

[426] Freuds Erklärungen wurden als wissenschaftliches Märchen abgelehnt und nicht zitiert oder diskutiert. Er wurde ausgegrenzt und erhielt keine Überweisungen mehr. Ein Jahr später verwarf er insgeheim die Theorie vom Trauma als Ursache der Hysterie, was sich seinen Briefen entnehmen lässt. Dies schien aufgrund einer starken Beunruhigung über die Folgen seiner Erkenntnisse gewesen zu sein (vgl. ebd.). Die ganz genauen Gründe für den Widerruf seiner ursprünglichen Theorie scheinen jedoch unklar zu sein [vgl. hierzu Krutzenbichler, Sebastian. Sexueller Missbrauch als Thema der Psychoanalyse von Freud bis zur Gegenwart (S. 170-179), in: Egle, Ulrich Tiber/ Hoffmann, Sven Olaf/ Joraschky, Peter (Hrsg.). Sexueller Missbrauch, Misshandlung, Vernachlässigung: Erkennung, Therapie und Prävention. Stuttgart 2005, S. 172].

[427] Zur ödipalen Phase und weiteren Entwicklungsphasen nach Freud vgl. z. B. Faller, Herrmann/ Lang, Hermann. Psychodynamische Modelle (S. 31-39), in: Faller, Hermann/ Lang, Hermann (Hrsg.). Medizinische Psychologie und Soziologie. Berlin/ Heidelberg 2010, S. 34ff.

[428] Zu Freuds Psychoanalyse und insbesondere Neurosenlehre vgl. z. B. Köhler, Thomas. Freuds Psychoanalyse: Eine Einführung. Stuttgart 2007.

[429] Vgl. hierzu Hirsch, Mathias. Psychoanalytische Traumatologie – das Trauma in der Familie. Stuttgart 2004, S. 29.

[430] Dies führte schließlich auch zum Bruch der Freundschaft zwischen Freud und Ferenczi (vgl. Weiß. Philipp sucht sein Ich. 2013, S. 71). Diverse Autoren entwickelten in der Folge das psychoanalytische Traumakonzept entscheidend weiter. Hier ist z. B. die Einführung des Begriffs „kumulatives Trauma" von Masud Khan hervorzuheben, nach dem sich einzelne subtraumatische Ereignisse zu einem Trauma

Während des ersten Weltkrieges nahm dann die wissenschaftliche Beschreibung von posttraumatischen Störungen[431] zu und die Traumaforschung wurde intensiviert.[432] Nach dem ersten Weltkrieg brach eine erschreckend hohe Zahl von Männern zusammen,[433] was Diskussionen über „Kriegsneurosen", „Kriegszitterer" und den „Granaten-Schock" mit sich führte.[434] Kurze Zeit hielt der Streit über die Ursachen seitens konservativer und fortschrittlicher Psychiater an, doch dann schwand das gesellschaftliche und medizinische Interesse für psychische Traumata zunächst wieder.[435] Auch führten die psychologischen Erklärungsmodelle von posttraumatischen Störungen im Kriegskontext auch deswegen auf massive Ablehnung, da sie die Moral und Motivation der betroffenen Soldaten in Frage stellten.[436]

Nachhaltig wurde die wissenschaftliche Beschäftigung mit psychischer Traumatisierung dann nach dem Zweiten Weltkrieg durch Überlebende des Holocaust angeregt;[437] die schrecklichen Folgen wurden nach 1945 zum Anlass genommen, sich neuerlich mit den Folgen von Extrembelastungen zu beschäftigen. Umfassende gutachterliche und wissenschaftliche Arbeiten konnten hierzu das Konzept von der unbegrenzten Belastungsfähigkeit des Menschen widerlegen.[438] Insgesamt zeigten Studien über Überlebende von Konzentrationslagern in erschreckender und erstmaliger Deutlichkeit, dass schwere Psychotraumata gravierende biologische, psychologische, soziale und existentielle Folgen haben können und überdies die Fähigkeit vermindern, zukünftige psychologische und biologische Stressoren zu bewältigen.[439] Weiter wurde die wissenschaftliche Beschäftigung mit psychischer Traumatisierung durch die Folgen des Vietnamkriegs intensiviert, da auch hier viele Kriegsveteranen psychopathologische

---

summieren. Auch John Bowlby untersuchte in seinem bedeutenden Werk die Auswirkungen von frühkindlicher Deprivation auf die kindliche Entwicklung (vgl. Landolt 2012, S. 20).

[431] Vgl. ebd., S. 17.

[432] Vgl. Weiß. Philipp sucht sein Ich. 2013, S. 72f.

[433] Vgl. ebd.

[434] Vgl. Huber, Michaela. Trauma und die Folgen. Trauma und Traumabehandlung. Teil 1. Paderborn 2005, S. 29.

[435] Vgl. Weiß. Philipp sucht sein Ich. 2013, S. 73.

[436] Oft wurden z. B. die Patienten mit einem Granatenschock („Kriegszitterer") als Feiglinge und vaterlandslose Gesellen tituliert, mit der Begründung, dass viele Soldaten, die ähnliches erlebt hatten, scheinbar oder real unbeschadet vom Krieg zurückgekehrt waren [vgl. Lamprecht, Friedhelm. Die posttraumatische Belastungsstörung (S. 65-72), in: Stoffels, Hans (Hrsg.). Soziale Krankheit und soziale Gesundung. Würzburg 2008, S. 66]. Doch z. B. der amerikanische Psychiater und Traumaforscher Abram Kardiner verfolgte weiterhin die Theorie der Kriegsneurosen; 1941 erschien sein Werk „The Traumatic Neuroses of War", wo er seine Beobachtungen über Soldaten aus dem Ersten Weltkrieg beschrieben hat (vgl. hierzu Landolt 2012, S. 21f.; vgl. hierzu Kardiner, Abram. The traumatic neuroses of war. New York 1941).

[437] Zu Arbeiten hierzu vgl. Weiß. Philipp sucht sein Ich. 2013, S. 73f.

[438] Vgl. Sonneck, Gernot/ Kapusta, Nestor/ Tomandl, Gerald/ Voracek, Martin (Hrsg.). Krisenintervention und Suizidverhütung. Wien 2012, S. 51.

[439] Vgl. Landolt 2012, S. 19.

Auffälligkeiten entwickelten.[440] Die zunehmende Beschäftigung mit dieser Thematik führte u. a. dazu, dass organisierte Selbsthilfegruppen gebildet wurden und ein öffentliches Sprechen über traumatische Erlebnisse einsetzte.[441]

Psychische Traumata wurden schließlich erstmals als dauerhafte und unvermeidliche Spätfolgen des Krieges anerkannt und 1980 wurde sogar das „posttraumatische Syndrom" in das offizielle amerikanische Handbuch seelischer Erkrankungen „Diagnostisches und Statistisches Manual Psychischer Störungen: DSM III"[442] aufgenommen. Mit geringen Abweichungen hat dies dann auch Eingang in die ICD-10 gefunden.[443] In den 1980er Jahren führte schließlich noch die Enttabuisierung der innergesellschaftlichen Gewalt an Frauen durch die Frauenrechtsbewegung dazu, dass sich fortan weiterhin intensiv mit Traumafolgen beschäftigt wurde.[444] Die Frauenbewegung leistete Pionierarbeit bei den Themen Vergewaltigung, häuslicher Gewalt und sexuellem Missbrauch von Frauen; hierdurch erfuhr die Traumaforschung einen neuen Aufschwung.[445]

Seit dieser Zeit hat diese Thematik auch durch zahlreiche zivile Katastrophen[446] sowie verheerende Unglücksfälle und Terroranschläge[447] in einer breiten Öffentlichkeit die Aufmerksamkeit erweckt und konnte die Notwendigkeit einer professionellen psychologischen Betreuung ins Bewusstsein rücken. Zudem konnte hierdurch vielen Entscheidungsträgern in Politik und Verwaltung klar werden, dass traumatische Situation nicht nur Krisenintervention und Akuthilfe erforderlich machen, sondern hierüber hinaus auch weiterführende Betreuung und Begleitung der Opfer und Hinterbliebenen im Sinne einer psychologischen Stabilisierung und Weiterbetreuung.[448]

---

[440] Vgl. Steiner, Beate/ Krippner, Klaus. Psychotraumatherapie: Tiefenpsychologisch-imaginative Behandlung von traumatisierten Patienten. Stuttgart 2006, S. 12.

[441] 1970 machten zunächst die Soldaten gegen den Vietnamkrieg mobil und gründeten die Organisation „Vietnamveteranen gegen den Krieg", gaben ihre Medaillen zurück und boten an, öffentlich über Kriegsverbrechen auszusagen (Weiß. Philipp sucht sein Ich. 2013, S. 74f.).

[442] Auf die Geschichte der Entwicklung der Geschichte der Definitionen im und laut DSM soll an dieser Stelle nicht eingegangen werden; hier möchte ich jedoch auf Landolt 2012, S. 20ff. verweisen.

[443] Vgl. Lamprecht 2008, S. 66f.

[444] Vgl. hierzu ausführlicher Münker-Kramer, Eva. <F43.0> Akute Belastungsreaktion <F43.1> Posttraumatische Belastungsstörung (S. 293-322), in: Beiglböck, Wolfgang/ Feselmayer, Senta/ Honemann, Elisabeth (Hrsg.). Handbuch der klinisch-psychologischen Behandlung. Wien 2006, S. 294.

[445] Vgl. Steiner/ Krippner 2006, S. 12.

[446] Vgl. hierzu Landolt 2012, S. 19ff.

[447] Das Zugunglück von Eschede 1998, bei dem 101 Personen um Leben kamen, die Lawinenkatastrophe von Glatür im Jahr 1999, die einen ganzen Ort verwüstete, der Brand der Tunnelbahn von Kaprun 2000, bei dem 155 Menschen starben, zeigten auch die breiten Möglichkeiten und positiven Wirkungen eines gezielten, systematischen und professionellen notfallpsychologischen Einsatzes. Wie groß der diesbezügliche Bedarf ist, veranschaulichten unter anderem die Terroranschläge in New York und Washington 2001, Madrid 2004 und London 2005 sowie die katastrophalen Überschwemmungen in Mitteleuropa vom August 2002, des Tsunami in Südasien 2004 und durch den Hurrikan „Katrina" in New Orleans 2005 (vgl. Hausmann, Clemens. Einführung in die Psychotraumatologie. Wien 2006, S. 15).

[448] Vgl. ebd.

3.2.1) Traumatische Erfahrungen von Mädchen und Jungen in der Geschichte

Historische Dokumente belegen, dass es physische oder sexuelle Kindesmisshandlung seit dem Beginn der Zivilisation gegeben hat – so wurden Kinder geschlagen oder eingesperrt, im Mittelalter als Sklaven verkauft und später in Fabriken zur Arbeit gezwungen. Sie wurden – als Beispiel die Römerzeit[449] – verstümmelt, damit sie Mitleid erregen und als Bettler eingesetzt werden können; oder aus Gründen kultureller Schönheitsideale verstümmelte man ihre Füße – als Beispiel China. Auch sexuelle Kontakte mit Kindern waren in der Antike nicht unüblich: Zwar war die „Knabenliebe" im alten Griechenland streng reglementiert und erst ab zwölf Jahren erlaubt, dennoch kamen oft päderastische[450] Formen der Vergewaltigung und des Inzests sowie kindliche Prostitution vor. Auch waren z. B. im europäischen Schulsystem Schläge durch Lehrer über sehr lange Zeit an der Tagesordnung. Insgesamt wurden viele Formen der Kindesmisshandlung in vollständigem Einklang mit dem zeitgenössischen Ethos praktiziert.[451] Wie bereits an verschiedener Stelle erläutert, hat dies mit der gesellschaftlichen Einstellung zu den Lebensaltern von Kindheit und Jugend zu tun.[452] Wenn man die historische Entwicklung im Umgang mit Traumatisierungen betrachtet, so wird schnell deutlich, dass die Geschichte von der Kindheit nur eine untergeordnete Rolle spielt. Es war in der historischen Perspektive recht wenig über lebensgeschichtliche Risiken und Traumatisierungen von Kindern bekannt und darüber, wie dies in der Gesellschaft jeweils wahrgenommen wurde.[453] So hat bis weit in die zweite Hälfte des 20. Jahrhunderts auch eine „Trauma-Blindheit" bei Kindern und Jugendlichen existiert.[454] Zwar gab es auch hierzu einzelne Schriften und Studien und auch Fortschritte,[455] jedoch hat sich die Gesellschaft bis vor ca. einer Generation geweigert, das Ausmaß und die Schwere der Problematik zur Kenntnis zu nehmen.[456] Um 1960 wurden schließlich immer mehr Stimmen in einzelnen Kinderkliniken laut bzgl. der Spekulation der Herkunft von

---

[449] Vgl. hierzu Meierotto, Johann Heinrich Ludwig. Über Sitten und Lebensart der Römer in verschiedenen Zeiten der Republik. Berlin 1776, S. 6.

[450] „Päderast: Homosexueller mit bes. auf männliche Jugendliche gerichtetem Sexualempfinden" (Duden. Das Fremdwörterbuch. Mannheim 2009, S. 747).

[451] Vgl. Wöller 2006, S. 17.

[452] Erst als in den folgenden Jahrzehnten Kinder nach und nach nicht mehr als „kleine Erwachsene" angesehen wurden, veränderte sich allmählich die Einstellung zur kindlichen Sexualität und zu sexuellen Kontakten zwischen Kindern und Erwachsenen. So entstand die Idee, dass Kinder vor den sexuellen Wünschen der Erwachsenen geschützt werden müssen (vgl. Bange, Dirk. Sexueller Missbrauch an Jungen: Die Mauer des Schweigens. Göttingen 2007, S. 13).

[453] Vgl. Weiß. Philipp sucht sein Ich. 2013, S. 76.

[454] Vgl. Riedesser, Peter/ Resch, Franz/ Adam, Hubertus. Entwicklungspsychotraumatologie (S. 279-290), in: Herpertz-Dahlmann/ Resch/ Schulte-Markwort/ Warnke 2008, S. 279.

[455] Vgl. hierzu ausführlicher Landolt 2012, S. 18ff. und Weiß. Philipp sucht sein Ich. 2013, S. 76. Die Sorge um Kinder war bis ins das 20. Jahrhundert auf verwaiste und ausgesetzte Kinder beschränkt (vgl. Weiß. Philipp sucht sein Ich. 2013, S. 76).

[456] Vgl. Wöller 2006, S. 17.

Blutergüssen und multiplen Knochenbrüchen von Kindern und dass diese selten ohne Vorgeschichte von körperlichen Traumatisierungen möglich sind.[457] Man thematisierte vorsichtig, dass Kinder aggressiv oder nachlässig von ihren Eltern behandelt werden, diese Alkoholprobleme haben oder ihre Kinder nicht versorgen können. Bahnbrechend war hier auch der 1962 von dem amerikanischen Arzt und Professor für Kinderheilkunde Henry Kempe gemeinsam mit anderen Kinderärzten veröffentliche Artikel „The Battered Child-Syndrom."[458] Auch weitere Forschungsarbeiten und Studien über die Verbreitung von Traumatisierungen, wie z. B. Kindesvernachlässigung und ihre Ursachen, wurden durchgeführt. Pionierarbeit war hier auch die Entwicklung der Bindungstheorie des britischen Psychiaters John Bowlby, der sich auch mit der Bedeutung von Trennungen für die kindliche Entwicklung beschäftigte.[459]

Mitte der 1970er Jahre führten die Erkenntnisse so weit, dass Kindesmisshandlung in den meisten Ländern als ein ernstes Problem anerkannt wurde, was stetig durch weitere Arbeiten und Forschungsergebnissen belegt wurde.[460] Unterstützt wurden diese durch den zu dieser Zeit ins Sichtfeld rückende systemtheoretischen Ansatz, der sich mit gestörten Familienbeziehungen beschäftigt.[461] In Deutschland verlief die Anerkennung des Ausmaßes von sexueller Gewalt gegen Kinder als ein zuerst von der Kinderschutzbewegung abgetrennter gesellschaftlicher Erkenntnisprozess. Voraussetzung für die Enttabuisierung waren auch hier die Aktivitäten der Frauenbewegung der 1970er Jahre und die feministischen Projekte gegen sexuelle Gewalt. Dadurch, dass sexuelle Gewalt gegen Mädchen und Jungen enttabuisiert wurde, beschäftigte sich die Fachöffentlichkeit fortan auch relativ schnell mit den Auswirkungen von sexueller Traumatisierung auf die betroffenen Kinder, wobei v. a. D. die individuelle Perspektive bzw. die Perspektive der Opfer, in den Mittelpunkt des Interesses rückte. Auch aus den USA kamen wichtige zusätzliche Erkenntnisse über die Auswirkungen zahlreicher Traumatisierungen auf die kindliche Entwicklung. So entwickelten amerikanische Psychiater und Vertreter der Humanistischen Psychologie ein Entwicklungskonzept[462], das den Einfluss von einem

---

[457] Bis in die 1960er Jahre glaubte man, dass körperliche Misshandlungen von Kindern durch die Eltern eher selten sind (vgl. Weiß. Philipp sucht sein Ich. 2013, S. 76).

[458] „Das Syndrom des zusammengeschlagenen oder verletztgeschlagenen Kindes" (ebd., S. 77).

[459] Vgl. ebd., S. 76f.

[460] So z. B. das 1974 bzw. 1977 erschienene Werk „Hört ihr die Kinder weinen" des Psychohistorikers Lloyd De Mause, der die Leidensgeschichten von Kindern in einer Sammlung von Untersuchungen über das Leben von Kindern in diversen Epochen der Geschichte darstellte oder die Erörterung der Juristin und Analytikerin Gisela Zenz aus dem Jahr 1979 einer Auseinandersetzung mit der Entscheidungspraxis von Vormundschaftsgerichten zum Kindeswohl Erscheinungsformen von Kindesmisshandlungen (vgl. ebd., S. 77).

[461] Vgl. ebd.

[462] Aufgrund der Kritik von amerikanischen Psychiatern sowie Vertreten der Humanistischen Psychologie an deterministischen und mechanistischen Vorstellungen, in denen die menschliche Psyche in beobachtbare bzw. zu deutende krankhafte Funktionsniveaus zerlegt wird (vgl. ebd., S. 78).

oder mehreren Traumata auf die psychische Struktur sowie die Blockaden in der Entwicklung des traumatisierten Menschen erfasst.[463]

Immer mehr konnte so das Individuum in das Blickfeld rücken, das in seiner Entwicklung durch ein Trauma viele Defizite erfahren muss. Auch der Lebenswelt wie die zwischenmenschlichen Beziehungen als zentrale Bedingung für Krankheit und Gesundung und die ganzheitliche systemische Selbstregulation (Ressourcenorientierung, die an gesundheitsfördernde Prozesse anknüpft, um die Fixierung auf die durch den Schock erlittenen Defizite, die Fixierung auf die Opferrolle zu vermeiden) wurde zusehends Bedeutung geschenkt.[464] Frühere Konzeptionen wurden durch dieses neue Entwicklungskonzept ergänzt. Somit wurde die wechselseitige Beziehungen zwischen Trauma und Entwicklung ins Zentrum gerückt und sich auf das gesamte Spektrum von traumatischen Belastungen bezogen.[465]

Insgesamt ist dieser Themenbereich noch recht neu bzw. die Beschäftigung hiermit relativ jung ist. Es sind neue Fragestellungen und Kontroversen zu diskutieren, die insbesondere im Hinblick auf die Wirkung traumatischer Erfahrungen auf Kinder zu einem fundierten Verständnis führen.[466]

Diese neueren Fragestellungen der Forschung zu kindlichen Traumata sind:

- Die Auswirkungen der subjektiven kindlichen Wahrnehmung auf die Schwere des Syndroms
- Die Wirkungen kindtypischer Widerstands-, Belastbarkeits- und Anpassungsfaktoren
- Spezifische Entwicklungskonsequenzen wie z. B. erhöhtes Risiko für eine erneute Traumatisierung
- Der Einfluss von traumabezogener Vermeidung der Bezugspersonen
- Transgenerationale Aspekte
- Die Beziehungen unter Gleichaltrigen sowie das schulische Umfeld
- Die verstärkte kindliche posttraumatische Belastung
- Strategien zur Prävention und Intervention[467]

---

[463] Vgl. ebd., S. 78f.
[464] Vgl. ebd., S. 79.
[465] Vgl. ebd. Hierdurch wurden z. B. auch die Beschränkungen der Diagnose „Posttraumatische Belastungsstörung" (PTBS) ausgeglichen, die v. a. D. die Belastungen der Kinder extrem unzureichend beschreibt, da sie nicht entwicklungssensibel ist. Die meisten Kinder mit Traumata erfüllen nicht die diagnostischen Kriterien einer PTBS, was bedeutet, das die Diagnose hiervon eine Vielzahl von Belastungen über kritische Entwicklungszeiträume hinweg nicht erfasst. Bei Säuglingen und Kleinkinder kommen diese PTBS zwar durchaus vor, doch lassen sich eben die herkömmlichen Diagnosekriterien für diese Altersklassen nicht sensitiv genug übertragen. Diese mangelnde Entwicklungssensibilität der Diagnose eines Psychotraumas hat dazu geführt, dass zahlreiche Autoren alternative diagnostische Kriterien für Kinder und Jugendliche vorgeschlagen haben [vgl. Goldbeck, Lutz. Diagnostik von Traumafolgestörungen bei Kindern und Jugendlichen. Internationale Perspektiven und Konsequenzen für die Praxis (S. 71-76), in: Fegert, Jörg M./ Ziegenhain, Ute/ Goldbeck, Lutz (Hrsg.). Traumatisierte Kinder und Jugendliche in Deutschland. Analyse und Empfehlungen zu Versorgung und Betreuung. Weinheim/ München 2010, S. 71]. Für die diagnostischen Kriterien vgl. Landolt 2012, S. 42ff.
[466] Vgl. Herman, Judith. Die Narben der Gewalt. Traumatische Erfahrungen verstehen und überwinden. Paderborn 2010, S. 167f.; vgl. Weiß. Philipp sucht sein Ich. 2013, S. 79f.
[467] Ebd., S. 80.

Aus den zahlreichen neuen Konzepten und Ansätzen[468] entwickelt sich womöglich eine Traumata-Theorie mit einer völlig neuen Erklärungswelt für zahlreiche psychische und psychiatrische Störungen und in Folge auch mit weitreichenden Konsequenzen für die therapeutische und auch pädagogische[469] Arbeit.[470]

3.3) Typologie von Traumatisierungen

„Die Kenntnis der verschiedenen Traumata und der unterschiedlichen Wirkfaktoren ist eine Grundlage für eine angemessene Hilfe."[471]

Trotz der aufgezeigten Schwierigkeit, sowohl eine allumfassende Definition von Trauma zu finden, als auch „die" Situation als potentiell traumatisch zu definieren, möchte ich an dieser Stelle versuchen, mögliche traumatische Situationen zunächst zu typisieren um im nächsten Schritt traumatische Situationsfaktoren und Risikofaktoren aufzuzeigen, um ein Verständnis dafür zu erlangen, was Menschen alles widerfahren kann und wie diese Situationen beschaffen sind, um so eine adäquate Hilfe gewährleisten zu können.

Es hat sich bewährt, psychische Traumata nach zwei Dimensionen zu typisieren – 1) „personale und apersonale Traumatisierungen" und 2) „einmalige und überraschende oder langanhaltende und kumulative Traumatisierungen".[472]

1) *Apersonale* Traumata sind die, die nicht durch Menschen herbeigeführt werden, wie z. B. Naturkatastrophen, die meisten Verkehrsunfälle sowie die unpersönlichen Aspekte von Kriegseinwirkungen; *personale* Traumen sind hingegen z. B. räuberische Überfälle, Vergewaltigungen, Gewalt im personalen Nahbereich in Form von ehelicher Gewalt, Kindesmisshandlung und Kindesmissbrauch sowie Folter, Geiselhaft und Kriegseinwirkungen.

2) Ein weiteres wichtiges Unterscheidungskriterium ist die Frage, ob es sich um eine einmalige und überraschende oder hingegen um lang anhaltende und kumulative Traumatisierungen handelt.[473]

---

[468] 2005 schlug Bessel van der Kolk z. B. eine neue diagnostische Betrachtungsweise vor, die die genannten entwicklungsbezogenen Aspekte von komplex traumatisierten Kindern berücksichtigt; Peter Levine entwickelte z. B. eine körperpsychotherapeutische Form der Trauma-Heilung (in der Begründung, dass sich das Trauma nicht im Ereignis, sondern im Nervensystem befinde) (vgl. Weiß. Philipp sucht sein Ich. 2013, S. 80f.).

[469] Vgl. hierzu Kapitel 4.

[470] Vgl. Weiß. Philipp sucht sein Ich. 2013, S. 80f.

[471] Vgl. ebd., S. 27.

[472] Vgl. Wöller 2006, S. 12.

[473] Vgl. ebd.

Angeregt durch Terr[474] wird oft zwischen einem Typ-I- und Typ-II-Trauma unterschieden: Typ-I-Traumata, auch *Schock-Traumata* genannt, sind schicksalhafte Ereignisse, die das gewohnte Leben eines Menschen abrupt unterbrechen und ihn i. d. R. seiner tragenden Beziehungen berauben und die Kohärenz seiner Beziehungen sowie seines Selbsterlebens extrem gefährden. Solche plötzlich und überraschend einsetzenden einmaligen Traumatisierungen sind z. B. Naturkatastrophen oder Verkehrsunfälle, aber auch so genannte Verfolgungstraumata (Vergewaltigungen oder räuberische Überfälle). Diese Ereignisse sind durch ein Aufeinandertreffen von Tätern und Opfern, ein radikales Macht-Ohnmacht-Gefälle und eine völlige Ohnmacht und Hilflosigkeit auf Seiten der Opfer gekennzeichnet. Denn z. B. auch Trennungen, Beziehungsabbrüche von Bindungsbeziehungen, ein plötzliches Verlassenwerden oder der unerwartete Tod einer wichtigen Bezugsperson stellen Typ-I-Traumata dar.[475]

*Typ-II-*Traumata oder auch *chronisch kumulative Traumata* wirken hingegen wiederholt im Sinne einer Dauerbelastung ein. Hiermit gemeint sind z. b. menschlich verursachte Traumatisierungen durch Kriegseinwirkungen, Gefangenschaft, Folter und Geiselhaft, Extremtraumatisierungen (z. B. Konzentrationslagerhaft) und die Traumatisierungen in Kindheit und Jugend durch Misshandlungen, Missbrauch und Vernachlässigung, die sich aus einer Vielfalt traumatischer Ereignisse zusammensetzen.[476] Indem mehrere Ereignisse auf das Kind einwirken, verursachen sie in ihrer Gesamtheit (kumulativ) eine seelische Verletzung, obwohl jedes Ereignis allein womöglich nicht unbedingt sichtbare Auswirkungen gehabt hätte.[477]

3.4) Situationsfaktoren und Risikofaktoren

Fischer und Riedesser differenzieren die Begrifflichkeiten Risikofaktoren und Situationsfaktoren. Risikofaktoren meinen „belastende Lebensereignisse oder Lebensumstände, die einzeln oder in ihrem Zusammenwirken eine psychische Störung oder Erkrankung begünstigen"[478] und somit im statistischen Mittel ein „Risiko" für eine Fehlentwicklung oder psychische Störung bilden. Situationsfaktoren sind weniger weit

---

[474] Terr, Lenore. C. Childhood traumas: on outline and overview (pp. 10-20), in: American Journal of Psychiatry, 148. 1991.
[475] Vgl. Wöller 2006, S. 13.
[476] Vgl. ebd.
[477] Vgl. Riedesser 2003, S. 162. Zur Typologie von Traumata vgl. *Abb. 14) Typologie psychischer Traumatisierungen* und *Abb. 15) Klassifikation traumatischer Erlebnisse* im Anhang, S. 270.
[478] Vgl. Fischer/ Riedesser 2009, S. 161.

gefasst und beziehen sich im engeren Sinne auf belastende oder traumatisierende Bedingungen einer Situation (z. B. fortgesetzte Misshandlung in einer Familie).[479]

Die nachfolgende Tabelle stellt z. B. nach den amerikanischen Psychotraumatologen Pynoos, Steinberg und Goenjian eine Auflistung von spezifischen objektiven Merkmalen einer traumatischen Situation dar, die die Schwere der posttraumatischen Reaktion wesentlich beeinflussen:

- Direkte Lebensbedrohung
- Verletzung der eigenen Person unter Berücksichtigung des Ausmaßes körperlicher Schmerzen
- Zeuge sein von Verstümmelungen oder ungewöhnlichen Todesarten (besonders im Falle von Familienmitgliedern oder Freunden)
- Eigenes Begehen gewalttätiger Handlungen gegen andere
- Hören unbeantworteter Hilfe- und Verzweiflungsschreie, Riechen schädlicher Gerüche
- Gefangen oder ohne Hilfe zu sein
- Nähe zu gewaltsamer Bedrohung
- Unerwartetheit und Dauer der Erfahrung(en)
- Ausmaß der Gewalt und der Gebrauch einer Waffe oder eines verletzenden Gegenstandes
- Anzahl und Art der Drohungen während einer gewaltsamen Episode
- Auenzeuge von Gräueltaten zu sein
- Beziehung zum Täter und zu anderen Opfern
- Gebrauch körperlicher Nötigung
- Verletzung der körperlichen Integrität des Kindes
- Grad der Brutalität und Feindseligkeit[480]

Nicht zuletzt an dieser Auflistung wird jedoch die Problematik mit der Hantierung dieser Differenzierung ersichtlich. Denn die Unterscheidung zwischen solchen Risikofaktoren auf der einen Seite und traumatischen Situationsfaktoren im engeren Sinne ist zwar wichtig,[481] aber ebenso schwierig.[482] Grund hierfür ist, dass oft die spezifischen traumatischen Situationsfaktoren für sich genommen ein weiteres Risiko für die Schwere und Dauer einer posttraumatischen Belastung darstellen und eine eindeutige Zuordnung somit kompliziert ist.[483]

---

[479] Vgl. ebd., S. 161f..
[480] Pynoos, Robert S./ Steinberg, Alan M./ Goenjian, Armen. Traumatische Belastungen in Kindheit und Jugendalter. Neuere Entwicklungen und aktuelle Kontroversen (S. 265-288), in: van der Kolk, Bessel A./ McFarlane, Alexander C./ Weisaeth, Lars (Hrsg.). Traumatic Stress. Grundlagen und Behandlungsansätze. Paderborn 2000, S. 271.
[481] „Traumatische Situationsfaktoren lassen sich auch unter diesen weiten Begriff des Risikos fassen. Allerdings potenziert sich bei ihnen das Erkrankungsrisiko, und es käme einer Verharmlosung und Bagatellisierung gleich, wollten wir etwa fortgesetzte schwere Misshandlung von Kindern und Jugendlichen zum „Risikofaktor" herabstufen" (Fischer/ Riedesser 2009, S. 290f.).
[482] „Wichtigstes Unterscheidungsmerkmal scheint zu sein, daß mit Risikofaktoren Belastungen gemeint sind, die im Normalfall 'subtraumatisch' bleiben würden, bei potentiell traumatischen Erfahrungen jedoch Widerstandsfähigkeit bzw. Erholungsphasen untergraben können und damit den Verlauf entscheidend dramatisieren können" [Universität Köln (Hrsg.). Trauma. Lehrbuch Skript. 1998, S. 39].
[483] Vgl. Purtscher, Katharina/ Dick, Gunter. Trauma im Kindesalter (S. 127-140), in: Friedmann, Alexander/ Hofmann, Peter/ Lueger-Schuster, Brigitte/ Steinbauer, Maria/ Vyssoki, David (Hrsg.). Psychotrauma. Die posttraumatische Belastungsstörung. Wien 2004, S. 132.

Viele Autoren[484] haben daher Listen zusammengestellt, die Risikofaktoren und traumatische Situationsfaktoren zusammenfassen. Die folgende Liste stellt einige dieser Faktoren dar:

- Niedriger sozioökonomischer Status
- Schlechte Schulbildung der Eltern
- Arbeitslosigkeit
- Große Familien und sehr wenig Wohnraum
- Kontakte mit Einrichtungen der „sozialen Kontrolle" (z. B. Jugendamt)
- Kriminalität oder Dissozialität eines Elternteils
- Chronische familiäre Disharmonie
- Mütterliche Berufstätigkeit im ersten Lebensjahr
- Unsicheres Bindungsverhalten nach 12./18. Lebensmonat
- Psychische Störung der Mutter/ des Vaters
- Schwere körperliche Erkrankung der Mutter/ des Vaters
- Chronisch krankes Geschwister
- Ein-Eltern-Familie/ allein erziehende Mutter
- Autoritäres väterliches Verhalten
- Verlust der Mutter
- Scheidung, Trennung der Eltern
- Häufig wechselnde frühe Beziehungen
- Sexueller und/ oder aggressiver Missbrauch
- Schlechte Kontakte zu Gleichaltrigen
- Altersabstand zum nächsten Geschwister <18 Monate
- Längere Trennung von den Eltern in den ersten 7 Lebensjahren
- Hohe Risiko-Gesamtbelastung
- Jungen vulnerabler als Mädchen[485]
- Emotionale Misshandlung
- Körperliche Misshandlung
- Sexuelle Misshandlung
- Elterlicher Alkohol- und Drogenmissbrauch
- Umzüge, Schulwechsel
- Wiederverheiratung eines Elternteiles
- Ernste Erkrankung in der Kindheit
- Väterliche Abwesenheit
- Körperliche Gewalt in der Familie[486]
- Emotionaler und körperlicher Vernachlässigung
- anhaltender Abweisung
- häusliche Gewalt
- ungebührliche elterliche Machtausübung (wie z. B. Münchhausen by Proxy)
- Unfälle
- schwere Krankheiten
- Krankenhausaufenthalte
- (gewaltsamer) Tod eines Familienangehörigen
- Obdachlosigkeit
- Flucht
- Krieg
- Naturkatastrophen usw.
- körperliche und geistige Behinderung.[487]
- Unfälle und Stürze
- Medizinische und operative Eingriffe
- Gewalthandlungen/ Angriffe (Mobbing, Angriffe durch Tiere)[488]

---

[484] Vgl. z. B. Egle, Ulrich Tiber/ Hoffmann, Sven Olaf/ Joraschky, Peter. Sexueller Missbrauch, Misshandlung, Vernachlässigung. Erkennung, Therapie und Prävention der Folgen früher Stresserfahrungen. Stuttgart 2005, S. 40.

[485] Vgl. ebd.

[486] Vgl. ebd.

[487] Vgl. Weiß. Philipp sucht sein Ich. 2013, S. 27f.

[488] „In professionellen Kreisen herrscht leider immer noch nicht das Wissen vor, dass ungelöste

Bei all diesen Aufzählungen ist zu bedenken, wie unter Punkt 3.1) umfangreich diskutiert wurde, dass diese Faktoren automatisch nicht identisch sind mit traumatischen
Erfahrungen, jedoch zu Traumatisierungen beitragen können. Natürlich gibt es Kategorien von Ereignissen, die für nahezu jedes Kind überwältigend sind. Andere Ereignisse
mögen aus der Perspektive eines Erwachsenen nicht traumatisierend wirken. Für ein
Kind jedoch können zahlreiche „normale" Vorkommnisse anhaltende Folgen nach sich
ziehen, die je nach Alter, Körpergröße und anderen Verletzlichkeiten manchmal offen,
mitunter aber auch verdeckt in Erscheinung treten. Festzuhalten bleibt an dieser Stelle,
dass grundsätzlich jede Situation, die das Kind als Bedrohung wahrnimmt und die seine
aktuelle Fähigkeit, mit dem Ereignis umzugehen, übersteigt, Auswirkungen auf seine
Gefühle und sein Verhalten haben kann.[489] Einig ist sich die Literatur scheinbar jedoch
in dem Punkt, dass v. a. D. katastrophale Ereignisse innerhalb der Familie die größte
seelische Verletzung des betroffenen Kindes verursachen.[490] Im Folgenden sollen einige
(die, den nach Alltagswissen am häufigsten anzutreffenden potentiellen Traumata
entsprechen) dieser innerfamiliären Belastungsmöglichkeiten beschrieben werden.[491]

3.4.1) Potentielle Traumata

Vernachlässigung

Unter Vernachlässigung ist eine andauernde oder wiederholte Unterlassung fürsorglichen Handelns durch sorgeverantwortliche Personen zu verstehen, das zur Sicherstellung der seelischen und körperlichen Versorgung des Kindes notwendig wäre. Dadurch,
dass das Kind chronisch untervorsorgt ist und seine Lebensbedürfnisse nachhaltig nicht
berücksichtig, missachtet oder versagt wurden, wird seine körperliche, geistige und
seelische Entwicklung beeinträchtigt oder geschädigt; auch kann es zu gravierenden
bleibenden Schäden oder sogar zum Tode des Kindes führen. Diese Unterlassung kann

---

„gewöhnliche" Ereignisse eine ebenso beeinträchtigende Wirkung haben können wie katastrophale"
(Levine, Peter A./ Kline, Maggie. Verwundete Kinderseelen heilen. Wie Kinder und Jugendliche
traumatische Erlebnisse überwinden können. München 2013, S. 14).

[489] Vgl. ebd., S. 36.

[490] Ingo Schäfer hebt auch hervor, dass besondere Bedeutung für die Entwicklung von psychischen
Störungen diejenigen traumatischen Erfahrungen haben, die in frühen Lebensabschnitten stattfinden und
von nahen Bezugspersonen ausgehen und spricht hierbei von „frühen interpersonalen Traumatisierungen"
[Schäfer, Ingo. Die Bedeutung von Traumatisierungen für die Entwicklung und den Verlauf von
Suchterkrankungen (S. 11-32), in: Schäfer, Ingo/ Krausz, Michael (Hrsg.). Trauma und Sucht. Konzepte
– Diagnostik - Behandlung. Stuttgart 2006, S. 12]. Vgl. hierzu auch Riedesser, der eine Liste mit a)
Naturkatastrophen, b) von Menschen hervorgerufene Katastrophen und c) Katastrophen innerhalb der
Familie auflistet und das „Traumatisierungspotential" dieser Ereignisse in der Reihenfolge ihrer
Aufzählung zunimmt, d. h. von Menschen verschuldete Unfälle haben ein höheres Potential, ein Kind
seelisch zu verletzen, als Naturkatastrophen, jedoch ein geringeres als Kriegsgreuel oder Aggressivität
oder Missbrauch innerhalb der Familie (vgl. Riedesser. Entwicklungspsychopathologie. 2003, S. 161).

[491] Vgl. Weiß. Philipp sucht sein Ich. 2013, S. 28.

104

aktiv oder passiv (unbewusst) erfolgen: Passive Vernachlässigung kommt durch mangelnder Einsicht, Nichterkennen von Bedarfssituationen oder unzureichenden Handlungsmöglichkeiten der sorgeberechtigten Personen zustande. Als Beispiele sind hier das Alleinlassen des Kindes über eine unangemessen lange Zeit, das Vergessen von notwendigen Versorgungsleistungen, unzureichende Pflege oder Mangelernährung zu nennen. Aktive Vernachlässigung meint die wissentliche Verweigerung von Handlungen, die von der sorgeberechtigten Person als nachvollziehbarer Bedarf des Kindes erkannt wird. Beispiele sind hier die Verweigerung von Versorgung, Körperhygiene, Nahrung, Schutz etc.[492] Die Dynamik von einer Vernachlässigung lässt sich zu der einer körperlichen und sexuellen Gewalt unterscheiden, da den Kindern bei letzteren die Aufmerksamkeit der Eltern zuteil wird, jedoch unangemessen, exzessiv und zerstörerisch. Vernachlässigte Kinder hingegen werden nicht wahrgenommen und erhalten nur spärlich Anregungen. Selten wird körperlicher Kontakt seitens der Eltern zu den Kindern aufgebaut, weswegen sie auf emotionale und körperliche Zuwendung sowie Ansprache vergebens warten müssen.[493] Ihre Signale bleiben unbeantwortet. Wenn es im Rahmen einer Vernachlässigung jedoch zu einer Interaktion zwischen Eltern und Kind kommt, dann oft so, dass die Bedürfnisse falsch wahrgenommen werden und inadäquat hierauf reagiert wird, so dass z. B. ein hungriges Weinen mit Schimpfen oder Einsperren beantwortet wird.[494]

Seriöse Aussagen zum Ausmaß der Kindesvernachlässigung in Deutschland können bislang nicht getroffen werden, repräsentative Studienergebnisse fehlen. Die derzeitige Befundlage, die sich nur auf Schätzungen und wenige nicht-repräsentative Daten stützt, geht jedoch davon aus, dass Kindesvernachlässigung mit Abstand die häufigste Gefährdungsform der Fälle ist, die im Bereich der Kinder- und Jugendhilfe bekannt werden.[495] In Deutschland sind es etwa zehn bis zwölf Prozent aller Kinder, die klinisch relevant

---

[492] Vgl. Deutscher Kinderschutzbund Landesverband Niedersachsen e. V./ Niedersächsisches Ministerium für Soziales, Frauen, Familie, Gesundheit und Integration (Hrsg.). Kindesvernachlässigung. Erkennen – Beurteilen - Handeln. Hannover 2011, S. 11ff.

[493] „Man könnte sagen, dass überall dort eine seelische Misshandlung oder Vernachlässigung am Werk ist, wo der notwendige Spielraum für die entscheidenden Entwicklungsschritte eines Kindes nicht gegeben ist (wie Aufbau einer Bindung, Separation, Individuation, Inbesitznahme des eigenen Körpers, Aufnahme extrafamilialer Beziehungen, Verselbstständigung in der Adoleszenz etc.). Jede Unterlassung der nötigen Fürsorge und Stimulation gehört somit bereits in den Bereich seelischen Missbrauch" [Bürgin, Dieter/ Rost, Barbara. Psychische und psychosomatische Erkrankungen bei Kindern und Jugendlichen (S. 247-266), in: Egle/ Hoffmann/ Joraschky (Hrsg.). Sexueller Missbrauch, Misshandlung, Vernachlässigung. Stuttgart 2005, S. 252].

[494] Vgl. Weiß. Philipp sucht sein Ich. 2013, S. 28f.

[495] Auch gestaltet sich die Situation in anderen westlichen Industrienationen ähnlich [vgl. Galm, Beate/ Herzig, Sabine. Kindesvernachlässigung und –misshandlung. Problembeschreibung und Hinweise zur Gefährdungseinschätzung (o. J.). URL: http://www.kindergartenpaedagogik.de/1732.html (Stand: 10.07.2013)].

105

durch ihre Eltern abgelehnt oder vernachlässigt werden.[496] Vermutlich ist das Risiko, im Säuglingsalter vernachlässigt und auch misshandelt zu werden, deutlich höher als bei anderen Kindern.[497]

Die seelische Misshandlung[498]

Vernachlässigung und emotionale Misshandlung gehen oft Hand in Hand. Bei der seelischen Misshandlung ist das Gleichgewicht von angemessener und inakzeptabler Interaktion zwischen dem Kind und seiner Bezugsperson verschoben. Seelische Misshandlungen sind u. a. Erniedrigung, Entwürdigung, Ignorieren, Nicht Wahrnehmen, Abwertung, Zurückweisung, emotionale Unerreichbarkeit und der Gebrauch des Kindes für die Bedürfnisse des Erwachsenen, sowie die Terrorisierung des Schutzbefohlenen.[499] Während bei anderen Misshandlungsformen die Tat im Vordergrund steht, geht es bei der seelischen Misshandlung um die Beziehung: Seelische Misshandlungsbeziehungen sind Interaktionen und Formen unangemessener Behandlung von Kindern, die umfassend und charakteristisch für die Eltern-Kind-Beziehung sind.[500]

Insgesamt ist der emotionale Missbrauch am schwierigsten nachzuweisen, weswegen die Häufigkeit seelischer Misshandlungen völlig ungeklärt ist.[501] Dirk Baier postuliert eine Abnahme von elterlicher Zuwendung (u. a. Belobigung, in den Arm nehmen trösten) von 74,7% im Jahr 1998 aller Jugendlichen, die von hoher Zuwendung berichteten, auf 71,6% im Jahr 2005/2006.[502] Auch Iris Schmidt gibt an, dass Aussagen über die Häufigkeit von emotionalen Misshandlungen praktisch unmöglich sind, vermutet jedoch eine Häufung in Familien, in denen eine Suchtproblematik oder psychische

---

[496] Vgl. Wille, Sabrina. Psychosoziale Beratung bei der Traumabewältigung im Kindes- und Jugendalter (Masterarbeit). 2012 S. 9. Auch Andrea Huber-Zeyringer und Annelie-Martina Weinberg sprechen von 10%, bei Säuglingen von 16% [Huber-Zeyringer, Andrea/ Weinberg, Annelie-Martina. Kindesmisshandlung (S. 37-48), in: Weinberg, Annelie-Martina/ Schneidmüller, Dorien (Hrsg.). Unfallchirurgie bei Kindern. Kompendium der Kindertraumatologie. Köln 2010, S. 37].

[497] Vgl. Jacubeit, Tamara. Misshandlung und Vernachlässigung im Säuglings- und Kleinkindesalter. Präventive und therapeutische Möglichkeiten auf der Basis der frühen Eltern-Säuglings-Interaktion (S. 91-103), in: von Schlippe, Arist/ Lösche, Gisela/ Hawallek, Christian (Hrsg.). Frühkindliche Lebenswelten und Erziehungsberatung. Die Chancen des Anfangs. Weinheim 2001, S. 91.

[498] Die seelische Misshandlung kann in subtiler Weise als integrale Komponente aller Misshandlungsformen und auch alleine auftreten (vgl. Weiß. Philipp sucht sein Ich. 2013, S. 30).

[499] Vgl. ebd., S. 30f.

[500] Vgl. ebd.

[501] Vgl. Bundesärztekammer (Hrsg.). Zum Problem der Mißhandlung Minderjähriger aus ärztlicher Sicht (Diagnostik und Interventionsmöglichkeiten) – Konzept der Bundesärztekammer. Köln 1998, S. 12.

[502] Vgl. Baier, Dirk. Entwicklung der Jugenddelinquenz und ausgewählter Bedingungsfaktoren seit 1998 in den Städten Hannover, München, Stuttgart und Schwäbisch Gmünd 2008. KFN- Forschungsbericht Nr. 104. Hannover 2008, S. 51.

Erkrankung der Eltern (v. a. D. Depressionen und psychotische Erkrankung) vorliegt, aber auch Arbeitslosigkeit und Armut vorherrscht.[503]

Körperliche Misshandlung

Als körperliche Misshandlungen gelten alle gewaltsamen Handlungen, die beim Kind zu Verletzungen führen können.[504] Sie ist die offensichtlichste aller Misshandlungsformen. Im Gegensatz zur Vernachlässigung, ist sie durch eine überstimulierende und verletzende Beziehung geprägt. Vermutlich ist der Anlass der Misshandlung oft mit wichtigen körperlichen und seelische Willens- und Bedürfnisäußerungen von Säuglingen und Kleinkindern in Verbindung zu bringen.[505] Helmut Remschmidt vermutet, dass Kindesmisshandlung auf diverse Einflussfaktoren zurückzuführen ist, die sich sowohl mit dem Kind als auch mit den Eltern und der Familie als Ganzes in Verbindung bringen lassen. So spielen beim Kind z. B. ein niedriges Geburtsgewicht und Unreife eine wichtige Rolle (30%), Missbildungen, Deformationen und Entwicklungsstörungen (bis 70%), die Unerwünschtheit des Kindes sowie von der Norm abweichendes und unerwartetes Verhalten. Bei den Eltern können Faktoren wie Misshandlung in der eigenen Geschichte, Akzeptanz von körperlicher Züchtigung, Mangel an erzieherischer Kompetenz, ein hoher Anteil aggressiven Verhaltens, relativ niedriger Ausbildungsstand, psychiatrische Erkrankungen und Persönlichkeitszüge (z. B. mangelnde Impulssteuerung) eine Rolle spielen.[506]

Da in Deutschland die Einführung einer Meldepflicht für Kindesmisshandlungen abgelehnt wurde,[507] ist es auch hier nicht möglich, genauere Aussagen über die Häufigkeit von Kindesmisshandlungen zu machen. Schätzungen zufolge ist es jedoch die Hälfte der deutschen Eltern, die ihre Kinder körperlich strafen. Inzwischen gibt es seit 2000 ein Gesetz zum Schutz vor körperlicher Züchtigung an Kindern; inwieweit dies jedoch zur Abnahme der körperlichen Gewalt geführt hat, lässt sich noch schwer beurteilen.[508]

---

[503] Vgl. Schmidt, Iris. Die Folgen früher Gewalterfahrungen. Eine Untersuchung der Schreckreiz-Reaktivität bei lebensgeschichtlich früh traumatisierten Frauen. Göttingen 2004, S. 7.

[504] Vgl. Schüssler 2005, S. 194.

[505] „Körperlich misshandelte Kinder werden geschlagen, weil sie neugierig sind, weil sie fragen, weil sie sich über Dinge äußern oder sogar beschweren" (Barche, Sabrina. Frühkindliche Traumatisierungen: Auswirkungen sowie Präventions- und Interventionsangebote aus Sicht der Bindungstheorie. Hamburg 2013, S. 72).

[506] Vgl. Remschmidt, Helmut. Körperliche Misshandlung und Vernachlässigung (S. 337-342), in: Remschmidt, Helmut (Hrsg.). Kinder- und Jugendpsychiatrie. Stuttgart 2011, S. 339.

[507] „Die Meldepflicht wurde nicht eingeführt, weil befürchtet wurde, dass Eltern dann noch weniger bereit sein würden, die Verletzungen ihres misshandelten Kindes ärztlich behandeln zu lassen" (Streeck-Fischer 2006, S. 89).

[508] Vgl. ebd.

Häusliche Gewalt[509]

Unter häuslicher Gewalt bezeichnet man Gewalthandlungen zwischen Eltern bzw. Partnern, also die Misshandlung eines Partners durch den anderen, wobei sowohl Männer als auch Frauen die Rolle von Opfern bzw. Tätern einnehmen können. Häusliche Gewalt ist ein Muster der Kontrollausübung über das Verhalten, die Gefühle sowie Entscheidungen eines Partners. Diese Kontrollstrategien können körperliche Misshandlungen, sexuelle Misshandlungen, psychologische Misshandlungen, finanzielle Ausbeutung, soziale Einschränkungen oder die Zerstörung von Eigentum umfassen.[510] Häufig ist häusliche Gewalt mit anderen psychosozialen Risikofaktoren verbunden wie z. B. Kindesmisshandlung, Vernachlässigung, Armut oder psychischer Erkrankung von Eltern. In bis zu 90 % der Fälle von häuslicher Gewalt sind die Kinder während der Gewalttat anwesend oder werden sogar selbst vom Partner der Mutter körperlich oder sexuell misshandelt.[511]

Susanne Heynen stellt folgende Formen der Gewalt aus Sicht der Kinder dar:

- Zeugung durch eine Vergewaltigung
- Misshandlung wegen der Schwangerschaft
- Direkte Gewalterfahrungen als Mitgeschlagene
- Verlust von mütterlicher Kompetenz und Sicherheit
- (Drohender) Verlust der Mutter durch Weggang, Selbstmord und Mord
- Bedrohung von Geschwistern
- Mittel zur Erpressung und Entscheidungsgrundlage, diese Kinder sind eigentlich Geiseln
- Stütze der misshandelten Mutter
- Übernahme der Verantwortung für die Versorgung der Geschwister
- ZeugInnen der Gewalt
- Gewalt nach einer Trennung
- Armut und soziale Benachteiligung[512]

Folgt man den Ergebnissen einer Studie aus dem Jahr 2003 des Bundesfamilienministeriums[513], so haben rund ein Viertel der in Deutschland lebenden Frauen schon einmal

---

[509] „In jüngster Zeit wendet sich die Aufmerksamkeit im Kontext der Debatte um Kinderschutz und Traumatisierung von Kindern stärker dem Phänomen der häuslichen Gewalt zu. Wurden zunächst vor allem die als Opfer betroffenen Frauen in den Mittelpunkt der Betrachtung gerückt, so wird zunehmend deutlich, dass häusliche Gewalt ein schwerwiegender Risikofaktor für die psychosoziale Entwicklung von Kindern ist und dass häusliche Gewalt in vielen Fällen sogar einen traumatischen Charakter für Kinder hat, die derartige Gewaltexzesse miterleben müssen" [Goldbeck, Lutz. Häusliche Gewalt. Psychische Folgen für Kinder (S. 131-142), in: Walper, Sabine/ Fichtner, Jörg/ Normann, Katrin (Hrsg.). Hochkonflikthaft Trennungsfamilien. Forschungsergebnisse, Praxiserfahrungen und Hilfen für Scheidungseltern und ihre Kinder. Weinheim/ München 2011, S. 131].

[510] Vgl. hierzu ebd., S. 132.

[511] Hinsichtlich der Gesundheitsfolgen für Kinder hat sich gezeigt, dass die Schwere der Misshandlungen im Rahmen häuslicher Gewalt, z. B. markiert durch den Einsatz von Stich- und Schusswaffen, eher prädiktiv für die Schädigung der Kinder ist als die Unmittelbarkeit der Zeugenschaft. Daher ist die Exposition generell traumatogen, nicht nur die direkte Augenzeugenschaft (vgl. ebd.).

[512] Heynen, Susanne. Auswirkungen von Partnergewalt auf die Kinder. In: Stadt Karlsruhe. Kinder als Opfer von Partnergewalt. Möglichkeiten kindgerechter Interventionen. Dokumentation der Fachtagung in Karlsruhe 14.09.2000. Karlsruhe, z. n. Weiß. Philipp sucht sein Ich. 2013, S. 34.

[513] In: Jungbauer, Johannes. Familienpsychologie kompakt. Weinheim/ Basel 2009, S. 100f

körperliche Übergriffe durch einen Beziehungspartner erlebt. Bei etwa 70% der befragten Frauen handelte es sich hierbei um körperlicher Auseinandersetzungen, bei 30% kam es auch zu sexuellen Übergriffen.[514]

Traumatische Sexualisierung

Unter sexuellem *Missbrauch* ist die Einbeziehung von Kindern und Jugendlichen in sexuelle Aktivitäten zu verstehen, deren Funktion und Tragweite sie nicht überschauen können. Diese Form liegt auch dann vor, wenn sie nicht ausdrücklich gegen den Willen eines Kindes und ohne Gewaltanwendung erfolgt. Bei der sexuellen *Misshandlung* kommt es zur Gewaltanwendung und die sexuellen Aktivitäten werden gegen den Willen des Kindes herbeigeführt.[515] Zahlreiche Studien und Veröffentlichungen haben erwiesen, dass sexueller Missbrauch gegen Kinder pathologischer und schädlicher wirkt als Vernachlässigung und Misshandlung. Im Gegensatz zu anderen Traumatisierungen schädigt der sexuelle Missbrauch die Sexualität der betroffenen Kinder traumatisch und auf stark beeinträchtigende Weise. Oft hiermit einher geht die Verleugnung, sowohl auf Seiten der Täterin/ des Täters, als auch des Opfers, also des Kindes.[516]

Die amerikanischen Forscher David Finkelhor und Angela Browne haben ein „Modell der vier traumatogenen Faktoren" zur Erklärung und Vorhersage sexueller Missbrauchsfolgen entwickelt:

1. *Verrat*: Das Kind muss entdecken, dass eine Person, von der es emotional abhängig ist, und der es vertraut, ihm Schaden zufügt. Das Kind wird in seinem Vertrauen zutiefst erschüttert.
2. *Ohnmacht/ Hilflosigkeit*: Die grundlegende Missachtung seines Willens, seiner Bedürfnisse und Wünsche und die (fortgesetzte) Verletzung seiner körperlichen Integrität konfrontieren das Kind mit Gefühlen der Ohnmacht und Hilflosigkeit. Die Überzeugung der eigenen Kontrollfähigkeit wird ständig untergraben.
3. *Stigmatisierung*: Das missbrauchte Kind wird mit den negativen Bedeutungen und Implikationen von sexuellem Missbrauch und Opfersein konfrontiert.
4. *Traumatische Sexualisierung*: Die Sexualität (sexuelle Empfindung und Einstellungen) des Kindes wird in seiner Weise geprägt, die nicht dem Entwicklungsstand des Kindes entspricht und die zwischenmenschlich dysfunktional ist.[517]

In sämtlicher Literatur, die sich mit der Missbrauchsthematik beschäftigt, sind unterschiedliche Zahlen zur Häufigkeit von sexuellem Missbrauch zu finden. Dies hängt z. B. damit zusammen, dass sowohl der Schweregrad als auch die Dauer des Missbrauchs variieren und somit unterschiedliche Betrachtungsweisen vorliegen.[518]

---

[514] Vgl. ebd.
[515] Vgl. Remschmidt 2011, S. S. 343.
[516] Vgl. Weiß. Philipp sucht sein Ich. 2013, S. 36.
[517] Browne, Angela/ Finkelhor, Daid. The Traumatic Impact of Child Sexual Abuse: A Conzeptualization (pp. 530-541), in: American Journal of Orthopsychiatry, 55. 1985; Weiß. Philipp sucht sein Ich. 2013, S. 36f.
[518] So lässt sich der sexuelle Missbrauch nach unterschiedlichen Schweregraden einteilen, wobei die Intensität des Körperkontaktes zwischen Opfer und Täter ausschlaggebend ist. Als leichtere Form des

Die „Polizeiliche Kriminalstatistik" registriert jährlich bundesweit ca. 15.000 Fälle sexueller Gewalt gegen Kinder und Jugendliche (d. h. 41 Fälle täglich). Die Dunkelziffer wird etwa zwanzigmal höher eingeschätzt. Alles in allem erscheint es aber realistisch, dass in Deutschland etwa jedes vierte bis fünfte Mädchen und jeder zehnte bis zwölfte Junge sexuelle Gewalt erlebt.[519] Laut Polizeilicher Kriminalstatistik wurden 2010 bundesweit insgesamt 5.933.278 Straftaten erfasst, davon 46.869 Straften gegen die sexuelle Selbstbestimmung.[520]

Die traumatische Trennung

Trennungen können für Kinder (je jünger, je schwerer) zum Trauma werden, wobei es von den Umständen abhängt, ob und wie diese eintreten.[521] Zu gewissen Lebensabschnitten kann eine Trennung einen positiven Entwicklungsschub bedeuten, zu wieder anderen dann eher einen Entwicklungsstillstand oder sogar Rückschritt. Insgesamt wird die Verarbeitung hiervon beeinflusst durch den Grad der Abhängigkeit, die Intensität der Beziehung, das Alter des Kindes, die Umstände der Trennung und die Unvorhersehbarkeit des Ereignisses. Kleinkinder laufen am ehesten Gefahr durch die Trennung von der engsten Bezugsperson geschädigt zu werden, sind sie es doch, die am stärksten – sowohl materiell als auch seelisch – von diesen abhängig sind. Auch haben sie keinerlei Einfluss auf die Umstände, unter denen die Trennung sich vollzieht und müssen somit hinnehmen, dass sie z. B. abrupt und ohne Vorwarnung über sie hereinbricht. Das Zusammenwirken all dieser verstärkenden Faktoren kann dazu führen, dass die Trennung zu einem traumatischen Erlebnis für das Kind wird (vgl. Kapitel 3.6).[522]

Diese Form der Traumatisierung ist im Hinblick auf Heimkinder sowie Pflegekinder besonders relevant, da eine elterliche Trennung meist einer Fremdunterbringung vorausgeht, sodass, der Jugendhilfestatistik 1999 nach zu urteilen, 44,6% aller unterge-

---

sexuellen Missbrauchs zählen z. B. Exhibitionismus und das Zeigen von pornographischen Bildern und Filmen vor dem Kind, bei denen es zu keinem Körperkontakt kommt. Höhergradige Missbrauchshandlungen sind Küsse im Intimbereich und das Berühren der Geschlechtsorgane des Kindes. Von schwerem sexuellen Missbrauch wird gesprochen, wenn der Täter das Kind oral, anal, vaginal vergewaltigt oder dies versucht oder vor dem Kind masturbiert (vgl. Wettig 2009, S. 169). Vgl. hierzu *Abb. 16) Sexueller Kindesmissbrauch in Deutschland 2006* im Anhang, S. 271.

[519] Vgl. Bayerischer Jugendring (Hrsg.), Prävention vor sexueller Gewalt in der Kinder- und Jugendarbeit. München 2006, S. 9. Vgl. Deegener, Günther. Kindesmissbrauch – erkennen, helfen, vorbeugen. Weinheim 2009, S. 34.

[520] Vgl. Allroggen Marc/ Spröber Nina/ Rau Thea, Fegert Jörg M. (Hrsg.). Sexuelle Gewalt unter Kindern und Jugendlichen. Ursachen und Folgen. Eine Expertise der Klinik für Kinder- und Jugendpsychiatrie/Psychotherapie Universitätsklinikum Ulm 2011, S. 8.

[521] Vgl. Weiß. Philipp sucht sein Ich. 2013, S. 40.

[522] Vgl. Thill, Régis. Trennung als Trauma, Beziehung als Therapie (S. 103-116), in: Hilweg, Werner/ Ullmann, Elisabeth (Hrsg.). Kindheit und Trauma. Trennung, Mißbrauch, Krieg. Göttingen 1998, S. 104.

brachten Kinder aus Ehen stammten, deren Partner sich auseinander gelebt haben.[523]

Auch die Trennung von der Bindungsperson bei der Fremdunterbringung kann traumatisch erlebt werden.[524]

Kinder psychisch kranker Eltern

„Der Baum
Mutter darunter weinte,
weinte,
weinte,
So kannte ich sie
Früher auf ihrem Schoß
Wie jetzt unter dem toten Baum
lernte ich, sie zum Lächeln zu bringen,
ihre Tränen anzuhalten,
ihre Schuld ungeschehen zu machen,
ihren inneren Tod zu heilen.
Sie lebendig zu machen, war mein Leben."[525]

In Deutschland leben mehr als 500.000 Kinder mit einem psychisch kranken Elternteil.[526] Die Situation von diesen Kindern ist in den letzten Jahren zu einem zentralen Thema der Fachöffentlichkeit von Psychiatrie und Jugendhilfe geworden; nicht zuletzt, weil die psychosozialen Belastungen von ihnen zum Teil extrem sind. Kinder von psychisch kranken Eltern haben ein erhöhtes Risiko, selbst eine eigene psychische Störung zu entwickeln.[527] Diejenigen Kinder, die psychisch kranke Eltern haben und in der stationären Jugendhilfe leben, sind zusätzlich oftmals auch von Misshandlungen betroffen. Insbesondere Säuglinge und Kleinkinder sind besonders bei Depressionen, Schizophrenie, Suchterkrankungen oder Borderline-Störungen der Mutter bedroht, da

---

[523] Vgl. Weiß. Philipp sucht sein Ich. 2013, S. 40f., nach Berechnungen der Dortmunder Arbeitsstelle Kinder- und Jugendhilfestatistik auf Grundlage der Fachserie 13, Reihe 6.1.2 „Hilfen zur Erziehung außerhalb des Elternhauses des Statistischen Bundesamtes. Stuttgart 2001.

[524] Vgl. Fegert, Jörg M./ Besier, Tanja/ Kölch, Michael/ Schmid, Marc. Kooperation zwischen Jugendhilfe sowie Kinder- und Jugendpsychiatrie (S. 1396-1418), in: Lehmkuhl, Gerd/ Poustka, Fritz/ Holtmann, Martin/ Steiner, Hans (Hrsg.). Lehrbuch der Kinder- und Jugendpsychiatrie. Grundlagen und Störungsbilder. Göttingen 2013, S. 1402.

[525] In: Riedesser 2003, S. 166.

[526] Vgl. Andresh, Jasmin. Was Kinder mit seelisch kranken Eltern erleiden (18.09.2011), in: Welt.de. URL: http://www.welt.de/gesundheit/article13608440/Was-Kinder-mit-seelisch-kranken-Eltern-erleiden.html (Stand: 16.07.2013).

[527] Vgl. Mattejat, Fritz. Kinder mit psychisch kranken Eltern (S. 66-78), in: Mattejat, Fritz/ Lisofsky, Beate (Hrsg.): Nicht von schlechten Eltern. Kinder psychisch Kranker. Bonn 2001, S. 67. „Neben genetischen Faktoren sind es auch die erhöhten psychosozialen Belastungen in Familien mit einem seelisch erkrankten Elternteil, wie Armut, Diskriminierung und das Fehlen von Bezugspersonen, die das Risiko für psychische Erkrankungen bei Kindern erhöhen. Die Erhöhung des Risikos für psychische Erkrankungen bei Kindern ist abhängig von der Art der elterlichen Erkrankung, ihrem Schweregrad und dem Ersterkrankungsalter der Eltern. Wenn die Eltern beispielsweise an einer schweren Depression leiden, ist die Wahrscheinlichkeit für eine psychische Erkrankung im Kindes- und Jugendalter unter Berücksichtigung genetischer und psychosozialer Faktoren um das Vierfache erhöht. Durch eine rechtzeitige Prävention kann dieses Risiko jedoch deutlich verringert werden" [Neurologen & Psychiater im Netz (Hrsg.). Kinder psychisch kranker Eltern benötigen therapeutische Unterstützung (06.08.2008), URL: http://www.neurologen-und-psychiater-im-netz.de/npin/npinaktuell/show.php3? id=1014& nodeid=4 (Stand: 16.07.2013].

diese als empathisch-stimulierende Partner im frühen Dialog ausfällt und somit durch sie die körperlich-pflegerischen und emotionalen Bedürfnisse nicht mehr befriedigt werden können. Diese Kinder werden auch durch verwirrende, manchmal gerade bizarre Beziehungsangebote gefährdet. Schwer depressive Mütter übertragen auch oft ihre Symptome auf das Kleinkind.[528]

Die genauen Belastungen, die den Kindern wiederfährt, variieren von Fall zu Fall stark. Folgende Aspekte können sich jedoch mehr oder weniger intensiv auf die Lebenssituation der Kinder auswirken:

- Emotionale Vernachlässigung
- Materielle Vernachlässigung
- Misshandlung
- Permanente Grenzüberschreitungen
- Überforderung
- Parentifizierung
- Schuldgefühle
- Schamgefühle
- Isolation
- Geheimhaltung
- Ausgrenzungserfahrungen
- Soziale Isolation
- Loyalitätskonflikte
- Finanzielle Probleme[529]

3.5) Schutzfaktoren & Mittlerfaktoren

Bei Schutzfaktoren handelt es sich um Merkmale, die die Auftretenswahrscheinlichkeit von Entwicklungsproblemen mindern und die zu einer Abschwächung von Risikofaktoren beitragen und somit einer vorhandenen Disposition entsprechen.[530] Hierbei können die Schutzfaktoren die Wirkung eines „Immunisierungseffekts" erreichen.[531] Auch können sie dazu beitragen, Selbstachtung und Selbstzufriedenheit aufzubauen oder zu verstärken.[532]

Die Chancen, traumatische Ereignisse zu verarbeiten, hängen aber neben den protektiven Faktoren auch von den Mittlerfaktoren ab. Mittlerfaktoren sind diejenigen Umstände, unter denen sich das Geschehene abspielt.[533]

Insgesamt lassen sich diverse Mittlerfaktoren und protektive Faktoren zusammentragen:

---

[528] Vgl. Riedesser 2003, S. 166.
[529] Vgl. Weiß. Philipp sucht sein Ich. 2013, S. 42.
[530] Vgl. Fischer/ Riedesser 2009, S. 160.
[531] Vgl. ebd.
[532] Hierfür sind allerdings günstige Rahmenbedingungen (z. B. in der Erziehung und Schule) vonnöten. Ein Mensch, der ungünstige Sozialisationsbedingungen erfahren musste, verfügt über geringere protektive Faktoren in späteren, potentiell traumatischen Belastungssituationen (vgl. ebd., S. 160f.).
[533] Vgl. Weiß. Philipp sucht sein Ich. 2013, S. 44.

- Prätraumatische psychische Ausgangslage
- Geschlechtszugehörigkeit, Mädchen sind resilienter als Jungen
- Alter des Kindes[534]
- Stabilität und Ausgewogenheit der Ich-Funktionen
- Qualität der zwischenmenschlichen Beziehungen
- Chronizität und Schwere der Misshandlung
- Beziehung zu Täter/Täterin
- Stärke der geäußerten Drohungen
- Emotionales Klima in der Familie
- Schwere der Schuldgefühle
- Physische Konstitution
- Entlastung der Mutter
- Großfamilie, kompensatorische Elternbeziehungen
- Verfügbarkeit über einen tragenden Halt
- Überdurchschnittliche Intelligenz, robustes, aktives und kontaktfreudiges Temperament
- Sicheres Bindungsverhalten
- Soziale Förderung (Jugendgruppen, Schulen[535], Kirchen)
- Verlässlich unterstützende Bezugspersonen im Erwachsenenalter
- Dauerhafte gute Beziehung zu mindestens einer primären Bezugsperson
- Humor
- Parentifizierung
- Möglichkeiten der Realitätsanerkennung[536]
- gelungene Bewältigung von früheren Belastungen
- kompetentes Erziehungsverhalten der Eltern[537]
- Gutes Ersatzmilieu nach frühem Mutterverlust
- Internale Kontrollüberzeugungen, „self-efficacy"
- Lebenszeitlich späteres Eingehen „schwer auflösbarer Bindungen" (späte Heirat)[538]

Ein weiterer Aspekt bei der Verarbeitung traumatischer Faktoren sind die korrektiven Faktoren. Während die protektiven Faktoren einer bereits vorhandenen Disposition bzw. „mitgebrachtem Schutzfaktor" entsprechen, sind die korrektiven Merkmale nicht vom

---

[534] Alter und Entwicklungsstand der Ich-Funktion sind von wesentlicher Bedeutung für die Verarbeitung. Kindheitstraumata richten generell bei jüngeren Kindern den größten Schaden an. Eine frühere Traumatisierung beeinträchtigt das Kind in einer prägenden Zeit (vgl. Weiß. Philipp sucht sein Ich. 2013, S. 44): „Je jünger ein Mensch von einem Trauma getroffen wird, desto gefährdeter ist die Psyche, weil das Ich seine Fähigkeiten zur Realitätsprüfung und Antizipation noch nicht ausreichend entwickelt hat und noch keine Strukturen zur Verfügung stehen, innerhalb derer das Trauma bearbeitet werden könnte." Daher können z. B. Säuglinge und Kleinkinder, deren Ich-Funktion noch nicht vorhanden ist, Traumata nicht abspalten, verdrängen oder gegen andere Erfahrungen abgrenzen (Diepold, Barbara. „Diese Wut hört niemals auf". Zum Einfluß realer Traumatisierungen auf die Entwicklung von Kindern (S. 73-85), in: Analytische Kinder- und Jugendlichenpsychotherapie (AKJP), 27. 1997, S. 4f.].

[535] „Auch die Schule, die ja ein Ort ist, an dem Kinder einen Großteil ihrer Zeit verbringen, kann eine wesentliche schützende Wirkung haben. Das ist umso mehr der Fall, wenn sie eine hohe Qualität aufweist, insbesondere was die strukturellen Bedingungen anlangt. So können die Qualität der Beziehung zwischen den Kindern und den Lehrer/innen, die Ausstattung der Schule, die Möglichkeiten zur Mitarbeit und Kooperation der Kinder sowie die didaktischen Fertigkeiten der Lehrer/innen protektiv wirken. Darüber hinaus kann die Schule vor allem dann ein Schutzfaktor sein, wenn sie zum einen „Rahmenbedingungen schafft", die es Kindern ermöglichen, Beziehungskompetenzen und andere Fähigkeiten „zu entwickeln und auszuprobieren". Und wenn sie ihnen zum anderen „positive Verhaltensmodelle" bietet, an denen sich die Kinder orientieren können" (Lackner, Regina. Wie Pippa wieder lachen lernte. Fachliche Hilfe für traumatisierte Kinder. Wien 2004, S. 28).

[536] Vgl. Weiß. Philipp sucht sein Ich. 2013, S. 45f.

[537] Das Vermögen von Eltern, auf ihre Kinder einfühlsam einzugehen und sie emotional zu unterstützen, hat eine sehr wichtige protektive Wirkung, da die Kinder hierdurch Sicherheit, Zuwendung und Verlässlichkeit erfahren und dies Aspekte darstellen, die wiederum schützend wirken [vgl. hierzu Laucht, Manfred. Vulnerabilität und Resilienz in der Entwicklung von Kindern. Ergebnisse der Mannheimer Längsschnittstudie (S. 53-71), in: Brisch/ Hellbrügge 2003].

[538] Möller, Hans-Jürgen. Untersuchung psychiatrischer Patienten (S. 28 55), in: Möller, Hans-Jürgen/ Laux, Gerd/ Deister, Arno. Duale Reihe Psychiatrie, Psychosomatik und Psychotherapie. Stuttgart 2013, S. 36.

Subjekt entwickelt.[539] Hiermit sind Hilfestellungen bei der Verarbeitung der traumatischen Reaktionen bzw. des traumatischen Prozesses von außen gemeint, z. B. soziale Beziehungen mit Personen oder Psychotherapie.[540] Dieser Aspekt sollte bei der Betrachtung bzgl. des pädagogischen Umgangs mit Traumata (vgl. Kapitel 4) im Hinterkopf behalten werden.

3.6) Die Bedeutung des Entwicklungsstandes: Trauma-Vulnerabilität vor dem Hintergrund von Entwicklungsstufe und Entwicklungsaufgaben

Wie bereits angedeutet, hängt die Tatsache, ob ein bestimmtes Ereignis als traumatisch empfunden wird und wenn ja, mit welcher Intensität dies auf das Kind oder den Jugendlichen einwirkt, neben den bereits genannten Faktoren auch stark von dem Entwicklungsstand der/ des Heranwachsenden ab und das sowohl auf kognitiver und emotionaler, als auch sozialer Ebene. Somit kann für die Betroffenen zu einem bestimmten Zeitpunkt, in dem sie dann mit bestimmten Entwicklungsaufgaben konfrontiert sind, eine größere Vulnerabilität für bestimmte Arten von Traumatisierungen existieren.[541] Gerade für die klinische Praxis weisen Peter Riedesser u. a.[542] auf die Bedeutsamkeit dieser Frage hin und empfehlen, ein besonderes Augenmerk auf die individuellen Entwicklungsprobleme (vor und nach einer Traumatisierung) im Kontext der aktuellen Entwicklungsaufgabe zu richten – eine von der Forschung bisher eher vernachlässigte Frage.[543] Nachdem bereits die Grundlagen für die jeweiligen Entwicklungsaufgaben und –abläufe in Kapitel 2.3 aufgezeigt wurden, möchte ich diese nun hypothesenartig in einen Zusammenhang mit Traumata stellen. Während hier die

---

[539] Vgl. Fischer/ Riedesser 2009, S. 160.

[540] Vgl. Zentner, Katarzyna. Mensch im Dunkel. Eine qualitative Fallstudie zu osteuropäischen Opfern von Frauenhandel. Peter Lang: Frankfurt am Main 2009, S. 83. Für eine graphische Darstellung all der genannten Faktoren und deren Zusammenspiel vgl. *Abb. 17) Transaktionales Traumabewältigungsmodell* im Anhang, S. 271.

[541] Vgl. Steil, Regina/ Rosner, Rita. Posttraumatische Belastungsstörung. Göttingen 2009, S. 22. Vgl. hierzu Bürgin 1999. Vgl. *Abb. 18) Trauma und Entwicklung* im Anhang, S. 272.

[542] Vgl. Riedesser, Peter/ Schulte-Markwort, Michael/ Walter, Joachim. Entwicklungspsychologische und psychodynamische Aspekte psychischer Traumatisierung von Kindern und Jugendlichen (S. 9-24), in: Koch-Kneidl, Lisa/ Wiesse, Jörg (Hrsg.). Entwicklung nach früher Traumatisierung. Göttingen 2003 , S. 12f.

[543] „Was für ein Kleinkind traumatisierend sein kann, zum Beispiel eine abrupte, längerfristige Trennung von den zentralen Bezugspersonen, ist für einen Adoleszenten zu bewältigen; was für einen Jugendlichen traumatisierend sein kann, zum Beispiel Zeuge eines Massakers zu werden, ist für einen Säugling nicht belastend, sondern fällt mangels kognitiver Wahrnehmungsmöglichkeiten ins ‚affektive Nichts', sofern die engsten Bezugspersonen psychisch kompensiert bleiben und dem Kind, das auf positives ‚social referencing' angewiesen ist, keine lang dauernde Depression oder Panikzustände vermitteln. Zu berücksichtigen sind auch vorhergehende traumatische Erfahrungen, die Sollbruchstellen für spätere Zusammenbrüche bilden können [...]" (ebd., S. 12).

Erörterung eher danach fragt, welche Traumata tendenziell als entwicklungsstufenty-pisch gelten könnten, wird derselbe Zusammenhang in Kap. 3.7.2) unter der Fragestel-lung betrachtet, wie sich das Trauma auf die Entwicklung des Individuums auf der jeweiligen Stufe auswirkt. Bzgl. der möglichen Traumatisierungen je nach Entwick-lungsstand liefert die Literatur nicht für jede Entwicklungsphase separate Beispiele, weswegen hier die relevanten herausgegriffen wurden.

Torsten Liem u. a. sehen eine immer häufigere Ursache für ein Trauma bereits bei der *Konzeption* selbst gelegen. Zwar ist eine Vergewaltigung der Mutter in ihren Augen recht selten, doch es nimmt hingegen die Zahl der Kinder zu, die mittels IVF (In-Vitro-Fertilisation) bzw. ICSI (Intrazytoplasmatische Spermieninjektion) gezeugt wurden. Hierbei könnten es dann die Anzahl der durchgeführten Versuche und die Hormonme-dikamentiondosis der Mutter sein, die für eine Traumatisierung entscheidend sind. Das Stressniveau der Mutter, ihr hormoneller Stresszustand (Adrenalin) ob des Gelingens sowie der artifizielle Spiegel an Sexualhormonen sind bereit nach wenigen Tagen sozusagen die Nährbasis für das heranwachsende Kind. Bei diesem Vorgang gibt es verschiedene Faktoren, die bereits auf das Ursprungsgewebe einwirken und das sich in der Entwicklung befindende Gewebe begleiten. So z. B. das Einwirken von starker Kälte auf das Befruchtungsmaterial, die Applikation des Spermiums in einer willkürli-chen, beliebigen Achse, die künstliche Umgebung für die sich bereits teilenden befruch-teten Eizellen und schließlich die Sprengung der Hülle vor der Implantation.[544]

Wie dargestellt wurde (vgl. Kapitel 2.3.1), steht der Fetus intrauterin in ständigem Kontakt zur Außenwelt. Direkt nach der Einnistung findet andauernd, auch bereits auf zellulärer Ebene, eine Interaktion statt, zunächst über die Ernährung durch den direkten Zellkontakt, später dann durch die Nabelschnur. Somit ist eine kontinuierliche Ernäh-rung die Basis für die Entwicklung eines gesunden Kindes. Wenn z. B. durch Scho-ckerlebnisse der Mutter selbst (z. B. bei Verlust eines Familienmitgliedes), durch Krankheiten oder durch einen selbst erlittenen Unfall eine Minderdurchblutung der Nabelschnur verursacht wird, kann dies traumatisieren. Auch länger andauernde Qualitätsänderungen des versorgenden Blutes kann Stress verursachen; dies kann z. B. in Form von einem erhöhten Stresshormonspiegel bei Befürchtungen eines Fruchtver-lustes (frühere Totgeburt, Abort) geschehen. Aber auch überlebte Abtreibungsversuche haben einen traumatisierenden Einfluss – sowohl aktiv bzw. direkt, als auch durch die hiermit einhergehende Interaktionsstörung mit der Mutter. Auch medizinische Untersu-

---

[544] Vgl. Liem, Torsten u. a. Osteopathische Behandlung von Kindern. Stuttgart 2012, S. 195.

chungen (wie Ultraschall[545] oder Amniozentese[546]) können potentielle Stressoren für das Kind sein,[547] ebenso wie die biologische Mangelversorgung im Uterus, eine drohende Fehlgeburt, Stress und eine psychische Ausnahmesituationen der Mutter, aber auch medizinische Eingriffe. Besonders einschneidend für das Bindungsschicksal eines Kindes kann auch eine nicht lebensfähige Zwillingsanlage in der Frühschwangerschaft sein. Als gravierend müssen aber auch die feindseligen Handlungen gegen das ungeborene Kind eingestuft werden, z. B. Gewalt gegen Mutter und Kind oder eben Abtreibungsversuche.[548] Neben Geschlagenwerden kann auch eine Angst vor Elternschaft, die Ablehnung des Kindes sowie Streit und Kummer der Eltern bzw. der Familie dramatisierend wirken. Auch Stress bei der Arbeit, Verlassenwerden, Depressionen oder Krankenhausaufenthalte können mögliche Traumata in der Schwangerschaft darstellen.[549]

Auch die *Geburt* selbst stellt eine potentiell traumatische Situation dar und kann einerseits objektiv durch medizinische Komplikationen traumatisch verlaufen oder subjektiv als persönliches Erlebnis als traumatisch empfunden werden.[550] Ohnehin in einem Aktivierungszustand und Stresshormonausschüttung befindlich, ist der Säugling hier veränderten Bedingungen ausgesetzt, die oft von potentiellen Stressfaktoren begleitet werden wie grellem Licht, Lärm, grobe Berührungen, frühe Trennungen von der Mutter, waschen (wieder eine neue Körperempfindung) oder schnelles Durchtrennen der Nabelschnur. Auch komplizierte Geburten[551] können einen zusätzlichen Stress darstellen. Durch solche geburtsbedingten Stresssituationen kann das Neugeborene in einen Schockzustand geraten, der zu einem Trauma werden kann, wenn es nach der

---

[545] „Ultraschalluntersuchungen gelten als unbedenklich, wobei eine geringe Dauer und seltene Frequenz entscheidend sind. Immer wieder entfernen sich die Kinder willentlich von der Schallquelle, was man auf den ausgeübten Druck zurückführte. Heute weiß man aber, dass Ultraschall von den Feten als Lärm empfunden wird und Lärmbelastung durch eine nicht erfassbare Quelle, der man nicht ausweichen kann, für den Fetus eine Stresssituation ist" (ebd.).

[546] Durch den Eingriff selbst, weil die Integrität des im Fruchtwasser geschützt treibenden und von seinen Häuten umhüllten Embryos gestört wird und eine Verletzung der Grenzen dort stattfindet. Doch abgesehen davon ist die Amniozentese für die meisten Mütter auch eine Stresssituation, da diese Untersuchung häufig über Leben und Tod des Kindes entscheidet und die werdende Mutter zu einer Entscheidung zwingen kann bzw. diese Frage zumindest aufwirft. Die unentschlossene Haltung ist dann Teil der Mutter-Kind-Interaktion (vgl. ebd.).

[547] Vgl. Liem u. a. 2012, S. 195f.

[548] Vgl. Hochauf, Renate. Zur Spezifik pränataler Traumatisierungen und deren Bearbeitung in der Therapie erwachsener Patienten (pp. 269-282), in: Int. J. Prenatal and Perinatal Psychology and Medicine Vol. 20, No. ¾, 2008, S. 271ff.

[549] Vgl. Ploog, Darius. Kinder, Miasmen, Traumata. Norderstedt 2012, S. 93.

[550] Vgl. ebd.

[551] „Eine Vakuumextraktion kann Effekte ähnlich einem Schleudertrauma haben, da durch zwei sehr rasch aufeinander folgende, aber in entgegengesetzte Richtungen wirkende Kräfte de Adaptationsmöglichkeiten überfordert werden. Bei einer sectio caesarea ist der Übergang von der einen zur anderen Welt zu abrupt und die vaginale Kompression fehlt dem Kind. Jede Geburt, bei der das Überleben des Kindes gefährdet ist, ist eine Schocksituation für das Kind, wie protrahierte Geburtsverläufe mit Herzfrequenzabfällen oder einer Notsektio" (Liem u. a. 2012, S. 196).

Geburt nicht zu einer adäquaten Erholung und Verarbeitung kommt.[552] Weitere mögliche Traumata während der Geburt sind: Künstliche Einleitung der Geburt, Verzögerungen in der Austreibungsphase (z. B. bei einem zu engen Geburtskanal oder Wehenschwäche), Frühgeburt sowie Übertragung durch die Mutter (Untersuchungsstress, Ängste). Auch mangelnde Sauerstoffversorgung, eine Nabelschnurstrangulation, die Aspiration von Fruchtwasser, Kopfverletzungen durch Presswehen oder eine Zangen- oder Saugglockengeburt können potentiell traumatisch sein, ebenso wie Alleingelassenwerden im Krankenhaus, Trennungen von der Mutter, Kaiserschnitt, Operationserfahrung, Krankenhausaufenthalte, Behandlungen und Untersuchungen.[553]

Im *ersten Lebensjahr* entwickelt sich das Kind schnell und beginnt, eine Eigenständigkeit zu erlangen. Dennoch sind die Neugeborenen, bedingt durch ihre noch eingeschränkte Motorik, zahlreichen Situationen ausgeliefert und somit abhängig von außen. Sie können sich zwar bemerkbar machen, aber die Kommunikation ist noch sehr rudimentär. In dieser Prägungsphase ist das Neugeborene relativ anfällig für Traumatisierungen und es kann v. a. D. zu Bindungsstörungen kommen. Es ist die Zeit, in der sich das Vertrauen des Kindes entfaltet, dass seine Grundbedürfnisse erfüllt und seine Grenzen gewahrt werden.[554] Wenn man sich noch einmal die Entwicklung über die Kindheit und Jugend vor Augen ruft (vgl. Kapitel 2.3) und diese im Kontext Trauma betrachtet, wird deutlich, dass in den ersten eineinhalb bis zwei Jahren eine Trennung von der Mutter, Mangel an Nahrung, Wärme, ausreichende Ruhe, Regelmäßigkeit der Lebensabläufe oder Reizüberflutung zu einer potentiell existentielle Bedrohung für das Kind werden können. Indem es die verbalen, körperlichen und mimischen Reaktionen der Mutter wahrnimmt, erhält das Kind eine Fähigkeit zur Mentalisierung und erhält hierdurch die Voraussetzung zur sozialen Kompetenz. Nach und nach hat sich ein Bindungstyp etabliert, weswegen traumatische Erfahrungen in diesem Alter immer auch und in einem besonderen Maß Beziehungstraumata sind, denn unabhängig davon, was exakt vorgefallen ist, konnten die primären Bezugspersonen das Geschehene nicht verhindern und mussten das Kind einer Gefahr schutzlos preisgegeben.[555] Traumatische Einflüsse gehen daher in dieser Phase mittel- oder unmittelbar von der Bezugsperson aus. Gerade durch eine Vernachlässigung oder Misshandlung erfährt das Kind eine kumulative und/ oder multiple Traumatisierung, die mit der Zeit zu einer vulnerablen

---

[552] Vgl. ebd.
[553] Vgl. Ploog 2012, S. 94.
[554] Vgl. ebd., S. 96.
[555] „Das Verständnis vom sogenannten desintegrierten Bindungstyp legt (chronische) potenzielle traumatische Beziehungserfahrungen ursächlich für die sichtbare Form der Beziehungsgestaltung dieser Kinder und späteren Erwachsenen nahe" (Krüger/ Reddemann 2007, S. 39)

Disposition mit posttraumatischen Symptomatiken führen kann. Grund hierfür ist, dass das nächste Umfeld bzw. die Bezugsperson eben nicht ausgleichend bzw. komplementär, sondern eben immer wieder neu traumatisierend auf das Kind einwirkt. Aus diesem Grund gelten in der gesamten Neugeborenenzeit auch Trennungen, Streits und familiäre Spannungen, Schreiengelassenwerden, Sichabwenden, Missachtung und Missverstehen der kindlichen Signale ebenso traumatisierend wie Anschreien, Schläge und Einsperren, Schütteltrauma, Liebesentzug/ Misshandlungen, auf Nahrung warten, aufdringliche Verwandte und wechselnde Bezugspersonen. Auch, wenn die Mutter die Geburt als traumatisch erlebt hat oder bei ihr eine postnatale Depression vorliegt, wenn das Kind plötzlich abgestillt wird, der Kummer der Eltern übernommen wird (Erbtrauma) oder es zu Unfällen kommt (Sturz von der Wickelkommode oder dem Kinderwagen), besteht die Gefahr einer Traumatisierung.[556]

In der *Kindergartenzeit* setzten oft neue Probleme ein, da die Kinder ein Stück weit aus dem Schutz der Familie entlassen werden und lernen müssen, sich selbst durchzusetzen, sei es mit gleichaltrigen Kindern, Erziehern oder neuen Bezugspersonen, aber auch auf Krankheitsebene, die oft traumatischen Ursprung haben. Für Kindergartenkinder werden als mögliche Traumata Trennungskummer, eine zu frühe Schnuller- und/ oder Windelentwöhnung, die Geburt eines Geschwisterkindes, außerdem das Alleingelassenwerden (Krankenhaus, Vernachlässigung, Verlorengehen) und Situationen wie Fast-Ertrinken, Fast-Ersticken oder Eingeklemmtsein genannt. Weitere externe Einflüsse können Stromschläge, Hundebisse oder Insektenstiche sein.[557]

In den darauffolgenden *Schuljahren* werden die Kinder dann immer selbstständiger und erforschen die Welt auf eigene Faust, lösen sich Stück für Stück von ihren Eltern, entwickeln ihren eigenen Standpunkt und lernen, sich in Gruppen zu erleben und zu behaupten. Es ist auch eine Zeit, in der die Eltern nicht mehr durchgängig den Kindern Schutz bieten können. Potentiell traumatisierend können in dieser Phase Situationen wie Bestrafung, Ungerechtigkeiten, körperliche und seelische Misshandlungen sein. Doch auch die Übernahme früher Verantwortung kann hier eine Rolle spielen, ebenso wie ärztliche Untersuchungen oder Impfungen. Sexueller oder psychischer Missbrauch, häusliche Gewalt, Krankenhausaufenthalte, Mobbing, Erniedrigung und Beschimpfung gelten als weitere potentiell traumatische Situationen in dieser Phase.[558]

---

[556] Vgl. Ploog 2012, S. 96.
[557] Vgl. ebd., S. 96f.
[558] Vgl. ebd., S. 97.

Die *Pubertät* ist eine Zeit der heftigen Umbrüche. Hormone verändern sich, die Gehirnstrukturen ebenfalls und der gesamte Mensch ist im Wandel und ist zwischen Kindsein
und Erwachsensein hin- und hergerissen und löst sich zusehends von seinem Elternhaus. Er muss seinen Platz in der Gesellschaft finden, gegen Normen rebellieren und
einen eigenen Lebensweg finden, der für ihn gangbar ist.[559] In dieser Phase ist es
nochmal schwieriger, von potentiellen Traumata zu sprechen, da die Thematiken der
Entwicklungsaufgaben sehr breit gestreut sind.[560] Die meisten Adoleszenten mit
traumatischen Erfahrungen, die in jugendpsychiatrischen Einrichtungen sind, waren
nicht Opfer von schweren sexuellen oder gewalttätigen Übergriffen oder externen
Katastrophen, sondern haben sequentielle kumulative Traumata vor der Adoleszenz
erlebt. Aus diesem Grund müsste man klassifikatorisch hier also eher von sogenannten
Anpassungs- bzw. entsprechenden Persönlichkeitsstörungen sprechen.[561]

Die traumatisierenden Erfahrungen in der Kindheit beeinflussen in besonderer Weise
die Bewältigung der Entwicklungsaufgaben der Adoleszenz: Neue Bindungen sowie die
Ablösung von den Eltern stehen im Zusammenhang mit strukturellen Umgestaltungen
und einer Neuorganisation der Ich-Funktionen. V. a. D. die durch die genitale Reifung
bedingte Neubewertung von Sexualität, Liebe und Erotik hat bei sexuellen und körperlichen Traumatisierungen zur Folge, dass Traumata der Kindheit neu bewertet werden.
Die Bewältigung des Traumas erfährt in dieser Phase somit oft eine besondere Dynami-
sierung.[562] Darius Ploog hat dennoch potentielle Traumafaktoren für dieses Lebensalter
zusammengefasst: Gewalt, Schläge, körperliche Übergriffe, Vernachlässigung, Drohungen sowie Dominanz (Eltern, Lehrer). Auch das Miterleben von Übergriffen und wenn
die Jugendlichen als Partnerersatz für die Eltern fungieren, sexuelle Übergriffe und
Missbrauch sowie Schwangerschaftsabbrüche können traumatisierend sein. Doch auch
Beschämung, Abwertung, Ablehnung und Mobbing (in Form von Beleidigungen, Bilder
und Filme ins Internet setzen oder Gerüchte und Lästereien durch soziale Netzwerke in
die Welt setzen, was deutlich macht, dass selbst zu Hause die Jugendlichen nicht mehr

---

[559] Vgl. ebd., S. 98.
[560] Vgl. Killinger, Jörn/ Hagl, Elisabeth. Das traumatische Erlebnis im Kontext von Entwicklung - Die
Auseinandersetzung mit der Verarbeitung eines traumatischen Erlebnisses unter besonderer Berücksichtigung der Wechselwirkung zwischen Psychotrauma und Entwicklung im Kinder und Jugendalter.
München 2005, S. 26f.
[561] Vgl. Bürgin 1999, S. 128.
[562] Vgl. Hopf, Hans. Wann findet ein Trauma im Kindesalter statt? (o. J.). URL: http://www.hans-
hopf.de/opencms/export/sites/default/files/Trauma-gesamt.pdf (Stand: 10.07.2013), S. 3f. Darius Ploog
hebt hervor, dass zu allen Zeiten zusätzlich folgende Traumata entstehen können: Tod in der Familie
(auch Tiere); Kummer; Umzug, Verlust von Freunden, Gruppen; Trennung der Eltern; Unfälle; schwere
Erkrankungen der Eltern; eigene schwere Erkrankungen des Kindes (z. B. Tumor) (vgl. Ploog 2012, S.
99).

geschützt sind) können belastend sein, wie eine enttäuschte, unerwiderte Liebe bzw. die Trennung von der ersten Liebe sowie die Kritik am eigenen Körper.[563]

3.7) Trauma in Kindheit und Jugend und die Folgen

„Ein Krieg wird niemals zu Ende sein, solange noch eine Wunde blutet, die er geschlagen hat."[564]

An dieser Stelle möchte ich auf entwicklungspsychologische Auswirkungen von Traumata in Kindheit und Jugend eingehen. Obwohl oftmals „allgemeine", d. h. für scheinbar sämtliche Altersklassen geltende Auswirkungen von verschiedenen Traumata aufgezeigt werden, habe ich mich dazu entschlossen, auch in diesem Kapitel wieder speziell die Bedeutung des Entwicklungsstandes hervorzuheben, denn auch hier bleibt der Fakt, dass die Reaktionen der Kinder auf diese Traumata v. a. D. alters- und nicht traumaspezifisch sind.[565] Es ist immer wichtig, die traumatischen Belastungen in der frühen Entwicklung sowie Beziehungstraumata in der Entwicklung mit den spezifischen Folgeerscheinungen und die chronisch pathologischen Entwicklungsbedingungen im Blick zu haben.[566] Allgemeine Beschreibungen über die Formen und Auswirkungen von Traumatisierungen ermöglichen zwar differenzierte phänomenologische Analysen, beziehen aber die spezifischen Situationen von Kindern und Jugendlichen in ihrer jeweiligen Entwicklungsstadium nur am Rande mit ein. Je nach Entwicklungsstand des Kindes können Entwicklungsaufgaben bei vorhandenen Traumatisierungen nicht oder nur einschränkend bewältigt werden, was in der Folge wieder zu weiteren, sekundären Beeinträchtigungen führen kann. Daher ist auch hier der kognitive, emotionale und soziale Entwicklungsstand der betroffenen Kinder und Jugendlichen bei der Einschätzung von Traumatisierungen und deren Folgen mit zu berücksichtigen.[567]

3.7.1) Entwicklungspsychologische Aspekte von Traumaerleben und Traumaverarbeitung

Bei den zu beobachtenden Reaktionen bzw. der Symptomatik von traumatisierten Kindern und Jugendlichen muss sich vor Augen gehalten werden, dass es sich hierbei in der Regel nicht um sinnlose, unverständliche Symptome handelt, sondern sie einen

---

[563] Vgl. ebd., S. 98.
[564] Heinrich Böll, in: Romer, Georg. Psychische Traumatisierungen im Kindesalter. Vorlesung Klinik für Kinder- und Jugendpsychiatrie und Psychotherapie. 2008.
[565] Vgl. Weiß. Philipp sucht sein Ich. 2013, S. 48.
[566] Vgl. Streeck-Fischer 2006, S. 3
[567] Vgl. ebd., S. 2ff.; vgl. Riedesser/ Schulte-Markwort/ Walter 2003 , S. 12f.

psychobiologisch sinnvollen Selbsthilfeversuch darstellen. Es stellt somit psychische Schwerstarbeit für die traumatisierten Heranwachsenden dar, um aus den pathogenen Konstellationen einigermaßen heil herauszukommen.[568] Dass Kinder, v. a. D. Säuglinge und Kleinkinder, generell Anzeichen zeigen, die sich von Erwachsenen unterscheiden, hängt u. a. damit zusammen, wie weit das Urteilsvermögen, die Wahrnehmungsfähigkeit und die Persönlichkeit eines Kindes entwickelt sind, wie abhängig es von seinen Bezugspersonen und wie anhänglich es ist. Auch seine eingeschränkten motorischen und sprachlichen Fähigkeiten erlauben es ihm nur begrenzt, auf eine Situation zu reagieren und mit ihr zurechtzukommen. Erwachsene haben neben ihrem bereits voll entwickelten Gehirn auch die Freiheit und Möglichkeit, sich Zugang zu Ressourcen zu verschaffen, die Stress und Angst reduzieren. Kinder hingegen sind auf Erwachsene angewiesen, die ihre Bedürfnisse nach Sicherheit, Unterstützung, Nahrung, Selbstregulierung und Beruhigung erkennen und ihnen nachkommen. Oft ist es auch der Fall, dass Kinder, wenn sie um Hilfe rufen wollen, sich nicht „nach außen entladen", sondern es oft „nach innen" tun und Erwachsenen auf subtilere Weise mitteilen, dass etwas nicht stimmt.[569] Eine weitere existierende Unfähigkeit von Kindern, bedingt durch die noch nicht entwickelnden kognitiven Fähigkeiten, ist, angemessen beurteilen zu können, wer die Verantwortung für ein soziales Geschehen trägt; kleine Kinder sind bspw. dem magischen Denken verhaftet, in dem sie jedes Geschehen auf sich selbst zurückführen – Diese Fehleinschätzungen können dann unter Umständen bis ins Erwachsenenalter reichen.[570] Wie bereits angedeutet, kann die Erkenntnis der Kinder und Jugendlichen, dass sie sich auf ihre Bezugspersonen nicht verlassen können, zu Gefühlen der Leere, der Vereinsamung, der Mangelhaftigkeit etc. führen.[571] Sie machen die Erfahrung, aus ihren sozialen Bezügen hinausgeworfen zu werden und verlieren das Vertrauen in die Struktur familialer und sozialer Ordnungen.[572]

---

[568] Solche „tragischen Konstellationen" sind von der Säuglingszeit bis zur Adoleszenz zu beobachten (vgl. Riedesser. Entwicklungspsychopathologie. 2003, S. 168).

[569] Vgl. Levine/ Kline 2013, 61.

[570] „Viele traumatisierte Menschen, insbesondere diejenigen, die schon als Kinder traumatisiert wurden, leiden unter der fest verinnerlichten Überzeugung, dass sie für die ihnen angetane Misshandlung und für die daraus folgenden Probleme, die außerhalb ihres Einflussbereichs liegen, verantwortlich sind" [van der Kolk, Bessel A. Zur Psychologie und Psychobiologie von Kindheitstraumata (Development Trauma) (S. 32-56), in: Streeck-Fischer. Adoleszenz und Trauma 1999, S. 46].

[571] Wird ein Trauma durch eine dem Kind nahestehende Bezugsperson zugefügt, ist es ein „man made disaster". Konsequenz hieraus ist, dass es im Umfeld des Kindes meist keine stützenden und hilfreichen Beziehungen mehr gibt, auf die es zurückgreifen könnte (vgl. Streeck-Fischer 2006, S. 2).

[572] Vgl. Streeck-Fischer, Annette. Adoleszenz – Delinquenz, Drogenmissbrauch (S. 168-187), in: Möller, Christoph (Hrsg.). Drogenmissbrauch im Jugendalter. Ursachen und Auswirkungen. Göttingen 2009, S. 177f.

Insgesamt haben traumatische Erfahrungen im Kindes- und Jugendalter in unvergleichlich stärkerem Maße als bei Erwachsenen Auswirkungen auf die gesamte Persönlichkeitsentwicklung. Sie beeinflussen das Gefühl persönlicher Sicherheit und Integrität, die Beziehungsmuster sowie die Erwartungen an die Umwelt und prägen die sich noch im Aufbau befindende Entwicklung des betroffenen Kindes in emotionaler, intellektueller, verhaltensbezogener und biologisch-somatischer Hinsicht.[573] Das vergangene Leid manifestiert sich im Selbstbild, dem Erleben und Verhalten der Heranwachsenden und erhöht das Risiko für körperliche Erkrankungen[574]. Entwicklungspsychologische Auswirkungen sind nach Wilma Weiß z. B. Auswirkungen auf die Identitätsbildung, also den Selbstwert, die Selbstwirksamkeit, die Selbstwahrnehmung sowie die Selbstregulation. Auch das Körperschema, also die Wahrnehmung des Körperäußeren, der Körpergrenzen sowie des Körperinneren kann betroffen sein. Neben einer beeinträchtigten Bindungsfähigkeit und der Ausbildung von traumabezogenen Erwartungen kann auch die moralische Entwicklung leiden, indem z. B. verwirrte kognitive Normen über Generation, Sexualität und Geschlechterrollen entstehen oder eine potenzierte Übernahme von Geschlechtsrollen vonstattengeht. Auch generelle beeinträchtigte Entwicklungskompetenzen können die Konsequenz sein, in Form dessen, dass Schwierigkeiten im Vollenden von Entwicklungsübergängen bzw. im Entwickeln von sozialen und anderen Fertigkeiten vorliegen. Im Zusammenhang mit Traumata können sich auch traumaspezifische Erinnerungen ausbilden, wie Rückblenden oder Albträume oder traumatische Übertragungen.[575]

3.7.1.1) Entwicklungspsychologische Reaktionen der Traumaverarbeitung

Kinder und Jugendliche zeigen oft verschiedene Reaktionen, um sich zu schützen und das Trauma zu verarbeiten:

- *Vermeidungssymptome, Amnesie und Dissoziation*: Vermeidungssymptome und emotionales Abstumpfen dienen dem Selbstschutz. Vermieden wird, sich an Gedanken oder Gefühle zu erinnern, die mit dem Trauma einhergehen. Es handelt sich um kindertypische Formen von Dissoziation, bspw. Trance oder Phantasiegefährten, die jedoch Teil jeder Entwicklung sein können. Gerade, wenn sie das Gefühl des inneren

---

[573] Vgl. Siol, Torsten/ Flatten, Guido/ Wöller, Wolfgang. Epidemiologie und Komorbidität der Posttraumatischen Belastungsstörung (S. 51-69), in: Flatten, Guido u. a. (Hrsg.). Posttraumatische Belastungsstörung. Stuttgart 2004, S. 63.
[574] So können neuroendokrine Störungen, v. a. D. der Schilddrüsenfunktion, die Folge sein; auch Krankheiten des Herzens, Diabetes und Osteoporose aufgrund endokriner Anpassungsprozesse können bestehen (vgl. Weiß. Philipp sucht sein Ich. 2013, S. 61).
[575] Vgl. ebd., S. 48f.

Zusammenhalts verloren haben, sind sie gezwungen, sich durch dissoziieren vor zu vielen Emotionen und Körperwahrnehmungen zu schützen. Hierdurch erschaffen sie sich eine innere Wirklichkeit, in der sie trotz anhaltender Traumatisierung emotional überleben können.[576]

- *Flashbacks:* Hierbei handelt es sich um einen psychischen Zustand, in dem Gedächtnisinhalte aus einer vergangenen Stresssituation Macht über das Erleben und Verhalten in der Gegenwart bekommen und nicht abweisbar sind.[577] Dies bedeutet, dass Bilder, Stimmen, Gerüche, Geschmacks- und Körperempfindungen von damals wieder Gegenwart sind und Überzeugungen über sich, andere Menschen und die Welt von damals wieder gelten. Sowohl die gleichen Gefühle sind wieder spürbar, als auch die gleichen Verhaltensmuster werden wieder aktiviert und/ oder eine körperliche Stressreaktion wird ausgelöst, die den körperlichen Veränderungen in der vergangenen Stresssituation gleicht.[578]

- *Reinszenierung*: Die Betroffenen entwickeln Verhaltensweisen, mit denen sie in der traumatisierenden Umwelt überleben können. Reinszenierungen können sich auf verschiedene Art und Weise zeigen, z. B. fortwährende Provokation, Aggressivität etc. und dienen dazu, das Erlebte darzustellen; sie beinhalten die Hoffnung auf eine gute Wendung.[579]

- *Posttraumatisches Spiel*: V. a. D. bei kleinen Kindern zeigt sich Wiedererleben oder Erinnern oft im Spiel oder im Verhalten, v. a. D. wenn die Sprachentwicklung noch nicht abgeschlossen ist.[580] Posttraumatisches Spiel ist eines der auffälligsten Anzeichen einer Traumatisierung und durch unproduktive Wiederholung gekennzeichnet.[581]

- *Vegetative Übererregung*: Dies tritt vor allem in Momenten des Wiedererinnerns auf und zeigt sich in Schlafstörungen, Irritierbarkeit, Wutausbrüchen, Konzentrationsstö-

---

[576] Vgl. Lennertz 2011, S. 122.
[577] Begründet liegt dies oft darin, dass Traumata im sogenannten Körpergedächtnis gespeichert sind: Kinder, die chronisch traumatisiert sind und keine sie unterstützende Bindungsperson haben, können die Erinnerungen nicht integrieren, zumal sie noch keine ausreichenden Selbstschutzmöglichkeiten haben. Die traumatischen Ereignisse setzen sich schließlich in Fragmenten in der Seele, dem Körpergedächtnis, fest und führen ein Eigenleben. Als Körpergedächtnis können außerhalb des Bewusstseins vom Menschen abgespaltene Geschichten, das von Menschen unabhängige Bild, Geräusche, Gerüche, das Körpergefühl und Emotionen fungieren (vgl. hierzu Weiß. Philipp sucht sein Ich. 2013, S. 61ff.).
[578] Vgl. ebd., 63f.
[579] Vgl. ebd., S. 65.
[580] Scheeringa, Michael S./ Zeanah, Charcles H./ Drell, Martin. J./ Larrieu, Julie. A. Two approaches to the diagnosis of posttraumatic stress disorder in infancy and early childhood (pp. 191-200), in: Journal of the American Academy of Child and Adolescent Psychiatry, 34(2). 1995, z. n. Lennertz 2011, S. 121.
[581] Vgl. Lennertz 2011, S. 121.

rungen, Hypervigilanz (Überwachheit), motorischer Hyperaktivität und erhöhter Schreckhaftigkeit.[582]

- *Traumaspezifische Ängste*: Viele Kinder behalten diese Ängste bis ins Erwachsenenalter. Während neurotisch oder phobisch ängstliche Kinder z.b. Angst vor *allen* Hunden haben, wird ein von einem Hund gebissenes Kind nur vor dieser einen Hunderasse Angst entwickeln. In beiden Fällen lässt sich, im Vergleich zu Ängsten, die nicht auf ein Trauma zurückzuführen sind, eine inhaltliche Verbindung zum ursprünglichen traumatischen Erlebnis ziehen.[583] Hierüber hinaus zeigen traumatisierte Kinder oft allgemeine Angst gegenüber Dunkelheit, vor Fremden oder vor dem Alleinsein.[584]

- *Veränderte Einstellung zu anderen Menschen, zum Leben und zur Zukunft*: Traumatisierte Kinder und Jugendliche haben oft die Vorstellung, dass weitere traumatische Erlebnisse stattfinden werden. Dies verändert die Einstellung zu anderen Menschen und zur persönlichen Zukunft, sodass sie z. B. das Gefühl haben, nur von einem Tag auf den anderen planen zu können; sie sind nicht in der Lage, sich längerfristig ihre Zukunft vorstellen zu können. Wurde das Trauma von einer anderen Person verursacht, so führt dies oft zu einem extrem misstrauischen Verhalten gegenüber anderen Menschen[585] und oft zu Bindungsstörungen.[586]

3.7.2) Symptome und Auswirkungen von Traumata in Kindheit und Jugend

„Ich glaube, dass der Kern jeder Traumatisierung in extremer Einsamkeit besteht. Im äußersten Verlassensein. Damit ist sie häufig, bei Gewalttrauma immer, auch eine Traumatisierung der Beziehungen und der Beziehungsfähigkeit. Eine liebevolle Beziehung, die in mancher Hinsicht einfach ‚sicher‘ ist, wird unerlässlich sein, um überhaupt von einem Trauma genesen zu können."[587]

Traumatische Ereignisse können zu unterschiedlichen Phasen bzw. Zeiten in der Entwicklung auch jeweils unterschiedliche Folgen und Auswirkungen haben:[588] So haben traumatische Überwältigungen in der frühesten Entwicklung andere Folgen als in

---

[582] Vgl. ebd., S. 122.

[583] Oder jedoch diese Rasse im Sinne eines traumakompensatorischen Schemas einbinden und z. B. als Beschützer wählen. In beiden Fällen lässt sich im Gegensatz zu nicht traumatisch bedingten Ängsten eine *inhaltliche* Verbindung zum ursprünglichen traumatischen Erlebnis herstellen (Lennertz 2011, S. 123).

[584] Solche Ängste gehören zwar durchaus auch zu den normalen Entwicklungsphasen, die jedes Kind durchläuft, auffällig ist jedoch, wenn diese über Jahre bestehen bleiben (vgl. ebd.).

[585] Vgl. ebd., S. 119ff.

[586] Vgl. Weiß. Philipp sucht sein Ich. 2013, S. 53ff.

[587] Onno van der Hart, in: Huber, Michaele. „Die Phobie vor dem Trauma überwinden". Ein Gespräch mit Onno van der Hart. Verfügbar unter: http://www.traumaundgewalt.de/seiten/ InterviewmitOnnovanderHart.htm (Stand: 18.08.2013).

[588] Für eine beispielhafte Übersicht vgl. *Abb. 19) Übersicht psychischer Folgen von Gewalterfahrungen in Abhängigkeit vom Alter des Kindes* im Anhang, S. 272.

späteren Lebensphasen. Wenn die frühe Pflegeperson z. B. in den ersten Lebensabschnitten eines Kindes abwesend ist, über einige Zeit nicht verfügbar oder sich nicht auf entsprechende Bedingungen des Kindes einstellen kann, so hat das unvergleichlich gravierendere Folgen als bei einem Erwachsenen, der für zwei Tage von seiner ihm wichtigsten Person verlassen wird. Daher bedarf es einer Koordinate zwischen Alter und Ausmaß der traumatisch belastenden Situation im Verhältnis zu den inneren und äußeren Bedingungen des Kindes, um erfahren zu können, was potentiell schon oder was noch nicht als Trauma angesehen werden könnte.[589]

An folgender Stelle möchte ich die Anzeichen und Symptome sowohl nach außen als auch nach innen gerichteter Gefühle und Verhaltensweisen beschreiben und erklären und hierbei die Beschreibung der Symptome nach ähnlichen Altersabschnitten wie bei Kapitel 2.3 zuordnen. Die sich entwickelnden Symptome bei den Heranwachsenden sind natürlich ebenso wenig objektiv festzulegen; die Einteilungen können sich hierbei somit überlappen und können, wie bereits aufgezeigt, abhängig von Alter, Reife, Geschlecht[590] und anderen individuellen Unterschieden variieren,[591] weswegen die Angaben eher als eine grobe Orientierung und nur im Kontext aller Situationsfaktoren zu verstehen sind.

Pränatal
Vorgeburtliche Traumata werden noch wenig in der Therapie thematisiert. Sie laufen oft „stumm" im therapeutischen Prozess mit, ohne dass deren Einfluss auf spätere Traumata und Konflikte reflektiert wird. Bei pränatalen Traumata ergibt sich eine solche Überlagerung von traumatischen Schemata häufig bereits mit dem Geburtserleben, da scheinbar Kinder, die eine intrauterine Extremgefährdung überleben, oft auch Geburtstraumatisierungen aufweisen. Grund hierfür scheint zu sein, dass es eine Art Verwechslung dieses Vorganges mit dem frühen traumatisierenden Ereignis gegeben hat.[592] Nicht anzuzweifeln ist, dass – wie bereits angesprochen – bereits pränatal überwältigende Ängste auf Seiten der Mutter (z. B. Schwangerschaftskomplikationen, soziale Bedrohungen, Verluste oder Gewalt) Auswirkungen auf die Entwicklung des Kindes haben können: Eine intrauterine emotionale Ablehnung sowie die hohe affektive Erregung der Mutter wird unmittelbar auf den Fetus übertragen. Konsequenz ist, dass diese Säuglinge nach der Geburt Irritabilität und Instabilität in ihren Selbstregulations-

---

[589] Vgl. Streeck-Fischer 2006, S. 105.
[590] Manche Untersuchungsergebnisse weisen auf Unterschiede zwischen Jungen und Mädchen hin, die an der jeweiligen relevanten Stelle aufgeführt werden sollen (vgl. Levine/ Kline 2013, S. 64).
[591] Vgl. obd.
[592] Vgl. Hochauf 2008, S. 274.

fähigkeiten zeigen, also eine verringerte Resistenz stressauslösenden Faktoren gegenüber aufzeigen.[593] Pränataler mütterlicher Stress z. B. scheint sich hierüber hinaus langfristig auf die Affektregulationsfähigkeit des intrauterin exponierten Kindes auszuwirken und die psychische Vulnerabilität zu erhöhen.[594] Es kann sogar passieren, dass sich beim pränatalen Stress-Syndrom weitreichende Folgen in der lebenslang veränderten Bereitschaft ergeben, auf Stress zu reagieren, und damit eine erhöhte Anfälligkeit für Krankheiten, die eine Verbindung mit stressauslösenden Faktoren haben, vorliegt. Auch können zahlreiche Symptome und Erkrankungen der Kindheit mit pränatalem Stress in Verbindung gebracht werden, da das Immunsystem durch die Reaktion auf Stressoren beeinträchtigt wird. Wesentlich ist auch, dass das von den Nebennieren produzierte Hormon Kortisol, wenn es als Antwort auf Stressoren vermehrt produziert wird, Wachstum und Zellteilung hemmt. Wenn die Mutter also z. B. eine starke emotionale stress-stimulierende Reaktion wie Angst oder Aufregung empfindet, so steigt der Kortisolspiegel in ihrem Blut an, um ihre Reserven für die „Flucht- oder Kampfreaktion" zu mobilisieren.[595] Das erhöhte Kortisol geht dann wiederum über die Plazenta auf das Kind über.[596] Wenn so etwas häufig geschieht, kann es beim Kind die sich entwickelnde Steuerung des Hypothalamus, des endokrinen Systems sowie vegetativen Nervensystems beeinflussen. Wenn die Stimulation durch Stress länger anhält, z. B. bei ständiger Angst und Unruhe in der Schwangerschaft, so kann sich die kindliche Gehirn-Hypothalamus-Hypophysen-Nebennierenachse permanent falsch einstellen. Somit besteht die Möglichkeit, dass eine Mutter, die ein kontinuierlich hohes Niveau an Nebennierenhormonen hat, ein Kind mit einer Neigung zu Hyperaktivität der Nebennieren bekommt. Dies könnte der Grund dafür sein, warum Säuglinge schreckhaft, unruhig und appetitlos sind, an Verdauungsstörungen leiden, schlecht schlafen und viel schreien.[597]

---

[593] Vgl. Brisch, Karl Heinz. Bindungsstörungen und Trauma. Grundlagen für eine gesunde Bindungsentwicklung (S. 105-135), in: Brisch/ Hellbrügge 2003, S. 115f.

[594] Vgl. Bindt, Carola/ Huber, Adam/ Hecher, Kurt. Vorgeburtliche Entwicklung (S. 89-117), in: Herpertz-Dahlmann/ Resch/ Schulte-Markwort/ Warnke 2008, S. 95.

[595] Aber auch körperlicher und ernährungsbedingter Stress können das Niveau der Nebennierenhormone in der Schwangerschaft erhöhen [(Möckel, Eva/ Mitha, Noori (Hrsg.). Handbuch der pädiatrischen Osteopathie. München 2009, S. 37].

[596] Hierbei tut die Plazenta ihr Bestes, um das ungeborene Kind zu schützen, indem sie mithilfe eines Enzyms das mütterliche Kortisol auf dem Weg durch die Plazenta inaktiviert. Eine kleine oder weniger gut funktionierende Plazenta kann hier dann von deutlichem Nachteil sein (vgl. ebd.).

[597] Da solch ein Kind von Anfang an eine erhöhte Reizempfindlichkeit hat, kann dies zusammen mit anderen Faktoren den Weg zu einer späteren Hyperaktivität oder einem Verhaltensproblem ebnen (vgl. ebd., S. 37f.).

Säuglinge und Kleinkinder

Kinder in diesem Alter haben noch nicht ausreichende Möglichkeiten, sich selbst zu schützen, wie ein älteres Kinder oder gar ein Erwachsener. Auch haben sie in diesem Lebensabschnitt nur begrenzte motorische und sprachliche Ausdrucksfähigkeiten (vgl. Punkt 2.3.3),[598] weswegen sie z. B. nicht die Möglichkeit haben, zu verbalisieren, was ihnen widerfahren ist; selbst wenige Zeit später, wenn dann ausreichende sprachliche Fähigkeiten verfügbar sind um in ganzen Sätzen zu sprechen, sind sie höchstwahrscheinlich nicht in der Lage, ihren Kummer in Worte zu fassen.[599] Daher zeigen sie oft durch ihre Art zu spielen oder ihre Schlafmuster, dass sie traumatisiert sind und klagen über körperliche Beschwerden wie Bauchschmerzen; auch kann es vorkommen, dass sie in ein früheres Entwicklungsstadium zurückfallen, in dem sie sich sicherer fühlen.[600] Wenn Babys und Kleinkinder von einer Situation überwältigt werden, äußern sie unter Umständen verzweifelte Stressreaktionen wie jammern, schwer atmen und fahrige Bewegungen und massiver psychomotorischer Unruhe, was darin begründet liegt, dass sehr frühe Traumatisierungen nicht psychisch repräsentiert sind, d. h. keine Erinnerungsspuren hinterlassen haben, da das explizite Gedächtnis noch nicht entwickelt ist (vgl. Kapitel 2.3 und Kapitel 3.7.3), sondern körpernah als innere Spannung oder Unruhe erlebt werden.[601] Anfängliches Schreien wird begleitet von vermehrter Schreckhaftigkeit sowie verminderter Beruhigbarkeit und es können Schlafstörungen und Fütterstörungen sowie eine generelle Gedeihstörung folgen.[602] Da es weder gehen noch sprechen kann, beschränkt sich die Auswahl seiner Möglichkeiten darauf, aufgeregt zu werden, auf Weinen und Protestieren. Bleiben seine Anstrengungen jedoch erfolglos und wenn es am Rande seiner Erschöpfung ist, so verschließt es sich, zieht sich zusammen und „tritt weg" (die kindliche Version von Dissoziation). Besonders Säuglinge haben kaum eine andere Möglichkeit, als körperlich gefühllos zu werden (einzufrieren).[603]

Für Säuglinge und kleinere Kinder gilt grundsätzlich, dass ihre Möglichkeit, den traumatischen Stress zu verarbeiten, sehr von dem Verarbeitungsvermögen der erwach-

---

[598] „Trifft ein Trauma das Kind in dieser Zeit, bevor die Fähigkeit zur Symbolisierung und zur Sprachfähigkeit ausgebildet ist, resultiert daraus eine diffuse Spannung mit primitiven Generalisierungen der sensomotorischen Schemata (Piaget) und ein reaktives Auslösen von Handlungsmustern wie Schreien, Strampeln, Abwenden. Das bedeutet, daß sehr frühe Traumatisierungen nicht psychisch repräsentiert sind, d. h. keine Erinnerungsspuren hinterlassen haben, sondern körpernah als innere Spannung oder Unruhe erlebt werden und den Patienten als getrieben und gefühlskalt wirken lassen" (Diepold 1997, S. 4).

[599] Vgl. Levine/ Kline, S. 2013, S. 65.

[600] Z. B. kann ein Kind, das früher vertrauensvoll bei der Babysitterin blieb, plötzlich ängstlich an seinen Eltern hängen, wenn sie sich zum Weggehen bereitmachen (vgl. ebd.).

[601] Vgl. Diepold 1997, S. 4.

[602] Vgl. Krüger 2007, S. 51.

[603] Vgl. Levine/ Kline 2013, S. 65.

senen Begleitpersonen abhängt:[604] Wie das frühe Selbstbewusstsein „im Glanz der Augen der Mutter" heranwächst, so ist auch die Verarbeitung von extremen Stress von der Verarbeitung durch die Bezugspersonen und deren Mimik abhängig. Wenn diese sich dann z. B. desorganisiert verhält, so löst dies auch im Kind entsprechende Reaktionsmuster aus. Es kann zu keiner Modulierung der Übererregungsreaktionen kommen, was zu einem Zusammenbruch von neurophysiologischen Regulationsmechanismen führt.[605] Wenn das Kind also einen leeren, glasigen Blick hat und der Ausdruck seines Gesichtes und seine Affekte verarmt sind, deutet das darauf hin, dass das Baby nicht mehr im Stande dazu ist, seine internen Signale zu bewältigen und es dringend einen Erwachsenen benötigt, der ihn tröstet und erleichtert.[606] Wenn diese Bindungsbeziehung ausbleibt, ungünstig verläuft oder einen traumatischen Charakter hat, so ist der Säugling nicht dazu fähig, seine internale Regulation, v. a. D. von Körperspannungen und Affekten, vollständig zu erlernen.[607]

Bei Kindern bis vier Jahren sind überdies deutliche Trennungsangstsymptome zu erkennen, d. h. sie zeigen ängstliches Bindungsverhalten und Angst gegenüber Fremden. Sie weisen regressive Symptome auf und klammern sich vermehrt an Erwachsene oder Geschwister, haben Angst, schlafen zu gehen, schon fast Panikzustände, oder bekommen Temperamentsausbrüche, wenn sie allein gelassen werden. Ebenfalls sehr häufig sind das Auftreten von generellen neuen Ängsten und sogar Depressionen, das Verweigern von Essen und auffälliges Verhalten wie Kopfschaukeln und Kopf an die Wand schlagen.[608] Auch der Verlust von bereits erworbenen Entwicklungsfähigkeiten bzw. Entwicklungsretardierungen bezogen auf kommunikative und soziale Fertigkeiten, Sprache, Motorik und Körperwachstum sowie Schlafstörungen, insbesondere Somnambulimus („Schlafwandeln"), Reden im Schlaf und Alpträume treten auf. Auch tritt bei kleinen Kindern bereits konkretistisches, personenbezogenes und magisches Denken

---

[604] Die langanhaltende Entbehrung einer sicheren Versorgung sowie die mangelnde Präsenz einer Person, die sich auf die Bedürfnisse des Säuglings einstellt, kann zu schweren und dauerhaften Störungen der Beziehungsfähigkeit und zu allgemeinen Entwicklungsdefiziten (Hospitalismus, psychosozialer Minderwuchs [vgl. hierzu Fegert, Jörg M./ Spröber, Nina. Kindesmisshandlung und sexueller Missbrauch (S. 569-596), in: Fegert/ Eggers/ Resch 2012, S. 579)] führen.
[605] Vgl. Browne, Angela/ Finkelhor, David. Impact of childhood sexual abuse: A review of the research (pp. 66-77), in: Psychological Bulletin, 99(1). 1986. „Die Wirkungen von traumatischem Stress sind umso gravierender, wenn die Bezugspersonen selbst die Täter sind. Wiederholte Belastungen mit traumatischem Stress führen so zu gravierenden Entwicklungsstörungen mit Auswirkungen, z. B. auf die Affektregulation" (Krüger 2008, S. 48).
[606] Vgl. Levine/ Kline 2013, S. 66.
[607] Vgl. Lennertz 2011, S. 116.
[608] Vgl. Krüger 2008, S. 52.

128

auf, bezogen auf traumatische Erlebnisse, was immer mehr dazu führt, dass überpersönliche Ereignisse persönlich attribuiert werden.[609]

Vorschulkinder

Diese Altersgruppe äußern große Bedrängnis bzw. Stress durch Sichverschließen oder „Hyperaktivität"; es kann vorkommen, dass sie sich von Menschen und dem Spiel zurückziehen, lethargisch und/ oder extrem scheu werden. Das Kind nimmt die Welt nun als einen gefährlichen Ort wahr und vermeidet auch gesunde Risikoübernahme wie z. B. ausgelassenes Spielen. Auf der anderen Seite kann es auch sein, dass sich diese Verhaltensweisen mit Anfällen von untröstlichem Weinen und Wut abwechseln.[610] Aggressivität entwickelt sich oft in Verbindung mit zu vielen Stressmomenten und überwältigenden Umständen und äußert sich in schlechter Laune oder Wutanfällen, dem Herumschmeißen von Spielzeug, dem Schlagen von Geschwistern und Spielkameraden oder einschüchtern, beißen, stoßen und treten.[611]

Während Säuglinge abwechselnd protestieren und resignieren, so steht Klein- und Vorschulkindern insgesamt ein größeres Spektrum an Bewältigungsmechanismen zur Verfügung, was sich dadurch deutlich macht, dass ein überwältigtes Kind seine Übererregung[612] z. B. durch Spiele kanalisieren kann, in denen es wiederholt einzelne Aspekte des traumatischen Ereignisses darstellt. Aufgrund ihrer idealen Vorstellungskraft aber auch der „Fähigkeit", sich Hilfe „herbeizaubern" zu können, schreiben Kinder diesen „mahnenden Erinnerungen" häufig eine magische Bedeutung zu, wodurch sie noch angsterregender werden.[613] Kinder in diesem Alter sind besonders anfällig für dämonisch inszenierte Bedrohungen, bspw. durch missbräuchliche Erwachsene, und halten Schweigediktate aus dieser Zeit.[614] Da sie zu dieser Zeit immer mehr von der Welt der Großen erkennen und erfahren und das Kind vermehrt spürt, was es schon kann, aber auch, was es nicht kann, sind die größenhaften magischen Veränderungskräfte des Kindes der psychische „Trick", mit dem es der eigenen Hilflosigkeit in der Welt begegnen kann. Doch diese eingebildete Größe des Kindes bedeutet auch, die Verant-

---

[609] Vgl. Lennertz 2011, S. 117; Krüger 2008, S. 51f.

[610] Hierzu gehören Reaktionen wie Daumenlutschen, Bettnässen und Einkoten, nach der Brust oder der Flasche verlangen, nachdem es bereits entwöhnt ist und das Benutzen der „Babysprache" (vgl. Levine/ Kline 2013, S. 68).

[611] Vgl. Levine/ Kline 2013, S. 73f.

[612] Angst, Schmerz, Wut, Verzweiflung und Kontrollverlust im Sinn einer vegetativ-affektiven Übererregung entspringen den Erfahrungen von Hilflosigkeit, Ohnmacht und Ausgeliefertsein („traumatische Zange") [vgl. Hofmann, Arne/ Besser, Lutz-Ulrich. Psychotraumatologie bei Kindern und Jugendlichen (S. 172-202), in: Drisch/ Hellbrügge 2003, S. 183].

[613] Levine/ Kleine 2013, S. 71.

[614] Vgl. Krüger 2008, S. 44.

wortung für das Geschehene zu übernehmen:[615] Kinder dieses Alters leiden daher allzu oft unter erheblichen Schuldgefühlen nach dramatischen Ereignissen[616] – Ein Resultat der fortgeschrittenen kognitiven, emotionalen und moralischen Entwicklung des Kindes (vgl. Kapitel 2.3).

Wenn das Kind sich in einem übererregten Zustand befindet, ist es innerlich auf Hochtouren, selbst wenn es keine andere äußere Stimulation mehr gibt. Es kann somit Angst oder starken Stress verspüren, wenn eine Situation als gefährlich wahrgenommen wird, auch wenn sie es nicht wirklich ist. Beschleunigte Herzschlagrate und Atmung sorgen dafür, dass sich die inneren „Motoren" des Kindes innerhalb von Sekunden von Normal- auf Hochgeschwindigkeit steigern, obwohl das Kind möglicherweise ruhig wirkt. Sehr leicht kann es dadurch „völlig überdrehen" und nicht mehr dazu fähig sein, das Tempo zu verlangsamen. Dieses Aufgewühltsein kann mit sich bringen, dass das Kind nachts nicht schlafen kann und/ oder es am Tag nervös ist, denn solange die überschüssige Energie nicht freigesetzt werden kann, ist tiefe Entspannung nicht möglich.[617] Eine generelle Übererregung[618] nach Traumatisierung findet ihren Ausdruck neben einer allgemeinen Unruhe und aufgeregter Suche nach neuer Betätigung auch in übermäßiger Autostimulation sowie Somatisierungstendenzen[619]. Akuter Stress zeigt sich ab diesem Alter auch als ticartige Störungen. Als regressiv sind Symptome wie sozialer Rückzug gegenüber Eltern, Peers oder Geschwistern, eine rückläufige Sprachentwicklung, ein Verlust bereits erlangter sozialer Kompetenzen, autistoide Symptome sowie auch dissoziales Verhalten zu werten.[620]

Auch körperliche Symptome kann das Vorschulkind aufzeigen: So scheinen sie sehr empfänglich zu sein für Verdauungsbeschwerden wie Durchfall und Verstopfung mit häufigen Bauch- und Kopfschmerzen. Ein anderes Zeichen für Stress ist in manchen

---

[615] „Wenn ich dem großen Bruder, der mir nie sein Spielzeugauto leihen wollte, nicht den Tod gewünscht hätte, wäre er vielleicht nicht vom Auto überfahren worden" (ebd.)

[616] „Sie verinnerlichen die Sichtweise und die Schuldgefühle der missbrauchenden Elternteile, um sich die Eltern als gute Eltern zu erhalten und auch um Subjekt des traumatischen Geschehens zu werden. Diese Selbstbezichtigung entspricht der für die Kindheit typischen Denkweise, der Ichbezogenheit aller Ereignisse und sie entspricht auch der Denkweise traumatisierter Menschen jeden Alters" (Weiß. Philipp sucht sein Ich. 2013, S. 50).

[617] Ein Kind kann jedoch auch Albträume haben und von Erinnerungen an die Situation geplagt werden, sich vorrangig mit dem Vorfall beschäftigten oder von diversen Aspekten des Ereignisses fasziniert sein. So kann es z. B. regelmäßig den Wunsch äußern, Videos über Waldbrände zu sehen, nachdem es beim Brand eines Hauses oder bei einem verheerenden Feuer dabei war (vgl. Levine/ Kline 2013, S. 71).

[618] Wenn Symptome einer Übererregung chronisch werden, können sie Ähnlichkeiten mit ADHS entwickeln (vgl. ebd., S. 72f.).

[619] Zur Begrifflichkeit vgl. Voigt, Bernd/ Trautmann-Voigt, Sabine. Wenn die Augen tanzen – Multimodales zu EMDR und Tanztherapie (S. 93-120), in: Trautmann-Voigt, Sabine/ Voigt, Bernd (Hrsg.). Körper und Kunst in der Psychotraumatologie. Methodenintegrative Therapie. Stuttgart 2007, S. 101f.

[620] Vgl. Krüger/ Reddemann 2007, S. 74f.

Fällen Fieber, das nicht auf eine Infektion oder auf eine andere bekannte medizinische Ursache zurückzuführen ist. Auch tritt oft eine flache Atmung auf, die wiederum die Sauerstoffzufuhr zu Gehirn und Körper einschränkt und zu Müdigkeit und Lethargie führen kann. Ein weiteres Anzeichen, das sich beobachten lässt, ist ein steifes und unbeholfenes Erscheinungsbild, eine starre Körperhaltung mit schwacher Koordination sowie eine angespannte Nacken- und Schultermuskulatur. Die Fähigkeiten des Kindes, zu sehen, zu hören, zu schmecken, zu fühlen und zu riechen können gedämpft sein, was dazu führt, dass es sich nicht mehr für Essen interessiert.[621]

Schulkinder

Kinder im Schulalter zeigen Variationen der typischen Trauma-Symptome wie Übererregung, Dissoziation, Kontraktion und Erstarren bzw. Erfrieren, begleitet von Gefühlen der Hilflosigkeit.[622] Sie neigen zum Wiedererleben des Ereignisses, zu Schlafstörungen und zu körperlichen Beschwerden. In dieser Altersklasse herrscht der zusätzliche Faktor vor, dass sie sich der Beanspruchung durch die Schule stellen müssen und von ihnen erwartet wird, sich zu konzentrieren und intellektuelle Fähigkeiten auszubilden. Bei vielen traumatisierten Kindern tauchen daher Anzeichen und Symptome im Rahmen der Schule auf (oder sind dort ausgeprägter), da sie durch den Leistungs- und Sozialisationsdruck zusätzlichen Stressfaktoren ausgesetzt sind.[623] Des Weiteren lassen sich Angst, Depressionen und gestörte Trauerprozesse beobachten, ebenso wie somatische Beschwerden wie Kopf- und Bauchschmerzen.[624] Kinder zeigen nicht selten ein ausgeprägtes Risikoverhalten, z. B. in Form von Selbstverletzungen wie ritzen oder Suizidalität und psychogenen Anfälle, motorischen Ausfällen sowie psychogenen Haltungsanomalien. Nicht selten treten in diesem Alter Zwangssymptome auf.[625] Ihr Verhalten ist unbeständig und durch zusätzliche Ängste und Aggressionen geprägt, nicht zuletzt dadurch, dass sie die Neigung haben, sich durch Befürchtungen zu beunruhigen, indem sie sich „das Schlimmste" ausmalen und hierbei Vorstellungen entwickeln, die wenig Realitätsbezug haben. Schulkinder geraten teilweise entweder durch

---

[621] Dies kann das Kind davor bewahren, sich zu fühlen, als würde es buchstäblich auseinanderfallen. Mit der Zeit kann diese Anspannung jedoch die Gefühle wiedererzeugen, die das Kind ursprünglich versuchte zu vermeiden (vgl. Levine/ Kline 2013, S. 77).

[622] Wie auch Kleinkinder und Jugendliche.

[623] Vgl. Lennertz 2011, S. 118.

[624] Macksoud, Mona S./ Dyregrov, Atle/ Raundalen, Magne. Traumatic war experiences and their effects on children (pp. 625-643), in: Wilson, John P./ Raphael, Beverley (eds.) International Handbook of Traumatic Stress Syndroms. New York 1993, z. n. Lennertz 2011, S. 118.

[625] Vgl. Krüger/ Reddemann 2007, S. 75.

besonders passives und unspontanes Verhalten oder aufgrund von vermehrt aggressivem und forderndem Verhalten in soziale Isolation.[626]

So wie die jüngeren Kinder, stellen auch Schulkinder die Details eines traumatischen Erlebnisses beim Spielen immer wieder dar. Da ihr Sprachvermögen nun besser entwickelt ist, inszenieren sie die Wiederholung der Geschichte auch, indem sie immerzu erzählen, was sich zugetragen hat. Ihre Angst und Hilflosigkeit drücken sich oftmals durch unorganisierte Verhaltensweisen sowie starke Aufregung aus. Sie sind zwar in der Lage, den Vorfall wiederzugeben, aber i. d. R. nicht dazu im Stande, ihre Gefühle in Worte zu fassen oder sie anders als „Durcheinandersein", „Aufgeregtsein", „Völlig-fassungslos-sein" zu begreifen.[627]

Schulkinder besitzen nochmal mehr Möglichkeiten, kognitiv, emotional und behavioral mit einem Trauma umzugehen. Sie bearbeiten das Trauma oft in der Phantasie, stellen sich dort eine Bewältigung vor, z. B. dass sie ihre Eltern retten oder den Gegner austricksen. Solche Phantasien und Spiele sind oft ein Versuch, dem Gefühl der Hilflosigkeit zu begegnen. Da die Kinder nun auch vermehrt in der Lage sind, sich im Nachhinein Pläne auszudenken, wie das Trauma hätte verhindert werden können (traumakompensatorische Schemata), fühlen sie sich jedoch auch zusehends verantwortlich und es treten damit auch vermehrt Schuldgefühle auf, dass sie das Trauma nicht zu verhindern vermochten und quälen sich mit Schamgefühlen, die sie als tiefes, dunkles Geheimnis in sich bewahren. Häufig entfremden sie sich hierdurch von ihrer Familie und ihren Freunden. Sie denken, dass das „Schreckliche" nicht passiert wäre, wenn sie etwas anders gemacht hätten.[628] Die moralische Entwicklung von Schulkindern befindet sich auf dem höheren Niveau, weshalb sie nicht nur an sich selbst denken, sondern auch an andere. Sie empfinden nun auch Kummer, wenn sie mitbekommen, was den Opfern einer Tragödie und ihren Familien zugestoßen ist. Wenn z. B. ein Elternteil verletzt wurde, kann sich die Befürchtung entwickeln, dass etwas ähnliches auch dem anderen Elternteil widerfährt, was womöglich dazu führt, dass die Reaktionen der Eltern

---

[626] Vgl. Lennertz 2011, S. 118.

[627] Vgl. Levine/ Kline 2013, S. 79.

[628] Das gilt vor allem bei Trennungsthemen wie Tod oder Scheidung. „Dr. Lenore Terr berichtet, dass Kinder im Schulalter tendenziell weniger Symptome wie Vermeidung und Gefühlloswerden zeigen, sondern eher durch Erzählen und Spielen kommunizieren. Gleichzeitig zeigen sie eine wachsende Neigung, an ‚Omen' zu glauben. Sie sehen bestimmte Anzeichen als Warnungen vor dem traumatischen Vorfall an und denken auch, dass er sich wiederholen wird. Das liegt am magischen Denken von jüngeren Schulkindern" (ebd., S. 80).
Die Fähigkeit, die Realität in ihrem Bezug erfassen zu können, kann man als Ressource zur kognitiven Begrenzung der traumatischen Erfassung nutzen. Erklärungen von einem Erwachsenen können helfen, diese Eingrenzung zu unterstützen, zwischen dem Ohnmachtsgefühl der traumatischen Situation in der Vergangenheit und die Welt in der Zukunft einen „Zwischenraum" einzuführen, der unterscheiden hilft (vgl. Krüger/ Reddemann 2007, S. 43).

ängstlich überwacht werden. Dadurch, dass ihr Empfinden für die Zukunft nun stärker ausgebildet ist, können sich nun auch Ängste bzgl. ihrer Sicherheit entwickeln, die zu der Befürchtung führen können, dass ihre Zukunft ruiniert ist oder dass sie gar keine Zukunft mehr haben. Es kann durchaus sein, dass Kinder in diesem Alter sehr erschrocken und überrascht über ihre eigenen Emotionen und ihren Kummer sind, da sie diese Gefühle zum Teil zum ersten Mal in ihrem Leben am eigenen Leib erfahren. Ein weiteres unbekanntes Gefühl, das auftreten kann, ist das Verlangen nach Rache. Diese neuen Gefühle können Kinder, deren Persönlichkeit sich gerade erst entfaltet, schmerzhaft verwirren, sodass sie gerade diesbezüglich Unterstützung benötigen, um all die Empfindungen, Gefühle, Gedanken und Bilder einordnen zu können, die sie Tag und Nacht beschäftigen.[629]

Forschungsergebnissen nach zu urteilen gibt es bei Kindern im Schulalter nur geringfügige geschlechtsspezifische Unterschiede bzgl. der Art, in der die Symptome zum Ausdruck kommen, wobei sich hier bereits die Tendenz der Jugendlichen erkennen lässt, dass nämlich Jungen diese bevorzugt nach außen richten, Mädchen eher nach innen: Während Jungen also mit ihrer Wut in Form von Schlägen, Drangsalierungen oder Hänseleien umgehen und ihre Angst versuchen zu verbergen, indem sie sich in waghalsige Aktivitäten stürzen, wenden Mädchen ihre Wut eher gegen sich selbst. Sie werden depressiv, entwickeln körperliche Symptome und Ängste und werten sich selbst ab.[630]

Jugendliche

Indem Jugendliche über die kognitiven Fähigkeiten verfügen, traumatische Erlebnisse und deren Konsequenzen einordnen und verstehen zu können, sind sie in gewisser Weise verletzlicher als Kinder.[631] Zur kognitiven Reifung kommen eine Vielzahl von Entwicklungsveränderungen (körperliche Veränderungen, sexuelle Reifung) und Entwicklungsthemen (Ablösung, Identität) hinzu, mit denen die Jugendlichen konfrontiert und psychisch bereits sehr gefordert sind. Insgesamt gilt die Adoleszenz als die Phase, in der frühe Traumatisierungen wieder erinnert, reflektiert und mit Bedeutung versehen werden. Aus diesem Grund ist jedoch die Adoleszenz nicht nur als eine Zeit des Umbruchs und der Krisen anzusehen, sondern hinsichtlich der Bewältigung traumatischer Kindheitserfahrungen auch als eine „zweite Chance". Wenn diese positive Transformation in der Adoleszenz aber nicht gelingt, so kann diese auch zu einer Zeit

---

[629] Vgl. Levine/ Kline 2013, S. 80f.
[630] Vgl. ebd.
[631] Vgl. Macksoud/ Dyregrov/ Raundalen 1993, z. n. Lennertz 2011, S. 118f.

des Zusammenbruchs und des Beginns von psychischen Erkrankungen oder Verhaltens-auffälligkeiten wie Dissozialität werden.[632]

Jugendliche nutzen nach einem traumatischen Erlebnis weniger die Phantasie oder das Spiel als Bewältigungs- oder auch Verleugnungsform, sondern bei ihnen ähneln die Symptome bereits sehr denen von Erwachsenen. Sie neigen dazu, traumatische Ereignisse durch Rückblenden (flashbacks) wiederzuerleben und strengen sich an, Aktivitäten, Gedanken und Gefühle zu vermeiden, die zum Auslöser von Erinnerungen an die stressigen Ereignisse werden könnten. Wenn das Ausblenden der Belastungen aber nicht gelingt und der Grad der inneren Erregung den Toleranzbereich übersteigt, so neigen Adoleszente dazu, nach beliebigen Mitteln zu greifen, um sich zu betäuben.[633] Somit werden zur Selbstbehandlung ihrer Probleme Drogen genommen, Alkohol konsumiert, sich selbst verletzt, geraucht oder sexuelle und andere gefährliche und aufregende Abenteuer gesucht. Stärker als Kinder neigen sie auch zu Schlaflosigkeit, Reizbarkeit, Depression, Angst und Unaufmerksamkeit. Allzu oft führen diese Symptome zum Schuleschwänzen, einem Abfall der Schulleistungen und einem aufsässig werden. Wie angesprochen, ähneln zwar die Symptome von Jugendlichen denen von Erwachsenen in vielerlei Hinsicht, ihre langfristigen Auswirkungen sind jedoch aufgrund ihres Einflusses auf das Ich-Bewusstsein andere. Die Adoleszenz ist der zeitliche Abschnitt, in dem die Autonomieentwicklung zum Abschluss kommt, die im zweiten Lebensjahr begonnen hat und mit der Eigenständigkeit enden soll.[634] Überwältigender Stress kann in dieser recht angreifbaren Phase die gesunde Persönlichkeitsentwicklung entgleisen lassen. Aufgrund der Tatsache, dass Jugendliche in dieser Lebensphase so besonders verletzlich sind, führen die Symptome auch ein verzerrtes Ich-Bewusstsein mit sich, das mit Angst, Scham und Schuld befrachtet ist. In der Folge kann „ein unbeschwerter junger Mensch einen vorzeitigen und grauenvollen Eintritt ins Erwachsenenalter erfahren".[635]

Folgende Symptome können zusammenfassend als Prüfliste für Trauma-Symptome bei Jugendlichen gelten.

---

[632] Vgl. Lennertz 2011, S. 75.
[633] Jugendliche bringen sich oft selbst in unsichere Situationen, um Gedanken, Gefühle und Situationen zu vermeiden (oder wahlweise wiederherzustellen), die eine Erinnerung an das problematische Ereignis auslösen könnten (vgl. ebd., S. 87).
[634] In dieser entscheidenden Phase befinden sich ethische Werte, Beziehungsfähigkeit und Persönlichkeit in einem Entfaltungsprozess, Ressourcen wie Kompetenz, Humor, Verbundenheit mit anderen und Intelligenz bilden einen schützenden Damm, der die Folgen eines Traumas abmildern kann (vgl. ebd., S. 92).
[635] Ebd.

- Abrupte Veränderungen in Beziehungen wie plötzliches Desinteresse an Menschen, die sie zuvor sehr mochten
- Absonderung und Rückzug
- Grundlegende Veränderungen bei Zensuren, Lebenseinstellungen und/ oder im Erscheinungsbild
- Plötzliche Verhaltensänderung wie lebensgefährliches Wiederholen der traumatischen Situation oder andere Arten von Ausagieren
- Plötzliche Stimmungsschwankungen, v. a. D. Angst, Depression und Selbstmordgedanken
- Alkohol- und Drogenabhängigkeit
- Plötzliches Desinteresse an bislang bevorzugten Hobbys oder Sportarten
- Reizbarkeit, Wut und Vergeltungswünsche
- Häufig wechselnde Sexualpartner oder übermäßige sexuelle Aktivität[636]
- Beeinträchtigung des Aufbaues von Beziehungen zu Peers (aufgrund von Rückzug, emotionaler Einschränkungen, eingeschränkter Impulskontrolle)[637]
- Grenzverletzungen[638]

Beim Verarbeitungsprozess von traumatischen Erfahrungen zeigen sich in diesem Lebensabschnitt starke geschlechtsspezifische Unterschiede. Männliche Jugendliche, die Opfer von Traumatisierungen geworden sind und selbst als Täter gehandelt haben, vermitteln den Eindruck unberührbarer Härte, gesichtsloser Uniformierung und Kälte.[639] Durch Allmachtsinszenierungen und „Selbstaufblähung" können Grenzverletzungen zur charakteristischen Selbststabilisierung von männlichen Jugendlichen führen. Sie entwerten das Gegenüber und versuchen sowohl die Grenzen anderer oder die einer Institution in der sozialen Realität zu sprengen. Weibliche traumatisierte Jugendliche hingegen attackieren v. a. D. Beziehungsgrenzen und Grenzen am eigenen Körper und benutzen ihren Körper z. B. zur Reinszenierung von Misshandlung und Missbrauch.[640] Männliche Jugendliche, die durch ein Trauma einer starken Beschämung ausgesetzt waren oder sie bspw. selbstverschuldet in eine Situation gelangt sind, in denen sie zum Opfer oder Täter wurden, bauen häufig einen Panzer aus unberührbarer Härte, gesichtsloser Uniformierung und Kälte auf.[641] Weibliche Jugendliche hingegen verbergen ihre Ängste sowie ihren zerstörenden Selbsthass häufiger hinter einem vordergründigen

---

[636] Vgl. ebd., S. 92f.
[637] Krall 2007, S. 63
[638] Traumatische Erfahrungen verletzen die physischen und/ oder psychischen Grenzen der Kinder und Jugendlichen. Diese Grenzen bilden gleichzeitig die Basis für die Anerkennung von sozialen Regeln und Normen. Die Grenzverletzungen drücken die Nichtanerkennung der Realität des anderen aus, die die betroffenen Kinder und Jugendlichen selbst erfahren haben. Die Jugendlichen entwerten den anderen und die von ihm vertretene Realität mit einem Gefühl einer großen narzisstischen Freiheit. Es sind narzisstische Auswege in einen Zustand außerhalb von Recht und Ordnung, von Macht, Brutalität und Stärke. Andere Jugendliche wiederum würden mit vordergründiger Anpassung an die Realität reagieren [vgl. Streeck-Fischer. Mißhandelt – Mißbraucht: Probleme der Diagnostik und Psychotherapie traumatisierter Jugendlicher (S. 174-196), in: Streeck-Fischer. Adoleszenz und Trauma. 1999, S. 181].
[639] Vgl. ebd., S. 177.
[640] Vgl. ebd., S. 182f.
[641] Hinter dieser Abschottung verbergen sie massive Beschämungsängste und die Furcht, dass ihnen ihre Maske, die einen für sie ansehnliche Fassade bieten soll, entrissen wird (vgl. ebd., S. 177)

135

angepassten Verhalten, greifen jedoch zu Alkohol, Tablettenmissbrauch oder Selbstverletzungen, um sich zu betäuben.[642]

Traumatisierte Jugendliche weisen insgesamt eine Art „Seelenblindheit" auf, die als Auswirkung der bei der Traumatisierung stattgefundenen „Enteignung der Subjekthaftigkeit" des Opfers zu verstehen ist.[643] Die Folge können sprachlose, de-symbolisierte szenische Reproduktionen sein.[644] Traumatische Erfahrungen und deren Folgen werden daher von Jugendlichen häufig handelnd mitgeteilt, in Form dessen, dass sie sich und ihre Umwelt in Szenen verstricken, deren Sinn nicht unmittelbar zugänglich ist. Bei genauerer Betrachtung dieser Szenen erscheinen die Botschaften „als wieder-inszenierte oder konkretisierte Vergegenwärtigungen vergangener traumatischer Erfahrungen."[645] Mit diesen Reinszenierungen[646] verstricken sie sich immer tiefer in ihre traumatische Situationen, was dazu führen kann, dass die Botschaften, mit denen diese Patienten auf sich und ihre traumatischen Erfahrungen aufmerksam machen, ungehört und unverstanden bleiben, wenn die Sprache des Traumas und seiner Verarbeitung nicht verstanden wird. Betroffene Jugendliche können diese sogenannte psychische Blindheit nur dann überwinden, wenn sie eine Person zur Seite haben, die mit ihnen diese verschiedenen Teile erkennt und zusammenfügt.[647]

Gelegentlich finden sich auch psychosenahe Erlebnisweisen, die sich dahingehend von intrusivem Wiedererinnern unterscheiden, dass es sich hierbei um illusionäre bis hin zu wahnhaften Verkennungen der realen Welt sowie der Menschen im Hier und Jetzt im Sinne früherer traumatischer Beziehungserfahrungen handelt. Womöglich sind hier unreife Gehirnstrukturen für die schwersten Symptome verantwortlich.[648]

---

[642] Vgl. ebd.

[643] Vgl. Streeck-Fischer, Annette. Über die Seelenblindheit im Umgang mit schweren Traumatisierungen (S. 13-20), in: Streeck-Fischer. Adoleszenz und Trauma. 1999, S. 8.

[644] Vgl. ebd., S. 17.

[645] Vgl. ebd., S. 8. Traumatische Szenarien werden wiederhergestellt oder aktiv aufgesucht, mit dem Ziel, diese zu bewältigen oder unter Kontrolle zu bringen. „Wiederholungszwänge und Re-Inszenierungen traumatischer Erfahrungen können vor diesem Hintergrund als mangelhafte Versuche verstanden werden, Kontrolle und Sicherheit über sich selbst zu erlangen" (ebd., S. 10).

[646] Wenn die Kinder Opfer von Beziehungsgewalt sind, so verschiebt sich der Ausdruck traumatischer Erlebnisse von der Spielebene auf die Realbeziehungsebene und findet sich im sogenannten Re-Enactment, dem Wiederherstellen traumatischer Situationen in sozialen Situationen, wieder (vgl. Krüger/ Reddemann 2007, S. 75).

[647] Vgl. Streeck-Fischer. Adoleszenz und Trauma. 1999, S. 8.

[648] Vgl. Krüger 2008, S. 53.

3.7.3) Auswirkungen von Traumata aus neuro- und psychobiologischer Sicht im Kontext Entwicklung

„Das Trauma befindet sich im Nervensystem – nicht im Ereignis!"[649]

Damit langfristige und subtile Prozesse sowie Aussagen über traumatische Erlebnisse von Kindern erkannt und verstanden werden können,[650] aber auch um nachzuvollziehen, warum Symptome anhalten und das Verhalten der Kinder beeinflussen, ist es relevant zu wissen, wie traumatische Erlebnisse verarbeitet werden und wie ein traumatisches Gehirn funktioniert bzw. welche Auswirkungen ein traumatisches Erlebnis auf das Gehirn hat.[651]

Es konnte bereits angedeutet werden, dass bei einem Trauma tiefgreifende Veränderungen im kindlichen Gehirn die Folge sind und die kindlichen Organstrukturen verändern, die durch die Steuerzentrale im Kopf in ihrem Aufbau geformt werden.[652] Hierbei handelt es sich um Wechselwirkungen zwischen Hormonsystem, Botenstoffen, Immunsystem u. a. Diese Entwicklungsveränderungen wirken sich v. a. D. bei unter Dreijährigen aus, also vor dem Erwerb der fortgeschrittenen Sprachfähigkeit.[653] Wie bereits in Kapitel 2.3 dargestellt, entwickeln sich Formen des implizit-proTzeduralen Gedächtnissystems bereits in den ersten Lebensmonaten und sind eng an Körpererfahrungen geknüpft („Körpererinnerungen"). Trotzdem, dass Säuglinge bereits zu beeindruckenden Gedächtnisleistungen fähig sind, entwickelt sich das deklarative Gedächtnissystem jedoch erst später. Frühkindliche traumatische Erlebnisse sind hierbei somit zunächst immer auf der Ebene des prozeduralen bzw. impliziten Gedächtnisses zu suchen.[654] Bzgl. solcher lebensgeschichtlich sehr frühen Traumatisierungen kann daher keine bewusste Erinnerung aufgebaut werden, weil in den ersten Lebensjahren zwar das emotionale Gedächtnis schon funktioniert, der für das deklarative Erinnern notwendige Hippokampus aber eben noch nicht ausgereift ist.[655]

---

[649] Levine/ Kline 2013, S. 22.
[650] Vgl. Lennertz 2011, S. 124.
[651] Vgl. Levine/ Kline 2013, S. 22ff.
[652] „Ein Trauma beeinflusst Verstand, Gehirn und das körperliche System auf vielfältigen Ebenen des physiologischen Funktionierens, da Gehirn, Verstand und Körper untrennbar miteinander verbunden sind. Traumata sind Einflüsse, die die Integrität der inneren Struktur und Organisation des Gehirns bedrohen" (Weiß. Philipp sucht sein Ich. 2013, S. 59).
[653] Vgl. Krüger, Andreas. Erste Hilfe für traumatisierte Kinder. Patmos Verlag: Düsseldorf 2007, S. 44.
[654] Vgl. Lennertz 2011, S. 124.
[655] Vgl. LeDoux, Joseph E. Das Gedächtnis für Angst (S. 96-103), in: Güntürkün, Onur (Hrsg.). Biopsychologie. Heidelberg/ Berlin 1998, S. 103
„Das explizite Gedächtnis beginnt im 2. Lebensjahr und ist erst in den folgenden Jahren voll ausgebildet. Es setzt die Reifung der Hippocampusregion mit Synapsenbildung und Myelinisierung voraus. Erst drei oder vier Jahre alte Kinder können Ereignisse hinreichend genau beschreiben. Das implizite Gedächtnis ist hingegen bereits bei der Geburt funktionsfähig um emotionale, sensomotorische und verhaltensbezo-

137

Die Erinnerungen bzw. die zugehörigen Empfindungen können nicht in ein integriertes semantisches Gedächtnis überführt werden und somit die sensorischen – visuellen, auditiven, olfaktorischen, affektiven oder kinästhetischen – Eindrücke nicht narrativ gestaltet werden, und somit in keinen lebensgeschichtlichen Zusammenhang eingeordnet werden.[656] Frühkindliche Traumatisierungen können bleibende Veränderungen auf der Ebene des prozeduralen Gedächtnisses bewirken. Gewissermaßen lernt das Kind somit bestimmte Reaktionen, die zunächst adaptiv auf das traumatische Erlebnis bezogen sind, dann jedoch zu hoch automatisierten Reaktionsweisen werden, die wiederum auf Dauer pathogen wirken und nur schwer reversibel sind.[657]

Erst mit der Sprache verfügen Kinder über ein System, das ihnen ein geordnetes „Ablegen" ihrer eigenen Erlebnisse und deren Bedeutung in einer „zerebralen Datenbank" und ein späteres Wieder-Erinnern ermöglicht.[658] Die Frage, wie und ab welchem Alter Kinder traumatische Erlebnisse explizit erinnern können und wie zutreffend Erinnerungen an Ereignisse in der frühen Kindheit sind, sind nicht nur aufgrund der sich noch entwickelnden Gedächtnisstrukturen und des fehlenden oder erst beginnenden Sprachvermögens noch diffiziler zu beantworten als im Erwachsenenalter, sondern auch, weil Traumanarrative von Kindern typischerweise ko-konstruiert sind, also im Dialog mit dem Erwachsenen entstehen:

> „Traumaerfahrungen in der Kindheit sind nicht nur problematisch, sie sind überhaupt nicht begreifbar. Das Kind konnte möglicherweise überhaupt keine eigene Bedeutung finden, besonders dann, wenn ihm das Werkzeug dazu vorenthalten wurde. Wo es keine Worte für Erfahrungen gibt, kein Gespräch stattfindet, keine eigenen oder vergleichbaren Erfahrungen anderer vorliegen, bleiben Erfahrungen unbegreifbar"[659]

Manche Autoren vermuten als frühestes Alter für verbale Erinnerungen 28 bis 36 Monate, andere sprechen bereits von 16 Monaten. Die Fähigkeit zum expliziten Erinnerns, also sich bewusst Ereignisse aus der Vergangenheit ins Gedächtnis rufen zu können und diese mit anderen zu kommunizieren, scheint sich aber nicht vor einem

---

[656] gene Erfahrungen zu speichern" (Wöller 2006, S. 404).
„Die Amygdala speichert die Reize vielmehr überwiegend sensorisch entsprechend ihrer emotionalen Bedeutsamkeit weiter" (ebd., S. 49). Trotz allem sind dann aber die im impliziten Gedächtnis gespeicherten präsymbolischen und präverbalen Erfahrungen – auch die traumatische Art – selbst dann nicht verloren, wenn sie nicht erinnert werden können. Sie bilden die Säule eines frühen, nicht durch Widerstände entstandenen Unbewussten, das von da an das affektive, emotionale und kognitive Leben eines Menschen – auch sein ganzes Erwachsenenalter hindurch – bestimmen wird [vgl. Mancia, Mauro. Die Psychoanalyse im Dialog mit den Neurowissenschaften (S. 19-31), in: Leuzinger-Bohleber, Marianne/ Roth, Gerhard/ Buchheim, Anna. Psychoanalyse – Neurobiologie – Trauma. Stuttgart 2008, S. 23].

[657] Vgl. Lennertz 2011, S. 141.

[658] Vgl. Rüegg, Johann Caspar. Gehirn, Psyche und Körper: Neurobiologie von Psychosomatik und Psychotherapie. Stuttgart 2007, S. 142.

[659] Crawford, June/ Kippax, Susan/ Onyx, Jenny/ Gault, Una/ Benton, Pam. Emotion and gender: Construction meaning from memory. Newbury Park, CA 1992, S. 163, z. n. Fiedler, Peter. Dissoziative Störungen und Konversion: Trauma und Traumabehandlung. Weinheim/ Basel 2008, S. 121.

Alter von fünf Jahren zu bilden.[660] Dennoch ist es durchaus so, dass traumatische Erlebnisse zu nahezu jedes Alter möglich sind und Erinnerungen über sehr bedeutende Ereignisse offenbar bereits ab den ersten Monaten bestehen (auch wenn sich schwer feststellen lässt, welche Qualität diese Erinnerungen haben), dennoch können Kinder durchaus früh ein traumatisches Erlebnis haben, das sie Monate später dann z. B. im Spiel[661] nachstellen oder verbalisieren. Das Schweigen von kleinen Kindern bedeutet also nicht, dass das Ereignis vergessen ist.[662]

Kleinen Kindern fehlen zum Teil noch Fähigkeiten, die für die Integration oder Bewältigung eines Traumas als zentral angesehen werden (der persönlichen Existenz ein Raum-Zeit-Kontinuum zu geben, auf eine Vergangenheit zurückzublicken, diese für die Gestaltung und Planung von Zukünftigem nutzen zu können).[663] Stress und Traumata, die zwischen dem Fetalstadium und dem dritten Lebensjahr auftreten, aber nicht durch eine neutralisierende Erfahrung ausgeglichen werden, legen bei einem kleinen Kind die Grundlage für eine Neigung zu Verletzlichkeit in seinem späteren Leben. Mit hoher Wahrscheinlichkeit wird ein weniger widerstandsfähiges Nervensystem ausgebildet werden, da sich der „myelinisierte" parasympathische Ast des autonomen Nervensystems schon in der frühen Kindheit entwickelt (vgl. Kapitel 2.3). Dieser Zweig ist es, der Erregung deaktiviert und dafür verantwortlich ist, das Kind wieder in einen Zustand des Wohlbefindens zu bringen. Die Bahnen für die Funktionsweise des Nervensystems sind damit mehr oder weniger festgelegt.[664] Gelingt es dem Kind nicht, im Verlauf eines allmählichen Destabilisierungsprozesses neue Denk- und Verhaltensmuster zu entdecken („Ablösung und Neuorientierung"), wenn es ihm also nicht möglich ist, die Situation zu bewältigen und hierdurch einen Ausweg aus einer immer bedrohlicher werdenden Situation zu finden, so führt die durch die unkontrollierbare Stressreaktion bedingte Destabilisierung über kurz oder lang zu einem Zusammenbruch seiner integra-

---

[660] Scheeringa, Michael S./ Zeanah, Charcles H./ Drell, Martin. J./ Larrieu, Julie. A. Two approaches to the diagnosis of posttraumatic stress disorder in infancy and early childhood (pp. 191-200), in: Journal of the American Academy of Child and Adolescent Psychiatry, 34(2). 1995, z. n. Lennertz 2011, S. 137. Davor spricht man von „infantiler Amnesie" (vgl. Lennertz 2011, S. 137).
[661] Im Spiel und Verhaltensweisen tauchen die Elemente des Traumas oft schon früher auf (vgl. ebd.).
[662] Vgl. ebd., S. 136f.
[663] Vgl. Markowitsch, Hans J./ Welzer, Harald. Das autobiographische Gedächtnis. Hirnorganische Grundlagen und biosoziale Entwicklung. Stuttgart 2005, S. 11.
[664] Vgl. Schauer, Maggie/ Elbert, Thomas/ Gotthardt, Silke/ Rockstroh, Brigitte/ Odenwald, Michael/ Neuner, Frank. Wiedererfahrung durch Psychotherapie modifiziert Geist und Gehirn (S. 96-103), in: Hellhammer, Dirk (Hrsg.) Verhaltenstherapie. Band 16/2: Neuropsychotherapie. Freiburg im Breisgau 2006, S. 98.

tiven (neuronalen, endokrinen und immunologischen) Regelmechanismen und somit zur Manifestation unterschiedlicher körperlicher oder psychischer Störungen.[665]

Was passiert im Gehirn?

„Das menschliche Gehirn ist nicht statisch, sondern veränderbar; es passt sich den Bedingungen der Umgebung zeitlebens an."[666]

Wenn ein überwältigendes Ereignis besonders intensiv ist, über längere Zeit anhält oder wiederholt auftritt, verändert das Gehirn seine Funktionsweise dahingehend, dass es zu einem Zustand erhöhter Wachsamkeit wechselt. Wenn dem „psychischen Apparat" somit durch die Wahrnehmungskanäle signalisiert wird, dass eine Situation den Kriterien einer traumatischen Situation entspricht (vgl. Kapitel 3.4), so kommt es zu einer psychobiologischen Notfallreaktion.[667] Es handelt sich dann um eine Belastung, um akute Reaktionen nach einer Extremstresssituation[668], wobei alle bisherigen Lösungsstrategien, auch des Gehirns, scheitern; Konsequenz hieraus ist dann eine unkontrollierbare Stressreaktion der Hirnbiologie.[669] Im Gehirn werden durch die Stressreaktion die Areale der Hirnrinde sowie des Limbischen Systems (Koordinatorenstelle für Erinnerungstätigkeit, Verarbeitung von Emotionen) unspezifisch aktiviert. Wenn über den Thalamus im limbischen System diejenigen Sinneseindrücke ankommen, die als extreme Bedrohung interpretiert werden, kommt es zur Aktivierung der Stresshormonsysteme (u. a. Adrenalin- und Noradrenalinsystem). Hieraufhin entsteht eine Übererregungssituation im gesamten Körper, um evolutionsmäßig eine Flucht- oder Kampfreaktion auszuführen.[670] Der Mandelkern (Amygdala, „Feuermelder" im Gehirn) als Teil des limbischen Systems, versieht diese Sinneswahrnehmung mit der entsprechenden

---

[665] Vgl. Hüther, Gerald. Die Auswirkungen traumatischer Erfahrungen im Kindesalter auf die Hirnentwicklung S. 94-104, in: Brisch/ Hellbrügge 2003, S, 102f.

[666] Vgl. Reddemann, Luise/ Dehner-Rau, Cornelia. Trauma: Folgen erkennen, überwinden und an ihnen wachsen. Stuttgart 2004, S. 31.

[667] Michaela Huber bezeichnet diese Überflutung mit aversiven Reizen als „Traumatische Zange", die das Gehirn in die „Klemme" bringt (vgl. Huber, Michaela. Trauma und die Folgen. Trauma und Traumabehandlung. Teil 1. Paderborn 2005, S. 38). Vgl. *Abb. 20) Traumatische Zange* im Anhang, S. 273.

[668] „Dies alles passiert in Sekundenbruchteilen. So wird beispielsweise Adrenalin und Noradrenalin für die notwendige Köperspannung bereitgestellt, sollte es zu Kampf oder Flucht kommen, eine Zunahme von Dopamin sorgt für maximale motorische Beweglichkeit. Eine vermehrte Kortisolausschüttung erhöht den Angstpegel, damit der Körper hochwachsam auf Alarm eingestellt ist. Die Ausschüttung körpereigener Endorphine sorgt für ein vermindertes Schmerzempfinden und um aufsteigende Panik und akute Todesangst zu neutralisieren. Glukose, die im Muskel gespeichert ist, wird freigesetzt, um den Körper auf Flucht oder Kampf vorzubereiten. Noradrenalin blockiert die Integration der Wahrnehmung und erzeugt den sogenannten Tunnelblick. Die Tätigkeit des sympathischen Nervensystems erhöht sich: Puls, Blutdruck und Atmung verändern sich" (Rießinger 2011, S. 5; Uttendörfer, Jochen. Traumazentrierte Pädagogik (2006), Verfügbar unter: www.traumapädagogik.de (Stand: 10.06.2013).

[669] Vgl. Krüger 2008, S. 35.

[670] Vgl. ebd., S. 52.

Gefühlsqualität und löst das nun folgende emotionale Verhalten aus.[671] Wenn dieses wegen der verzweifelten Lage jedoch nicht möglich ist, so schaltet das Stammhirn die letzten Schutzreflexe ein, der Körper „friert ein", d. h. alle Denk- und Gefühlsprozesse sowie Körperfunktionen sind wie erstarrt.[672] Das Gehirn erhält dann den Befehl zur Aktivierung der Botenstoffachse zur Nebennierenrinde, wo ein wichtiger Teil der Stressregulation stattfindet. Auf den Befehl des Gehirns schüttet die Nebennierenrinde dann Kortisol[673] aus. Das bedeutet nach neuen Erkenntnissen, dass bei einem Trauma und der anhaltenden Kortisolausschüttung bereits aufgebaute Hirnverschaltungen und - netzwerke destabilisiert werden. Somit fällt der Energieumsatz im Gehirn, die Wachstumsprozesse werden gestört oder vermindert und wenn die Belastung länger anhält, kommt es sogar zum Absterben von Nervenstrukturen in der Hirnrinde sowie von Nervenfasern und -zellen. Durch Veränderungen in der sogenannten orbitofrontalen Region kann es ebenso zu einer Beeinträchtigung der körpereigenen Reparaturfunktion kommen, sowie der Fähigkeit, sich in Stresssituationen selbst zu beruhigen. Das Trauma verletzt also das Gehirn. Die erhöhte Kortisolkonzentration ist für einen Zelluntergang sowie die Auslöschung von Verhaltensweisen verantwortlich. So können z. B. frühe traumatische Erfahrungen, etwa früher Missbrauch oder Vernachlässigung, die Expression von Rezeptoren des Stresshormons Kortisol im Hippocampus langfristig erhöhen oder reduzieren und hierüber eine entsprechend veränderte basale und/ oder stressbedingte Kortisolfreisetzung bewirken. Faktoren wie die Natur der traumatischen Erfahrung, der Zeitpunkt des Auftretens oder der Kontext dieser Erfahrung können hierbei festlegen, ob eine erhöhte oder aber verringerte Kortisolfreisetzung auftritt.[674]

Diese ständige Übererregung führt bei Kindern dazu, dass sie ständig vom Gehirn in „Alarmbereitschaft" gehalten werden und somit schneller „ausrasten" und aggressiv reagieren, weil die Verknüpfung im Gehirn eine ruhige Überprüfung der Situation nicht

---

[671] Vgl. Wöller 2006, S. 49; vgl. hierzu LeDoux 1998.

[672] Vgl. Krüger 2008, S. 34.

[673] „Verhaltensbiologen haben gefunden, dass die hohen Spiegel von *Cortisol* im Blut bei anhaltender unkontrollierter Extremstressbelastung zur Auslöschung von Verhaltensweisen führt, die sich als ungeeignet zur Beendigung des Stressreaktionsprozesses erwiesen haben. So werden neue Denk- und Handlungskonzeptionen zur Bewältigung des Dauerstresses erst möglich. Hier zeigt sich wieder, dass auf „mikroskopischer" Ebene die Veränderungen zunächst einem Kompensationsmechanismus zu entsprechen scheinen. Aber diese Veränderungen sind im Außen der Erlebniswelt des Kindes kritisch zu bewerten: Das, was auf psychobiologischer Ebene feinstofflichen Anpassungsmechanismen an Extremstress entspricht, wird auf der Verhaltensebene als Symptom wahrgenommen, weil es unzeitgemäß und aktuell unangepasst erscheint. Die gesamten Regulationsprozesse entsprechen am Anfang im weitesten Sinne zunächst überlebensnotwendigen traumakompensatorischen Mechanismen, die von Gehirnstrukturen im „Notfallprogramm" gestartet werden" (ebd., S. 37).

[674] Vgl. Strüber, Nicole/ Roth, Gerhard. Die Entwicklung von Gehirn und Psyche bei Kindern: Normalität und traumatische Störung. 2012. URL.: http://neurologie-psychiatrie.universimed.com/artikel/ die-entwicklung-von-gehirn-und-psyche-bei-kindern-normalit%C3%A4t-und-tra (Stand: 20.08.2013).

zulässt und dem Gehirn das „Notfallprogramm" vorgegaukelt wird.[675] Wegen des „Hier und Jetzt"- Erlebens des Traumainhalts, der in der Amygdala gespeichert ist, bleibt die Krisenreaktion auch über die Traumasituation hinaus bestehen, bis es zu einer Integration des Geschehenen in das biografische Gedächtnis kommt.[676]

Die exzessive Stimulierung des zentralen Nervensystems zum Zeitpunkt der Traumatisierung kann zu permanenten neuronalen Veränderungen, bspw. diffuse Ängsten, führen. Weiterhin können Menschen auf belastende Erinnerungen mit einer stark erhöhten Herzfrequenz, erhöhter Leitfähigkeit der Haut sowie erhöhtem Blutdruck reagieren. Eine chronische physiologische Erregung kann des Weiteren zu Beeinträchtigungen in der Fähigkeit führen, Emotionen wie z. B. Angst als ein Signal zu nutzen um sinnvolle Handlungen auszuführen. Die Unterscheidungsfähigkeit von relevanten und irrelevanten Stimuli kann überdies beeinträchtigt werden, sodass affektiv neutrale, aber existenziell relevante Geschehnisse weniger Beachtung finden. Konsequenz dieses relativen Mangels an Reaktionsbereitschaft ist, dass traumatisierte Kinder mehr Anstrengung und Zeit aufbringen müssen, um auf gewöhnliche Erlebnisse zu reagieren. Im Hinblick auf die kindliche Entwicklung ist es v. a. D. das Defizit in der Frontalhirnentwicklung, das gravierend ist. Dieser Bereich ist zuständig für die Entwicklung des Selbstbildes, die Fähigkeit zur Impulskontrolle sowie für die soziale und emotionale Kompetenz.[677] Nach Gerald Hüther sind hier die das Trauma korrigierende Erfahrungen anzusiedeln: Die moderate Aktivierung der emotionalen Zentren durch verlässliche Beziehungen, durch Neugier, Spiel sowie Erfahrungen von Selbstkompetenz etc.[678]

Es herrscht jedoch die Auffassung, dass strukturelle Veränderungen im Gehirn aufgrund spezifischer Erfahrungen bis ins hohe Alter möglich sind.[679] Diese Tatsache und die vorherigen Befunde bzgl. der tiefgreifenden Auswirkungen in die Entwicklung der betroffenen Kinder und Jugendlichen lassen erkennen, dass präventive und kompensatorische Maßnahmen so früh wie möglich getroffen werden müssen.[680]

---

[675] Vgl. Krüger 2008, S. 54f.
[676] Vgl. Rießinger 2011, S. 5.
[677] Vgl. Weiß. Philipp sucht sein Ich. 2013, S. 60f.
[678] Vgl. Hüther, Gerald. und nichts wird fortan sein wie bisher. Die Folgen traumatischer Kindheitserfahrungen für die weitere Hirnentwicklung (S. 20-34), in: PAN Pflege- und Adoptivfamilien NRW e. V. (Hrsg.). Traumatisierte Kinder in Pflegefamilien und Adoptivfamilien PAN. Ratingen 2002.
[679] Vgl. Hüther, Gerald. Bedienungsanleitung für ein menschliches Gehirn. Göttingen 2012, S. 11.
[680] Vgl. Strüber/ Roth 2012.

Teil C

4) Der pädagogische Umgang mit Traumata bei Kindern und Jugendlichen

„Das traumatisierte Kind ist auch im pädagogischen Alltag ein traumatisiertes Kind."[681]

4.1) Psychisch belastete und traumatisierte Kinder und Jugendliche in der stationären Jugendhilfebetreuung

„Jegliche Art von Heimerziehung in der Jugendhilfe bedeutet die Betreuung von Menschen mit erheblichen psychosozialen Belastungen und Typ-II-Traumatisierung."[682]

Als relativ intensive Hilfemaßnahmen stehen nach dem Kinder- und Jugendhilfegesetz stationäre und teilstationäre Hilfen zur Verfügung. In der Bundesrepublik befinden sich ca. 80.000 Kinder und Jugendliche in der stationären Jugendhilfe (Heimerziehung oder sonstigen betreuten Wohnformen),[683] ca. 16.000 werden in Tagesgruppen betreut. Immer mehr Jungen und Mädchen werden jährlich in Obhut genommen, rund 40.200 waren dies im Jahr 2012, so viele wie nie zuvor.[684]

Es ist davon auszugehen, dass mehr als die Hälfte der betreuten Kinder und Jugendlichen traumatische Erfahrungen im Sinne von Misshandlungs-, Missbrauchs- und Vernachlässigungserlebnissen haben.[685] Diese Heranwachsenden in der (teil-)stationären Jugendhilfe sind oftmals kumulierten psychosozialen Belastungen in ihrer Entwicklung ausgesetzt gewesen und haben daher ein hohes Risiko, selbst kinder- und jugendpsychiatrische Störungsbilder zu entwickeln: Eine Ulmer Heimkinderstudie konnte hierzu zeigen, dass mehr als die Hälfte der in der stationären Jugendhilfe betreuten Kindern und Jugendlichen unter behandlungsbedürftigen psychischen Störungen leiden, mehr als ein Drittel sogar an mehreren, stark ausgeprägten, was

---

[681] Weiß. Philipp sucht sein Ich. 2013, S. 184.

[682] Jaritz, Wiesinger, Schmid. Traumatische Lebensereignisse bei Kindern und Jugendlichen in der stationären Jugendhilfe, in: Trauma und Gewalt, 4. 2008.

[683] Jeden Tag gelangen 87 Kinder und Jugendliche in die stationäre Jugendhilfe [vgl. Schmid, Marc. Umgang mit traumatisierten Kindern und Jugendlichen in der stationären Jugendhilfe: „Traumasensibilität" und „Traumapädagogik" (S. 36-60), in: Fegert/ Ziegenhain/ Goldbeck 2010, S. 36].

[684] In: Schaible, Ira. Heim als letzter Ausweg. In: Offenbach Post vom 08.08.2013, S. 2. Vor allem der Ausbau der ambulanten Hilfen führt dazu, dass vermehrt Kinder mit psychosozialen Belastungen in stationäre Hilfen kommen (vgl. Schmid 2010, S. 36f.).

[685] Meltzer, Howard/ Corbin Tania/ Gatward, Rebecca/ Goodmann, Robert/ Ford, Tamsin. The mental health of young people looked at by local authorities in England. Summary report. London 2003, z. n. Fegert, Jörg M. Umfeldbezogene Maßnahmen (S. 81-88), in: Remschmidt, Helmut/ Mattejat, Fritz/ Warnke, Andreas (Hrsg). Therapie psychischer Störungen bei Kindern und Jugendlichen. Ein integratives Lehrbuch für die Praxis. Stuttgart 2008, S. 87.

vermutlich die Folgen früher Störungen der Bindungsbeziehung und früher Traumatisierungen sind.[686]

Wenn traumatisierte Kinder oder Jugendliche in eine (stationäre) Einrichtung der Erziehungshilfe kommen, kann dies oft zunächst als erste und beste Lösung und sogar als protektiver Faktor angesehen werden, da sie aus der Gefahrenzone, wenn bspw. Misshandlungen in der Familie gegeben waren, geholt werden: Nun wird sich um sie gekümmert, sie erhalten regelmäßige Verpflegung und befinden sich in einer Lebensumgebung, in der sie wahrgenommen und mit ihnen in Kontakt getreten wird – Faktoren, die sie bis dato kaum kannten. Doch die Gewährleistung dieser doch nur banalsten Veränderungen reicht auf lange Sicht bei weitem natürlich nicht aus: Als wirklicher Schutzfaktor kann die Unterstützung in den Erziehungshilfen erst dann fungieren, wenn es gelingt, die Hinweise der Kinder auf Traumatisierung wahrzunehmen, diese möglichst früh zu unterbinden und besprechen zu können. Therapieerfahrungen, das Nachholen eines Schulabschlusses sowie ein positives sozial-emotionales und normorientiertes sowie strukturiertes Erziehungsklima im Heim stellen weitere wesentliche Beiträge zu einer positiven Entwicklung dar.[687] Die Korrektur der dargestellten Beeinträchtigungen ist erst dann möglich, wenn im Rahmen der Unterbringung außerhalb der Familie gute, transparente und zuverlässige Bindungen entstehen und Selbstbildungsprozesse unterstützt werden. Maßgeblich trägt zu dem Aufbau dieser Bindungen v. a. D. das Verständnis von Seiten der PädagogInnen über die Reaktionen auf die traumatischen Erfahrungen als Überlebensstrategien bei.[688]

Sowohl die Diagnose und Behandlung, als auch der effiziente pädagogische Umgang mit Traumata bei Kindern und Jugendlichen setzen insgesamt ein Wissen über den körperlichen, kognitiven und psychosozialen sowie emotionalen Entwicklungsstand des Kindes oder Jugendlichen sowie traumapsychologischer Grundbegriffe voraus (vgl. Kapitel 2 und 3). Die Kenntnisse über unterschiedliche Traumata und deren Folgen und nicht zuletzt die Erkenntnisse der Bindungsforschung, der Neurobiologie sowie über Schutzfaktoren erleichtern diese Herangehensweise.[689] Das Leben in stationären

---

[686] Vgl. Ziegenhain, Ute. Traumabezogene Aspekte in Kinder- und Jugendgesundheit aus der Sicht der Jugendberichtskommission zum 13. Kinder- und Jugendbericht (S. 27-35), in: Fegert/ Ziegenhain/ Goldbeck 2010, S. 31. Klinische Fragebögen, wie sie zur psychometrischen Diagnostik in der Kinder- und Jugendpsychiatrie/-psychotherapie eingesetzt werden, konnten ergeben, dass über 70% der Heimkinder ein klinisch auffälliges Ergebnis zeigten. Über 30% erreichten ein derart auffälliges Resultat, wie sie weniger als 2% der Kinder aus der Allgemeinbevölkerung zeigen (vgl. Schmid 2010, S. 36f.) (vgl. Kapitel 1).
[687] Vgl. Weiß. Philipp sucht sein Ich. 2013, S. 81ff.
[688] Vgl. ebd.
[689] Vgl. Krüger/ Reddemann 2007, S. 36. Aus diesem Grund war es ein Anliegen von mir, auf diese Aspekte

Einrichtungen der Jugendhilfe kann für die betroffenen Kinder und Jugendliche umso mehr zum protektiven Faktor werden, je mehr es gelingt, dieses Wissen in Sozialpädagogik, Pädagogik und Therapie zur Traumabewältigung zu nutzen.[690]

4.2) Die Wurzeln der Traumapädagogik

Die Wurzeln der Traumapädagogik reichen bis weit zu den reformpädagogischen Ansätzen des 19. Jahrhunderts zurück. Doch auch die Heil- und Behindertenpädagogik, die psychoanalytische Pädagogik sowie milieutherapeutische Konzepte gelten als weitere wichtige Bausteine, weswegen insgesamt nur wenige Inhalte der Traumapädagogik neu sind, sodass in ihr „das Rad nicht neu erfunden werden" muss.[691]

In den letzten Jahren haben die Erkenntnisse aus dem Bereich der Psychotraumatologie immer mehr Einfluss auf die therapeutische Arbeit mit Kindern genommen. Doch aufgrund der Tatsache, dass traumatisierte Kinder die Folgen ihrer Traumatisierung nicht nur in den Therapiestunden zeigen, sondern auch in ihrem Lebensumfeld (vgl. Kapitel 1), wurde die Dringlichkeit einer pädagogischen Haltung, die auch die aktuellen Forschungserkenntnisse berücksichtigt, immer größer.[692] Über die Adaption therapeutischer Module in den pädagogischen Ansatz hinaus, entstand schnell die Notwendigkeit eigener fachlicher Lösungsansätze, die sich mit zentralen Fragen befassen wie:

> Wie kann der Umgang mit traumatisch belasteten Mädchen und Jungen in pädagogischen Arbeitsfeldern methodisch gestaltet werden? Wie können PädagogInnen z. B. in der Jugendhilfe auf die Bindungsmodelle der Mädchen und Jungen und die Übertragungen traumatischer Erfahrungen reagieren und sie in ihrer Entwicklung gut unterstützen?[693]

Aus den Kenntnissen der Psychotraumatologie und Psychoanalyse, der Neurophysiologie und der Erziehungswissenschaften, der Bindungs- und Resilienzforschung sowie verschiedener therapeutischer Disziplinen entstanden somit nach und nach traumapädagogische Konzepte und Handlungsweisen.[694] Diese werden in ihrer Komplexität heute als eigenständige Fachrichtung der Traumapädagogik verstanden.[695] Handlungsleitung ist die Frage: „Was macht traumatisch belastete Mädchen und Jungen in einem ganz-

---

in den Kapiteln 2 und 3 besonders intensiv einzugehen.

[690] Vgl. Weiß. Philipp sucht sein Ich. 2013, S. 82f.

[691] Vgl. ebd., S. 93ff.

[692] Vgl. Hüsson, Dorethea. Traumatisierte Kinder im pädagogischen Alltag. Leitartikel aus dem Jahresbericht 2010 von Wildwasser Esslingen e.V., S. 1.

[693] Bausum, Jacob/ Besser, Lutz/ Kühn, Martin/ Weiß, Wilma (Hrsg.). Traumapädagogik. Grundlagen, Arbeitsfelder und Methoden für die pädagogische Praxis. Weinheim/ München 2013, S. 7f.

[694] Vgl. Rießinger 2011, S. 7. In diesem Sinne ist Traumapädagogik keine eindimensionale Betrachtungsweise, sondern ist als Sammlungsbegriff vom entsprechender Konzeptionen und Erklärungsmodellen zu verstehen (vgl. Bausum/ Besser/ Kühn/ Weiß 2013, S. 8)

[695] Vgl. ebd.

heitlichen Verständnis wieder selbstsicher und stark?"[696] Traumapädagogik" kann somit als die konsequente Anwendung des aktuellen Wissensstandes über die Auswirkungen sowie Symptome von Traumata zur Gestaltung des sozialpädagogischen Alltags, zur Gewährleistung eines stabilisierenden, „sicheren" Milieus in der Wohngruppe und bei Besuchskontakten „sowie zur gezielten, individuellen heilpädagogischen und erlebnis-pädagogischen Förderung in den prototypischen Problembereichen von traumatisierten Kindern und Jugendlichen" verstanden werden.[697]

Inzwischen hat sich die neue Fachdisziplin Traumapädagogik[698], ausgehend von der stationären Jugendhilfe, in verschiedenen anderen pädagogischen Arbeitsfeldern etabliert, wo psychotraumatologisches Wissen zunehmend an Bedeutung und Gewicht gewinnt, wie z. B. in der Primarerziehung, der Bildung und Behindertenhilfe.[699]

Hervorzuheben ist, dass die traumapädagogische Sichtweise nicht nur allein die pädagogische Begegnung von Kind und PädagogIn betrachtet, sondern zum gleichen Teil die Handlungssicherheit der pädagogischen Fachkräfte selbst, sowie die institutio-nellen Strukturen der Einrichtung[700] – all diese Faktoren sollen auch in diesem Kapitel betrachtet werden um so den Inhalten der Traumapädagogik gerecht zu werden.

4.3) Aufgabe und Notwendigkeit der traumabezogenen Pädagogik

„Kinder besitzen erstaunliche Kräfte, sich zu entwickeln. Sie brauchen Verbündete, die sie stärken, Verbündete, die sie schützen, und Verbündete, die sie auf ihrem Weg in eine selbstbestimmte Zukunft begleiten."[701]

4.3.1) Gründe für einen pädagogischen Zugang

Es lassen sich verschiedene Gründe für die Notwendigkeit eines pädagogischen Zu-gangs zum Umgang mit Traumata zusammentragen:

---

[696] Vgl. ebd.
[697] Schmid, Marc/ Wiesinger, Detlev/ Lang, Birgit/ Jaszkowic, Karol/ Fegert, Jörg M. Ein Plädoyer für die Entwicklung und Evaluation von traumapädagogischen Handlungskonzepten in der stationären Jugendhil-fe (S. 330-357), in: KONTEXT 37, 4. Göttingen 2007, S. 333f.
[698] Die aus verschiedenen Überlegungen in Einrichtungen der Kinder- und Jugendhilfe, in Fortbildungen und auf Fachtagungen etc. entstandenen Begriffe wie traumabezogene Pädagogik, pädagogischer Umgang mit Traumata etc. entstanden 2008 ersetzt durch „Traumapädagogik" (Weiß. Philipp sucht sein Ich. 2013, S. 89).
[699] Vgl. Schmid u. a. 2007, S. 333f.
[700] Vgl. Bausum/ Besser/ Kühn/ Weiß 2013, S. 8.
[701] Weiß. Philipp sucht sein Ich. 2013, S. 83.

1. Grund: Die Geschichte der Heimerziehung

Die Geschichte der Heimerziehung des 20. Jahrhunderts ist eine Geschichte von Trauma und Retraumatisierung – wie durch zahlreiche Veröffentlichungen und Medienberichten über Biografien ehemaliger Heimkinder[702] verdeutlicht wurde – und stellt deswegen ein schweres Erbe dar. Denn obwohl dies der Vergangenheit angehört, hat sich auch die gegenwärtige Jugend- und auch Behindertenhilfe einer kritischen Analyse zu stellen, da es bis heute nur selten eine gründliche Aufarbeitung der gescheiterten Hilfemaßnahmen vor Ort gibt. Mit der Frage nach dem „Scheitern" eines Betreuten geht auch die Frage des „Scheiterns" der Betreuungspersonen mit einher; allzu oft fällt hier die Antwort jedoch einseitig zu Ungunsten des Betreuten aus. Notwendig ist hier eine objektive und kritische Klärung. Traumapädagogische Konzepte richten sich gegen die Tabuisierung von zwischenmenschlicher und institutioneller Gewalt, die auch leider heute noch in Einrichtungen der Jugend- und auch Behindertenhilfe, wenn sie auch oftmals anders und subtiler als noch vor Jahrzehnten vonstattengeht, Realität ist.[703]

2. Die „vergessenen" Klassiker der pädagogischen Fachliteratur

Einige Klassiker der pädagogischen Literatur[704] liefern zahlreiche Beschreibungen von kindlichen Verhaltensweisen, die heute teilweise als Symptome von traumabezogenen Stressreaktionen beschrieben werden könnten – wie ansatzweise auch Kapitel 3.2 zeigen konnte. Diese Texte stellen somit eine wichtiges Basiswissen für die traumabezogene Arbeit in der Pädagogik dar und haben, trotz damaliger Beschreibung, nach wie vor erstaunliche Aktualität: Auch zu dieser Zeit brachten die Autoren zum Ausdruck, dass es auch in der Pädagogik eine Notwendigkeit ist, bisher Unverstandenem mit forschender Neugier zu begegnen.[705]

3. Der interdisziplinäre Diskurs

Die Pädagogik „lebt seit jeher von der Offenheit zu ihren Nachbardisziplinen (Medizin, Psychologie, Soziologie, aber auch Anthropologie, Theologie u. a.), deren Erkenntnisse sie im Sinne einer Reflexions- und Handlungswissenschaft für sich zu nutzen sucht".[706]

---

[702] Vgl. hierzu z. B. Wensierski, Peter. Schläge im Namen des Herrn: Die verdrängte Geschichte der Heimkinder in der Bundesrepublik. München 2007.

[703] Vgl. Kühn, Martin. „Macht Eure Welt wieder mit zu meiner!". Anmerkungen zum Begriff der Traumapädagogik (S. 24-37), in: Bausum/ Besser/ Kühn/ Weiß 2013, S. 25f.

[704] Z. B. Korczak, Janusz. Wie man ein Kind lieben soll. Göttingen 1998; Redl, Fritz/ Wineman, David. Kinder, die hassen. München 1984 u. a., in: Kühn 2013, S. 26.

[705] Vgl. Kühn 2013, S. 26.

[706] Kühn, Martin. „Wir können auch anders!" – Anmerkungen zu einem interdisziplinären Verständnis von Trauma und Kindheit in der Pädagogik. Manuskript des Seminar „Traumata und die Folgen – posttraumatische Belastungsstörungen als Herausforderung für die Jugendhilfe an der Schnittstelle zur Psychiatrie" Vortrag Sozialakademie Silberbach, 2007. Verfügbar unter: www.traumapaedagogik.de (Stand:

Insbesondere die Erkenntnisse der neurophysiologischen Forschung erlangten in den letzten Jahren Bedeutung für die pädagogische Praxis. Die traumapädagogische Praxis hat sich auf diese Kenntnisse bezogen, da sie das bisher Unverständliche im Verhalten eines traumatisch belasteten Kindes oder Jugendlichen erklären und hierdurch Verständnis sowie neue Handlungsräume von Seiten der Fachkräfte eröffnet werden. Auch ist der interdisziplinäre Austausch und Diskurs zwischen Pädagogik, Psychotherapie und Psychiatrie gewinnbringend, da eine reine Fokussierung auf das traumatherapeutische Feld neben der Blockade und Entwertung der pädagogischen Fachkompetenz auch auf wichtige (heil-)pädagogische Faktoren verzichtet werden würde, weil die Pädagogik selbst einen nicht zu unterschätzenden Wirkungsraum zur Bewältigung von traumatischen Erlebnissen besitzt. Die Traumapädagogik ist somit ein (heil-)pädagogischer Ansatz zur Stabilisierung und Förderung von traumatisierten Kindern und Jugendlichen und stellt eine notwendige Voraussetzung, Begleitung sowie Ergänzung eines entsprechenden Therapieprozesses dar. Somit ist ein enger interdisziplinärer Diskurs unabdingbar.[707]

Das Verhältnis von Psychotherapie und Pädagogik:

Psychotherapie und Pädagogik sind zwei unterschiedlich organisierte und strukturierte Arbeitsbereiche, weisen aber dennoch zahlreiche Berührungspunkte und Überschneidungen auf. Sie setzen in der Lebenspraxis von Einzelindividuen und Gruppen an und versuchen, auf „bessere Lösungen" hinzuarbeiten. Die Lösungswege orientieren sich an den gemeinsamen Zielsetzungen: Selbstwert und soziale Kompetenzen entwickeln, Sinn- und Wertorientierungen ermöglichen sowie Zukunftsperspektiven eröffnen. Psychotherapeutische und pädagogische Arbeit bei traumatisierten Kindern und Jugendlichen geht sowohl von den Beeinträchtigungen als auch von den Ressourcen der Kinder und Jugendlichen in ihrer Lebenswelt aus und zielt auf konstruktive und produktive Teilhabe an Kultur und Gesellschaft.[708] Im Gegensatz zur traumazentrierten Psychotherapie, die i. d. R. eine Traumabearbeitung umschließt, ist das vorrangige Ziel der Traumapädagogik und Traumazentrierten Fachberatung die *Stabilisierung* des Klienten – z. B. um ihn in die Lage zu versetzen, sein Trauma auf dieser Basis nach und nach von selbst verarbeiten zu können oder um ihn auf eine traumabearbeitende Psychotherapie vorzubereiten oder aber, weil sich aufgrund spezifischer Bedingungen des Klienten (z. B. geringe seelische Belastbarkeit) die professionelle Hilfe allein auf

---

10.07.2013), S. 11.
[707] Vgl. Kühn 2013, S. 26f. Aus diesem Grund wurde die vorliegende Arbeit ebenfalls interdisziplinär gestaltet und Erkenntnisse aus Biologie, Psychotraumatologie, Entwicklungspsychologie etc. mit einbezogen.
[708] Vgl. Krall 2007, S. 12ff.

stabilisierende Maßnahmen beschränken muss.[709] Vor Augen gehalten werden muss
sich hierbei auch nochmal, dass die Beeinträchtigungen durch traumatische Erfahrungen
im Alltag wirken und somit diese Betroffen auch im Alltag versuchen, diese zu bewältigen. Hierin kann die Pädagogik wirksam unterstützen.[710]

Die Zusammenarbeit von Pädagogik und Therapie gestaltet sich jedoch häufig problematisch, da sich viele PädagogInnen durch die therapeutische Arbeit nicht nennenswert bei
der Bewältigung ihrer erzieherischen Aufgaben unterstützt fühlen. Auf der einen Seite gibt
es PädagogInnen, die bemängeln, dass eine Außenkontrolle der Therapie nicht möglich sei
und die TherapeutInnen von ihnen verlangen, dass sie sich mehr auf die Erfordernisse
einstellen sollen, die sich aus dem jeweiligen Therapieverlauf ergeben; auf der anderen
Seite gibt es einige TherapeutInnen, die darüber klagen, dass sie von der Hilfeplanung
ausgeschlossen werden und keinerlei Austausch erwünscht sei. Scheinbar sind dies Ergebnisse einer nicht ausreichenden Kooperation von Therapie und Pädagogik.[711] Doch sowohl
eine Überbewertung der Therapie oder auch eine strikte Trennung von Therapie und
Pädagogik führen zur Vernachlässigung der Chancen eines offenen Umgangs mit Traumata. Insgesamt ergänzen sich jedoch Traumapädagogik und –therapie in ihrer Wirkung,[712]
sodass zur Minimierung der Belastungen durch Traumata die Adaption von therapeuti-
schem Know-How in die Pädagogik erforderlich ist.[713] Die TherapeutInnen können nicht
die pädagogischen Aufgaben und Standards für die PädagogInnen formulieren und umgekehrt. Ein gleichberechtigtes Miteinander ist somit nötig.[714]

---

[709] Vgl. Zahlner, Ulrike. Fachartikel Trauma (o. O., o. J.), S. 9.

[710] Weiß. Philipp sucht sein Ich. 2013, S. 85f.

[711] Thiersch postuliert über das schwierige Verhältnis von Pädagogik und Therapie folgende Punkte: -
Therapie ist verführt, was sie nicht versteht, als Krankheit zu interpretieren mit der möglichen Folge der
Demütigung oder Entwürdigung. -Die Aufmerksamkeit wird für die Arbeit des Individuums an sich
okkupiert, die gesellschaftlichen Strukturen bleiben unerörtert. -Die in einer offenen und vielfältigen
Alltäglichkeit angelegten Chancen einer Hilfe zur Selbsthilfe bleiben unbeachtet und erscheinen als
minderwertig. -Die Orientierung von Professionen wie Psychiatrie und Therapie am Behandlungs- und
Krankheitsmodell wirkt im Sinne der Pathologisierung. Dissozialität im Vergleich zur als Notwehr
anerkannte Verhaltensweisen abschreckend. -PädagogInnen sind versucht, die Leiden der Kinder an die
Therapie zu delegieren. -Sie selbst schauen bewundernd auf die therapeutische Profession [Thiersch,
Hans. Die gesellschaftliche Funktion der Therapeutisierung der Heimerziehung (S. 6-23), in: Birtsch/
Blandow (Hrsg.). Pädagogik, Therapie, Spezialistentum. Beiträge zur IGfH-Jahrestagung 1979 „Alltag
der Erziehung – Therapie im Alltag". Frankfurt 1979, z. n. Weiß. Philipp sucht sein Ich. 2013, S. 167].

[712] Vgl. Biberacher, Marlene. Traumapädagogik (S. 283-308), in: Beckrath-Wilking/ Biberacher/ Dittmar/
Wolf-Schmid 2013, S. 285.

[713] Vgl. Weiß. Philipp sucht sein Ich. 2013, S. 166.

[714] „Dabei muss den PädagogInnen die Entscheidung überlassen werden, welchen Nutzen die Pädagogik aus
der Psychotraumatologie und den therapeutischen Diszpilinen ziehen kann. Sinnvoll scheint ein Dialog
auf Augenhöhe zu sein, ein Dialog über Traumapädagogik, der nicht von Therapeuten, Ärzten und
Wissenschaftlern dominiert wird" (ebd., S. 169).

4. Die alltägliche „Wirklichkeit" in der stationären Jugend- und Behindertenhilfe

In der stationären Jugendhilfe kommt es bei Kindern und Jugendlichen, die keine sozial anerkannten Bewältigungsstrategien für stark belastende Gewalterfahrungen in ihrer Biografie erlebt haben, immer wieder zu Abbrüchen bzw. Wechseln von Jugendhilfemaßnahmen („Reaktionskette in der Eskalation der Hilfen"[715]).[716] Oft entwickelt sich zunächst eine gestörte Gruppenatmosphäre, irgendwann „sprengt das Kind die Gruppe" und die BetreuerInnen fühlen sich überfordert. Wenn einzelne Maßnahmen in der Jugend- oder Behindertenhilfe in konflikthaften Phasen ins Stocken kommen, ist ein oft beobachtbarer Prozess, dass die Frage aufkommt, ob die/ der Betreute in der Einrichtung richtig ist, ob dies die richtige Adresse für sie/ ihn ist etc.[717] In diesen pädagogischen Sinnkrisen zeigt sich dann das angesprochene Ungleichgewicht zwischen den beteiligten Professionen, da hier primär Lösungen von der Psychotherapie oder Psychiatrie erwartet werden, da die eigene erlebte Ratlosigkeit (von Seiten der Pädagogik) als übermächtig erscheint. Zwar ist der Wunsch nach Therapie zunächst richtig und sehr sinnvoll, kann aber für einen pädagogischen Prozess dann problematisch werden, wenn der Fall dann künftig als ein rein psychiatrisch/ psychotherapeutischer Fall angesehen wird. Doch wenn sich die Pädagogik wiederum zu sehr hiervon zurückzieht und keine gemeinsame Falldefinition zwischen dem pädagogischen Team und der Psychotherapie gelingen kann, so gilt prinzipiell die Therapie aus Sicht des Teams als gescheitert, da sich das Alltagsverhalten des Kindes durch die Therapie i. d. R. nicht rasch genug verändern wird. Wenn es jedoch nicht (schnell genug) zu Veränderungen kommt, so wird voreilig für eine Verlegung des Jugendlichen auf eine andere Einrichtung plädiert oder sogar ein stationärer Aufenthalt in der Kinder- und Jugendpsychiatrie angestrebt, oft mit dem Auftrag zu überprüfen, ob das bisherige Setting denn für dieses Kind/ diesen Jugendlichen geeignet ist. Meist ist die Konsequenz, dass der Heranwachsende in ein von den strukturellen Rahmenbedingungen kaum zu unterscheidendes pädagogisches Setting der Jugendhilfe verlegt wird. Grund hierfür ist nicht zuletzt, dass die wenigen wesentlich intensiveren Betreuungssettings sehr rar und oft derart gefragt sind, dass viele Kinder und Jugendliche, die einen solch intensiven Betreuungsbedarf aufweisen, abgelehnt werden müssen.[718]

---

[715] Kühn, Martin. Bausteine einer „Pädagogik des Sicheren Ortes". Fachtagung „(Akut)traumatisierte Kinder und Jugendliche in Pädagogik und Jugendhilfe". Merseburg, 17./18.02.2006. URL: http://www.hs--merseburg.de/~ benecken/publikationen/martin_kuehn.pdf (Stand: 30.08.2013).

[716] Vgl. Schmid 2010, S. 39. Vgl. hierzu exemplarisch *Abb. 21) Fallvignette: ambulante und stationäre Jugendhilfemaßnahmen und kinder- und jugendpsychiatrische Behandlung im Verlauf* im Anhang, S. 273.

[717] Vgl. ebd.

[718] Diese häufigen Institutionswechsel binden viele Ressourcen in den Jugendämtern und führen somit

Diese „Eskalation der Hilfen" ist nicht selten das Resultat davon, dass die pädagogische Arbeit mit traumatisch belasteten Kindern und Jugendlichen die Fachkräfte häufig vor große Probleme stellt, die sich oft mit den herkömmlichen Herangehensweisen und Methoden nicht lösen lassen. In einigen Einrichtungen werden zwar bereits traumapädagogische Konzepte/ Methoden nach und nach entwickelt und umgesetzt, doch in vielen anderen Einrichtungen wird eben primär die therapeutische Intervention als Behandlungsmöglichkeit angesehen und die Möglichkeiten der Pädagogik im Traumakontext oft nicht betrachtet. Für die Mädchen und Jungen hat dies jedoch zum Teil tragische Folgen,[719] da z. B. Umstände wie traumaspezifische Reinszenierungen, Anlässe für Retraumatisierungen oder Sekundärschädigungen aufgrund nicht ausreichendem Fachwissen und fehlenden Handlungsmöglichkeiten nicht erkannt werden.[720] Auch droht auf Seiten der PädagogInnen eine steigende Überforderung mit den von den Betroffenen gezeigten Überlebensstrategien, ihrer Art, auf Beziehungsangebote der Betreuenden zu reagieren, der Übertragung traumatischer Erfahrungen auf heute sowie ihren Versuchen der Stressregulation (vgl. Kapitel 3.7.1.1 und 3.7.2).[721]

4.3.2) Die Traumapädagogische Perspektive: Pädagogik als Hilfe zur Traumabewältigung

Eine pädagogische Unterstützung bietet der Traumabearbeitung viele Chancen, da die PädagogInnen den Betroffenen zur kognitiven Neuordnung[722] ihrer Geschichte verhelfen können.[723] Auch bietet die Pädagogik die Möglichkeit zur Unterstützung bei der Korrektur behindernder Selbstbilder und Verhaltensweisen und kann eine Orientierungshilfe für eine relativ selbstbestimmte Zukunft sein – Aspekte, die durch Traumata ggf. eingeschränkt oder zerstört wurden, wie Kapitel 3.7.2 zeigen konnte. Eine pädagogische Intervention kann der psychischen sowie sozialen Stabilisierung von traumatisierten Kindern und Jugendlichen dienen, ihre Eigeninitiative fördern, Isolationen

---

[719] letztlich zu höheren Kosten im Rahmen des Jugendhilfesystems (vgl. ebd.).
„Anstatt die Möglichkeiten von Pädagogik und Therapie zur Korrektur der Folgen traumatischer Lebensumstände zu nutzen, wird zum Teil hilflos an den Symptomen der Mädchen und Jungen herumgedoktert" (Weiß. Philipp sucht sein Ich. 2013, S. 85).
[720] Vgl. ebd.
[721] Vgl. Schmid 2010, S. 39ff.
[722] Der Zugang zum Frontalhirn ist beeinträchtigt. Nötig sind erwachsene Bezugspersonen, die zeitweise die Funktion des Frontalhirns einnehmen bzw. Kinder und Jugendlichen darin unterstützen, das Denken, Fühlen und ihre Empfinden wieder zu verbinden. Neurophysiologisch bedeutet Traumapädagogik also: „Das Frontalhirn (das Denken) in o. b. Situationen reanimieren; das Frontalhirn in Kontakt mit der Amygdala (Fühlen) und umgekehrt; die Sensibilisierung für Körperempfindungen und Gefühlen erhöhen; die Zusammenarbeit von Denken (Frontalhirn) und Fühlen (Amygdala) trainieren" [Weiß, Wilma. Selbstbemächtigung – ein Kernstück der Traumapädagogik (S. 167-181), in: Bausum u a. 2013, S. 169)].
[723] Vgl. Weiß. Philipp sucht sein Ich. 2013, S. 86.

aufheben, den Zugang zu Bildung ermöglichen und ihnen „Spielräume" zur Selbstfindung anbieten.[724] Hervorzuheben ist des Weiteren, dass eine traumapädagogische Sichtweise die auslösenden gewaltbezogenen Ursachen und Faktoren explizit mit einbezieht und somit die dysfunktionalen Reaktionen der Betroffenen auf die traumatischen Lebenserfahrungen nicht als Ausdruck von individueller pathologischer Bedingtheit[725] gesehen werden, sondern als entwicklungslogische und sinnhafte Verhaltensweise auf destruktive und existenzbedrohende Umweltbedingungen (vgl. Kapitel 3.7.1).

Gerade aus diesem Punkt ergibt sich, dass für den traumapädagogischen Diskurs festgehalten werden muss, dass es nicht nur um die pädagogische Kernarbeit geht, sondern hierüber hinaus auch der soziale Kontext der zerstörerischen Lebensumfelder der Kinder und Jugendlichen (Armut, Gewalt, Entrechtung usw.) sowie das gesellschaftspolitische Feld (Bildung, Soziales usw.) mit hinzugezogen werden müssen. Somit ist die Traumabearbeitung auch immer eine politische und gesamtgesellschaftliche Angelegenheit.[726]

Nach Wilma Weiß lassen sich insgesamt folgende Grundlagen bzw. Ziele der Traumapädagogik festhalten:

- Veränderungen von dysfunktionalen Einstellungen und Überzeugungen
- Möglichkeiten das Geschehene in die eigenen Lebensgeschichte einzuordnen
- Im Leben, im „Jetzt" einen Sinn finden
- Lernen Körpergewahrsein und Körperfürsorge zu entwickeln
- Mehr Kontrolle über traumatische Erinnerungsebenen zu erlangen
- Vertrauen in Beziehungen zu fassen
- Die Entwicklung einer respektierenden Haltung den eigenen Wunden/Schwierigkeiten/Beeinträchtigungen gegenüber
- Soziale Teilhabechancen erwirken[727]

---

[724] Vgl. ebd., S. 86f.
[725] Im Paradigma der Resilienzforschung steht bspw. nicht etwa die pathogene Wirksamkeit von erfahrenen Traumata im Zentrum der Aufmerksamkeit, sondern vielmehr die Möglichkeit von gelingender Auseinandersetzung mit erschwerten Lebensbedingungen. Heilende Kräfte in der Persönlichkeit des Heranwachsenden oder auch der sozialen Umwelt werden gesucht und dahingehend genutzt, die Risiken langfristiger Schädigungen bereits im Kindesalter etwas Positives entgegensetzen zu können. Im Fokus der Auffassung steht die Überzeugung, dass die innerliche Wahrnehmung und das Gefühl, dass die gegebene Situation eine Struktur und Bedeutung hat und es Möglichkeiten des Handelnden gibt (Kohärenz-Sinn), die Mobilisierung von inneren Kräften anschieben bzw. stärken kann. Wenn dies in einer hilfreichen und stabilen Umgebung passiert, haben traumatisierte Kinder und Jugendliche womöglich das Erleben in einer kontrollierbaren Welt zu sein (vgl. Fooken, Insa/ Zinnecker, Jürgen. Trauma und Resilienz. Chancen und Risiken lebensgeschichtlicher Bewältigung von belasteten Kindheiten. Weinheim/ München 2009, S. 7f.).
[726] Vgl. Bausum/ Besser/ Kühn/ Weiß 2013, S. 8f.
[727] Vgl. Weiß, Wilma. „Traumapädagogik – eine Definition, die Einordnung in die Traumaarbeit, über Haltung und das Konzept der Selbstbemächtigung." Zentrum für Traumapädagogik. 12th European Conference on Traumatic Stress. Wien, 02.-05. Juni 2011.

4.4) Elemente und Aufgaben der Traumapädagogik

Es konnte bereits ansatzweise deutlich werden, dass, um die genannten Ziele der Traumapädagogik überhaupt erarbeiten bzw. erlangen zu können, zahlreiche Inhalte und Aspekte auf verschiedenen Ebenen vonnöten sind – der Einrichtung selbst, also dem äußeren (Schutz-)Raum, der Haltung bzw. „Professionalität" der PädagogInnen, der Institution mit ihrer Leitungsebene und nicht zuletzt der Gesellschaft und Politik. Auf diese Elemente soll in den folgenden Unterkapiteln eingegangen werden und hier, wenn sich diese der Literatur entnehmen lassen konnten, auch praktische Erarbeitungsmöglichkeiten bzw. Beispiele in der pädagogischen Praxis erläutert werden.

4.4.1) Der äußere (Schutz-)Ort

„Faktische äußere Sicherheit, ein Höchstmaß an beruhigenden und Sicherheit fördernden Kontakten und Unterstützung des inneren Sicherheitserlebens tragen zur Heilung bei. "[728]

Wie bereits dargestellt, kann die Aufnahme in einer Einrichtung der Jugendhilfe zunächst eine „Zuflucht" sein und Schutz und Sicherheit für die Heranwachsenden gewährleisten, um pädagogische Korrekturen und therapeutische Aufarbeitung möglich zu machen. Die Einrichtung muss hier einen Schutzraum sowohl vor erneuter Traumatisierungen durch die Eltern (vgl. Kapitel 4.4.6), aber auch durch professionelle Bezugspersonen[729] darstellen.[730] Damit dieser Schutzraum jedoch als solcher fungieren kann, müssen zunächst die Rahmenbedingungen bzw. die Gestaltung des äußeren Ortes stimmen, da der sichere innere Ort einen sicheren äußeren Ort benötigt.[731]

Ein „angemessener" äußerer Ort wird z. B. bestimmt durch die rein strukturellen Rahmen der Einrichtung, also eine verlässliche und regelmäßige Tages- und Wochenstruktur mit überschaubaren und kontrollierbaren Regeln, wo klare und deutliche Konsequenzen existent sind. Auch sollten körperliche Aktivitäten (z. B. Radfahren oder Schwimmen) und Freizeitangebote gefördert und freie Zeit organisiert werden sowie eine aktive bewusste Gestaltung erfolgen. Auf gute Ernährung sollte ebenso geachtet werden wie auf genügend Schlaf (sieben bis neun Stunden); auch das Setzen von positiven sensorischen Reizen (Duftlämpchen, akustische leise Musik, Körperpflege) kann zu einer angenehmen Atmosphäre beitragen. Hierzu muss natürlich eine angemes-

---

[728] Weiß. Philipp sucht sein Ich. 2013, S. 171.
[729] Vgl. hierzu ebd., S. 191ff.
[730] Vgl. ebd.
[731] Vgl. Uhde-Vogt, Birgit/ Vogt, Volker. Traumapädagogik. 2009. Verfügbar unter www.traumapaedagogik.de (Stand: 10.08.2013).

sene Gestaltung des äußeren Ortes, wie Intaktheit von Mobiliar und Material, Ordnung, Sauberkeit und Klarheit und generell keine Zerstörungsatmosphäre gegeben sein. Damit auch eine gewaltfreie Zone vorherrschen kann, müssen Grundregeln wie „keine Gewalt gegen andere", „kein lautes Herumschreien oder Herumbrüllen", „keine verbalen Beschimpfungen, Beleidigungen, Drohungen oder Erpressungen", „keine sexuelle Gewalt, kein Anfassen ohne Erlaubnis" aufgestellt werden.[732]

Auch das Leben in der Gruppe und die Gruppenatmosphäre können korrigierend wirken: Die betroffenen Kinder und Jugendliche benötigen eine Umgebung, in der sie gute Kommunikation lernen können, offen miteinander sprechen können, klare und transparente Strukturen erfahren und den Alltag mitgestalten können. Ihre Gefühle sollen akzeptiert werden und positive Realitätserfahrungen mit Bezugspersonen erfahren werden können. Das Leben in einer Gleichaltrigengruppe kann das „Gleiche unter Gleichen"-Gefühl stärken und somit Gefühle von Schuld und Scham sowie Erfahrungen von Isolation korrigiert werden.[733] Wilma Weiß benennt folgende Elemente einer korrigierenden Gruppenatmosphäre:[734]

Eine korrigierende Gruppenatmosphäre

Reagiert auf...	mit...
Geheimhaltungssystem	offener, direkter Kommunikation; Enttabuisierung von elterlicher Gewalt und von sexueller Gewalt
Schuld	Entlastung
Angst	Sicherheit
Willkür	Transparenz, klaren Strukturen
Ohnmacht, Objekt	Mit- und Selbstbestimmung
Verstecken von Gefühlen	Akzeptanz der Gefühle, Möglichkeiten der Abreaktion
Aufbau von Spannung	spannungsmindernden Aktivitäten
Beziehungslosigkeit	Beziehungsangebot
Isolation	Gruppenerfahrung
Traumatische Erfahrungen	Schutz vor Wiederbelebung durch Stopps bei posttraumatischen Spielen; Einüben von Entspannungsverfahren
Erstarrung	künstlerischen Ausdrucksmöglichkeiten; selbstbestimmten Körpererfahrungen

---

[732] Vgl. ebd.
[733] Vgl. Weiß. Philipp sucht sein Ich. 2013, S. 171ff.
[734] Vgl. ebd., S. 172.

4.4.2) Kontinuierliche Bezüge sichern

„Nach bisherigem Erfahrungswissen kann man davon ausgehen, dass die Korrektur des Verlustes von Vertrauen durch neue positive Erfahrungen über die Verlässlichkeit von Beziehungen der vielleicht wichtigste Ansatzpunkt zur Bearbeitung traumatischer Erfahrungen ist." [735]

Ein angemessener äußerer Ort führt allein selbstverständlich noch nicht zu einem harmonischen und „gewinnbringenden" Miteinander, sondern jeder Ansatz, jeder pädagogische, therapeutische, sozialpädagogische sowie sozialpolitische Ansatz muss zwischenmenschlich von Respekt, Verständnis und der Bereitschaft zur Beziehung geprägt sein. [736]

Kapitel 2.3 konnte bereits umfangreich zeigen, dass die Bindung an eine primäre Bezugsperson und der liebevolle und einfühlsame Umgang von dieser maßgeblich die weitere Entwicklung der Kinder und Jugendlichen bestimmt und lebenswichtig in den ersten Lebensjahren ist. Auch konnte z. B. Kapitel 3.6 zeigen, dass viele Traumata Beziehungstraumata sind, dadurch, dass die Bezugsperson für die Heranwachsenden nicht anwesend war, sie also emotional vernachlässigt wurden oder Gewalt o. ä. durch diese erfahren mussten und hierdurch das Vertrauen und die Zuverlässigkeit zu den Menschen, die ihm als einzige das Überleben sichern konnten, verloren haben. Dadurch, dass sie diese Dinge erlebt haben, mussten sie erfahren, dass ihr Weltbild von einem einst sicheren und verlässlichen Ort in den Grundfesten erschüttert wurde. Die Konsequenz hieraus ist, dass sie sich nirgendwo mehr sicher fühlen, noch nicht einmal „in sich selbst". Somit ist es wichtig, dass sie fortan einen „sicheren (inneren) Ort" und eine kontinuierliche Beziehung erfahren. [737]

Mit ihrem aktivierten Bindungsbedürfnis richten sich die Mädchen und Jungen in ihrer neuen Umgebung an die Pädagogin/ den Pädagogen,[738] mit der Hoffnung, dass sich für

---

[735] Weiß. Philipp sucht sein Ich. 2013, S. 113. Vgl. Hüther 2002.

[736] Vgl. Weiß. Philipp sucht sein Ich. 2013, S. 92.

[737] Für die Betroffenen ist es jedoch meist ein langwieriger Prozess, sich darauf einzulassen, ihre neue Welt als sicher zu begreifen und sie es als lohnend empfinden, wieder Vertrauen zu fassen (vgl. Kühn 2013, S. 31f.)

[738] Gerade in Bezug auf die Zielgruppe muss von vornherein eine gewisse traumapädagogische Haltung gegeben sein, da dies auch z. B. die erste Begegnung bzw. die vorherige Offenheit auf ein Kind und den gelungenen Einstieg in die Zusammenarbeit bzw. Unterstützung gewährleisten kann, auch wenn sie zunächst womöglich die erste Hürde darstellt, die in der pädagogischen Praxis genommen werden muss. Neben dem psychotraumatologischen Wissen setzt diese Haltung die Reflexion des eigenen Menschenbildes voraus und ist letztendlich nur in einer Institution zu leisten, die sich die Implementierung und Pflege dieser traumapädagogischen Haltung durch die größtmögliche Unterstützung der PädagogInnen als ein wichtiges Ziel gesetzt hat (vgl. Weiß. Philipp sucht sein Ich. 2013, S. 92f.). Im Kontakt mit den traumatisierten Kindern und Jugendlichen bedeutet diese Haltung: - Ihre Verhaltensweisen sind normale Reaktionen auf eine extreme Stressbelastung; - sie haben für ihre Vorannahmen, Reaktionen und Verhaltensweisen einen guten Grund; - sie haben in ihrem Leben bislang viel überstanden und geleistet; - wir unterstützen sie bei der Entwicklung eines guten Lebens; - wir stellen unser Fachwissen zur Verfügung (Profis), sie sind die Experten für ihr Leben (ebd., S. 92).

sie womöglich zum ersten Mal in ihrem Leben eine neue Chance zu einer sicheren Bindungserfahrung eröffnet. Zur gleichen Zeit haben sie jedoch große Angst, dass sich ihre schlimmen Erfahrungen von Gewalt und Missbrauch nochmals wiederholen könnten. Insgesamt besteht jedoch durchaus die Chance und Hoffnung, dass bindungsfördernde, feinfühlige Erlebnisse möglich werden: Jede neue Interaktionserfahrung des Kindes mit einer Betreuerin/ einem Betreuer wird neuronal als Muster registriert und abgespeichert. Wenn diese neuen Erfahrungen dann dauerhaft und wiederholbar und von Feinfühligkeit, dialogischer Sprache, prompter Wahrnehmung und korrekter Interpretation der Beziehungssignale gekennzeichnet sind und wenn die Affekte von den PädagogInnen verbalisiert werden sowie feinfühlige, respektvolle Berührungen und Körperkontakt den gesuchten Schutz und Halt bieten, so ist es möglich, dass sich langsam das bindungsgestörte Verhalten ändert und nach und nach auf der neurobiologischen Ebene ein neues inneres Arbeitsmodell von Bindung entsteht.[739] Im besten Fall kann somit eine Entwicklung von der Bindungsstörung zur Bindungsdesorganisation und später zu unsicherer bis sicherer Bindung unterstützt werden, auch wenn dieser Prozess natürlich lange Zeit in Anspruch nimmt. Somit gilt die Möglichkeit, Bindungsverhalten zu reflektieren und ein weniger selbstschädigendes Bindungsverhalten zu entwickeln, als zentraler Bestandteil pädagogischer Arbeit.[740]

John Bowlby[741] hat zur Veränderung dieser Bindungsmodelle fünf therapeutische Aufgaben vorgeschlagen, die Wilma Weiß auf die Pädagogik überträgt:[742]

- Die Pädagogin muss als sichere Basis verfügbar sein
- Er/sie kann die Mädchen/Jungen zum Reden über unbewusste Voreingenommenheiten, Übertragungen alter Bindungsinhalte ermutigen
- Die Mädchen/ Jungen können die Beziehung zu den PädagogInnen überprüfen
- Und aktuelle Wahrnehmungen und Gefühle mit Erfahrungen mit den Eltern und anderen Bezugspersonen von früher vergleichen
- Möglicherweise wird dann die Erkenntnis erleichtert, dass die alten Bindungsmodelle für die Gestaltung des zukünftigen Lebens unangemessen sind bzw. sein werden

Eine akzeptable Alternative für die Kinder kann eine Heimunterbringung also dann sein, wenn es ihnen möglich ist, eine exklusive Beziehung (auch zu den anderen MitbewohnerInnen) aufzubauen. Insgesamt ist ihr Wohlbefinden und ihre Leistungsmöglichkeit, und nicht zuletzt die Bewertung des Heims an sich, von Beziehungen zu den Erziehe-

---

[739] Vgl. Brisch, Karl Heinz. Bindungsstörungen – Grundlagen, Diagnostik und Konsequenzen für sozialpädagogisches Handeln. In: Blickpunkt Jugendhilfe, 3/2006. Vgl. hierzu Brisch Karl Heinz. „Schütze mich, damit ich mich finde". Bindungspädagogik und Neuerfahrungen nach Traumata (S. 150-166), in: Bausum/ Besser/ Kühn/ Weiß 2013, S. 163f.

[740] Vgl. Brisch 2006.

[741] Bowlby, John. Elternbindung und Persönlichkeitsentwicklung. Therapeutische Ansätze der Bindungstheorie. Dexter: Heidelberg 1995, S. 129ff.

[742] Weiß. Philipp sucht sein Ich. 2013, S. 115.

rInnen abhängig. Die aufgebaute exklusive Beziehung kann dann nämlich z. B. auch die Nachteile bzw. Spannungen der institutionellen Bedingungen (Schichtdienst, PädagogInnenwechsel, Beziehung als Broterwerb) teilweise ausgleichen und stellt zudem auch den „Transmissionsriemen" zwischen Herkunft und Zukunft (vgl. Kapitel 4.4.3) sowie die Grundlage für Partizipation und Selbstfindung (vgl. Kapitel 4.4.4) dar.[743]

Um es möglich zu machen, dass ein Kind oder Jugendlicher innerhalb einer Einrichtung seine Beziehungs- und Bindungsstrukturen aber überhaupt ändern kann, ist es nötig, dass z. B. auch Entscheidungen über die Unterbringung dem Bedürfnis der Heranwachsenden nach langdauernden Bindungen Rechnung tragen und sich somit die Entscheidungen über den Aufenthalt nach dem Zeitbegriff der Kinder bzw. Jugendlichen und nicht nach dem der Erwachsenen richten. Auch sollte bei der Unterbringung von den vorhandenen Möglichkeiten diejenige gewählt werden, die die Entwicklung des Heranwachsenden am wenigsten beeinträchtigt.[744] Damit kontinuierliche Bezüge gesichert werden können, muss z. B. auch darauf geachtet werden, dass ein plötzlicher Abbruch von Beziehung so weit wie möglich vermieden wird;[745] hierbei bedacht werden sollte auch, dass eine ausreichend stabile Zusammensetzung des Betreuerteams ebenfalls eine Voraussetzung zur Korrektur bisheriger Lebenserfahrungen für die Heranwachsenden ist.[746]

Um die Veränderung der Bindungsmodelle von Seiten der PädagogInnen gewährleisten und sicherstellen zu können, sind Grundkenntnisse der Bindungstheorie sowie die Reflexion des eigenen Bindungsmodells nötig, sowie Fachkenntnisse der Entwicklungspsychologie und Psychotraumatologie, um das Kind in seinem Verhalten und seinen Bedürfnissen zu verstehen (vgl. Kapitel 4.5.3).[747] Notwendig ist es auch, dass mit

---

[743] Vgl. ebd., S. 118.
[744] Vgl. ebd., S. 119.
[745] Anzumerken ist hier, dass die oft vorhandene Unsicherheit über die Dauer des Verbleibs der Kinder und Jugendlichen und der Trend zu Kurzunterbringungen im Kontext von traumatischen Erfahrungen kontraproduktiv sind (vgl. ebd., S. 118).
[746] Vgl. ebd.
[747] Oft fordern die traumatisierten Kinder jedoch durch bindungsabwertende und/ oder bindungsverstrickte Kommunikation die PädagogInnen heraus, wodurch womöglich deren Reflexionsfähigkeit beeinträchtigt wird und zukünftig bindungsrelevante Situationen vermieden werden, wodurch sich die Kinder wiederum in ihrer Theorie von unzuverlässigen Erwachsenen, bestärkt fühlen. Nötig ist es hier, eine ausreichende Reflexion zwischen den Kindern und den Bezugspersonen zu errichten und hierzu die Unterstützung der professionellen HelferInnen zur Reflexion heranzuziehen. Auch kann womöglich die Übertragung der Aufgaben an zwei PädagogInnen hilfreich sein, wofür jedoch ein „offenes Team" vorhanden sein muss: „Oftmals wird immer noch die Bedeutung der Bindungsperson für die Kinder in Einrichtungen unterschätzt und die Gefahr von Rückschlägen in der Entwicklung der Mädchen und Jungen (z. B. durch lange Urlaube etc.), ungenügend minimiert. Vorsicht und Behutsamkeit bedeuten auch die Akzeptanz der sozialen Ordnung der Kinder und Jugendlichen und damit die Minimierung eines Milieukonfliktes" (ebd., S. 116f.). Eine, die alten negativen Erfahrungen korrigierende, Beziehung zeichnet sich durch Exklusivität, Respekt, Übernahme von Verantwortung sowie Offenheit aus und ist die Basis des Erfolgs von

dem Kind oder Jugendlichen gesprochen und in Kontakt getreten wird, denn durch die Entwicklung eines emotional-orientierten Dialogs kann sich ein Tor öffnen, so dass das traumatisierte Kind nachhaltig Vertrauen zu seiner unmittelbaren (geschützten) Umgebung und den Menschen hierin aufbauen kann.[748]

Beim Eingehen einer exklusiven Beziehung zu den Kindern und Jugendlichen seitens der PädagogInnen muss jedoch beachtet werden, dass sie nicht in die Narzissmusfalle tappen: Traumatisierte Kinder versuchen nämlich häufig, eine exklusive, idealisierende Beziehung zu ihrer Betreuerin/ ihrem Betreuer aufzubauen, die/ der scheinbar all ihre Bedürfnisse erfüllen kann, doch dies ist i. d. R. nicht lange aufrechtzuerhalten. Ist die Bezugsperson nicht achtsam, so kommt es früher oder später zum Bruch. PädagogInnen reagieren dann ggf. mit Gefühlen der Überforderung und ziehen sich aus der eingegangenen Beziehung zurück. Konsequenz hieraus ist, dass es wiederum zu emotionalen Anspannungszuständen und einem erneuten Ausbruch der Symptomatik bei den Kindern oder Jugendlichen kommt (z. B. Aggression) und ihre Bindungsproblematik noch verschärft wird.[749]

Ein weiterer Punkt, der beachtet werden muss, ist die Tatsache, dass Abschiede zwar für alle Kinder schwierig sind, für traumatisierte und bindungsgestörte Kinder jedoch in besonderem Maße belastend. So benötigen alle Formen von Trennungen (z. B. Urlaube oder Kündigungen von PädagogInnen) eine sehr sensible Vorbereitung und Abschiedsrituale, wie z. B. ein Abschiedsfest, bei dem Abschiedsbriefe ausgetauscht, Abschiedslieder gesungen oder Geschichten vorgelesen werden können:[750] Eine Geschichte, die den Kindern womöglich Mut machen könnte, ist die Geschichte des kleinen rosa Elefanten, dem die Eule Heureka riet, als er „einmal sehr traurig war":[751]

> Drei Dinge kannst du tun. Erstens, wenn du traurig bist, dann weine, egal, was die anderen dazu sagen. Mit dem Weinen ist es nämlich wie bei einer dunklen, dichten Regenwolke. Wenn sie sich ausgeregnet hat, ist sie wieder leicht und weiß. Zweitens: Erzähle jemandem, den du lieb hast, deinen großen Kummer. Und drittens, gib deinem Freund einen Platz in deinem Herzen, so wird er in deiner Erinnerung immer bei dir sein. Und dann ist da noch die Zeit, die dir helfen wird. Sie wird etwas von deinem Kummer mit sich nehmen, während sie vergeht.[752]

Heimerziehung, aber auch der Korrektur von Beeinträchtigungen durch traumatische Erfahrungen (vgl. ebd., S. 117).
[748] Vgl. Harder, Jörg. Traumapädagogik in familienanalogen Einrichtungen der stationären Jugendhilfe. Koblenz 2010, S. 13.
[749] Vgl. Biberacher 2013, S. 294f.; vgl. hierzu Lohmer, Mathias. Borderline-Therapie. Schattauer: Stuttgart 2005.
[750] Vgl. Biberacher 2013, S. 292.
[751] Diese Geschichte erinnert sehr an die eingangs erläuterte Fähigkeit, das „Unglück ausatmen zu können", was traumatisierte Menschen erst lernen müssen (vgl. Kapitel 1).
[752] Weitze, Monika/ Battut, Eric. Wie der kleine rosa Elefant einmal sehr traurig war und wie es ihm wieder gut ging. Zürich 2008, o. S.

4.4.2.1) Beziehungsarbeit in der Praxis

Um einerseits die Bindungsorganisationen des Kindes verstehen zu können und ihm selbst aber auch die Möglichkeit zu geben, die Bindungen zu reflektieren und die erworbenen Bindungsmodelle zu überprüfen, ist es hilfreich z. B. zunächst eine Liste mit dem Kind zu erarbeiten, was und wer die wichtigsten oder allgemein Bezugspersonen innerhalb der Familie (Mutter, Vater, Geschwister, Großeltern etc.). und außerhalb der Familie (Freunde der Familie, LehrerIn, PfarrerIn, Pate/ Patin etc.) sind. Eine gemeinsame Genogrammarbeit, wo folgende Fragen gestellt werden und die Antworten jeweils z. B. auf Karten aufgeschrieben werden können, kann dem Kind helfen, die einzelnen Bindungen zu verstehen: „Wie werden die Verbindungen zu o. g. Personen empfunden? Welche Art Verbindung gefällt mir, welche nicht? Welche Kontakte tun mir gut, welche tun mir nicht gut? Mit welchen Personen fühle ich mich wohl, mit welchen unwohl? Bei wem fühle ich mich sicher, geborgen und angenommen, bei wem bin ich unsicher, ängstlich und/ oder fühle mich abgelehnt? Wie ist die Kommunikation mit den verschiedenen Personen? Wem würde ich alles erzählen? Wem auf keinen Fall?"[753]

Bindungsinhalte können jedoch z. B. auch kognitiv in Geschichten bearbeitet werden. Wichtig ist bei jeglicher Methode, dass die PädagogInnen einen fürsorglichen, empathischen, autoritativen Erziehungsstil anwenden und sie konstruktiv mit den Kindern kommunizieren, indem sie z. B. aktiv zuhören, Du-Botschaften vermeiden, konstruktiv loben, kritisieren und ermutigen und sie durch all diese Faktoren zu positiven Rollenmodellen für die Kinder werden. TraumapädagogInnen sollten die Besonderheiten traumazentrierter Gesprächsführung[754] beachten und dabei eine altersansprechende[755] Sprache verwenden sowie Spiele und Materialien einbeziehen (z. B. Handpuppen).[756] So liefern z. B. Elisabeth Pfeiffer und Sabine Schnitzhofer Tipps, wie ein Rollenspiel mit Handpuppen mit bindungsgestörten Kindern aussehen könnte. Die Autorinnen haben diese zwar für die Anwendung im Rahmen der Schularbeit aufgestellt, womög-

---

[753] Vgl. hierzu Lutz, Thomas (Zentrum für Traumapädagogik). Arbeit an der Selbstwahrnehmung. URL: http://ztp.welle.net/infomaterial/theorie-und-praxis/arbeit-an-der-selbstwahrnehmung/
[754] Vgl. hierzu ausführlich Junglas, Jürgen. Gesprächsführung in der Behandlung von Traumata. Institut für Psychotherapie und Psychoanalyse Rhein-Eifel, Sinzig. 2006.
[755] Der Beziehungsaufbau einer neuen Bindungsbeziehung und die Gestaltung der Trennung von der „alten" Bindungsperson sind vom Alter des Kindes, den spezifischen Umständen und Möglichkeiten der Beteiligten abhängig [Unzner, Lothar: BezugserzieherIn im Heim – eine Beziehung auf Zeit (S. 347-356), in: Suess, Gerhard J./ Scheuerer-Englisch, Hermann/ Pfeifer, Walter-Karl P. (Hrsg.). Bindungstheorie und Familiendynamik. Anwendung der Bindungstheorie in Beratung und Therapie. Gießen 2001].
[756] Vgl. Biberacher 2013, S. 303.

lich sind sie jedoch auch für die stationäre Jugendhilfe gewinnbringend und können als Anreize verstanden werden:[757]

Allgemeine Tipps zur Rollenspielgestaltung:

- Kinder spielen meist freiwillig, mit Tricks sind sie jedoch gut lockbar: Z. B. die Spielzeit mit der [Betreuerin] alleine verbringen zu dürfen, die Handlung oder Rolle bestimmen zu dürfen und den Platz aussuchen zu dürfen.
- Den Kindern Zeit geben, sich auf die Rolle einzustellen: Den Rahmen mit ihnen gemeinsam schaffen, z. B. Bühne und Umgebung vorbereiten.
- Die Kinder sollen nur mit einer einzelnen Puppe spielen.
- Das Kind gibt das Grundthema vor, der Erwachsene leitet das Spiel und bestimmt die Richtung mit (Vorschläge können angesprochen, aber mit dem Kind abgestimmt werden).
- Den Kindern im Spiel nach Möglichkeit reale Gegenstände zur Versorgung anbieten, z. B. Tannenzapfen als Kuchen.
- Den Kindern Zeit zum Reagieren lassen.[758]
- Der Erwachsene beginnt und beendet nach Möglichkeit das Rollenspiel. Man spielt mit einem Kind möglichst ungestört allein. Abgeschlossene Spiele rechtzeitig beenden, sonst kann der Erfolg überdeckt werden.
- Im Anschluss an ein intensives Rollenspiel empfiehlt sich ein warmes Getränk oder eine betreute Einzelarbeit, um das sichere Gefühl zu festigen.
- Nicht jedes Rollenspiel ist und muss Bindungsarbeit sein. Je mehr man sich auf das Kind einlässt, umso eher entstehen bindungsrelevante Rollenspiele.
- Gleich welche Bindungsstörung das Kind hat – jede Situation kann für Versorgung verwendet werden (im Auto mitnehmen, Bett bauen, etwas nachtragen oder bringen). Die erwachsene Rolle ist nie verletzt, hungrig oder krank. Sie bringt sich in keine Situation, in der sie vom Kind versorgt werden möchte. Auf Angriffe versuchen, feinfühlig zu reagieren. Erst wenn ein Kind es geschafft hat, etwas anzunehmen und anschließend teilen möchte, dann kann das vorsichtig angenommen werden. In guten Bindungsszenen sind die Kinder offen – besonders feinfühliger Umgang ist wichtig.

Die Autoren unterteilen die Art und Inhalte der Rollenspiele je nach Bindungstyp: Mit *sicher gebundenen Kindern* zu spielen, gestaltet sich meist nicht anstrengend. Es läuft von selbst und es ist nicht ständig auf Gegenkontrolle und Fürsorge zu achten. Auch können diese Kinder Fürsorge annehmen und sich um den Partner kümmern. *Vermeidende Kinder* sollten die Rolle aussuchen dürfen – hier ist das primäre Anliegen, überhaupt mit ihnen in Kontakt zu kommen. Bei dieser Spielbeziehung wird man viel Zurückweisung erfahren, da solche Kinder sich oft nur alleine versorgen wollen und jegliche Unterstützung abweisen. Hier ist es wichtig, diesen Kindern immer wieder Hilfe und Unterstützung im Rollenspiel anzubieten. Bei *ambivalenten Kindern* sollte man versuchen, immer die gleiche Puppe zu spielen, um eine Konstante zu vermitteln. Das ambivalente Verhalten wird sich deutlich zu erkennen geben, z. B. indem die Figur schreit oder schimpft, sich aber womöglich gleichzeitig in das gemachte Bett legt oder das Angebotene isst. Bei diesen Kindern sollte die gespielte Puppe immer ähnliche

---

[757] Vgl. Pfeiffer, Elisabeth/ Schnitzhofer, Sabine. Rollenspiel in der schulischen Bindungsarbeit. Januar 2012. Handout Peter Petersen Landesschule St. Isidor.

[758] „Kinder lassen sich oft von der anderen Figur streicheln und berühren. Hier halten sie Körperkontakt gut aus. Auch Kinder greifen immer wieder aus der Rolle heraus den Erwachsenen an. Manche Kinder reden mit der Puppe, andere mit dem Spieler. Man ist für sie dann ganz in die Rolle geschlüpft" (ebd.).

Muster und Reaktionen zeigen. Auch sollte das Kind dabei unterstützt werden, selbst etwas auszuprobieren. Bei *desorganisierten* und *vermeidenden Kinder*n sollte der Erwachsene eine versorgende Rolle spielen, d. h. eine Rolle, die eher die Kontrolle hat. V. a. D. für Anfänger ist es leichter, auf eine Autorität als Mitspieler zurückgreifen zu können. Im Rollenspiel ist es am sinnvollsten, sich kontrollieren zu lassen, da die Kinder hierdurch eine gewisse Sicherheit entwickeln. So wird die Situation für sie erträglich und sie können auch Versorgung leichter annehmen. Für den anderen Spieler ist das oft sehr mühsam und langwierig.[759] Auch hier sollte man davon ausgehen, dass es zu bindungsrelevanten Situationen kommt. Desorganisierte Kinder müssen nicht immer Versorgung annehmen können, hier sollte das Spiel einfach fortgeführt werden. Auch wird sich womöglich beobachten lassen, dass desorganisierte Kinder oft auf die andere Figur losgehen. In solchen Situationen sollte ein gemeinsamer Feind auf eine andere Spur gelenkt werden (dritte Puppe oder ganz simpel in Form eines herumliegenden Asts im Wald, einer Schnur etc.). Hier sollte man nicht wertend auf dramatische Aussagen, Aggressionen, negative Figuren und Aussagen reagieren, sondern dies spielend und wohlwollend stehen lassen und nicht umzukehren versuchen. Auch sollte hier Hilfe im Spiel angeboten werden.[760]

4.4.3) Biografiearbeit

„Der Weg jedes Menschen in die Zukunft ist untrennbar mit der Herkunft verbunden. Je belasteter die Herkunft, desto eingeschränkter sind die Möglichkeiten und Vorstellungen der jungen Menschen über ihre Zukunft."[761]

Wie Kapitel 2.3 zeigen konnte, ist ein wesentlicher Entwicklungsschritt bei Kindern und Jugendlichen die Herausbildung eines eigenen Ichs, also das Wissen um sich selbst, aber auch ihrer Wurzeln, und die Entwicklung einer individuellen Persönlichkeit in der Gesellschaft. Doch es konnte auch gezeigt werden, dass hierzu zunächst u. a. die engsten Bezugspersonen und entsprechende Rückmeldungen von außen nötig sind. Doch wenn die Heranwachsenden traumatisiert werden, so kann, wie bereits erläutert, das Selbst- und Weltbild erschüttert werden und Ängste im Hier und Jetzt, aber auch für die Zukunft entstehen. Eine Gefahr, die sich hieraus oft ergibt, ist, dass die Herkunft in ihrer Zukunft reinszeniert wird (vgl. Kapitel 3.7). Damit jedoch z. B. die Lebensgeschichte der Kinder nicht die der Eltern wiederholt und die Betroffenen selbstbestimmt ihr Leben planen können, ist ein Bewusstsein der Zusammenhänge wichtig. Somit ist

---

[759] Vgl. ebd.
[760] Vgl. ebd.
[761] Vgl. Weiß. Philipp sucht sein Ich. 2013, S. 96

ein weiterer wichtiger Aspekt der Traumapädagogik das Erarbeiten der Herkunft mit den betroffenen Kindern und Jugendlichen. Gerade Mädchen und Jungen, die fremduntergebracht sind, wissen häufig wenig über ihren bisherigen Lebensweg.[762] Dieses Defizit kann meistens sehr beunruhigend und verunsichernd auf die Kinder wirken, was dazu führt, dass sie ihren Kopf und ihre Seele nicht frei für ihr gegenwärtiges soziales Leben haben: In der Folge sind sie oft abgelenkt, unkonzentriert, träumerisch, unberechenbar, misstrauisch und reagieren auf Anforderungen schnell aggressiv.[763] Auch erwachsen Schuldgefühle gegenüber ihren Eltern, weil sie von ihnen weggekommen sind und zu fremden Erwachsenen eine Beziehung aufgenommen haben. Sie phantasieren, dass sie nicht gut genug waren und geben sich daher selbst die Schuld, dass sie nicht mehr bei ihren Eltern sind.[764] Auch empfinden sie womöglich Scham vor ihren Freunden und MitschülerInnen, weil sie nicht bei ihren leiblichen Eltern wohnen. Insgesamt bewerten sie ihr ganzes Wesen als schlecht, weil ihre Lebensgeschichte und – situation sich stark von der der übrigen Gleichaltrigen abhebt. Für diese Kinder und Jugendlichen ist es daher besonders schwer, ein gutes Selbstwertgefühl zu entwickeln sowie eine stabile Identität aufzubauen.[765]

Nur durch die Auseinandersetzung mit der Herkunft[766] kann ein Heranwachsender erfahren, wer es wirklich ist. PädagogInnen können auch hier bei der kognitiven Neuordnung ihrer Lebensgeschichte unterstützen. Mithilfe der Biografiearbeit kann ein Wissen über die Aufgaben und Verantwortungen der Generationen erlangt werden und somit kann es zu einer Entlastung von Schuld und Verantwortung kommen. Nötig ist es zudem, Trennungen zu bearbeiten und diese zu klären.[767] Ziel ist es, dass die Kinder ein

---

[762] „Beziehungsabbrüche, häufige Ortswechsel, mangelnde Versorgung und traumatische Erlebnisse haben oftmals ein inneres Chaos an diffusen Gefühlen vermischt mit nur spärlichen Erinnerungen hinterlassen. Die Eltern oder Familienangehörigen, die ihre persönliche Geschichte mit ihren bruchstückhaften Erinnerungen komplettieren könnten, stehen ihnen im Alltag nicht zur Verfügung" [Krautkrämer-Oberhoff, Maria. Traumapädagogik in der Heimerziehung. Biografiearbeit mit dem Lebensbuch „Meine Geschichte" (S. 126-137), in: Bausum u. a. 2013, S. 126].

[763] Vgl. ebd.

[764] Aus diesem Grund bedürfen das Aufnahmeverfahren und die erste Zeit in der Einrichtung einer besonderen Sorgfalt und Sensibilität. Die Kinder sind verängstigt, können nicht begreifen, was geschehen ist und haben das Gefühl, dass nun fremde Menschen Autorität über sie ausüben, was äußerst verwirrend ist. Für den weiteren Lebensweg hat das Aufnahmeverfahren für die Mädchen und Jungen somit eine Schlüsselfunktion (vgl. Weiß. Philipp sucht sein Ich. 2013, S. 118ff.).

[765] Vgl. Krautkrämer-Oberhoff 2013, S. 127.

[766] Auf unterschiedliche Art und Weise kann sich individuell mit der Herkunftsfamilie auseinandergesetzt werden (Telefonate, Briefe, persönliche Kontakte; innerer Dialog mit Unterstützung einer Therapeutin, Genogramm- oder Biografiearbeit, Erstellung eines Zeitstrahls als Vorbereitung zur Hilfeplanung, Vorbereitung des eigenen Geburtstagsfestes oder die Auseinandersetzung mit den realen Eltern). Die Voraussetzung für die Unterstützung hierzu ist eine tragfähige Beziehung zwischen Kind und der Bezugsperson, der Schutz vor weiteren Misshandlungen sowie die Beachtung der inneren Möglichkeiten des Kindes bzw. Jugendlichen (vgl. Weiß. Philipp sucht sein Ich. 2013, S. 105).

[767] Dies kann in Einzelkontakten möglich sein; aber auch die Gruppenpädagogik bietet Möglichkeiten, den Sinn der Trennung zu erschließen, so dass auch ohne zeitaufwendige Einzelgespräche oder als wertvolle

Kohärenzgefühl entwickeln können, also das Gefühl, dass die gegebene Situation Bedeutung und Struktur hat, dass es Sinn macht, dass sie jetzt in dieser Einrichtung leben. Doch das Wissen, dass es der Schutz vor weiteren Bedrohungen ist und ihnen eine Gelegenheit für ein selbstbestimmtes Leben bietet, kann nur erfasst werden, wenn die Kinder und Jugendlichen die Möglichkeit haben, von ihrer Welt zu berichten und die Realität anerkennen können; die Realitätsanerkennung kann hier also als Resilienzfaktor angesehen werden. Auch Gewalterfahrungen etc. sollen und dürfen von den PädagogInnen angesprochen werden, wobei hier die Grenzen und Dilemmata des Redens oder Schweigens beachtet werden müssen.[768] Außerdem bedarf es zunächst der Gelegenheit, über Sehnsucht nach Familie, nach Geborgenheit, über Enttäuschungen, Schuld, Scham und Ambivalenzen zu reden und zu trauern.[769]

Durch die allgemeine und konkrete Auseinandersetzung mit der Familie, die für die Kinder eine Idealfamilie darstellt, kann die Lebensgeschichte neu geordnet werden; in der alltäglichen Pädagogik und mit Hilfe themenspezifischer Gruppenpädagogik kann überdies die Vorstellung über die Idealfamilie korrigiert werden. Voraussetzung für die Entidealisierung, die sehr behutsam vonstattengehen muss, mit dem Ziel, die eigene Herkunft und das eigene Milieu akzeptieren zu können, ist die Bereitschaft der PädagogInnen und anderer Bezugspersonen, die Mädchen und Jungen zu begleiten, sie auf Gewalterfahrungen anzusprechen und sie darin zu unterstützen, die Einzelheiten der traumatischen Erfahrungen aufzuklären und deren Kontext und Bedeutung zu verstehen. PädagogInnen müssen bereit sein, die Ambivalenzen der Mädchen und Jungen, die Trauer über das Verlorene und die Wut auszuhalten. Ein weiterer Faktor, dem begegnet werden kann, sind die Ohnmachtserfahrungen und Kontrollverluste der Vergangenheit der Kinder und Jugendlichen, die sich oft in die Erwartungen an die Zukunft übertragen und ihre Lebensplanung beeinträchtigen. Gerade für viele Jugendliche ist der mögliche bevorstehende Auszug und das Stehen auf eigenen Beinen sehr beängstigend und das Leben nach der Heimerziehung erscheint risikoreich und unsicher, weswegen sie Unterstützung für Fragen der Lebensplanung und Lebensführung benötigen. Eine

---

Ergänzungen die wichtige Frage „Warum bin ich hier?" beantwortet werden kann. Das Zusammensein mit anderen Kindern und Jugendlichen gerade zu dieser Frage entlastet sie, da Gemeinsamkeiten erkannt werden und erfahren wird, dass sie über derartig schwierige Herz- und Kopfangelegenheiten sehr gut miteinander reden können (vgl. ebd., S. 102f.).

[768] V. a. D. im Aufnahmeverfahren sollte diesen Inhalte – unter Beachtung der Grenzen der Betroffenen – eine besondere Bedeutung zukommen (vgl. ebd., S. 118f.).

[769] Vgl. ebd.

Auseinandersetzung mit den Versagensängsten und anderen Ängsten ist somit ebenso wichtig wie eine Unterstützung in (zukünftigen) schulischen Angelegenheiten.[770]

4.4.3.1) Biografiearbeit in der Praxis

Eine Konsequenz der Tatsache, dass die Kinder und Jugendlichen oft kaum Bezug zu ihrer Herkunft haben, ist der Umstand, dass sie diese oft unrealistisch idealisieren oder ihre Erinnerungs- bzw. Wissenslücken durch Fantasie[771] füllen, was jedoch hinderlich in der Entwicklung eines realistischen Selbstbildes ist. Hier bietet die Biografiearbeit die Möglichkeit, den Mädchen und Jungen zu helfen, Teile der verlorenen Lebensgeschichte zurückzugewinnen, frühere Lebenssituationen zu rekonstruieren und das Gedächtnis anzuregen, sodass sich wieder an bestimmte Ereignisse erinnert werden kann und diese emotional gefühlt werden können. Die Biografiearbeit wird von vertrauten erwachsenen Personen angeregt und begleitet, z. B. der/ dem BezugsbetreuerIn, dem Kind kommt jedoch die zentrale aktive Rolle bei der Erforschung seiner Lebensgeschichte zu. Als methodisches Vehikel für diese „Forschungsarbeit" hat sich hier das „Lebensbuch" als nützlich und wirksam erwiesen, das nicht nur die Vergangenheit, sondern auch die Gegenwart und Zukunft in den Blick nimmt. Das Lebensbuch „Meine Geschichte" von Maria Krautkrämer-Oberhoff und Katrin Hasenbein aus dem Jahr 2005 soll hier exemplarisch vorgestellt werden.[772] Dieses bietet in kindgerechter Weise Möglichkeiten, über die eigene Person, die Herkunft und das bisherige Gewordensein nachzudenken und hierbei Erlebnisse und Erfahrungen zu erinnern, zuzuordnen und in einen Zusammenhang zu bringen. Doch nicht nur die Lebensvergangenheit wird bearbeitet, auch die gegenwärtige Situation und imaginative Zukunftsvorstellungen werden thematisiert.[773]

Durch farbige, strapazierfähige Blätter sowie bunte Zeichnungen kann das Kind dazu ermuntert werden, Fotos einzukleben, zu malen, Collagen zu basteln, Namen in einem Stammbaum einzutragen und, durch gezielte Fragen angeregt, von seiner Ursprungsfa-

---

[770] Der „erweiterte Lebensraum" der geschützten pubertierenden Mädchen und Jungen wird von ihnen oft als Bedrohung empfunden. Von Seiten der Jugendhilfe ist es vonnöten, angesichts der immer komplizierteren Übergänge zum Erwachsenensein, den Heranwachsenden Unterstützungsangebote bereitzustellen, die nicht im kurzzeitbetreuten Wohnen ab dem 16. Lebensjahr enden (vgl. ebd., S. 111).

[771] „Je jünger ein Kind ist, desto anfälliger ist es für Fantasien über Schreckensszenarien" (Levine/ Kline 2013, S. 160).

[772] Vgl. hierzu Krautkrämer-Oberhoff 2013.

[773] Vgl. ebd., S. 127f.

milie zu erzählen. Das Lebensbuch ist eine Loseblattsammlung in einem Ringbuch, aufgeteilt in Basisblätter und optionale Blätter:[774]

Basisblätter	Optionale Blätter
- Das bin ich	- Mein Haustier
- Meine Geburt	- Mein Herkunftsland
- Das ist meine Mutter, mein Vater	- Gesundheit/ Krankheit
- Wer noch alles zu mir gehört (Geschwister etc.)	- Jemand ist gestorben
- Und so sind wir alle verwandt (Stammbaum)	- Meine Pflegefamilie
- Gemeinsamkeiten und Unterschiede zur Mutter/ zum Vater	- Trennung der Eltern
- Als ich noch klein war	- Landkarte der Umzüge
- Kindergarten	- Meine Hilfeplangespräch am…
- Erinnerungen an schöne Erlebnisse	- Wie ich mich fühle
- Mein erster Tag im Kinderheim	- Was ich am liebsten mag
- Als ich das Kinderheim und die Gruppe schon besser kannte	- Worauf ich stolz bin
- Mein erster Geburtstag im Kinderheim	
- Meine Schule	
- Wenn ich aus dem Kinderheim ausziehe	
- Meine Gedanken über meine Zukunft	

Das Lebensbuch, das dem Kind gehört und ihm mitgegeben wird, wenn es auszieht, sollte innerhalb von ca. drei bis sechs Monaten mit dem Kind erarbeitet und bei aktuellen Anlässen und Bedarf erneut aufgelebt werden. Hier geht es darum, Abschnitte, Phasen und Begebenheiten zu erfassen, die dem Kind wichtig sind; sie selbst bestimmen, worüber sie sprechen möchten, die Begleitperson regt mittels des Materials das Erinnern und Erzählen an. Ab ca. *drei Jahren* kann mit dieser Biografiearbeit mithilfe des Lebensbuchs begonnen werden – bei dieser Altersgruppe ist es primär jedoch so, dass die begleitenden Bezugspersonen dem Kind erzählen, was sie aus Kontakten mit den Eltern oder den Unterlagen wissen. Gemeinsam mit dem Kind können hierzu z. B. Fotos betrachtet werden. Ab ca. *fünf Jahren* kann das Kind inhaltlich dann bereits aktiv beteiligt werden. Anhand der Erzählanreize kann es etwas über seine früheren Erfahrungen und über sich selbst erzählen.[775]

I. d. R. sind Kinder von *fünf bis zwölf Jahren* sehr gut für die Bearbeitung ihrer Lebensgeschichte zu begeistern. Sie freuen sich, wenn sich jemand für ihre Geschichte interessiert, wenn ein Buch entsteht, in dem deutlich wird, dass sie da sind und schon früher gewesen sind – eine Art der Selbstvergewisserung. Geschehnisse können hiermit festgehalten und immer wieder nachgelesen werden – somit nimmt die eigene Lebensgeschichte allmählich immer mehr Gestalt an. Dem Kind kann hierdurch geholfen

---

[774] Die Themen der Basisblätter treffen i. d. R. für jedes Kind zu. Die der optionalen Blätter betreffen Themen, die für einige Kinder spezifisch sind (vgl. ebd.).
[775] Vgl. ebd.

werden, seine Geschichte kennenzulernen, realistische Deutungen für Erlebtes zu gewinnen und überdies bringt dieses gemeinsame Erforschen einen Gewinn für die Bindung und Beziehung zwischen der Bezugspädagogin/ dem Bezugspädagogen und dem Kind (vgl. Kapitel 4.4.2). Berücksichtigt werden sollte aber das Alter und das Geschlecht des Kindes: So erfordert z. B. die Biografiearbeit mit Mädchen und Jungen im *jugendlichen Alter* neben Kenntnissen über die Pubertät als Entwicklungsphase auch die Berücksichtigung von geschlechtsspezifischen Verhaltensweisen und bedarf daher einer gesonderten Betrachtung und Gestaltung. Oft zeigen Pubertierende eine geringere Bereitschaft, sich mit den Eltern und den Geschehnissen von früher aktiv auseinander-zusetzen. Auch ihr Leben ist oft von großer Sehnsucht nach einer heilen Familie geprägt, sie machen sich illusionäre Bilder und Vorstellungen von „glücklichen" Familien. Sie spüren ihre unerfüllten Wünsche nach Geborgenheit und Liebe, empfin-den jedoch oft gleichzeitiger Angst und tiefe Verunsicherung vor Nähe und Verbind-lichkeit in Beziehungen. Während Mädchen relativ leicht zum Erzählen zu motivieren sind, ist dies bei Jungen schwieriger. Gegenüber PädagogInnen, die Eltern- bzw. Erziehungsfunktion innehaben, gibt es zudem eine Distanzierungs- und Abkapselungs-tendenz.[776] Trotz allem scheinen Jugendliche oft durchaus an Fragen bzgl. ihrer Her-kunft interessiert, können es aber eben nicht wirklich zulassen. Für Jugendliche ist daher oft eine gemeinsame Unternehmung[777] (als aktive Form der Biografieerfor-schung) erfolgsversprechender als eine Erzählsituation. Auch können zum Festhalten von Ereignissen und Suchen von Orten aus der früheren Kindheit oft z. B. der PC und die vielfältigen Möglichkeiten des Internets für Jugendliche ansprechender und motivie-render sein.[778]

4.4.4) Unterstützung zur Selbstbemächtigung

„Moralisch und strategisch ist es höchste Zeit zu akzeptieren, dass es nur eine Regel für uns alle geben kann: Die Regel gegenseitigen Mitgefühls und Verständnisses."[779]

Ein positives Selbstbild, das Gefühl „das bin ich und das kann ich", ist eine Vorausset-zung für eine gelingende Lebensgestaltung.[780] Diese Elemente entwickeln sich im besten Fall im Laufe der Kindheit und Jugend hinaus, auch entsteht v. a. D. in der Adoleszenz die Selbstbemächtigung, womit die Befreiung von Abhängigkeit und

---

[776] Vgl. ebd.
[777] Bspw. Suche nach dem früheren Wohnhaus, dem Kindergarten, Spielplätzen etc. (vgl. ebd.)
[778] Vgl. ebd.
[779] Ilja Trojano, in: Weiß, Wilma. „Wer macht die Jana wieder ganz?" Über Inhalte von Traumabearbeitung und Traumaarbeit (S. 14-23), in: Bausum u. a. 2013, S. 14.
[780] Vgl. Weiß. Philipp sucht sein Ich. 2013, S. 120.

Ohnmacht gemeint ist. Mädchen und Jungen, die jedoch in extremer Weise Objekt von Bedürfnissen von Erwachsenen waren, konnten dies jedoch gar nicht oder nur bedingt entwickeln.[781] Sie haben oft einen gewissen Abhängigkeitsstatus z. B. gegenüber ihren Eltern, die missbrauchen, aber dennoch idealisiert werden. Sie konnten kein stabiles und kohärentes Selbst entwickeln, ihr Selbstkonzept behindert sie oft und wird sie auch künftig oft behindern, wenn es nicht gelingt, ihre eigenen Verhaltensweisen, Einstellungen, Emotionen, Erinnerungsebenen sowie Rückblenden und Albträume verstehbar zu machen.[782] All diese Kinder und Jugendlichen benötigen eine Unterstützung, die sie in die Lage versetzt, sich aus Abhängigkeiten zu befreien und Subjekt ihres Lebens zu werden.[783] Erfahrungen von positivem Selbstwert, Kompetenz und Selbstwirksamkeit können den Genesungsprozess der Heranwachsenden nach fortgesetzter und schwerer Kindesmisshandlung positiv beeinflussen.[784]

PädagogInnen können den betroffenen Kindern und Jugendlichen eine Unterstützung im Aufbau ihrer Selbstbemächtigung, in der Stabilität und Kohäsion des Selbst bieten:[785] Der erste Schritt auf dem Weg zu einem positiven Selbstbild ist die Förderung von *Selbstverstehen*. Traumatisierte Kinder und Jugendliche haben meist ein negatives Selbstkonzept, ihr Selbstbild ist geprägt von "Anderssein", da sie Verhaltensstrategien entwickelt haben, die im Alltag als störend empfunden werden. Sie haben eine negative Einstellung zu der Welt entwickelt, zu ihrem Platz in dieser und damit als Folge zu sich selbst, was für sie jedoch nicht nachvollziehbar und deutlich ist. Es ist wichtig, ihnen verständlich zu machen, dass gerade diese Verhaltensweisen, die jetzt als störend und unangepasst erscheinen, damals als vollkommen logisch und nachvollziehbar gesehen werden können. Mit Hilfe der Frage „Das tust du, weil?" kann man die Heranwachsenden darin unterstützen, mit respektvollem, liebevollem Interesse ihr Verhalten zu verstehen, es zu akzeptieren und selbstzerstörerische Verhaltensmuster zu ändern. Sowohl das Besprechen von bestimmten Verhaltensmustern nach solchen traumatischen Erlebnissen als auch der speziellen individuellen Coping-Strategien des Kindes bzw. Jugendlichen können dem Betroffenen helfen, das eigene Verhalten zu reflektieren.[786]

---

[781] Zum Beispiel der Status von Kindern mit einem psychisch kranken Elternteil konnte zeigen, dass hier die eingenommene Rollenumkehr die Beteiligten an der Entwicklung ihrer Unabhängigkeit hindert (vgl. Kapitel 3.4.1).

[782] Vgl. Weiß. Philipp sucht sein Ich. 2013, S. 120.

[783] Vgl. ebd., S. 167.

[784] Vgl. Bender, Doris/ Lösel, Friedrich. Risiko- und Schutzfaktoren in der Ätiologie und Bewältigung von Misshandlung und Vernachlässigung (S. 493-501), in: Bange, Dirk/ Körner, Wilhelm (Hrsg.). Handwörterbuch Sexueller Missbrauch. Göttingen 2002, S. 498.

[785] Vgl. Weiß. Philipp sucht sein Ich. 2013, S. 169.

[786] In der Praxis erleben diese Kinder es immer entlastend, wenn sie erfahren, dass auch Rückblenden (Flashbacks), Albträume und die Übertragung traumtaischer Beziehungsinhalte (z. B. Misstrauen oder

Durch die Akzeptanz dieser Strategie, derer sie sich vorher womöglich geschämt haben, können sie nun handlungsfähig werden und dies kann zu neuen selbstbezogenen Kognitionen und Emotionen führen, die wiederum den Boden bilden für Veränderungen des Selbstkonzeptes und für ein Gefühl der Selbstbemächtigung.[787] Die PädagogInnen können die Kinder und Jugendlichen bei dem Verständnis ihrer eigenen Denk- und Handlungsweise auch dadurch unterstützen, dass sie ihr eigenes Wissen um traumatische Folgen und Auswirkungen, also traumatische Übertragungen, Dissoziationen und wie Kopf und Körper reagieren, kindgerecht vermitteln und bspw. die Vorgänge im Reptiliengehirn in eine Kindergeschichte einbauen (vgl. Punkt 4.4.5.1).[788]

Eine wichtige Voraussetzung, dass Kinder nach traumatischen Erlebnissen eine subjektive Kontrolle des Erlebens und des Handelns erfahren können um sich damit kompetent zu fühlen, ist das Erlernen der *Selbstwahrnehmung*. Denn wie sie sich selbst wahrnehmen können, haben traumatisierte Kinder und Jugendliche bislang nie gelernt. Stattdessen haben sie oft ihre Gefühle abgespalten und waren eher darauf gepolt, die Gefühle und Befindlichkeiten der TäterInnen wahrzunehmen um damit ihre eigene Situation besser abschätzen zu können. Ihre Selbstwahrnehmung war somit geprägt durch Verzerrungen, Verleugnungen und Schuldzuweisungen. Differenzierung und Festigung der Wahrnehmung sind zentrale Möglichkeiten der Pädagogik, um Selbstkontrolle und –regulation zu erreichen, dadurch dass eine selbstreflexive Wahrnehmung der Gefühle, des Körpers, des Verstandes, der Sinne, der Energie, des eigenen Stresses und der Grenzen entwickelt wird. Durch eine emotional-kognitive Stabilität wird es möglich, abgespaltene Selbstanteile wie Wut, Angst, Stolz und Freude zu integrieren. Auch ist es wichtig, dass die Kinder erfahren können, dass ihre Gefühle erlaubt sind. Sie sollen darin ermutigt werden, sich verbal oder im Spiel auszudrücken und hierdurch das Ausmaß ihrer Ängste und Wut sichtbar werden kann und sie das Ausmaß ihrer Ängste und Wut erfahren und letztendlich die Kontrolle dieser lernen. Auch die körperlichen Reaktionen und Spannungen, die in Zusammenhang mit ihrem Denken und Stress stehen, können wahrgenommen und dann hoffentlich bald reguliert werden. Auch kann in diesem Zusammenhang eine Aufklärung über den Unterschied zwischen Gefühlen[789]

Ängste) „normale Reaktionen auf eine nicht normale Umwelt" sind. Wenn man sie durch den Zugang zu ihren eigenen Verhaltensweisen unterstützt, verbessern die Mädchen und Jungen die Sicherheit und Klarheit, ihr Selbst betreffend (vgl. ebd., 124).

[787] Vgl. ebd.

[788] So können die Vorgänge im Reptiliengehirn bei Traumata mit Hilfe von Märchen, Bildern wie Fernbedienungen, Raumschiff Enterprise, einem dreistöckigen Haus, eines Apfels etc. dargestellt werden (vgl. ebd., 123ff.).

[789] „Emotionen haben ebenso wie Empfindungen eine physiologische Grundlage und enthalten als solche ebenfalls eine energetische Ladung. Deshalb kann ein Mensch, der auf körperliche Signale achtet, die

und Empfindungen[790] zur Unterstützung der Selbstwahrnehmung dienen. Die Pädagoginnen können mit den Kindern über ihre Empfindungen reden und herausfinden, wo diese Empfindungen sitzen, wo sie sie spüren und ggf. ist es auch möglich, die entsprechenden Gefühle zu benennen (für Praxisbeispiele vgl. Kapitel 4.4.4.1).[791]

Pädagogik hat insgesamt auch mit Körperlichkeit zu tun und die Wahrnehmung dieser körperlichen Hinweise erhöht die Selbstwahrnehmung sowie Selbstakzeptanz und Selbstbemächtigung und zeigt Wege zu einem Körpergebrauch auf, der nicht hindert und lähmt, sondern stärkt; sich in seinem Körper wohl zu fühlen, ist ein zentraler Bestandteil des Selbstwertes. Da die Basis des *Körperschemas* (also die Wahrnehmung des Körperäußeren, der Körpergrenzen und des Körperinneren) über Berührungs- und Bewegungserfahrungen entsteht, sind extrem vernachlässigte Mädchen und Jungen davon häufig besonders massiv betroffen. Ziel ist es folglich, den Körper wieder wahrzunehmen und seine Signale richtig zu deuten. Es gibt viele Methoden, um z. B. im Rahmen der Erlebnispädagogik die Kinder Körpererfahrungen[792] machen zu lassen, ihren Körper zu spüren, in ihrem Körper zu bleiben und sich zu beruhigen,[793] ihren Körperaufbau kennen und spüren zu lernen (vgl. Kapitel 4.4.4.1).[794]

Ein weiterer wichtiger Punkt, den traumatisierte Kinder und Jugendliche bislang wenig erlernt haben, sind Erfahrungen, in unterschiedlichen Lebenslagen subjektive Kontrolle im Erleben oder im Handeln zu haben und sich kompetent zu fühlen – weitere wichtige Stationen auf dem Weg zur Persönlichkeits- und Autonomieentwicklung.[795] Diese sogenannte *Selbstregulation* beinhaltet den Umgang mit den eigenen Gefühlen und

---

bspw. Wut anmelden, deren Ursprung genau bestimmen. Er kann sie als ein Gefühl von ‚Blutaufwallung' erleben, als eine Anspannung der Schultern, als zu Fäusten geballte Hände, die sich auf ihren Kampf vorbereiten, oder als Anspannung im Bauch. Emotionale Schwierigkeiten beginnen im Allgemeinen als eine Kombination aus Gedanken und Empfindungen" (Levine/ Kline 2013, S. 152).

[790] Empfindungen werden am treffendsten als „Wahrnehmung physiologischer Ereignisse in unserem Innern" beschrieben. „Wenn wir ein Gewahrsein für sie entwickeln und unsere Achtsamkeit bewusst auf ihre Einzelheiten richten, erhalten sie dadurch die Möglichkeit, sich zu verändern und sich aus einem fixierten Zustand herauszubewegen, sodass wir uns lebendiger und wacher fühlen können. Empfindungen beschreiben einfach nur, wie der Körper sich physisch fühlt, frei von Interpretationen und Bewertungen. Dies ist die einzige Sprache, in der das Reptiliengehirn kommuniziert, es ist infolgedessen für die inneren Veränderungen verantwortlich, die zur Transformation eines Traumas führen" (ebd.).

[791] „Was seht, riecht, hört und fühlt Ihr in Eurem Körper? WO ist die Lähmung, wie groß ist die Lähmung, kannst du sie bewegen?" (Weiß. Selbstbemächtigung. 2013, S. 175). Vorher verabredete körperliche Berührung oder die Unterstützung, die infizierten Körperteile selbst zu berühren, hilft den Kindern bei ihrer Erdung (vgl. ebd.).

[792] Diese guten Körpererfahrungen dienen der Stabilisierung und der Rückbesinnung auf gute Körpererfahrungen in schwierigen Zeiten (vgl. ebd.).

[793] Die Fähigkeit des menschlichen Körpers, Dinge zu ändern, ermöglicht ein reiferes, potenteres Verhalten. Aus diesem Grund sind das Gesunde sowie die geschlechtsspezifische und altersentsprechende Gesundheitsförderung ein zentraler Bezugspunkt der Selbstregulation. Mithilfe Entspannungs- Lockerungs- und Energieübungen können gesundheitsbezogene Stärken und Entwicklungspotentiale gefördert werden (vgl. ebd.).

[794] Vgl. ebd.

[795] Vgl. Weiß. Philipp sucht sein Ich. 2013, S. 130.

Empfindungen, den eigenen Körperreaktionen auf emotionalen Stress (z. B. flaches Atmen) sowie selbstschützenden und selbststärkenden Umgang mit Erinnerungsebenen (Rückblenden und traumatische Übertragungen) und der Erlangung von Techniken um hiermit umgehen zu können. Dies kann mit Übungen zur Aktivierung bzw. Deaktivierung des Nervensystems erlangt werden, um Empfindungen von Stress im Körper zu lokalisieren und Möglichkeiten zu finden, aus einem Zustand der Erstarrung heraus- und wieder zur Ruhe zu kommen. So kann die Erfahrung gefördert werden, dass das Kind etwas korrigieren kann und Verantwortung für seinen Körper und sein Leben übernimmt. Letztendlich können die Kinder und Jugendlichen eine Selbstwirksamkeit erlangen, wenn sie das Gefühl erleben, für sich selbst sorgen zu können, eine Einwirkung auf die Umwelt zu haben und diese auch gestalten zu können. Dies wird als eine wesentliche Voraussetzung für ein körperlich-seelisches Wohlbefinden angesehen und es kann zu einer Reaktivierung von unbewussten oder überlagerten Stärken und Ressourcen kommen. Hierzu ist jedoch zunächst nötig, diejenigen Stimuli zu identifizieren, die zur Übererregung beigetragen haben, was mit Hilfe von „richtigen" Fragen[796] erarbeitet werden kann. Wenn die traumatisierten Kinder und Jugendlichen lernen, auf ihre Empfindungen acht zu geben, so können sie rechtzeitig den „Denker" aktivieren, wofür manche Kinder aber eben zunächst eine externe Regulation benötigen (vgl. Kapitel 4.4.4.1).[797]

Aufgrund der Tatsache, dass die Kinder und Jugendlichen bislang oft das Gefühl von Machtlosigkeit empfinden mussten, können weitere Aspekte, die sie in ihrem Selbst stärken, Korrektive ihrer Erfahrungswelt wie Transparenz und Partizipation sein: Transparenz erhöht die Überschaubarkeit, die Sicherheit der Mädchen und Jungen und Partizipation[798] korrigiert die Erfahrungen von Ohnmacht.[799] Auch sollten die Kinder und Jugendlichen über ihre Rechte aufgeklärt werden – ein Unterfangen, das sie vorher auch nie erfahren haben. Transparenz und Partizipation erfordern die Beachtung bzw. Neubewertung folgender Handlungsbereiche:

- Das strukturelle Machtgefälle muss transparent sein.
- Kinder und Jugendliche werden als GesprächspartnerInnen und KritikerInnen ernst genommen.

---

[796] „Wann steigt dein Stresspegel? Wie hoch ist Dein Stressniveau, wo in Deinem Körper spürst Du das?" [Weiß. Selbstbemächtigung. 2013, S. 176].
[797] Vgl. Weiß. Philipp sucht sein Ich. 2013, S. 130.
[798] Jedoch muss auch die Grenzen von Partizipation bei der Hilfeplanung, der Entscheidung über Unterbringung und Besuche beachtet werden (Spannungsfeld von Kindeswille und Kindeswohl) – bei älteren Kindern und Jugendlichen ist die Beteiligung obligatorisch, ältere Kinder und Jugendliche sind in der Entscheidungsfindung zu unterstützen, z. B. durch Auseinandersetzung mit der Lebensgeschichte (vgl. ebd., S. 134f.)
[799] Vgl. ebd., S. 135.

- Aufgrund der Bedeutung der Beziehung für alle Bereiche der persönlichen Entwicklung müssen die Wahlmöglichkeiten der Mädchen und Jungen hinsichtlich Gruppe und BezugsbetreuerInnen so weit als möglich ausgeweitet werden.
- Die Regeln des Hauses, der Gruppe werden gemeinsam erarbeitet. Die Mädchen und Jungen erhalten mehr Einfluss und Definitionsmacht. Die Mitarbeit erhöht die Erfahrung von Wirksamkeit und minimiert die Scheinanpassung.
- Die Regeln berücksichtigen die Möglichkeiten von individuellen Maßnahmen. Gleichheitspostulate berücksichtigen nicht ausreichend, dass die betroffenen Kinder und Jugendlichen Individuen sind und unterschiedliche Lebensgeschichten haben.[800]

Ein weiterer Punkt, der unbedingt mit herangezogen werden muss, ist die Schule, da Kinder und Jugendliche hier innerhalb ihrer Entwicklung immer stärker einen Teil ihrer Selbstwirksamkeit erfahren (vgl. Kapitel 2.3). Doch die Kooperation mit den Schulen ist nicht immer einfach; auch ist es nicht immer möglich, die Lernschwierigkeiten der Mädchen und Jungen in deren lebensbiografischen Kontext zu stellen. Konsequenz hiervon ist leider häufig, dass diese Kinder primär Haupt- oder Förderschulen besuchen und somit deren Chance auf soziale Teilhabe erheblich eingeschränkt wird, Talente und Begabungen werden im erzieherischen Alltag oft nicht wahrgenommen und gefördert.[801] Es konnte bereits aufgezeigt werden, dass traumatisierte Kinder und Jugendliche oft wenig Energie für kognitive Lernprozesse haben, was dazu führt, dass sie der Schule mit ihren Anforderungen nicht gerecht werden können. Hinzu kommen Beeinträchtigungen der sozialen Kompetenz, der Empathiefähigkeit sowie der Selbstregulation, die den Besuch einer Schule oder Kindertagesstätte zu einem noch stressigeren Unterfangen machen. Meistens verhalten sie sich in bestimmter Weise, in der Hoffnung, hierdurch anerkannt zu werden. Das Erkennen dieser Verhaltensweisen als Coping-Strategien innerhalb dieser Einrichtungen und die Unterstützung der Kinder darin, sich zu integrieren,[802] sowie eine enge Kooperation mit den Bildungseinrichtungen und eine noch intensivere Vernetzung mit berufsbildenden Angeboten sowie eine Berufsbegleitung sind gute und notwendige Aspekte zur Unterstützung der Betroffenen. Letztendlich kommt es auch darauf an, sie bei der Entwicklung einer Zukunftsperspektive zu unterstützen und diesen Weg Schritt für Schritt mit ihr/ ihm zu gehen.[803]

Übertragung, Flashbacks, Dissoziation, Reinszenierung:

An dieser Stelle möchte ich auf diese „traumatypischen" Symptome eingehen, da sie kurzfristig zu einem Teil des Selbst geworden sind und den Aufbau einer Beziehung,

---

[800] Ebd. „Die besondere Subjektstellung im Umgang mit traumatisierten Kindern ergibt sich aus dem erlittenen Objektdasein und auch aus den daraus resultierenden Schwierigkeiten, selbstbestimmt aufzutreten und zu agieren" (ebd., S. 136).

[801] Vgl. ebd., S. 138.

[802] Oftmals fehlen hierzu jedoch das Fachwissen und das Wissen um Möglichkeiten der pädagogischen Unterstutzung bereits im Kindergartenalter (vgl. Weiß. „Wer macht die Jana wieder ganz?" 2013, S. 18.

[803] Vgl. hierzu ausführlicher Weiß. Philipp sucht sein Ich. 2013, S. 138f.

aber auch Entwicklung zur Selbstregulation zunächst womöglich beeinträchtigen können. Gerade bei diesen Symptomen ist die Unterstützung so wichtig, da sie die Kinder und Jugendlichen ansonsten immer wieder an die Welt des Traumas bindet und somit in dieser Welt hält. Die Reaktionen der PädagogInnen auf traumatische Übertragungen, Flashbacks, Dissoziationen und Reinszenierungen sollten Akzeptanz, Sicherheit und Unterstützung zur Selbstbewusstheit beinhalten. Auch hier ist die Grundbedingung, dass die PädagogInnen spezifisches Basiswissen über die Charakteristiken dieser Verhaltensweisen kennen.[804]

Übertragungen gehören zu den natürlichen Erscheinungsformen des menschlichen Lebens und sind als Reaktionsbereitschaften an die Vergangenheit gebunden. Doch die gezeigten Neuauflagen, Fantasien oder frühere Erlebnisinhalte beeinflussen die aktuellen Beziehungen. Die von den Kindern und Jugendlichen gemachten Beziehungserfahrungen und die hiermit verbundenen Wünsche und Ängste können sich auch auf die heutigen Bezugspersonen und somit auf die PädagogInnen übertragen. Bei traumatisierten Menschen handelt es sich hier um die traumatische Übertragung[805]; diese stört durch ihre destruktive Kraft die heutigen Beziehungen und erschwert die Entwicklung. Während es z. B. bei der psychoanalytischen Therapie um die Förderung von (traumatischen) Übertragungen geht, hat die Pädagogik hingegen zur Aufgabe, diese nicht konflikthaft zu verschärfen. Wenn also die Kindern oder Jugendlichen ein Verhalten zeigen, deren alte Erlebnisinhalte eigentlich dem Täter oder z. B. der misshandelnden Mutter gelten, aber auf die PädagogInnen übertragen werden, kommt es darauf an, dass diese nicht durch eine Verstärkung anderer alter Erlebnisinhalte der Betroffenen (Schuldgefühle, Selbstunwert, Sexualität als Gegenleistung für Nähe etc.) verfestigt werden.[806] Wichtig ist bei all diesen Dingen, dass von Seiten der Pädagogin/ des Pädagogen die Beziehung zu dem Kind oder dem Jugendlichen keinesfalls abgebrochen wird; hierzu ist es hilfreich und nötig, die Empfindungen des Gegenübers sowie auch die eigenen Reaktionen und Empfindungen wahrzunehmen und zu reflektieren. Oftmals kann es jedoch vorkommen, dass die traumatische Übertragung des Kindes bei der Pädagogin/ dem Pädagogen wiederum eine Gegenübertragung hervorruft. Notwendig ist hier, auch dies zu reflektieren (vgl. Kapitel 4.5.2).[807]

---

[804] Vgl. ebd., S. 172.
[805] „Die traumatische Übertragung spiegelt nicht nur die Erfahrung von Gewalt wider, sondern auch die Erfahrung von Hilflosigkeit. Im Augenblick des Traumas ist das Opfer ganz und gar hilflos. Unfähig, sich zu verteidigen, schreit es nach Hilfe, aber niemand kommt. Es fühlt sich völlig verlassen. Die Erinnerung an diese Erfahrung prägt alle späteren Beziehungen" (Herman 2010, S. 188).
[806] Vgl. Weiß. Philipp sucht sein Ich. 2013, S. 174.
[807] „Die Reflexion dieser komplizierten Situation, das verstehen der Botschaft des Kindes, das Verstehen

Im pädagogischen Alltag geht es also nicht etwa darum, immerzu traumatische Übertragungen aufzulösen, sondern manchmal muss man die Situation aushalten oder schützend beenden. Da Kinder durch Übertragungen von traumatischen Erfahrungen Wachstumschancen sowie neue Bindungserfahrungen blockieren, wird es immer mal wieder Situationen geben, in denen durch die Auflösung dieser Erfahrungen mithilfe von Benennen, Spiegeln und der gemeinsame Suche nach alternativen Handlungsmöglichkeiten persönliches Wachstum geschehen kann.[808]

Wilma Weiß liefert einen „Lei(d)tfaden zum Umgang mit *traumatischer Übertragung*":

- Traumatische Übertragungen wahrnehmen
- Innehalten, Gegenreaktionen wahrnehmen
- Aus Gegenreaktion rausgehen
- In Beziehung bleiben
- Übertragungsinhalte wahrnehmen
- Sicherheit für das Kind herstellen, deeskalieren
- Ich sehe Deine Bedürfnisse
- Realitätsüberprüfung mit dem Kind
- Übertragungsinhalte mit dem Kind erforschen, evtl. später, nicht vergessen!
- Verhandeln über Handlungsschritte: Was brauchst Du?
- Übertragungsinhalte genauer, möglichst im Team, identifizieren
- Eigene Gegenreaktionen klären, auch im Team
- Übertragungsinhalte allgemein bearbeiten (Entlastung von Schuld, Aufheben von Isolation)[809]

Auch *Flashbacks und Rückblenden* werden sich im pädagogischen Alltag nicht vermeiden lassen, man kann jedoch helfen, die Auslöser, die in der Anfangszeit z. B. behutsam erfragt werden, zu minimieren und die Kinder über die Wirkungsweise dieser Erinnerungen aufzuklären und Möglichkeiten der Kontrolle mit den Kindern zu erarbeiten. Die Kinder können und sollen hierauf vorbereitet und ihre Fähigkeiten zur Erholung gesteigert werden. Die Kinders sollen Intrusionen mit geringerer subjektiver Belastung erleben und ein Mehr an Selbstkontrolle hinsichtlich der Erinnerungsebenen lernen. Auch hier ist von Seiten des Pädagogen „Fachwissen" gefragt, denn damit die Kinder vor der schlechten Erlebniswelt der alten Traumata geschützt werden können, sind Kenntnisse und die Anwendung von Regeln zur Begrenzung von Flashbacks nötig.[810] Am Anfang werden zunächst mögliche Trigger (Auslöser) gesucht, was im Aufnahmeverfahren oder nach einiger Zeit der Vertrauensbildung geschehen kann.[811] Auch hier soll bzw. muss die Situation angesprochen und benannt werden, auch geht es um die

---

unserer Reaktion, unserer eigenen Übertragungen, ist immer wieder notwendig, damit das Kind seine alten Beziehungserfahrungen bearbeiten und korrigierende Erfahrungen machen kann. Die PädagogInnen werden ein immer größeres Verständnis für dieses konkrete Kind und seine Welt entwickeln" (ebd., S. 176).

[808] Vgl. ebd., S. 177.
[809] Ebd.
[810] Vgl. Schubbe, Oliver. Resinszenierungen versus heilsame Gruppenatmosphäre (S. 16-41), in: Kompassberatungsstelle gegen sexuelle Gewalt: Sexuell missbraucht und dann? Tagungsreader. Kirchheim Teck, z. n. Weiß, Philipp sucht sein Ich. 2013, S. 178.
[811] Vgl. Weiß. Philipp sucht sein Ich. 2013, S. 178.

Möglichkeiten der Kontrolle sowie korrektiver Handlungsmöglichkeiten. Dadurch, dass die Auslöser identifiziert und Entspannungs- und Imaginationsverfahren gelehrt werden, können Flashbacks unterstützend minimiert werden. Auch hier ist es wieder maßgeblich, die Kinder und Jugendlichen über die Dynamik von Rückblenden zu informieren, sodass auch dies als „normale Reaktion auf eine unnormale Umwelt" verstanden werden kann. Das gemeinsame Suchen von Möglichkeiten der Kontrolle von Rückblenden ist Teil der Selbstregulation und steigert ihre Erfahrung und Empfindung, dass sie der Hauptteil ihres Lebens sind; auch kann hiermit die Opferrolle nach und nach aufgegeben werden und sie selbst können vom Objekt (der traumatischen Erfahrungen/ Erinnerungsebenen) zum Subjekt und Bestimmer ihres Lebens werden.[812]

Wenn Kinder *dissoziieren*, kann es zunächst wichtig sein, dass Körperwahrnehmungen angesprochen und beachtet werden (z. B. etwas kräftig berühren lassen, das einen starken Reiz darstellt). Auch kann es helfen, das Kind/ den Jugendlichen aufzufordern, sich auf einen bestimmten, z. B. optischen, Reiz im Hier und Jetzt zu fokussieren, es zu kognitiven Prozessen aufzufordern (z. B. rechnen, zählen o. ä.) oder es aufzufordern, sich umzuschauen und in Raum und Zeit zu orientieren (Wer bin Ich ? Wo bist Du hier? Welcher Tag ist heute?). Hilfreiche Reaktionen auf *Reinszenierungen* können sein, dass das Kind mit einer anderen als von ihm erwarteten Verhalten überrascht wird und ihm deutlich gemacht wird, was gerade wirklich passiert ist. Zudem sollte es gefragt werden, wie es die Situation erlebt hat und ggf. Verbindungen zum Trauma hergestellt werden. Auch hier ist ein verständnisvoller Dialog unabdingbar: In solch einem Dialog ist es wichtig, dass von Seiten der Pädagogin/ des Pädagogen ein Verständnis für das Bedürfnis gezeigt wird, der damals wirklich schlimmen Situation heute einen anderen Ausgang zu verschaffen und auch Verständnis dafür gezeigt wird, dass das Kind/ der Jugendliche die Zusammenhänge heute noch nicht erkennen kann, sondern nur ausagiert; auch sollte vermittelt werden, dass man bereit ist, sich sein „Schreckliches" vorzustellen, es auszuhalten und mitzutragen.[813] Hilfreich ist es zudem, dass dem Heranwachsenden bei der „Übersetzung" bzw. der Entschlüsselung seines Verhaltens geholfen wird. Ziel ist auch hier wieder die Einordnung und Reflexion dieser spezifischen Verhaltensweisen. Denn erst, wenn das Kind Zugang zu seinen Ängsten und auch Emotionen findet,

---

[812] Vgl. ebd., S. 180. Für eine Anleitung um Flashbacks und Rückblenden im Alltag zu stoppen vgl. *Abb. 22) Flashbacks/ Rückblenden im Alltag stoppen* im Anhang, S. 274.

[813] Levine/ Kline (2013, S. 135) liefern fünf Punkte in Bezug auf die Fürsorge für ein überwältigtes Kind: 1. Deutlich machen, dass man versteht, was das Kind durchmacht, indem man seine Gefühle bestätigt; 2. Zeigen, dass man genau weiß, wie man ihm helfen kann – indem man vermittelt, dass für solche Situationen Erwachsene zuständig sind; 3. Vermitteln, dass man sich voll und ganz dafür einsetzen wird, es zu schützen und für es zu sorgen; 4. Sagen, dass man überzeugt davon ist, dass das Schlimmste vorbei ist (wenn das der Fall ist) und dass es bald besser wird; 5. Bei ihm bleiben, bis es ihm besser geht.

darüber sprechen bzw. spielen möchte (Rollen- bzw. Puppenspiele o. ä.) und so den Zusammenhang mit dem Erlebten nachvollziehen kann, wird es ihm gelingen, seine Abwehrmechanismen und damit sein auffälliges Verhalten aufzugeben.[814]

4.4.4.1) Unterstützung zur Selbstbemächtigung in der Praxis

Kommunikation je nach Alter und Umgang mit Traumasymptomen:

Die PädagogInnen sollten lernen, mit eigenen Augen und Ohren und den eigenen Empfindungen wahrzunehmen, was das Kind von einem Augenblick zum nächsten braucht. Wenn es auch kein Patentrezept gibt, wie dies bewerkstelligt werden kann, haben Peter A. Levine und Maggie Kline Beispiele zusammengestellt, wie man, je nach Alter und je nach Copingstrategie, verbal auf das Kind bzw. den Jugendlichen eingehen kann.[815] Deren Leitfaden richtet sich zwar an Eltern traumatisierter Kinder und in den Beispielen handelt es sich scheinbar primär um (spezielle) Akuttraumatisierungen, jedoch sind deren Vorschläge womöglich auch für die pädagogische Praxis ertragreich.

Wenn sich z. B. das Reptiliengehirn eines *Kleinkindes* in einem eingefrorenen Zustand befindet, nachdem es von einem anderen Kind bedroht wurde, kann man ihm mit folgenden Sätzen entgegnen: „Deine Hände sind ganz kalt und deine Lippen zittern. Dieser riesige Kerl muss dich wirklich erschreckt haben!"; „Gott sei Dank ist er weg und kann dir nichts mehr tun", „Nimm meine Hände und spür, wie warm sie sind…Während du meine Hände spürst, kannst du auch darauf achten, was dabei mit deinen Händen passiert!" (Hierbei sollte jeder eintretenden Veränderung Zeit gegeben werden; hierdurch entwickelt das Kind ein stärkeres Gewahrsein für seinen Körper im gegenwärtigen Moment, z. B. Wärme, Farbe, Schütteln, Entspannung und/ oder Tränen); „So ist's gut…lass die Tränen einfach fließen wie sanfte Regentropfen. Dein Körper weiß genau, was er tun muss, damit es dir besser geht." Nachdem das Kind offensichtlich erleichtert ist und wieder normal aussieht und sich als sich selbst fühlt, kann man mit folgenden Worten reagieren: „Gut, dass du um Hilfe gerufen hast! Lass uns einen Plan machen, was du tun kannst, falls du ihn jemals in der Nähe unseres Hauses (Schule, Nachbarschaft, Kirche, Park) wiedersehen solltest."[816]

---

[814] Vgl. Ebel, Alice. Traumatisierte Kinder erziehungsunfähiger Eltern. Ursachen und Folgen von Traumatisierung im Kindesalter und der Umgang damit in der Pflegefamilie. In: Arbeitsgemeinschaft für Sozialberatung und Psychotherapie (AGSP). 2004. URL: http://www.agsp.de/html/a43.html (Stand: 20.08.2013).
[815] Vgl. Levine/ Kline 2013, S. 156ff.
[816] Vgl. ebd., S. 156f.

Wenn sich das Reptilienhirn eines *kleineren Kindes* „auf der Flucht" befindet, nachdem es z. B. bei einem mit Blut verbundenen Vorfall anwesend war und man mitbekommt, dass das Kind oft unruhig ist und im Kreis herumläuft, könnte man in etwa so reagieren: „[Das Opfer] hat wirklich ein schlimmes „Aua" an seinem Bein, nicht?...Aber deine Beine sind groß und stark! Du kannst jetzt schon fast so schnell rennen wie ich" (Die Pädagogin/ der Pädagoge stellt eine Verbindung zu dem Kind her, indem sie/ er zu ihm hinläuft und ein Spiel daraus macht.) „Spür, wie deine Beine rennen! Lauf, lauf weg...du hast es geschafft! Du bist in Sicherheit!" Hier sollte darauf geachtet werden, ob das Kind schockiert aussieht oder sich fließend am Spiel beteiligt. Wenn das Kind einen Schock hat, so sollten die Spielregeln dahingehend geändert werden, dass das Kind jeweils auf die Betreuungsperson zuläuft und in ihren Armen Sicherheit findet. Seine Augen sollten beobachtet werden: Sind sie weit geöffnet vor Erstaunen? Bedeckt es mit seinen Händen die Augen, um das schlimme Geschehen nicht „sehen" zu müssen? Was drücken die Bewegungen seines Halses aus? Ist es in der Lage, überall im Raum herumzusehen und während des Laufens die Richtung zu wechseln, oder sieht es aus, als ob es immerzu wegläuft? Auch hier sollte einem vom dem Kind der Weg gezeigt werden und zugleich zeitlich vorgerückt werden, indem man feststellt, was das Kind als Nächstes braucht.[817]

Wenn ein *kleineres Kind* sich vor kurzem z. B. selbst eine üble Schnittwunde zugezogen hat, kann es, indem es die Verletzung eines anderen mitbekommt, sein eigenes Missgeschick bewältigen. Man kann sich hierzu eine Geschichte ausdenken und die Momente betonen, von denen man weiß, dass sie für das Kind tröstlich waren (eine heiße Schokolade zubereitet zu bekommen, nachdem die Wunde versorgt war etc.). Wenn das Kind die Sicherheit der tröstlichen Anteile spürt, die mit dem Ereignis verbunden waren, so kann es diesmal mit einer gewissen Wahrscheinlichkeit auch die unangenehmen „traumatischen" Seiten mit mehr Zutrauen wahrnehmen und die überschüssige Stressenergie entladen und loslassen, anstatt erstarren zu müssen. Die Tränen, die Ängste und Wutgefühle werden schließlich mit der Pädagogin/ dem Pädagogen als Zeugen und Anker freigesetzt.[818]

Je jünger ein Kind ist, desto anfälliger ist es auch für Fantasien über Schreckensszenarien (vgl. Kapitel 2.3). Somit könnte in dem aufgeführten Beispiel dem Kind, nachdem es durch die anfängliche Reaktion hindurchgegangen ist, eine Geschichte darüber erzählt werden, wie das Blut die Wunde reinwäscht und ein Rollenspiel für Erste Hilfe angelei-

---

[817] Für das weitere Vorgehen, wenn sich das Kind in einem Schockzustand befindet vgl. ebd., S. 159f.
[818] Vgl. ebd., S. 160.

tet werden. Auch hier sollte wieder die Reaktion des Kindes beobachtet werden. Man kann das Kind fragen, ob es sich vorstellen kann, wie die Wunde des Opfers jetzt aussieht, nachdem sie Zeit gehabt hat, zu heilen. Wenn es noch zu klein ist, um zu sprechen, kann man es fragen, ob es immer noch entsetzt ist. Man sollte feststellen, ob es nickt oder den Kopf schüttelt, und solange, ihm folgend, mit ihm weitergespielt werden, bis die letzten Reste von Angst und Schock verschwunden sind.[819]

Wenn sich das Reptiliengehirn eines *Teenagers* z. B. nach der Trennung seiner Eltern im „Kampf" befindet, kann man mit folgenden Worten ein Gespräch aufbauen: „Ich weiß, du hast mir gesagt, dass du nicht wütend bist, aber du siehst angespannt aus und deine Hände sind zu Fäusten geballt, als wolltest du jemandem einen Hieb versetzen!" Hierbei sollte beobachtet werden, wie das Gegenüber darauf reagiert. Hier sollte einfühlsam vorgegangen werden und kein Streit begonnen werden. Eine mögliche Reaktion ist, dass der Jugendliche mit 1. „Ey! Mein ganzes Leben ist zerstört! Was hast du erwartet?" oder 2. Nur einem finsterer Blick oder „Warum kannst du mich nicht einfach in Ruhe lassen?" reagiert. Beim ersten Reaktionstyp ist der Jugendliche zwar wütend, scheint aber dennoch trotz seiner „Kampfstimmung" zur Interaktion bereit. Damit Zugang zu seinem kooperativen System für soziale Teilnahme gefunden werden kann, dem höher entwickelten „denkenden Gehirn", das zur Problemlösung fähig ist, muss aber erst zu seinem aufgewühlten, weniger entwickelten „fühlenden" Gehirn eine Verbindung hergestellt werden, damit er ein paar Stufen runterschalten kann. Dies kann in der Form geschehen, dass seine Gefühle bestärkt werden „Du hast recht...dein Leben ist jetzt anders. Es steht dir in vollem Umfang zu, wütend zu sein. Du kannst nichts dafür." Man soll sich von den Heranwachsenden leiten lassen; wenn man sehr aufmerksam ist, sich intensiv auf sie einstimmen und seine Erwartungen beiseite stellen kann, wird man womöglich die Einzelheiten darüber erfahren, was sie/ ihn am meisten schmerzt.[820] Beim zweiten Reaktionstyp ist der Teenager jenseits seiner Erschütterung und seine Stimmung ist, sowohl in der denkenden als auch in den fühlenden Gehirnregionen, ganz unten. Der Stress kommt einem „Erstarren" oder einem Schockzustand nahe und sein Verschließen erfolgt aufgrund seiner Überwältigung wahrscheinlich eher unfreiwillig. Er fühlt sich wahrscheinlich gefangen und hoffnungslos. „Sich von ihm leiten lassen" bedeutet in diesem Fall, ihm einen Ausweg aufzuzeigen und ihm deutlich zu machen, dass er nicht aufgegeben wird, auch wenn er sich womöglich bereits selbst aufgegeben hat. Auch sollte man ihn wissen lassen, dass er nicht allein ist. Sein Zustand

---

[819] Vgl. ebd., S. 160f.
[820] Vgl. ebd., S. 157f.

sollte erneut bestätigt werden und er gespiegelt werden: „Du möchtest jetzt offensichtlich nichts dazu sagen. Ich möchte dich nur wissen lassen, dass ich merke, wie nahe dir das alles geht…und dass ich für dich da bin, wann immer du es willst."[821]

Wenn z. B. ein *Schulkind* generell Unsicherheit darüber äußert, was passiert ist, kann man ihm eine klare Erklärung dessen geben, was geschehen ist, wann immer es danach fragt; Details, die das Kind ängstigen würden, sollte man vermeiden. Annahmen, die zeigen, dass das Kind unsicher oder verwirrt darüber ist, ob es eine aktuelle Gefährdung gibt, sollte man korrigieren. Das Kind sollte daran erinnert werden, dass es Menschen gibt, die sich darum kümmern, Familien zu beschützen und dass er und seine Familie weitere Hilfe erhalten können, wenn es nötig ist. Auch sollte das Kind die Information erhalten, wie es jetzt weitergeht (z. B. in Bezug auf die Schule o. ä.). Wenn das Kind Gefühle von Verantwortlichkeit und Schuld zeigt, sollte es zunächst die Möglichkeit haben, einem die Sorge mitzuteilen, ihm dann jedoch versichert werden, dass es nicht Schuld hat; auch sollte er die Erklärung erhalten, warum es nicht sein Fehler war, z. B.: „Nach so einem Unglück denken viele Kinder – und auch Eltern „was hätte ich anders machen können? Oder Ich hätte etwas tun können", das bedeutet aber nicht, dass sie wirklich Schuld haben". Wenn das Kind z. B. Angst hat, dass das Ereignis sich wiederholt und Reaktionen auf Erinnerungen zeigt, sollte man ihm helfen, Situationen zu erkennen, die Erinnerungen an das traumatische Ereignis hervorrufen (z. B. Menschen, Orte, Geräusche, Gerüche, Gefühle, Tageszeiten). Ihm sollte dann der Unterschied zwischen dem Unglück selbst und den Erinnerungen, die danach auftreten, erklärt werden. Auch hier sollte es so oft wie nötig die Versicherung erhalten dass es in Sicherheit ist. Des Weiteren sollte das Kind davor geschützt werden, in den Medien Berichterstattungen von dem Ereignis zu sehen, weil sie Ängste davor auslösen können, dass sich das Ereignis wiederholt. Dem Kind könnte man, wenn es merkt, dass es an das Unglück erinnert wird, sagen: „Versuche Dir selbst zu sagen „Ich bin traurig, weil ich an das Feuer erinnert werde, wenn der Kamin brennt, aber das bedeutet nicht, dass unser Haus abbrennt; ich bin in Sicherheit!". Wenn das Kind das Ereignis immer wieder nacherzählt oder nachspielt, sollte ihm erlaubt sein, die Reaktionen in seinen Geschichten und Rollenspielen zu integrieren und ihm gesagt werden, dass dieses Verhalten normal ist. Die positiven Lösungen des Problems im Spiel und in Zeichnungen sollten Förderung erhalten. Man kann z. B. sagen „Ich habe gemerkt, dass du viele Bilder von dem malst, was geschehen ist. Wusstest du, dass viele Kinder das so machen?" „Es könnte dir helfen, wenn du aufzeichnest, wie deiner Meinung nach euer Haus wieder

---

[821] Vgl. ebd.

aufgebaut werden sollte, um es sicherer zu machen."[822] Wenn das Kind Angst davor hat, dass seine Gefühle ihn überwältigen, sollte ihm ein sicherer Ort geboten werden, an dem es seine Ängste, Wut, Traurigkeit etc. ausdrücken kann; man sollte ihm erlauben, zu weinen oder traurig zu sein und nicht erwarten, dass es mutig und stark ist: „Wenn beängstigende Dinge passieren, bekommt man starke Gefühle, es kann z. B. passieren, dass man auf alle wütend oder sehr traurig ist. Möchtest du hier mit einer Decke sitzen bleiben, bis es Dir wieder besser geht?" Wenn das Kind unter Schlafstörungen leidet (Albträume, Angst davor alleine zu schlafen etc.), sollte man es von den Albträumen erzählen lassen und ihm auch hier erklären, dass Albträume normal sind und dass sie wieder verschwinden. Hier sollte aber nicht zu detailliert nach den Inhalten der Träume gefragt werden: „Das war ein beängstigender Traum. Lass uns über ein paar schöne Dinge nachdenken, von denen Du träumen kannst und ich kraule dir Deinen Rücken, bis Du wieder eingeschlafen bist." Wenn das Kind Sorge um seine Sicherheit und die von anderen hat, sollte ihm geholfen werden, seine Sorge mitzuteilen und ihm hierzu realistische Informationen liefern. Hierfür kann man z. B. eine „Sorgen-Schachtel" basteln, in die das Kind seine aufgeschriebenen Sorgen legen kann und es sollte eine Zeit festgelegt werden, um die Sorgen anzugucken, Probleme zu lösen und Antworten auf die Sorgen zu entwickeln. Wenn das Kind ungewöhnlich aggressives oder unruhiges Verhalten zeigt, sollte es zu Freizeitaktivitäten und Bewegung als Ventil für seine Gefühle und Frustration ermuntert werden: „Ich weiß, dass Du die Tür nicht zuschlagen wolltest. Es muss schwierig sein, sich so wütend zu fühlen...Wollen wir spazieren gehen? Manchmal hilft es, wenn man seinen Körper bewegt, wenn man so starke Gefühle hat." Wenn das Kind körperliche Beschwerden (wie Kopf-, Bauch- und Muskelschmerzen) zeigt, sollte man zunächst herausfinden, ob es eine medizinische Ursache gibt. Wenn das nicht der Fall ist, sollte das Kind getröstet und ihm versichert werden, dass diese Reaktion normal ist. Im Hinterkopf behalten werden sollte die Tatsache, dass wenn man diesen nicht-medizinischen Beschwerden zu viel Aufmerksamkeit schenkt, sich die Symptome verstärken können. Außerdem ist es wichtig abzuklären, ob das Kind genug schläft, sich gesund ernährt, viel Wasser trinkt und sich ausreichend bewegt. Auch sollte man generell immer die eigene Reaktion auf das Unglück beobachten, sodass das Kind auch den Raum und die Gelegenheit bekommt, überhaupt über seine Gefühle sprechen zu können. Hierfür sollte so gelassen wie

---

[822] National Child Traumatic Stress Network and National Center for PTSD (Eds.). Psychological First Aid: Field Operations Guide. July 2006. Available on: www.nctsn.org and www.ncptsd.va.gov (Effective: 10-07-2013).

möglich agiert werden, damit es nicht zu einer Verstärkung der Sorgen des Kindes kommt.[823]

Selbstverstehen:

Aufklärung über das Reptilienhirn:

Wie in Kapitel 4.4.4) angedeutet, kann es den Kindern helfen, Symptome als „normal" zu begreifen und sie über die Vorgänge in ihren Körpern aufklären. Kindern hilft es, wenn sie verstehen, wieso und wie die Seele und ihr Körper auf den Extremstress, den sie hinter sich glauben, reagieren. Was im Körper und im Gehirn, im Speziellen im Reptiliengehirn, passiert, lässt sich z. B. einfach in Form von Bildern, z. B. einem Apfel, erklären:

> Im Gehirn gibt es drei Teile, die im Idealfall gut zusammenarbeiten. Ein Teil, das ist der älteste, manche sagen Reptiliengehirn (Gehirnstamm oder Stammhirn) dazu, ist der Kern des Apfels. Dieser Teil hat viele Funktionen u. a. reagiert er auf Gefahr und stellt Energie bereit um zu kämpfen oder zu flüchten. Seine Sprache sind die Empfindungen wie z. B. der Kloß im Hals, die schweißnassen Hände oder eine große Aufregung. Der zweite Teil, sagen wir das Fruchtfleisch des Apfels, heißt auch Mittelhirn oder Amygdala. Dieser Teil ist für Gedächtnis und Emotionen verantwortlich, seine Sprache sind die Gefühle. Die Amygdala ist auch die Warnzentrale im Gehirn. Der dritte Teil, sagen wir die Schale des Apfels, ist das denkende Gehirn. Normalerweise ist das denkende Hirn der Chef. Wenn du aber ganz viel Angst hast, schaltet die Warnzentrale (Fruchtfleisch) das Reptiliengehirn (Apfelkern) ein. Der Apfelkern stellt Energie bereit, damit Du Dich wehren kannst. Und das denkende Gehirn, die Schale des Apfels, ist abgeschaltet. Und wenn das ganz oft ist oder früher so war, dann meldet die Amygdala Gefahr, auch wenn keine da ist. Das Reptiliengehirn bleibt eingeschaltet und setzt Deinen Körper unter Strom, damit Du Dich wehren oder flüchten kannst. Du wirst nervös oder bekommst Angst oder schweißnasse Hände, rastest vielleicht aus und weil Du nicht weißt, was passiert, denkst du, da hat sich eine Fernbedienung reingehängt, die sendet immerzu Alarm. Die Schale, der Denker, hat keine Chance, es gibt keinen Funkkontakt von der Warnzentrale zum Denker und auch keinen vom Denker zur Warnzentrale.[824]

Selbstwahrnehmung:

Arbeit mit Empfindungen:

Damit das Kind oder der Jugendliche sich über seine eigenen Empfindungen im Klaren ist, sie verstehen und reflektieren, aber auch über sie sprechen kann, kann es helfen, einen Wortschatz für Empfindungen zu erstellen. Mit ihr/ ihm kann man z. B. gemeinsam eine Liste erarbeiten, wobei hier auf die Ausgewogenheit des Vokabulars zu achten ist und sowohl die Empfindungen, die angenehm und neutral sind, als auch die, die sich anfangs eher unangenehm anfühlen, berücksichtigt werden sollten:[825]

---

[823] Vgl. ebd.
[824] Weiß. Selbstbemächtigung 2013, S. 170.
[825] Vgl. Levine/ Kline 2013, S. 124f.

Ein Wortschatz für Empfindungen

kalt/warm/heiß/frostig	Nervenzucken/ Schmetterlingsgefühl	schneidend/gefühllos/ juckend
wackelig/ zittrig/ bebend	hart/ weich/ stecken geblieben	hibbelig/ eisig/ schwach
entspannt/ ruhig/ friedlich	fließend/ sich ausweitend	stark/ fest/ angespannt
schwindelig/ undeutlich/ verschwommen	betäubt/ prickelnd/ kribbelig	„aua" (weh)/ weinerlich/ Gänsehaut
leicht/ schwer/ offen	angenehm/ kühl/ seidig	belämmert, klebrig, locker

Achtung: Empfindungen sind etwas anderes als Emotionen. Sie beschreiben, wie der Körper sich physisch anfühlt. Wenn ein Kind nicht sprechen kann, kann man es einladen, auf die Körperstellen zu zeigen, die sich wackelig, gefühllos oder ruhig etc. anfühlen.

Um es dem Kind auf spielerische Art und Weise zu ermöglichen, sich an diese Begriffe anzunähern und auch die eigenen Empfindungen zu verstehen, kann mit ihm eine Schatzkiste angelegt werden. Das sensorische Bewusstsein ist ein sehr wichtiger Teil der frühkindlichen Entwicklung. Es fördert nicht nur kognitive Fähigkeiten und das Selbstbewusstsein, sondern Kinder haben auch Spaß daran, Gerüche, Geschmacksvarianten, Klänge und Berührungen auszuprobieren. Die folgenden beiden einfachen Aktionen[826] sind ein Anfang in dieser Richtung:

Aktion I:

1. Nehmen Sie eine leere Schachtel, Dose oder einen Beutel, um darin zehn bis zwölf Gegenstände zu verstecken.
2. Suchen Sie Dinge aus, die sich von ihrer Beschaffenheit her deutlich unterscheiden, z. B. eine Feder, ein Stück Sandpapier, mehrere Steine unterschiedlicher Form, Größe und Struktur, einen Baumwollball, ein glitschiges Spielzeug, ein Stück Stoff aus Satin oder Seide, Stahlwolle etc., und geben Sie diese in die Schachtel
3. Sagen Sie dem Kind, dass es die Augen schließen soll (oder verwenden Sie eine Augenbinde). Fordern Sie es dann auf, einen Gegenstand aus der Schachtel herauszunehmen und zu versuchen, durch das Befühlen herauszufinden, um welchen Gegenstand es sich handelt.
4. Wenn Ihr Kind alle Gegenstände identifiziert hat, bitten Sie es, jeden Gegenstand anzufassen und zu beschreiben, wie er sich auf der Haut anfühlt (kitzelig, kribbelnd, kühl, schwer etc.).
5. Lassen Sie das Kind als Nächstes Steine unterschiedlichen Gewichts miteinander vergleichen, indem es sie in seinen Händen hält und feststellt, wie sich seine Muskeln anfühlen, wenn ein Stein sehr leicht, leicht, mittelschwer, schwer und sehr schwer ist.
6. Fragen Sie das Kind, welchen Unterschied es in seinem Körper spürt, wenn es etwas Schleimiges im Vergleich zu etwas Weichem anfasst etc. Bitten Sie das Kind, auf die Körperstelle zu zeigen, an der es den Unterschied bemerkt. Sind es die Arme, der Bauch, die Haut, der Hals?
7. Schlagen Sie dem Kind dann vor, ein paar Fragen an Sie zu richten und wechseln Sie sich ab, wobei Sie weiterhin Empfindungen vergleichen und einander gegenüberstellen.
8. Erstellen Sie eine Liste aller Empfindungen, die Sie gemeinsam entdeckt haben.

---

[826] Vgl. ebd., S. 125ff.

Aktion II:

1. Versuchen Sie nun eine Variante des eben beschriebenen Spiels, indem Sie anstelle einer Schachtel ein „Geschmackstablett" verwenden. Füllen Sie kleine Schüsseln mit Nahrungsmitteln, die unterschiedlich schmecken, z. B. süß, salzig, bitter, würzig, sauer, und die ungleich beschaffen sind, wie knusprig, weich etc.
2. Verwenden Sie eine Augenbinde, um visuelle Anhaltspunkte zu vermeiden, und laden Sie ihr Kind ein, die verschiedenen Lebensmittel zu bestimmen. Sie können ihm zwischen zwei Geschmacksrichtungen jeweils ein Stück Knäckebrot geben, um den Gaumen zu neutralisieren.
3. Bitten Sie das Kind, von jeder Probe zu kosten, und lassen Sie es beschrieben, wie sie sich anfühlt (cremig, hart, glatt, klebrig etc.) und dann, wie es schmeckt.
4. Fragen Sie als Nächstes, welches Gefühl die jeweilige Probe auf der Zunge bewirkt (kribbelnd, prickelnd, kalt, glitschig, trocken, entspannt, kraus, gefühllos, heiß etc.).
5. Wiederholen Sie die Schritte sechs, sieben und acht der ersten Aktion.

Spiel:

Wie bereits deutlich wurde, hat das Spiel in der Entwicklung, aber auch Bearbeitung eines Traumas eine große Bedeutung. Hierdurch und ihre Art zu zeichnen, zeigen die Kinder den Erwachsenen, welche Anteile des überwältigenden Ereignisses ungelöst sind. Im Rahmen eines richtig eingefädelten Spielszenariums kann mit angemessener Begleitung zu einem Wiedererleben mit erfolgreichem Ausgang beigetragen werden. Hierbei lassen sich fünf hilfreiche Prinzipien beachten, um das Spiel von Kindern einer Lösung zuzuführen: 1) Lassen Sie das Kind die Geschwindigkeit des Spiels bestimmen: Es ist wichtig, sich auf die Bedürfnisse des Kindes einzustellen; dem Kind muss geholfen werden, sich sicher zu fühlen, indem man sich an seine Geschwindigkeit und seinen Rhythmus anpasst und nicht umgekehrt; 2) Unterscheidung zwischen Angst, Schrecken und Aufregung: Man sollte versuchen, ablesen zu können, wie das Kind sich während eines Spiels fühlt und erkennen können, wann es eine Pause braucht und wann es an der Zeit ist, den Moment weiterzuführen; 3) Einen kleinen Schritt nach dem anderen machen: Beim Neuverhandeln eines traumatischen Ereignisses lieber langsam bewegen; ein traumatisches Spiel ist immer etwas Wiederholendes; 4) Werden Sie ein sicheres Gefäß: Das eigene Innere wird auf das Kind projiziert und umgibt es mit einem Gefühl des Vertrauens; hier sollte man geduldig bleiben und das Kind ggf. beruhigen; 5) Beenden Sie das Spiel, wenn Sie das Gefühl haben, dass das Kind wirklich nicht davon profitieren kann: Wenn das Kind nach wiederholten Versuchen in seiner Anspannung bleibt und sich nicht zu Freude und Triumph weiterbewegt, sollte man die Angelegenheiten nicht erzwingen.[827]

---

[827] Zu den Punkten vgl. ausführlicher Levine/ Kline 2013, S. 166ff.

Körperwahrnehmung:

Im Rahmen von z. B. Klettern kann über Kraft und Geschicklichkeit, aber auch über Angst und Vertrauen im Körper gesprochen werden; in einem Tanzprojekt können die Kinder z. B. fließende Bewegungen und Vertrauen zu den anderen erfahren und üben. Selbstregulierende Tätigkeiten wie Yoga, Tai-Chi oder Feldenkrais können traumatisierten Mädchen und Jungen einen Weg zeigen, ihren Körper zu spüren, in ihrem Körper zu bleiben, sich zu entspannen und selbst zu beruhigen. Tanzen, Kämpfen etc. dienen sowohl zum Entladen als auch zum Erden.[828]

Hilfreich kann es generell auch sein, wenn bekannte und simple Spiele wie z. B. Seilspringen mit den Grundlagen der bewussten Körperwahrnehmung verbunden werden. Die Aufregung und der Kampfgeist bei diesen körperlichen Betätigungen mobilisieren eine ähnliche Energie, wie die für Angriff- und Fluchtreaktionen. Diese Spiele sollten jedoch so organisiert sein, dass hoch energetische Phasen mit ca. gleich langen Ruhephasen abwechseln, sodass die Kinder ausreichend Zeit haben, sich wieder „zu sammeln". In dieser Zeit können die Kinder z. B. still im Kreis sitzen und es kann eine kurze Überprüfung der Körperempfindungen angeleitet werden, um herauszufinden, wie die Kinder sich fühlen. Wenn die Spiele in einer Gruppe stattfinden, kann man die Kinder z. B. bitten, durch Handheben zu antworten, wenn man folgende Fragen stellt: „Wer fühlt sich jetzt stark? Wer fühlt sich schwach? Wer hat Kraft? Wer ist müde? Wem ist heiß? Wem ist kalt? Wer fühlt sich ruhig? Wem ist schlecht? Wer ist aufgeregt? Wessen Herz schlägt ganz schnell? Wer spürt Kraft in den Beinen? Wer hat Kopfschmerzen oder Bauchweh? Wer ist glücklich?"[829]

Sowohl in den Aktions-, als auch in den Ruhephasen wird die überschüssige Energie automatisch entladen. Wenn die Kinder z. B. bei einem Rennspiel „jagen", „fliegen", „weglaufen" und hierbei Kraft und Energie in ihren Armen, Beinen und im Oberkörper spüren, so werden die Zentren im Gehirn gestärkt, die die Widerstandskraft und Selbstregulation fördern. Durch diese sensorischen Erfahrungen bei Spielen können die Kinder ihre Zuversicht und Vitalität zurückgewinnen. Durch die Ermunterung, ihren körperlichen Zustand bei diesen Spielen bewusst wahrzunehmen, verbessert sich ihre Körperempfindung.[830]

[828] Vgl. Weiß. Selbstbemächtigung. 2013, S 179.
[829] Vgl. Levine, Peter A./ Kline, Maggie. Kinder vor seelischen Verletzungen schützen: Wie wir sie vor traumatischen Erfahrungen bewahren und im Ernstfall unterstützen können. München 2008, S. 266f.
[830] Vgl. ebd.

Selbstregulation:

Es gibt bspw. zahlreiche altersentsprechende Entspannungsverfahren, die dem Kind auf dem Weg zum Erlernen der Selbstregulation helfen können. In Frage kommen verschiedene Atemtechniken, progressive Muskelrelaxation, Biofeedback, Fantasiegeschichten sowie imaginative Verfahren aus dem Bereich der Hypnotherapie (z. B. Rückzug an einen sicheren Ort). Durch solche Entspannungsübungen[831] sollen Kinder willentlich eine körperliche Entspannung herbeiführen (können), welche die physiologische Stressreaktion in angstauslösenden Situationen hemmt. Auch wird dem Kind hierbei die Inkompatibilität von Angst und Entspannung detailliert erklärt. Eine kindgerechte Entspannung muss folgende Punkte beinhalten: Intensive Anleitung, kurze und verständliche Anweisungen sowie die Einübung der Übertragung in den Alltag.[832] Besonders bewährt haben sich bei traumatisierten Kindern imaginative Übungen zum sicheren Ort sowie Atemübungen, die sowohl zu einer physiologischen Entspannung führen, als auch durch die Konzentration auf die Atmung eine kognitive Ablenkung beinhalten. Jüngeren Kindern fällt es oft sehr schwer, sich alleine auf die Atmung zu konzentrieren. Dies gelingt ihnen besser, wenn sie aufgefordert werden, beim Ein- und Ausatmen langsam auf fünf zu zählen und sich z. B. vorstellen, wie sie in ihrem Bauch einen Ballon aufblasen und aus diesem dann wieder die Luft herauslassen.[833]

Auch kann es gerade vor dem Schlafengehen und weil viele traumatisierte Kinder Ein- oder Durchschlafprobleme haben (vgl. Kapitel 3.7.2), hilfreich sein, ihnen eine Entspannungsgeschichte vorzulesen, was mit sehr ruhiger Stimme passieren sollte. Auch hier sollten jedoch wieder die Reaktionen beobachtet werden. Folgende Geschichte wäre möglich:

---

[831] Bei all diesen Verfahren ist es jedoch sinnvoll, dass diese zunächst von einem Experten beigebracht werden (vgl. Eckhardt, Jo. Kinder und Trauma: Was Kinder brauchen, die einen Unfall, einen Todesfall, eine Katastrophe, Trennung, Missbrauch oder Mobbing erlebt haben. Göttingen 2005, S. 61). Doch auch ist darauf zu achten, ob und wie die Kinder hierauf reagieren. Insgesamt wird der Einsatz von Entspannungsverfahren bei Kindern mit Traumafolgestörungen teilweise auch kontrovers diskutiert. So gehen manche Autoren davon aus, dass die Gefahr von Flashbacks und dissoziativen Zuständen besteht, welche durch die Entspannung ausgelöst werden können (z. B. Krampen, G. Interventionsspezifische Diagnostik und Evaluation beim Einsatz systematischer Entspannungsmethoden bei Kindern und Jugendlichen (S. 182-205), in: Report Psychologie, 25. 2000). Doch diese Gefahr kann minimiert werden, wenn die Entspannungsverfahren aktive Verhaltensweisen wie bspw. zählen oder innere Dialoge vom Kind verlangen. Die Anwendung von passiven Entspannungsverfahren wird bei traumatisierten Kindern aus diesem Grund eher nicht empfohlen [vgl. Landolt, Markus A. Trauma-fokussierte kognitiv-behaviorale Therapie (S. 77-94), in: Landolt, Markus A./ Hensel, Thomas (Hrsg.). Traumatherapie bei Kindern und Jugendlichen. Göttingen 2012, S. 83].

[832] Vgl. Hampel, Petra/ Petermann, Franz. Anti-Stress-Training für Kinder. Weinheim/ Basel/ Berlin 2003, S. 25.

[833] Vgl. hierzu die Übung „Bauchatmung" in Eckhardt 2005, S. 62.

Alle Räder kommen zum Stillstand:

Stell dir einen Fernsehbildschirm vor, darin siehst du ein Bild von dir. Die Kamera kommt immer näher und richtet sich auf deine Füße. Siehst du sie? Jetzt ist die Kamera ganz nah an deinen Füßen. Deine Füße sind nackt, ohne Strümpfe, du wackelst mit den Zehen. Kannst du es im Bildschirm sehen? Jetzt kann man durch die Haut in das Innere deiner Füße sehen. Da sind lauter kleine Handwerker, die sitzen an großen Maschinen, an Zahnrädern, Hähnen und Schrauben, die rennen Treppen rauf und runter, um Schrauben festzudrehen und Räder in Gang zu halten. Das ist ein Treiben! Wie in einer großen Fabrik. Kannst du es dir vorstellen? Einer legt einen Hebel um, ein kleines Pfeifen ertönt und ein Rad hört langsam auf, sich zu drehen. Die Arbeiter kommen von den Leitern herunter und schrauben alle Hähne zu. Die Räder werden immer langsamer, sie quietschen und schnarren und hören ganz auf. Die Arbeiter strecken sich und legen sich zur Ruhe. Sie gähnen und machen die Augen zu. Jetzt ist alles ganz ruhig in deinen Füßen, sie sind ganz schwer und warm. Das Bild im Bildschirm geht jetzt langsam hoch zu deinen Beinen. Siehst du die Beine im Bildschirm? Da herrscht noch Hochbetrieb. Es ist genauso wie es bei deinen Füßen war. Alle Arbeiter rennen hektisch herum und drehen an Schrauben, an Rädern, Hebeln und Hähnen. Ein kleiner Aufzug rast hoch und runter. Viele Knöpfe leuchten rot und grün auf. Es zischt und dampft und rattert. Die Arbeiter stellen zunächst die Hebel um, die den Dampf rauslassen. Es hört auf zu dampfen. Dann drehen die Arbeiter die Hähne zu und die Räder werden langsamer. Die Knöpfe hören auf zu blinken und man hört keine Geräusche mehr. Alle Räder stehen still. Die Arbeiter gähnen und strecken sich. Es ist Zeit sich zur Ruhe zu legen. Die Arbeiter gehen schlafen und jetzt ist alles ganz still in deinen Beinen. Sie sind warm und schwer."
Hiermit soll weitergemacht werden und alle Arbeiter und alle Räder zur Ruhe kommen: im Bauch, im Rücken, in den Armen, in den Händen, zuletzt im Kopf.

Geschlossen werden soll mit: „Jetzt ist alles ruhig in dir. Alle Arbeit ruht, kein Rad bewegt sich. Es ist dunkel und warm. Der Bildschirm wird immer dunkler bis du nichts mehr erkennen kannst. Dann machst du den Fernseher aus.[834]

Auch ist es möglich, mit dem Kind gemeinsam einen sicheren inneren Ort in seiner Phantasie zu erschaffen. Wie aufgezeigt, werden traumatisierte Kinder und Jugendliche oft durch immer wieder auftretende Blitzerinnerungen an ihre traumatischen Erfahrungen zurückerinnert. Doch diese Erinnerungen sind dasselbe wie Vorstellungen und eben deshalb könnten Vorstellungen bzw. Imaginationen auch den gegenteiligen Effekt bewirken und nicht retraumatisierend, sondern beruhigend und schützend sein. Eine Imaginationsübung, wie z. B. zum sicheren inneren Ort, kann das Lebensgefühl beeinflussen, da sich diese Vorstellungen auf die eigenen Gedanken und Gefühle auswirkt; zudem kann sie dabei helfen, zur Ruhe zu kommen und Kraft zu tanken, wenn man mal wieder belastet ist. Wenn jemand eine Vorstellung oder eine Vision von etwas hat, an das er glaubt und von dem er überzeugt ist, so kann es für Körper, Seele und auch für das Gehirn heilsam wirken. Hier ist natürlich zu beachten, dass derartige Übungen meist längere Zeit in Anspruch nehmen können, da es vielen Betroffenen womöglich zunächst schwer fällt, sich etwas Positives vorzustellen, aber je mehr und öfter man übt, desto besser wird es funktionieren:[835]

---

[834] Ebd., S. 55f.
[835] Vgl. Kruger, Andreas. Powerbook. Erste Hilfe für die Seele. Trauma-Selbsthilfe für junge Menschen. Hamburg 2011, S. 111f.

Übung: Der Sichere innere Ort (SiO):

Ich lade dich ein, dir einen Ort vorzustellen, der in deiner Phantasie geboren wurde. Er darf Ähnlichkeiten mit der Wirklichkeit haben, aber es sollte kein wirklicher Ort sein, weil Orte von Ereignissen belastet werden können oder sich dramatisch verändern können. Es dürfen dort Menschen sein, die Ähnlichkeiten mit geliebten Menschen haben. Aber man sollte sich keine wirklichen Menschen vorstellen. Wirkliche Menschen enttäuschen einander. Dann ist der *sichere innere Ort* plötzlich ruiniert, wenn uns der Mensch enttäuscht. Das passiert nun mal unter Menschen. Und der Ort sollte absolut sicher sein. Du solltest dir verschiedene Sicherungsmaßnahmen ausdenken und diese Mal in Gedanken prüfen. Der Ort sollte eine Ecke für jedes innere jüngere Kind zur Verfügung haben. Für den Säugling genauso wie für den alten Menschen, der du einmal sein wirst. Das Projekt SiO soll auf lange Sicht angelegt werden. Erst mal kannst du eine Skizze anfertigen. Für die grobe Orientierung. Dann kannst du anfangen, dich um die Details zu kümmern. Alle Sinne sollten bei der Planung und Ausgestaltung der Details angesprochen werden: Die Augen, das, was du siehst. Die Ohren, durch das, was du hörst usw. Es sollte nach einer Zeit richtig lebendig an diesem Ort werden. Alle Sinne sind beteiligt: Du weißt dann erst mal wie es da aussieht. Dann kennst du die Gerüche, die Geräusche. Du weißt, wie sich die Holzwand in der Hütte anfühlt, der weiche Sand am Strand usw. deine Fantasie soll dem SiO zur Blüte verhelfen. Und du brauchst wieder einmal Übung. Erst nach dem du den Ort immer wieder in deiner Fantasie gesehen, gerochen, gehört hast, wird er lebendig. Denk an die 1000 Mal, die ein Gedanke gedacht werden muss, bis er in Fleisch und Blut übergeht! Erschaffe dir den SiO wie einen Ort, den du einmal besucht hast, an dem du eine gute Zeit hattest und der für dich unerreichbar geworden ist. So kannst du auch den SiO wie wirklich werden lassen. Und er gehört allein dir. Du kannst natürlich engen Freunden davon erzählen, aber niemand kann ihn sehen. Deine Zeichnung ist ja nur eine Skizze, eine Annäherung an die Wirklichkeit in deiner Fantasie. Die Zeichnung sollte aber irgendwo hängen, damit dein Gehirn an dem Projekt weiterarbeitet, wenn du etwas anderes machst. Na, was fällt dir für ein Ort ein?[836]

Zur Unterstützung zur *Selbstbehauptung und Selbstbemächtigung* gibt es des Weiteren Arbeitsbögen, die für Jungen- und Mädchengruppen und für gemischtgeschlechtliche Kinder- und Jugendgruppen geeignet sind. Sie sind hilfreich um die Kinder und Jugendlichen darin zu unterstützen, dass sie sich selbst als gut funktionierenden ganzheitlichen Organismus wahrnehmen und verstehen, in dem Körper, Gefühle, Sinne und Verstand in alltäglichen und besonderen Lebenssituationen optimal zusammenarbeiten. Durch die Übung, diese Zusammenarbeit bewusst wahrzunehmen, zu erleben und zu erspüren, kann auch erlernt werden, sie zu beeinflussen und zu regulieren. Auf der Grundlage dieses Selbstverständnisses ist eine bewusste Weiterentwicklung der Kinder und Jugendlichen möglich. Sie sollen angeleitet werden, zu erlernen, ihre Reaktionen und Verhaltensweisen unter Stressbelastung einzuordnen, ihre zur Verfügung stehende Energie selbstbestimmter zu verteilen und ihre Grenzen und die anderer wahrzunehmen und zu achten. Zudem kann die Qualität ihrer Bindungen und Beziehungen zu wichtigen Personen bewertet und beurteilt werden. Diese Bögen können zudem dabei helfen, ein neues Verständnis von sich selbst zu erlangen sowie ein Bewusstsein über die Möglichkeiten der Selbstregulation im Hinblick auf extreme Empfindungen im Kontext von

---

[836] Ebd., S. 139f.

Traumata (Ohnmacht etc.) sowie ihre abgespaltenen Körperempfindungen, Sinneseindrücke, Gefühle usw. zu erarbeiten und zu erreichen.[837]

4.4.5) Sexualpädagogik und geschlechtsbezogene pädagogische Arbeit

Die Unterstützung von Mädchen und Jungen in Heimen zu einem selbstbestimmten
Leben beinhaltet auch die sexuelle Aufklärung und das Erlernen von körperlicher
Selbstbestimmung. Die Entwicklung der eigenen Sexualität ist eine zentrale Entwicklungsaufgabe sowohl in der Kindheit als auch in der Jugend (vgl. Kapitel 2.3). Allein
deshalb sollte Sexualpädagogik zunächst ganz allgemein gesprochen ein fester Bestandteil der Heimerziehung sein, weswegen ein sicherer und konsequenter Umgang der
PädagogInnen mit den Themen „Sexualität", aber auch mit „sexuellem Missbrauch"[838],
ein Korrektiv und notwendiger Schutzfaktor sein kann. Auch die Tatsache, dass sich
geschlechtsspezifisch unterschiedliche Auswirkungen von Traumata finden lassen (vgl.
Kapitel 3.7.2), steigert den Bedarf einer geschlechtsspezifischen Pädagogik ebenso wie
die Tatsache, dass die Geschlechtszugehörigkeit die individuelle Entwicklung der
Mädchen und Jungen und ihre Eingliederung in die Gesellschaft prägt.[839] Ziel der
geschlechtsbezogenen pädagogischen Arbeit ist somit, die gesellschaftlichen und
lebensbiographischen Auswirkungen des Geschlechterverhältnisses zu erkennen und
den Heranwachsenden eine Unterstützung in der Entwicklung zu emotional lebendigen,
sozial verantwortlichen und selbstreflexiven Persönlichkeiten zu sein. Insgesamt geht es
um Grenzen und Sensibilisierung, um Erfahrungsräume, den Zugang zu den eigenen
Bedürfnissen, Gefühlen und Stärken sowie um Selbstbewusstsein ohne Fassade.
Zwangsläufig gehört hierzu auch die Auseinandersetzung mit dem Verständnis von
kultureller Zweigeschlechtlichkeit und einer gesellschaftlichen Realität, in der Mäd-
chen/ Frauen und Jungen/ Männer je nach Geschlecht unterschiedliche Lebenskonzepte

---

[837] Vgl. Lutz, Thomas. ICH BIN. Arbeitsmaterial zur Unterstützung der SELBSTentwicklung (S. 182-188),
in: Bausum u. a. 2013, S. 182ff. Für die Arbeitsbögen vgl. *Abb. 23) Arbeit an der Selbstwahrnehmung* im
Anhang, S. 274-276.

[838] Sexuell missbrauchte Kinder haben in massiver Form die Kopplung von Sexualität und psychischer
Gewalt erlebt. „Die vor diesem Hintergrund entstandene sexuelle Verwirrung bedarf einer Korrektur
durch die Vermittlung von Wissen über Sexualität, über erwachsene und kindliche Sexualität und durch
das Angebot, ihre bisherigen Erlebnisse thematisieren zu können" (Weiß. Philipp sucht sein Ich. 2013, S.
150). Es lassen sich also folgende Ziele der Auseinandersetzung mit Sexualität zusammentragen: „-
Vermittlung von Wissen, - Thematisieren von Gefühlen, - Entbabsierung unterschiedlichen Formen
von Sexualität, - Vermittlung der Regel: Kein Handeln auf Kosten anderer, - Wissen über die Entwicklungsaufgaben in der Pubertät, - Schutz zur Entwicklung sexueller Selbstbestimmung, - Individuelle
Unterstützung für Mädchen und Jungen, die Sexualität bevorzugt in der Opferrolle leben, - Individuelle
Unterstützung für Mädchen und Jungen, die sexuell grenzüberschreitend agieren" (ebd., S. 152).

[839] „Jungen kommen häufiger in Erziehungshilfe als Mädchen. Die Jugendhilfe betrachtet die Situation der
Jungen auf dem Hintergrund der Leistungssituation in Schule und Ausbildung und in Bezug auf ihr
Legalverhalten, die der Mädchen eher im Hinblick auf Erhalt der Herkunftsfamilie" (ebd., S. 141).

und –räume, Verhaltensweisen und auch Wertigkeiten zugeschrieben bekommen. Eine wesentliche Basis der geschlechtsbezogener Pädagogik ist somit die Aufdeckung von Machtstrukturen, die Gleichwertigkeit und Differenz verhindern. Perspektivisch sollen die Mädchen und Jungen somit in ihrer Selbstbestimmung unterstützt werden und sie angeleitet werden, sich von einschränkenden Zuschreibungen zu befreien.[840]

Geschlechtsbezogene Pädagogik für Mädchen[841] beinhaltet und zielt ab auf:

- Akzeptanz des eigenen Körpers und der Körperlichkeit
- Die Entwicklung einer selbstbestimmten Sexualität
- Die Auseinandersetzung mit kritischen männlichen und weiblichen Geschlechtsrollenstereotypen
- Befreiung von Rollenzwängen
- Anerkennung weiblicher Emotionalität und sexueller Bedürfnisse
- Stärkung der Entscheidungsfreiheit der Mädchen
- Entwicklung von eigenen Interessen
- Selbstbestimmte Nähe und Distanzregelung in Liebesbeziehungen und in Freundschaften
- Entwicklung von Durchsetzungsvermögen
- Umgang mit Kommunikationsmedien
- Gesundheitsförderung[842]

Grundlagen der Jugendarbeit sind:

1. Die „anderen" Männlichkeitsbilder können durch das Vorleben der Pädagogen transportiert werden. Allerdings sie die Erfolge des „Lernens am Modell" nicht sehr weitreichend. Behindernd wirken sich die Unterschiede der sozialen Schichten von Betreuern und Betreuten[843] und – wie auch bei der Entwicklung aller sozialen Motive – die ganz persönlichen, konkreten lebensbiographischen Erfahrungen der Jungen aus
2. Das bedeutet, dass sich Jugendhilfe neben dem „Lernen am Modell" mit dem jungenspezifischen Bedürfnissen und Schwierigkeiten im Kontext des jeweiligen Milieus und auf dem Hintergrund der ganz privaten Geschichte auseinander setzen muss. Mit welchen Regeln und Riten von Männlichkeit sind die traumatisierten Jungen in ihren Peergroups konfrontiert? Welche konkreten Männer- und Frauenbilder haben sie?
3. Ein zentraler Anspruch geschlechtsbewussten pädagogischen Handelns besteht darin, den Jungen soziale Spielräume zur Verfügung zu stellen, die das Ausprobieren einer alternativen Männlichkeit ermöglichen. Es ist davon auszugehen, dass die Jungen, die sich den gängigen Männlichkeitsbildern entziehen, in ihren Peergroups wenig Unterstützung erhalten werden. Möglicherweise geben sie eine alternative Männlichkeit auf oder ziehen sich in ihre Wohngruppe zurück.
4. Ein offener Diskurs über Männlichkeit kann durch die Weitergabe von Wissen über Geschlechter, Thematisieren von Rollenverhalten und biografischem Arbeiten die Jungen

---

[840] Vgl. ebd., S. 141f.

[841] „In Mädchenräumen können sie mit und ohne Unterstützung von Erwachsenen ihre Erfahrungen und Unsicherheiten zu Frauenthemen austauschen. Sie können sich aussprechen und sich erzählend entwickeln. Solche Angebote müssen zum Schutz für die Mädchen, die nicht die inneren und sozialen Ressourcen haben, in den meist koedukativen Einrichtungen der stationären Jugendhilfe in irgendeiner Form vorhanden sein. Es braucht Mädchencafés, Mädchengruppen etc." (ebd., S. 143f.).

[842] Dies ist ein relativ neues Stichwort in der geschlechterbezogenen Pädagogik. Die direkte Erfahrung, dass man für den eigenen Körper sorgen kann, man wiedergutmachen kann, ist eine wichtige Erfahrung. Die Themen der Gesundheitsförderung sind auch geschlechtsspezifisch, sodass es bei Mädchen z. B. um Diäten, Ernährung, Beauty-Tipps, Körperpflege, Stress und Entspannung, Gesundheitstrends und Bildungsangebote geht. Ihre Gesundheitsressourcen sind ein präventives Interesse an Gesundheitsförderung, Körperaufmerksamkeit, Beziehungsaufgaben, die Vielfalt berufsbiographischer Optionen sowie Grenzakzeptanz. All diese Themen haben Platz sowohl im pädagogischen Alltag als auch in gruppenspezifischen Angeboten (vgl. ebd.).

[843] Vgl. Wieland, Norbert u. a. Ein Zuhause – kein Zuhause. Lebenserfahrungen und –entwürfe heimentlassener junger Erwachsener. Freiburg 1992, S. 128, z. n. Weiß. Philipp sucht sein Ich. 2013, S. 145.

in ihrer Auseinandersetzung mit Männlichkeit unterstützen und ihnen helfen, andere Positionen nach „außen" zu vertreten.[844]

Sexualpädagogik beinhaltet in Einrichtungen der stationären Jugendhilfe unbedingt die Berücksichtigung der bisherigen Erfahrungen der traumatisierten Jungen und Mädchen mit Sexualität. Diese hatten und haben Schwierigkeiten, eine stabile Identität auszubilden; auch ihre Möglichkeiten, Handlungsstrategien und Verhaltensweisen zu entwickeln, die ein autonomes und selbstbestimmtes Ausgestalten der Sexualität eröffnen, sind stark eingeschränkt. Diese Tatsache ergibt, dass die klassischen Ziele der Sexualpädagogik[845] aufgrund der erfahrenen Traumata und deren Auswirkungen ergänzt werden müssen. Die entwickelte sexuelle Verwirrung benötigt somit eine Korrektur durch die Vermittlung von Wissen über die (erwachsene sowie kindliche) Sexualität, und durch das Angebot, ihre bisherigen Erlebnisse überhaupt zum Thema machen zu können. Damit mithilfe der geschlechtsspezifischen Körperarbeit ein von anderen unabhängiges Verhältnis zum eigenen Körper und zur Selbstbewusstheit gewonnen werden kann,[846] ist die Wahrnehmung der Signale des Körpers und das Experimentieren mit dem Körper unabdingbar, wozu sich spezifische und geschlechtsspezifische Angebote eignen (Tanzen, Sport, Schminken, Krafttraining). Auch das Hinzuziehen von sexualpädagogischen Einrichtungen, Beratungsstellen (z. B. Pro Familia) und Medien erleichtert die Erörterung von sexuellen Normen. Auch hier dürfen sich solche Angebote jedoch nicht nur von „außen" geholt werden, denn auch hier geht es darum *im Alltag* zu unterstützten, weswegen Sexualpädagogik fester Bestandteil der Alltagspädagogik sein muss. Wilma Weiß schreibt, dass nur in einer Atmosphäre, in der Sexualität nicht tabuisiert[847] und durch Verbote eingeschränkt wird, sich die Kinder und Jugendlichen altersgemäß entwickeln und auch über negative Erfahrungen sprechen können. Denn gerade die Tabuisierung von Sexualität oder Übergriffen bietet einen guten Nährboden für TäterInnen und kann deviantes Verhalten verstärken. Nur mit der Enttabuisierung sexueller Gewalt kann somit ein Opfer/ Täter-Kreislauf und eine Sekundärviktimisie-

---

[844] Themen der Jungengesundheit sind z. B. Sport und Fitness, Leistungsfähigkeit, Beruf, Sexualität, Alkohol, Übergewicht oder Bodybuilding. Gesundheitsressourcen der Jungen sind u. a. Unbekümmertheit, ein gesunder Selbstbezug, Aufgabenbeziehungen, Sport und Bewegung. „Auch in der Jungenarbeit sind zahlreiche erfolgreiche Wege begangen, die Methoden sind vielfältig, Jungenarbeit kann selbstverständlich, normal und einfach werden" (Weiß. Philipp sucht sein Ich. 2013, S. 146.).

[845] Unbefangene Sauberkeitserziehung, Erziehung zur Liebesfähigkeit, unbefangenes Entdecken des eigenen Körpers, Einrichten einer persönlichen Intimsphäre und der Schamgrenzen etc., Entfaltung der eigenen Sexualität (vgl. ebd., S. 149).

[846] Vgl. ebd., S. 150.

[847] „Insbesondere dann, wenn sexuell traumatisierte Kinder und Jugendliche in den Gruppen leben, ist die Enttabuisierung von Sexualität und sexuellem Missbrauch notwendig. Sie erleichtert den Mädchen und Jungen und den PädagogInnen, auf sexuelle Grenzüberschreitungen durch Gleichaltrige oder durch Erwachsene aufmerksam zu machen" (ebd., S. 151).

rung verhindert werden. Wichtig hierfür ist, dass die PädagogInnen Worte für das Geschehene finden und die sexuelle Gewalt im pädagogischen Alltag enttabuisiert[848] wird und dem Kind so eine Öffnung ermöglicht und eine entsprechende Atmosphäre[849] geschaffen wird.[850] PädagogInnen sollten hierfür deutliche Signale aussenden, indem sie z. B. mit Hilfe von Zeitungsartikeln und Fernsehberichten eine klare Stellung beziehen (zur Weitergabe allgemeiner Informationen über die Dynamik sexueller Gewalt als Entlastung, als Hinweis auf die Häufigkeit solcher Vorkommnisse ohne Panikmache, zur Schuldentlastung betroffener Kinder und Jugendlicher). So erhalten sie von vornherein einen Rahmen und die Möglichkeit, ihre Geschichten zu erzählen, ohne dass ein bohrendes Nachfragen nötig wird; zudem werden ihre Schuldgefühle, ihre Sprachlosigkeit und Ambivalenz berücksichtigt.[851] Wichtig und zentral bei der Thematisierung von sexuellem Missbrauch ist es, das richtige Tempo zur Bearbeitung der Gewalterfahrungen der Kinder und Jugendlichen zu finden und zu respektieren.[852]

Weiterhin muss beachtet werden, dass sexuelle Grenzüberschreitungen in der Kindheit oft zu Reinszenierungen auf der Täter- oder Opferseite führen. Gerade aufgrund der Tatsache, dass aus Opfern nicht selten Täter werden können, ist ein Wegschauen unbedingt zu vermeiden. Auch hierfür ist ein sicherer und konsequenter Umgang mit diesen Grenzüberschreitungen durch die PädagogInnen nötig, sowohl als Schutzfaktor für die Opfer, aber auch als Verhinderung einer Verfestigung von sexuell aggressiven Verhaltensmustern.[853] Die Interventionen bei aggressiven sexuellen Verhaltensweisen muss dem jeweiligen Lebensalter gemäß erfolgen – so sind *jüngere Kinder* i. d. R. emotional eher mit sich selbst in Kontakt und können die Situation des Opfers eher verstehen, weshalb hier das anfängliche Ziel der pädagogischen und therapeutischen Intervention die Opferempathie sein sollte.[854] Bei *jugendlichen* MisshandlerInnen sind

---

[848] „Die Lebensgeschichten der Mädchen und Jungen können nur in einem Klima, in dem sexuelle Gewalt und Gewalt von den Eltern kein Tabu ist, bearbeitet werden. Sexuell missbrauchte Mädchen und Jungen sind auf HelferInnen angewiesen, die ihre Geschichten hören können" (ebd., S. 153).

[849] „Wenn es den PädagogInnen gelingt, den Kindern zu vermitteln, dass sie davon überzeugt sind, dass betroffene Mädchen und Jungen keine Schuld haben und nicht „schlecht" sind, entsteht eine offene Atmosphäre, in der die Kinder reden können" (ebd.).

[850] V. a. D. in der schwierigen Phase der Pubertät müssen Mädchen und Jungen diese Unterstützung zur Erarbeitung eines selbstbestimmten Lebensentwurfes erhalten. Diese ist auch ein zentraler und wichtiger Bestandteil der Korrektur von traumatischer Sexualisierung (vgl. ebd., S. 152).

[851] Es ist Aufgabe der PädagogInnen dies zu thematisieren, um ihre eigenen Grenzen zu demonstrieren, aber auch um ihre Handlungsfähigkeit zu erhalten (vgl. ebd., S. 155).

[852] Vgl. ebd., S. 155f.

[853] Schon bei sexualisierter Sprache oder Berührungen sollte sicher und konsequent eingeschritten werden, da eine Nichtreaktion ansonsten das Verhalten verfestigt (vgl. ebd., S. 156).

[854] In der akuten Situation besteht die Möglichkeit, bei den grenzüberschreitenden Kind eigene Opferanteile zu thematisieren und eine Verbindung herzustellen, da das ursprüngliche Trauma eher zugänglich ist. Hypothesen zu den Ursachen des jeweiligen Verhaltens sowie die Möglichkeiten der Korrektur sind notwendig, um eine Verfestigung des sexuell übergriffigen Verhaltens als Problemlösung zu verhindern

die eigenen Opferanteile dann eher abgespalten, es sind jedoch nur geringe verfestigte Täterstrukturen gebildet. Zur Verhinderung einer entsprechenden Verfestigung, muss zielgerichtet interveniert werden, d. h. sie werden mit der sexuellen Gewalt konfrontiert, indem es zu einer Enttabuisierung, z. B. in Form einer Besprechung in der Gruppe, kommt.[855]

Auch bei Formen von Prostitution und Promiskuität – also einer Reinszenierung auf der Opferseite – muss interveniert werden, indem die Betroffenen zunächst eine verständnisvolle Reaktion von Seiten der PädagogInnen erfahren und sie schließlich darin unterstützt werden, den eigenen lebensbiografischen Zusammenhang genauer zu verstehen,[856] sodass sie zum Subjekt ihres eigenen Tuns werden. Hierdurch können auch bei dieser Thematik dann wieder alternative Verhaltensweisen mit dem gleichen Ziel ausprobiert werden. Es ist wichtig, hier möglichst schnell zu intervenieren und die Verhaltensweisen in Grenzen zu setzen, da alle ungewöhnlichen sexuellen Verhaltensweisen zu weiteren Verletzungen führen und negative Reaktionen sowie Ablehnung in besonderem Maße die Konsequenz sein können. Auch hier sind entsprechende Erklärungen von Seiten der PädagogInnen wichtig, damit das Kind oder der Jugendliche sich das eigene Verhalten erklären kann und hierdurch die Selbstbewusstheit gestärkt und Sekundärschädigungen vermieden sowie Verhaltensänderungen ermöglicht werden können.[857] Damit dieser Anspruch von Seiten der PädagogInnen erfüllt und gewährleistet werden kann, ist es vonnöten, dass diese ihre eigenen Geschlechtsrollenverständnisse reflektieren, um sich ihrer eigenen geschlechtsbezogenen Orientierungsfunktion bewusst werden zu können (vgl. Kapitel 4.5.3). Das bedeutet, dass ein Mann, der mit Jungen arbeitet, sein eigenes Männerbild hinterfragen muss; Frauen hingegen sollten auf klischierte Mädchenbilder verzichten und die heutige Vielfalt von Bildern und Vorstellungen über Mädchenleben akzeptieren und sichtbar machen.[858] Auch sollten die

---

(vgl. ebd., S. 157).

[855] „Diese Konfrontation des Täters/ der Täterin einzeln als auch innerhalb der Gruppe bedingt eine gute Beziehung zwischen den PädagogInnen und den Mädchen und Jungen. Der Kontakt zu dem Täter, der Täterin muss zwischen ablehnender Härte und Reduzierung auf eigene Opferanteile liegen, um nicht dem „Täter" eine Kontaktaufnahme unmöglich zu machen. Sexuelle Gewalt verführt die „Detektiv-Rolle" zu übernehmen. Im pädagogischen Alltag stehen die professionellen Helfer möglicherweise vor der Frage: Ermittlungs- oder Beziehungsarbeit?" (ebd., S. 158).

[856] Die Eigensicht der Kinder bzw. Jugendlichen erschwert ihnen die Akzeptanz ihrer eigenen Motive. Sie können sich ihre Strategien nicht als Suche nach etwas Verlorenem, nach Zuwendung zugestehen. Womöglich haben sie, und das sehr früh und leidvoll, diese physische Aktivität als Mittel zur Einflussnahme und Erwerb von Gegenleistung kennengelernt (vgl. ebd., S. 161).

[857] Vgl. ebd.

[858] „Sie werden von dem Anspruch entlastet, Vorbild für ein verändertes Rollenverhalten zu sein. Die Wahrnehmung von geschlechtsspezifischen Lebenslagen, die Unterstützung der Mädchen in der Auseinandersetzung mit ihren Bildern und Vorstellungen setzt allerdings eine Distanz und kritische Auseinandersetzung mit der eigenen Geschichte als Frau voraus, ein professionelles Selbstverständnis,

PädagogInnen ihre eigenen sexuellen Normen und die Entwicklung der eigenen Erwachsenensexualität sowie die Notwendigkeit, die tabuisierten Gegenübertragungsreaktionen zu thematisieren und zu reflektieren, bearbeiten: Sie benötigen die Fähigkeit, über Sexualität und sexuelle Misshandlung zu sprechen, wenn sie dies auch mit den Kindern und Jugendlichen besprechen wollen. Auch erfordert die Konfrontation mit sexuell abweichendem Verhalten die Reflexion der eigenen Normen sowohl im Umgang mit Reinszenierungen auf der Opfer- wie auch auf der Täterseite.[859]

Insgesamt lassen sich folgende Punkte zusammentragen, was generell in pädagogischen Praxisfeldern an sexueller Bildungsarbeit zu leisten ist:

- Einmischen anstelle von Heraushalten
- Halt geben und loslassen
- Informationen über sexuelle und reproduktive Rechte vermitteln
- Multisinnliches Lernen und Erleben fördern
- (Kinder- und Jugend-) Medien einbeziehen
- Vielfalt fördern
- Recht auf sexuelle Lust und die Befriedigung sexueller Bedürfnisse
- Erziehung zum Nein sagen widerspricht einer Erziehung zur Lust und Lebensfreude, zum Neugierigsein[860]

4.4.6) Elternarbeit

„Wenn wir Eltern helfen können, ihren Kindern zu helfen, helfen wir in Wirklichkeit ihnen selbst."[861]

Der Begriff „Elternarbeit" ist im Laufe der Zeit zum Sammelbegriff diverser erheblich unterschiedlichen Formen der Beziehungspflege und Beratung geworden. Elternarbeit im Rahmen einer Jugendhilfemaßnahme meint das Zusammenwirken zwischen den Eltern, dem Jugendamt sowie der jeweiligen pädagogischen Einrichtung.[862]

Wie bereits dargestellt, muss die Aufnahme in eine Einrichtung der Jugendhilfe Schutz und Sicherheit für die Heranwachsenden gewährleisten (vgl. Kapitel 4.4.1); hiermit ist u. a. ein Schutzraum vor erneuter Traumatisierungen durch die Eltern gemeint. Aus

---

[859] das die Selbstreflexion und Veränderung der Pädagoginnen einschließt" (ebd., S. 162f.). Konzepte zur Gender Mainstreaming, zur geschlechtsspezifischen Pädagogik, zur Sexualpädagogik und zur Hilfestellung gegen sexuelle Gewalt vergrößern die Handlungssicherheit der PädaogInnen sowie die Transparenz der sozialpädagogischen Arbeit in Einrichtungen der Erziehungshilfen. Diese Konzepte dienen nicht zuletzt der Opfer- und Täterprävention (vgl. ebd., S. 164f.).

[860] Martin, Beate. Jugendsexualität im Spannungsfeld zwischen Grenzerprobung und Grenzverletzung (S. 6-9), in: profamilie dokumentation. Sexualpädagogische Bildungsarbeit mit sexuell grenzverletzenden Kindern und Jugendlichen. ExpertInnen-Workshop. Verletzt du schon oder erprobst du nur? Frankfurt am Main 2012, S. 9.

[861] Donald W. Winnicott, in: Junglas, Jürgen. Begleitende Elternarbeit im therapeutischen Prozess. Seminar KJ07-REI 2.2.2010.

[862] Vgl. Wilhelm, Franziska. Sozialpädagogisches Handeln: Institutionelle Erziehung – Professionalität der Heimerzieher (Anforderung/ Überforderung?!), Handout des Seminars „Heimerziehung unter bindungstheoretischer Perspektive". Jena 2010, o. S.

diesem Grund muss bspw. die Planung von Besuchen der Kinder zu Hause und v. a. D. die potentielle Rückführung[863] von der Maxime der äußeren sowie inneren Sicherheit der Kinder geleitet sein. Es muss gewährleistet werden können, dass sich die elterliche Erziehungsverantwortung gebessert hat; doch hierfür müssen die Einrichtung bzw. die momentan für die Erziehung verantwortlichen Personen und die Eltern zum Wohl des Kindes oder des Jugendlichen zusammenarbeiten. Durch Beratung und Unterstützung sollen die Erziehungsbedingungen in der Herkunftsfamilie innerhalb eines im Hinblick auf die Entwicklung des Kindes oder Jugendlichen vertretbaren Zeitraums so weit verbessert werden, dass sie das Kind oder den Jugendlichen wieder selbst erziehen kann. Bis dahin soll durch eine begleitende Beratung und Unterstützung der Familien darauf hingearbeitet werden, dass die Beziehung des Kindes oder Jugendlichen zur Herkunftsfamilie gefördert wird.[864]

Der Aufbau der Motivation auf Seiten der Eltern ist oft sehr schwierig, ebenso wie letztendlich der Aufbau einer Arbeitsbeziehung, in der die Eltern bereit sind, die Klientenrolle einzunehmen und die Helferin/ den Helfer als wertschätzend und kompetent zu erleben. Die Grundlage für eine gelingende Elternarbeit erreicht man grundsätzlich durch Achtung der Eltern in ihrem Erziehungsbemühen und durch Respekt. Es gibt insgesamt drei Themen der Elternarbeit: 1) Eingeständnis des Misshandlungsgeschehens und seiner Auswirkungen, 2) die Arbeit an der elterlichen Kompetenz und am Einfühlungsvermögen der Eltern für ihr Kind, 3) abschließende Entscheidung über den Verbleib des Kindes.[865] Um diese Themen zu bearbeiten, gestaltet sich die Elternarbeit in verschiedenen Ebenen:

- *Die Kontaktpflege* verfolgt Ziele wie: das [sic!] gegenseitiges Kennenlernen von Eltern, Kindern und Mitarbeitern in der Gruppe/ im Heim; die Verdeutlichung, dass die Eltern

---

[863] Auch die Kriterien der Rückführung betreffen den/die TäterIn, die Mutter bzw. Partnerin, die Paarbeziehung, die Eltern-Kind-Beziehung, das Kind, die soziale Integration der Familie und die Vorbereitung auf die Rückführung. Kriterien der Rückführung sind: - Der Täter muss offen über seine Delikthandlungen sprechen, vor allen Mitglieder der Familie die Verantwortung für den sexuellen Missbrauch übernehmen und seine Manipulationsstrategien deutlich machen - Die Mutter akzeptiert die Verantwortung des Täters für den Missbrauch, stellt sich auf die Seite des Kindes und kann für die Sicherheit des Kindes sorgen - Die Eltern übernehmen ihre Rolle und Funktion als Eltern - Das Kind ist selbstbewusster, emotional stärker, in eine Gleichaltrigengruppe integriert und hat AnsprechpartnerInnen bei erneut auftretenden Problemen. „Eine Einschätzung über aktuelle und künftige Gefährdungspotenziale sollte Bestandteil jeder Rückführungsoption sein. Diese Risikoeinschätzung setzt eine Elternarbeit voraus, die die Gefährdungen thematisiert, traumabezogenes Material in Diagnostik und Handlungsoptionen berücksichtigt und eine Veränderungsmotivation in den Mittelpunkt der Arbeit rückt" (Weiß. Philipp sucht sein Ich. 2013, S. 190f.). Für eine Gliederung der Rückführung vgl. *Abb. 24) Rückführung* im Anhang, S. 277.

[864] Vgl. ebd., S. 186ff.

[865] Vgl. Jones, David P. H. Die Behandlung des misshandelten oder vernachlässigten Kindes und seiner Familie (S. 773-804), in: Helfer, Mary E./ Kempe, Ruth S./ Krugman, Richard D. Das mißhandelte Kind. Körperliche und psychische Gewalt. Sexueller Missbrauch. Gedeihstörungen Münchhausen-hy-proxy-Syndrom. Vernachlässigung. Frankfurt am Main 2002, z. n. Weiß. Philipp sucht sein Ich. 2013, S. 189.

mit ihren Problemen nicht allein sind; Abbau von Berührungsängsten der Eltern gegenüber dem Heim; Minderung von den mit der Unterbringung verbundenen Gefühlen der Scham und Schuld; Schaffung einer Beziehung zwischen Elternhaus und Heimmitarbeitern; Kommunikationsmöglichkeiten sind dabei vielfältig: Telefonate, Tür- und Angelkontakte nach den Wochenendbeurlaubungen, Briefe zwischen Erziehern und Eltern, sowie vielfältige Feste und Feiern

- *Der Informationsaustausch* verfolgt die Ziele, die Eltern: in die Erziehungsplanung mit einzubeziehen; über die Entwicklung des Kindes in Kenntnis zu setzen; über das Kind betreffende Probleme und Konflikte zu informieren; zur Teilnahme an schulischen Veranstaltungen des Kindes zu motivieren; für die pädagogische Arbeit der Mitarbeiter zu interessieren; anzuregen, offen über den Verlauf von Beurlaubungen nach Hause zu berichten; zu motivieren, offen Veränderungen im familiären Zusammenleben mitzuteilen; in ihrer Erziehungsverantwortung zu belassen und zu stärken; als gleichberechtigte Partner an der Durchführung der Erziehungshilfemaßnahme zu beteiligen
- *Die Beratung in Erziehungsfragen* dient der Stärkung der Erziehungskompetenz des Sorgeberechtigten und soll Eltern dazu anleiten, ihr eigenes Erziehungsverhalten zu reflektieren; alternative Verhaltensweisen gegenüber dem Kind in Übungsfeldern ermöglichen und befähigen, Erziehungsverhalten untereinander abzustimmen; außerdem ein Verstehen des familiären Systems ermöglichen, um kindliche Verhaltensweisen und -störungen in ihrem Entstehungszusammenhang begreifen zu können; Einsicht in die Notwendigkeit und Problemzusammenhänge des Heimaufenthaltes zu vermitteln und mittels Auslösung von Lernprozessen zu einer Korrektur problematischer Bedingungen im Elternhaus [zu] veranlassen, um eine Reintegration der Kinder zu erreichen
- *Gemeinsame Elternaktivitäten umsetzen:* Eltern fühlen sich häufig isoliert und allein gelassen, in der Einrichtung dreht sich alles um [das] Kind und sie selbst fühlen sich eher als Randfiguren; Es ist demnach sehr hilfreich, wenn sich Betroffene austauschen und gemeinsam arbeiten können (z.B. bei Festen im Heim oder gezielten Gruppentreffen)
- *Eltern- und Familienarbeit als Familientherapie/systemische Verfahren:* Die systemische und familientherapeutische Begründung der Elternarbeit innerhalb der Heimerziehung basiert auf der Annahme, dass Verhaltensauffälligkeiten und Störungen nicht ursächlich allein in der Person des Kindes begründet sind, folglich werden in die therapeutische Arbeit alle verursachenden Faktoren mit einbezogen: Das personale Umfeld des Kindes, jede Rollenzuweisung und Rollenübernahme, alle familiären Interaktionen haben des [sic!] Entwicklungsstand des Kindes und der gesamten Familie geprägt und zu der Konfliktsituation beigetragen; Das Kind wird sich nur dann nachhaltig ändern, wenn die Rollenerwartungen und -zuweisungen in der Familie korrigiert werden können, die Familie muss dabei Verhaltensänderungen zulassen und durch eigene Einsicht fördern und ertragen können[866]

Elternarbeit ist insgesamt gesehen jedoch allzu oft ein schwieriges Unterfangen: Heimunterbringung ist häufig das Resultat zahlreicher erfolgloser Hilfsmaßnahmen, weswegen die Begegnung von Eltern oft keine freiwillige ist, was sich auf Seiten der Eltern in Demütigung, Misstrauen oder Abweisungen deutlich macht. Auch wollen sie z. T. gar kein Mitspracherecht, weil die PädagogInnen die „Professionellen" sind und Eltern sich selbst als unfähig ansehen und erleben. Auch kommt es häufig vor, dass sie Absprachen nicht einhalten, unzuverlässig und unpünktlich sind, nachtragend gegenüber Mitarbeitern oder inkonsequent im Umgang mit den Kindern sind und mit den MitarbeiterInnen konkurrieren. Oft ziehen sie sich in ihrer Verletztheit zurück und „machen dicht" und zeigen in der Folge einen Mangel an Gesprächsbereitschaft oder gehen wiederum in Konfrontation mit den MitarbeiterInnen. Nicht selten kommt es auch vor, dass sie sich gleichgültig gegenüber den Interessen ihres Kindes geben und

---

[866] Wilhelm 2010, o. S.

sich nicht ihrer Verantwortung als Eltern stellen oder negatives Verhalten gegenüber dem Kind zeigen. Auch ist es oft so, dass die Eltern in einem schwierigen Lebensumfeld leben und erhebliche eigene Probleme wie Sucht oder psychische Erkrankung haben. Zudem mussten sie z. B. oft traumatische Erfahrungen überstehen oder sind durch transgenerationale Traumaweitergabe ihrer Eltern belastet. Dies alles sind Faktoren, die in die Elternarbeit integriert werden müssen. Die Berücksichtigung dieser traumabezogenen Bestandteile sowohl in Diagnostik, als auch in der Hilfestellung sowie das Wissen um transgenerationale Traumaweitergabe, können den PädagogInnen helfen, die Eltern zu verstehen. Auch kann es hilfreich sein, wenn die PädagogInnen ihr psychotraumatologisches Wissen auch diesen zur Verfügung stellen, sodass sie ihre Kinder besser verstehen können.[867]

Auf Seiten der MitarbeiterInnen kann es zu Schwierigkeiten kommen, wenn es darum geht, den Eltern gegenüber eine positive Grundhaltung beizubehalten, denn aufgrund der professionellen Sichtweise werden z. B. suchtkranke Eltern als zwar emotional, aber erzieherisch wenig handlungsfähig wahrgenommen. Doch gerade in solchen Situationen sollte man versuchen, Akzeptanz aufzubauen und sie trotzdem als kompetent anzusehen.[868]

4.5) Professioneller Umgang mit Traumata

„Wer mit traumatisierten Menschen arbeitet, muss drei Dinge unbedingt beherzigen: Erstens: Gut essen, Zweitens: Viel feiern, und Drittens: Wütend putzen."[869]

4.5.1) Definition von Professionalität

An dieser Stelle soll intensiver auf den Umgang mit Traumata von Seiten der PädagogInnen eingegangen werden. Im Hinblick darauf, dass es sich hierbei um eine so sensible Thematik handelt, aber auch, weil die Frage aufkommt, wie professionell hiermit umgegangen werden soll, möchte ich mich zunächst einmal der Begrifflichkeit und den Inhalten von Professionalität annähern:

Pädagogisch-professionell handelt eine Person, die gezielt ein berufliches Selbst aufbaut, das sich an berufstypischen Werten orientiert, die sich eines umfassenden pädagogischen Handlungsrepertoires zur Bewältigung von Arbeitsaufgaben sicher ist, die sich mit sich und anderen Angehörigen der Berufsgruppe Pädagogen in einer nichtalltäglichen Berufssprache zu verständigen in der Lage ist, ihre Handlungen aus einem empirischwissenschaftlichen Habitus heraus unter Bezug auf eine Berufswissenschaft begründen

---

[867] Vgl. Weiß. Philipp sucht sein Ich. 2013, S. 189.

[868] Vgl, Wilhelm 2010, o. S.

[869] Verona Engel, in: Lang, Birgit. Stabilisierung und (Selbst-)Fürsorge für pädagogische Fachkräfte als institutioneller Auftrag (S. 220-228), in: Bausum u. a. 2013, S. 220.

kann und persönlich die Verantwortung für Handlungsfolgen in ihrem Einflussbereich übernimmt.[870]

Birte Egloff weist zudem darauf hin, dass professionelles pädagogisches Handeln sich u. a. durch die Fähigkeit auszeichnet, dass die eigene sowie die fremde Praxis genau beobachtet wird und entsprechend angemessen beschrieben und präzise analysiert werden kann. Hierdurch können die eigenen getroffenen Entscheidungen reflektiert oder legitimiert werden und entsprechende Handlungsoptionen sowie Alternativen überprüft und gegeneinander abgewogen und zukünftiges Handeln hierdurch vorbereitet werden. Die Autorin sieht somit das Beobachten und Reflektieren als der eigentlichen pädagogischen Intervention wichtige vorgeschaltete Operationen an.[871]

In diesen Definitionen werden bereits Faktoren angesprochen, die auch in der Traumapädagogik Anwendung finden: Aufbau eines beruflichen Selbst, Verständigung mit Angehörigen der Berufsgruppe (Arbeit im Team, Leitung, Supervision, Reflexion) sowie empirisch-wissenschaftliches Grundlagenwissen. Auf diese Faktoren soll in den folgenden Unterkapiteln eingegangen werden.

4.5.2) Potentielle Belastungsfaktoren

Es konnte bereits deutlich werden, dass die Arbeit mit traumatisierten Kindern und Jugendlichen spezifische Gefahren und Belastungen[872] mit sich bringt, denen jedoch mit entsprechenden Grundkompetenzen der PädagogInnen wirksam begegnet werden kann. Doch diese können nur dann wirksam werden, wenn die Institutionen bzw. Leitungen (Kapitel 4.5.5) und schließlich die Gesellschaft (Kapitel 4.6.3) förderliche Rahmenbedingungen bereitstellen; denn diese haben letztendlich Sorge dafür zu tragen, dass der professionelle Umgang mit traumatisierten Mädchen und Jungen diesen nützt und den PädagogInnen selbst nicht schadet.[873]

An einigen Stellen konnte bereits ersichtlich werden, dass die Möglichkeiten der Pädagogik sehr stark mit den Möglichkeiten sowie Belastungen der PädagogInnen zusammenhängen, sodass diese bei der Umsetzung einer Traumapädagogik unbedingt mit herangezogen werden müssen.[874] Durch das Verhalten der Kinder und Jugendlichen

---

[870] Bauer, Karl-Oswald. Pädagogische Basiskompetenzen. Theorie und Training. Weinheim/ München 2005, S. 81.
[871] Vgl. Egloff 2011, S. 211.
[872] Für eine Gesamtübersicht über potentielle Belastungsfaktoren vgl. *Abb. 25) Folgen von komplexer Traumatisierung für die Pädagogik* im Anhang, S. 277.
[873] Vgl. Weiß. Philipp sucht sein Ich. 2013, S. 202f.
[874] Auch wenn bislang zwar noch wenig gesicherte Kenntnisse darüber vorliegen, welche Störungsmerkmale der betroffenen Kinder zu besonderen Belastungen der betreuenden PädagogInnen führen, ist jedoch, da die stabile Betreuung ein entscheidender Faktor für die Korrektur der belastenden Erfahrungen ist,

und dadurch, dass sie ihr Selbstkonzept präsentieren und von ihren Schicksalen erzählen, wirkt ihre Leidensgeschichte auf die professionellen HelferInnen, sodass es nur allzu verständlich ist, wenn diese oft von Überforderung und psychischer Erschöpfung berichten. Es gibt verschiedene Faktoren, die potentiell belastende Faktoren für die PädagogInnen darstellen können, häufig dadurch bedingt, dass sie mit ungewohnten Verhaltensweisen von Seiten der Kinder und Jugendlichen konfrontiert werden. So kann z. B. das, aus traumapsychologischer Sicht nur allzu normale und verständliche, Verhalten eines Kindes, das in sexuelle Misshandlung verwickelt war bzw. ist, eine Abneigung oder Vorurteile bei der Bezugsperson hervorrufen. Aber auch verwirrende Akkomodationsmechanismen (z. B. Heimlichkeiten, Verstrickung der Kinder, abgestrittene und widersprüchliche Berichte über die traumatischen Erfahrungen, Reinszenierungen auf Opfer- und Täterseite, beeinträchtige Fähigkeit zu vertrauen) können die Bezugspersonen bis an die Grenze des psychisch Ertragbaren belasten.[875]

Aggressionen:

Meistens werden Aggressionen im pädagogischen Alltag unterbunden und untersagt, zur notwendigen Begrenzung und dem Schutz der Kinder und Jugendlichen, aber auch der PädagogInnen selbst. Doch wenn es dem betroffenen Kind oder Jugendlichen nicht möglich ist, anderweitig mit seinem Trauma und Innenleben umzugehen, so wird die für ihn einzige Möglichkeit, seine Emotionen abzubauen, untersagt, was wiederum zur folgenschweren Konsequenz führen kann: So können sich die Betroffenen missverstanden fühlen und dies womöglich zu noch mehr Aggression führen. Doch auch auf Seiten der PädagogInnen können Aggression und Gewalt eben dies bei ihnen selbst hervorrufen, was sich in dem Bedürfnis zeigt, ebenso mit Gewalt zu reagieren. Dieses Empfinden der PädagogInnen heißt nicht, dass sie allgemein beruflich inkompetent sind, sondern ist vielmehr ein Hinweis darauf, dass dieses aggressive Verhalten auf dem lebensgeschichtlichen Hintergrund der Kinder nicht fachlich verstanden und eingeordnet bzw. zum Verstehen gebracht werden kann. In der Folge kann es dazu kommen, dass die PädagogInnen in ihrer Handlungsfähigkeit eingeschränkt sind und die subjektiv erlebte Belastung so erhöht wird, dass es zu einer dauerhaften Arbeitsunzufriedenheit oder –unfähigkeit kommt.[876]

---

unabwendbar, sich mit den Belastungen und den Möglichkeiten von kompensatorischen Schutzmaßnahmen auseinander zu setzen (vgl. ebd., S. 201).

[875] Vgl. ebd., S. 202f. Einige der Punkte und der Umgang hiermit wurde bereits in den Unterkapiteln von Punkt 4.4 aufgegriffen, sollen jedoch der Vollständigkeit halber auch an dieser Stelle nochmal aufgegriffen und benannt werden.

[876] „Werden die aggressiven Gefühle der PädagogInnen tabuisiert, weil sie dem pädagogischen Ethos

Umgang mit sexualisierten Bewältigungsstrategien:

Bzgl. sexualisierter Bewältigungsstrategien sind in der Praxis zu wenige Handlungsstrategien bekannt, was dazu führt, dass sexualisiertes Verhalten nicht bearbeitet oder sogar abgewertet wird. Hier mangelt es an pädagogischen Konzepten, sodass die PädagogInnen im Umgang hiermit auf individuelles Aushandeln angewiesen sind. Eine gefährliche Konsequenz aus diesem Unwissen und dem Ohnmachtsgefühl kann sein, dass durch unreflektiertes, „moralisches" Handeln der Kontakt zu den Kindern und Jugendlichen verloren oder abgebrochen wird, ebenso zu denjenigen, die sich prostituieren oder sexuell übergriffig werden bzw. bereits Täterstrategien entwickelt haben (vgl. Kapitel 4.4.5). Die konflikthafte Verstärkung durch Nichtwissen, Unverständnis oder durch negative Gegenübertragungsreaktionen der PädagogInnen können wiederum andere alte Erlebnisinhalte der Kinder (Schuldgefühle, Selbstunwert, Scham oder Angst) festigen. Diese Spirale von Unverständnis und Verstrickung kann ebenfalls zur Handlungsunwirksamkeit führen.[877]

Die Bedeutung biografischer Erfahrungen:

Die Themen und die Schicksale der Kinder tangieren immer auch die eigene Kindheitsgeschichte der PädagogInnen, z. B. frühere prägende Erfahrungen im engsten Familienkreis; und auch umgekehrt berührt die eigene Kindheitsgeschichte wiederum den Alltag der Kinder und Jugendlichen. Kindheitserfahrungen können so, bewusst oder unbewusst, als eigene Motivation für die Arbeit im Heim fungieren. Doch der Wunsch, anderen zu helfen und sie zu erziehen, ist dann als Selbstheilungsprozess kontraindiziert, wenn er über lange Zeit unbewusst passiert, denn unbewusste Motive (z. B. die Identifizierung mit einem ungeliebten Kind) kann zu Verstrickungen oder Verwicklungen aus dem eigenen Kinderleben führen. Auch kann hierdurch das Verständnis der Kinder und Jugendlichen behindert werden.[878]

Die Reflexion der eigenen biografischen Erfahrungen kann die Gefahr, traumatisierte Mädchen und Jungen von professionellen HelferInnen zur Bearbeitung selbst erlebter Traumata zu benutzen, einschränken und ist Voraussetzung dafür, dass die traumatischen Erfahrungen der Betroffenen nicht durch eine (unbewusste) Abwehr der PädagogInnen verleugnet oder nicht wahrgenommen wird. Ein bewusster Umgang mit der eigenen Kindheitsgeschichte kann überdies die Empathie steigern, also die Einfühlung

---

widersprechen oder aus Abwehr und Angst? Wehren professionelle HelferInnen die negativen Gefühle ab, weil sie sich Aggression im Angesicht des Leides der traumatisierten Kinder nicht zugestehen oder weil sie sich selbst nie mit eigenen aggressiven Impulsen auseinander gesetzt haben?" (ebd., S. 204).

[877] Vgl. ebd., S. 204f.
[878] Vgl. ebd., S. 207f.

in die Mädchen und Jungen erleichtern und verhindert zudem die Verfestigung von belastenden Verhaltensmustern und dient der Psychohygiene der belastenden Arbeitssituation; zudem kann sie sinnstiftend und bereichernd sein.[879]

Gefahr der sekundären Traumatisierung:

Die Lebensgeschichte der chronisch traumatisierten Kindern und Jugendlichen kann aufgrund der Schrecken und Missachtung der Betroffenen als Subjekt ein Angriff auf das innere System der Bezugspersonen sein. Dies kann dazu führen, dass unerträgliche Vorstellungen und Gefühle hervorgerufen werden, die eine Auseinandersetzung mit der Verletzlichkeit des Menschen sowie mit dem Potential des Bösen in ihm bedürfen. Die Lebensgeschichten der Kinder und Jugendlichen erschüttern das Grundvertrauen, machen die eigene Verwundbarkeit stärker bewusst und berühren zudem auch mehrere stark emotionalisierte und tabuisierte Themen wie Familie, Gewalt, die Rolle der Mutter, des Vaters, sexuelle Gewalt oder Sexualität. Es ist oft das Eindringen in Bereiche, die jeder Mensch für das Ureigene hält, weswegen eine Auseinandersetzung mit Grundwerten zwar umfassend und eingreifend, aber auch nicht zu vermeiden und somit unabdingbar ist. Die posttraumatische Bilderwelt der traumatisierten Kinder kann bei vielen Menschen heftige Reaktionen auslösen:

- Ekel und Übelkeit, weil sie das wiedererlebte Elend in Flashbacks, Reinszenierungen oder den Berichten der Kinder und Jugendlichen nicht aushalten
- Machtlosigkeit (hilfloses Zusehen, wie Flashbacks die Betroffenen in Angst, Schrecken und große Not versetzen)
- Angst, Depressionen, Traurigkeit, Rückzug, Misstrauen in eigene Beziehungen, Arbeitsunfähigkeit aufgrund dem Fehlen des Wissens um die Dynamik der Erinnerungsebenen und um die Möglichkeiten des professionellen Handeln
- „Schuldgefühl", weil ihnen das Leid der Betroffenen erspart blieb und entstehende Schwierigkeiten, die Annehmlichkeiten des eigenen Lebens zu genießen
- Gefühle wie Wut, Hilflosigkeit, Resignation und Ekel, Handlungsunfähigkeit
- Einfluss auf das Privatleben, Veränderung der eigenen Normen und Werte, eingeschränkte Freizeit
- Beeinflussung der Wahl des Freundeskreises
- Zeitweise massive Einschränkung der Lebensfreude
- „okkupierter Kopf"
- Gefühl der eigenen Sicherheit leidet durch das Wissen um das Ausmaß traumatischer Gewalt gegen Kinder[880]

Die traumatische Gegenreaktion:

Die Übertragungen der Mädchen und Jungen (vgl. Kapitel 4.4.4) können zum Teil heftige Gefühle in den PädagogInnen auslösen. Empathie und Einfühlung, die als ein für die Beziehungsarbeit unerlässliches Instrument anzusehen sind, fordert die HelferInnen auf, die Position und die Geschichte des Opfers zumindest zeitweise zu verstehen,

---

[879] Vgl. ebd., S. 208
[880] Vgl. ebd., S. 209ff.

weswegen sie, wenn auch weniger intensiv als die Kinder, dann die Gefühle von Angst, Ohnmacht und Verwirrung durchleben. Oftmals unbewusst wird dann die Situation des ausgelieferten hilflosen Kindes mit- und nacherlebt und kann in dem bzw. der PädagogIn die Empfindung entstehen lassen, alleine zu stehen, keine Unterstützung zu haben und es kann sogar zur Handlungsunfähigkeit kommen. Ohnmacht und Hilflosigkeit können auch dazu führen, dass sie die eigenen Grenzen übergehen und zur Kompensation dieser Gefühle in die Retter-Rolle schlüpfen (komplementäre oder ergänzende Gegenreaktion). Auch kann eine Folge sein, dass sie resignieren oder Depressionen, Erschöpfung oder gar psychisches Ausgebranntsein entwickeln. Eine weitere Reaktion kann, gerade in Bezug auf die früheren Bindungs- und Beziehungsproblematiken der Kinder, das Tappen in die bereits angesprochene Narzissmusfalle sein (vgl. Kapitel 4.4.2).[881]

Unter allen Umständen sind Gegenreaktionen oder Genübertragungsgefühle (tabuisierte[882], aggressive[883], sexuelle[884] Gegenreaktionen) zu reflektieren um eine Erleichterung zu erhalten, denn erst die Reflexion der Gefühle führt zu einer professionellen Auflösung der in Übertragung und Gegenreaktion entstandenen Beziehungsfalle. Dies ist die Voraussetzung für die Klarheit der PädagogIn in ihrem Beziehungsangebot, v. a. D. in der Begrenzung ihres Angebotes.[885]

An dieser Stelle sei jedoch darauf hingewiesen, dass es natürlich nicht immer, wenn sich intensiv mit dem Leiden der Kinder auseinandergesetzt wird, zu negativen oder belastenden Auswirkungen kommen kann. Denn wenn die Kraft der Kinder hervorgehoben, gar bewundert wird, kann dies den PädagogInnen wiederum selbst Mut machen. Zudem können Handlungskompetenz und Interaktionsfähigkeit wachsen, wenn das Wissen um die Vorgeschichte existiert. Dadurch, dass die PädagogInnen einen entsprechend realistischen Blick auf die Entwicklungsmöglichkeiten der Mädchen und Jungen haben, womöglich auch durch das psychotraumatologische „Hintergrundwissen", werden Gelassenheit, Offenheit sowie eine höhere Handlungswirksamkeit erreicht:

---

[881] Vgl. ebd., S. 212ff.

[882] Die tabuisierte Gegenreaktion: Hier verhindert Scham oder falsch verstandene Berufsethik, dass Gefühle wie Aggressionen oder sexuelle Erregung thematisiert werden. Damit die belastenden Gefühle durch ein Aussprechen nicht zementiert werden, neigen TherapeutInnen und/oder PädagogInnen dazu, Genübertragungsgefühle zu bagatellisieren, umzudeuten oder zu ignorieren (vgl. ebd., S. 215).

[883] Die aggressive Gegenreaktion: Von den Kindern und Jugendlichen übertragene aggressive Gefühle, die eigentlich dem Täter oder zum Beispiel ihrer schwierigen Lebenssituation gelten, können bei Bezugspersonen wiederum Aggressionen gegenüber den belasteten Heranwachsenden auslösen (vgl. ebd.).

[884] Bei der sexuellen Gegenreaktion spiegeln sich sexuelle Aspekte der Misshandlung in den Genübertragungsgefühlen wider. Hier kann es durchaus zur sexuellen Erregung der PädagogInnen kommen, die in den meisten Fällen erschrocken verdrängt oder verleugnet wird (vgl. ebd., S. 215f.).

[885] Vgl. hierzu ebd., S. 216.

„Diese höhere Handlungswirksamkeit auf Grund der Kenntnis der Schrecken ist ein notwendiges Korrektiv zur stellvertretenden Traumatisierung".[886]

Spaltungen des Teams:

Nicht nur die PädagogInnen selbst können durch die traumatische Vorgeschichte des betroffenen Kindes bzw. Jugendlichen negativ beeinflusst werden, sondern auch das gesamte Team kann unter Arbeitsbelastungen leiden oder sogar gespalten werden. Das Kind, das z. B. einen Elternteil als „gut", den anderen als „böse" wahrgenommen hat, prägt alle weiteren Beziehungen dahingehend, dass auch gute oder schlechte Bezugs-personen aufgefasst werden, die das Team aufspalten – wenn das Kind sich also eine Vertrauensperson aussucht, kann dies zur Konkurrenz und in Folge zur Abwertung der KollegIn führen. Wenn sich eine Pädagogin/ ein Pädagoge mit dem „Opfer" zu identifi-zieren sucht, und entsprechende Gefühle wie Wut etc. ausgelöst werden, kann es passieren, dass diese Gefühle gegen die KollegInnen, die Institution und/ oder die Gesellschaft im Allgemeinen gerichtet werden. Die KollegInnen reagieren hierauf verständnislos, teilweise womöglich sogar mit Ablehnung, Ärger und Wut. Doch auch, wenn die Kinder sich widersprüchlich verhalten,[887] kommt es automatisch zu unter-schiedlichen Bewertungen und Konflikten im Team. Dies kann dazu führen, dass die Arbeitsbeziehungen der einzelnen Funktionsgruppen sich durch unreflektierte Gegen-übertragungsgefühle und –reaktionen sehr verkomplizieren. In all diesen Fällen sind Teamsitzungen und Reflexionen im Team unabdingbar um weiterhin als Team fungie-ren zu können. Auch ist es möglich, dass sich „ProtagonistInnen dieses Themas" ins Abseits stellen oder gestellt werden, weil das Team oder die Institution abwehren und eine Unterstützung ausbleibt (vgl. „Eskalation der Hilfen", Kapitel 4.3.1). Doch oft ist es nicht die interne aktive Zurückweisung innerhalb des Teams, sondern das pure Fehlen von Zeit bzw. Mangel an personellen Ressourcen,[888] die es verhindern, dass sich alle PädagogInnen des Teams mit einem vorliegenden Thema oder Fall auseinander setzen können. Die Konsequenz ist, dass eine Kollegin/ ein Kollege allein diese Arbeit bewerkstelligen muss und zum Spezialisten „mit dem Spezialgebiet Schrecken und Dreck mit allen negativen Auswirkungen" wird.[889]

---

[886] Ebd., S. 217.
[887] „Auch unterschiedliche Aussagen der Mädchen und Jungen über die traumatischen Erlebnisse im Zusammenhang mit der Dynamik von Erinnern und Verdrängen führen zu unterschiedlichen Bewertun-gen. So kann Verleugnen von Kindern in der Gegenreaktion dazu führen, dass nicht verleugnende PädagogInnen sich isolieren bzw. sie isoliert werden" (ebd., S. 219).
[888] „Insgesamt werden die geringen finanziellen und personellen Ressourcen als belastend beschrieben: Für alles fehlt die Zeit" (ebd., S. 222).
[889] Vgl. ebd., S. 220f.

Fehlender Rückhalt:

Sehr oft wird auch über fehlenden Rückhalt und Wertschätzung von Seiten der Leitung bei der Arbeit mit traumatisierten Kindern und Jugendlichen geklagt. Zahlreiche PädagogInnen beschreiben ein Leitungsvakuum im Hinblick auf den professionellen Umgang. Sie erwarten von Leitungen Transparenz, Partizipation, Übernahme von Verantwortung, konzeptionelle Unterstützung und vernünftige Rahmenbedingungen. Auch ein Basiswissen über Traumata würde bei den Leitungskräften fehlen, die deswegen einen professionellen Umgang mit traumatisierten Mädchen oder Jungen nicht wertschätzen (können) (vgl. hierzu Kapitel 4.5.4).[890]

Strukturelle Vorschriften:

Eine weitere starke Belastung kann sein, dass die PädagogInnen aufgrund von „Vorschriften" der Jugendhilfe, die Kinder und Jugendlichen jedes zweite Wochenende nach Hause schicken „müssen", obwohl z. B. die Vermutung einer massiven Kindeswohlgefährdung im Raum steht. Sie wissen, was womöglich mit dem Kind geschieht und können es doch nicht schützen und müssen wieder von vorne anfangen, wenn das Kind, oftmals auffällig verändert, von den Besuchen zurückkehrt. Hier sind sie also gezwungen, sich in dem kräftezehrenden Spannungsfeld von Kindeswohl und Elternrecht bzw. eines ungenügenden Opferschutzes zu bewegen, da sie in der Sicherstellung des Kindeswohls auf die Zusammenarbeit mit der öffentlichen Jugendhilfe, dem Jugendamt und auf die Justiz angewiesen sind, die jedoch noch in den Kinderschuhen steckt.[891] Die Verunsicherung der PädagogInnen wird durch zum Teil handlungsleitende einseitige Interpretationen von Normen der Jugendhilfe vergrößert[892] und des Weiteren entscheidend durch die Frage, welche Zukunft überhaupt eine im Sinne der Kinder und Jugendlichen parteiliche Jugendhilfe hat, angesichts um sich greifender Sparmaßnahmen und des Rückzuges des Staates aus der sozialen Verantwortung (vgl. Kapitel 4.6).[893]

Einstellungspraxis:

Auch die Einstellungspraxis kann ein Hindernis für eine „schützende" Teamarbeit sein und somit eine individuelle Belastung darstellen, wenn nämlich in einem Team gearbeitet wird und mit PädagogInnen kooperiert werden muss, die jedoch z. B. nicht ins Team

---

[890] Vgl. ebd., S. 240f.

[891] „Eine interdisziplinäre Zusammenarbeit, die z. B. die Garantenstellung der Jugendhilfe in den Mittelpunkt ihrer Arbeit stellt, die vielen Aspekten fachlicher und sozialer Wirklichkeitskonstruktionen berücksichtigt und die Verbesserung der Situation traumatisierter Kinder zum Ziel hat, steckt in den Kinderschuhen" (ebd., S. 222)

[892] Vgl. hierzu ebd., S. 222f.

[893] Vgl. ebd.

passen oder mit gewissen Entscheidungen und Einstellungen nicht konform gehen. Demnach sollten MitarbeiterInnen auf die Zusammensetzung ihres Teams Einfluss nehmen können – die oft praktizierte letztendliche Entscheidung der Einstellung durch die Leitung berücksichtigt zu wenig die Anforderungen an das Team als Gesamtheit. Ähnlich wie bei der Auswahl der Bezugsbetreuerin/ des Bezugsbetreuers wird hier strukturellen Erwägungen der Vorzug gegenüber anderen Gründen wie Beziehung und Zusammenarbeit gegeben. Ein großer Mangel ist zudem, dass oft in der Einstellungs-praxis die Konfrontation mit dem Thema Traumata gescheut wird bzw. bei der Stellen-ausschreibung nicht schon erwähnt wird und die BewerberInnen somit nicht darauf hingewiesen werden, dass sie mit traumatisierten Kindern und Jugendlichen konfron-tiert werden.[894]

4.5.3) Grundkompetenzen der PädagogInnen

Es konnte nun umfangreich dargestellt werden, welchen spezifischen Belastungen die PädagogInnen ausgesetzt sein können. Um jedoch zu verhindern, dass sie aufgrund dieser Belastungen resigniert aufgeben und/ oder die betroffenen Kinder und Jugendli-chen ausgegrenzt werden, müssen Grundlagen und Standards für ein professionelles Handeln im Umgang mit den traumatisierten Mädchen und Jungen und den spezifischen Belastungen der PädagogInnen gegeben sein. Aufgrund der steigenden Anforderungen muss genau geprüft werden, was und an welchem Ort geleistet werden kann. Die Hilfe für die Heranwachsenden kann insgesamt aber nur dann professionell sein, wenn Sachkompetenz, Selbstreflexion und Selbstfürsorge, wenigstens in Ansätzen, vorhanden bzw. möglich sind.[895]

Sachkompetenz:
Sachkompetenz kann Belastungen und Gefahren vermindern und dazu beitragen, schwierige Situationen zu meistern. Da die Arbeit mit traumatisierten Kindern und Jugendlichen für die BetreuerInnen eine besonders anspruchsvolle Aufgabe ist, sind Aus- und Fortbildungsinstitute gefordert, entsprechendes Basiswissen über Kindesmiss-handlung und Traumatisierung im Allgemeinen als Standard zu integrieren. Dieses besagte Basis- bzw. Grundwissen beinhaltet:

- Basiswissen der Psychotraumatologie, z. B. die unterschiedlichen Sichtweisen und die Forschungsergebnisse über Traumatisierung von Kindern
- Grundwissen über Entwicklungsrisiken, Entwicklungschancen und unterstützende Faktoren

---

[894] Vgl. ebd., S. 239.
[895] Vgl. ebd., S. 223f.

- Basiswissen über Ausmaß, Dynamik, Folgen und Täter(innen)strategien bei sexueller Gewalt
- Grundkenntnisse über die Dynamik traumatischer Übertragungen und Gegenreaktionen
- Methodentraining z. B. in Biografiearbeit, Genogrammarbeit, Aufklärungsarbeit, die Enttabuisierung von sexueller Gewalt, den Umgang mit der Geschlechterdifferenz, das praxisorientiert auf den Heimalltag vorbereitet
- Grundwissen über Beziehung und Bindung, Reflexionsmöglichkeiten, die die Gestaltung des eigenen Beziehungsangebotes zum Thema zumindest der Ausbildung der HeimerzieherInnen machen
- Grundwissen über die Pflege der eigenen Psychohygiene inkl. Forschungsergebnisse über Burnout und Wissen über Auswirkungen im Umgang mit traumatisierten Menschen[896]

In den Ausbildungsgängen von Pädagogik, Sozialpädagogik und Sozialarbeit sind diese Themen bis dato jedoch noch nicht oder nur am Rande bzw. eher zufällig existent.[897]

Daher bedarf es unbedingt einer Reformierung, da die Frage bleibt, wie man mit traumatisierten Kindern und Jugendlichen arbeiten und umgehen soll, wenn man zuvor noch nie etwas über das Thema Psychotraumatologie gehört hat. Dieses Geheimnis der sozialpädagogischen Ausbildung[898] ist zwar ansatzweise erklärbar durch die Vielfalt von Aufgaben und Themen der Ausbildungsinstitute, durch den mangelnden Kontakt zur Praxis oder die scharfe Trennung von anderen Wissenschaften wie Psychologie/ Psychoanalyse und Psychotraumatologie.[899] Doch diese Erklärungen nützen jedoch weder den betroffenen Kindern und Jugendlichen noch den PädagogInnen in der Praxis.

Es ist somit eine vornehmliche Aufgabe von PsychoanalytikerInnen und PsychotraumatologInnen, dieses notwendige Wissen handhabbar zur Verfügung zu stellen. Gewinnbringend wäre es also, interdisziplinär zu agieren (vgl. Kapitel 4.3.1) und die PädagogInnen nicht auszuschließen, sondern sie miteinzubeziehen, und ihnen das Wissen zugänglich zu machen.[900]

Selbstreflexion:

Die Selbstreflexion der PädagogInnen ist eine weitere unabdingbare Hilfestellung für die Arbeit mit traumatisierten Kindern und Jugendlichen um Belastungen zu reduzieren. Erst durch das Wissen um die eigene Lebens- und Lerngeschichte ist es möglich,

---

[896] Vgl. ebd., S. 224.

[897] Vgl. hierzu ebd., S. 225.

[898] „Den Anforderungen, die gesellschaftliche Veränderungen und neue Erkenntnisse […] bringen, müssen sich nicht nur die Berufsgruppen, sondern auch die Lehrenden stellen. Ihnen obliegt die Aufgabe, zumindest bei einer Spezialisierung für Erziehungshilfen die wesentlichen anwendungsbezogenen Kenntnisse und Fähigkeiten zu vermitteln" (ebd., S. 225f.).

[899] „Möglicherweise ist es kein einfaches Unterfangen, notwendiges Wissen der Psychoanalyse, der Humanistischen Psychologie und der Psychotraumatologie der Pädagogik zugänglich zu machen. Voraussetzung hierfür ist eine ausgeprägtere Zusammenarbeit der unterschiedlichen Disziplinen" (ebd., S. 226).

[900] So findet seit einiger Zeit auf Kongressen (z. B. Deutsche Gesellschaft gegen Kindesmisshandlung und -vernachlässigung; Stiftung zum Wohl des Pflegekindes) ein interdisziplinärer Austausch der Praktiker und Wissenschaftler statt. Die Bundesarbeitsgemeinschaft für Traumapädagogik fördert die Verbreitung von traumapädagogischem sowie psychotraumatologischem Grundlagenwissen, initiiert die Diskussion über Standards für traumapädagogische Einrichtungen und betreibt die interdisziplinäre Vernetzung mit Verbänden der Psychotraumatologie sowie Einrichtungen der Kinder- und Jugendpsychiatrie (vgl. ebd., S. 227).

subjektive Wahrnehmungen und emotionale Verzerrungen (z. B. aufgrund eigener Übertragungen und Projektionen) zu minimieren. Frühe prägende Erfahrungen bestimmen mit, welche Grundeinstellungen und Werte sich bilden und wie Menschen anderen Menschen gegenüber eingestellt sind. Damit jedoch ein ungeprüftes „Überstülpen" von diesen Werten sowie ein ungeprüftes Verharren von Grundeinstellungen minimiert werden kann, muss sich bewusst mit der eigenen Kindheitsgeschichte auseinandergesetzt werden. Weiterhin ist es unabdingbar, sich der eigenen Bindungsmuster bewusst zu werden, sowie die Bindungsmuster gegenüber den Mädchen und Jungen und die Brechungen der „Beziehungsarbeit" in den Erziehungshilfen zu überprüfen. Erst dann kann eine kontinuierliche Beziehungsarbeit gewährleistet sein. Auch die Reflexion der eigenen Normen und Werte in Bezug auf Familie, Sexualität[901] und Beziehungen sowie das bewusste Umgehen mit dem eigenen Geschlechterbild etc. kann zu zusätzlicher Offenheit und Klarheit führen. Zur Selbstreflexion gehört des Weiteren die Auseinandersetzung mit den spezifischen Faktoren der jeweiligen beruflichen Situation[902] sowie die Überprüfung der Motive des beruflichen Handelns. Eine permanente Auseinandersetzung hiermit kann dazu dienen, die Belastung durch ungewohntes Verhalten in Handlungsfähigkeit zu transportieren und durch die professionelle Bearbeitung der eigenen emotionalen Betroffenheit kann die Selbstfürsorge erhöht werden. Themen der Selbstreflexion sollten insgesamt sein:

- Kindheitsgeschichte
- Bindungsmuster
- Geschlechterrolle
- Sexualität
- Reflektierte persönliche Haltung zu den Fragen sexueller Gewalt
- Motive des eigenen Handelns
- Arbeitsbegleitende kontinuierliche Überprüfung dieser Motive
- Reflexion der Gegenübertragungsgefühle bzw. Gegenreaktionen, insbesondere der tabuisierten
- Stellvertreterkonflikte im Team
- Auswirkungen der strukturellen Bedingungen auf das eigene Handeln[903]

Selbstreflexion und Selbsterfahrung sind zwar durchaus risikoreich und anstrengend, erhöhen jedoch i. d. R. die berufliche Arbeitszufriedenheit und das persönliche Wachstum. Von Seiten der Sozialwissenschaften wird auch gerade diese Fähigkeit als Grund-

---

[901] Dies ist ein wichtiger Aspekt, da, wie aufgezeigt, die Kinder und Jugendliche den PädagogInnen unweigerlich mit diesem Thema konfrontieren. Hierzu ist eine Reflexion der eigenen Erwachsenensexualität nötig, sowie eine reflektierte persönliche Haltung zu Fragen sexueller Gewalt (vgl. ebd., S. 228).

[902] Selbstkontrolle der eigenen Gefühle, z. B. in Bezug auf Übertragung/ Gegenübertragung, doch auch die institutionellen Bedingungen, die geringen finanziellen Ressourcen und die mangelnde Wertschätzung der Jugendhilfe durch die Gesellschaft etc. (vgl. ebd.).

[903] Ebd., S. 229.

lage zur besseren Lebensbewältigung in Zeiten einer individualisierten Netzwerkgesellschaft angesehen.[904]

Selbstfürsorge:

Eine weitere, womöglich sogar die wichtigste, Kompetenz der PädagogInnen ist der Erhalt der psychischen Unversehrtheit und die Verhinderung von Burnout. Bei der Arbeit und im Umgang mit traumatisierten Kindern und Jugendlichen müssen über die bisherige Burnout-Forschung hinaus ergänzende Möglichkeiten der Selbstfürsorge geschaffen werden.[905]

Für viele PädagogInnen kann eine Verbindung von Beruf und Privatleben zwar sinnstiftend sein,[906] wieder andere können Berufliches und Privates jedoch nicht trennen, sodass die Themen und Belastungen des beruflichen Alltags und die Fragen zur eigenen Professionalität in das Privatleben hineinwirken, manchmal unbewusst und gegen den eigenen Willen. Damit jedoch z. B. eine stellvertretende Traumatisierung vermieden werden kann, sind eine erhöhte Selbstaufmerksamkeit für körperliche Signale sowie Versuche, Worte für die eigenen Erfahrungen und Gefühle zu finden, das eigene Niveau an Behaglichkeit zu regeln und zu lernen, überwältigende Gefühle zu vermindern, ohne in Abwehr abzugleiten, mögliche aber auch notwendige Schutzmaßnahmen. Zudem beinhaltet die Selbstfürsorge auch ein realistischeres Bild der Möglichkeiten des beruflichen Handelns. PädagogInnen müssen darauf bedacht sein, ihren Erlebnisse im Alltag und die erschütternden Erfahrungen, die erschütterten Normen und die Beunruhigungen aus dem Wissen, wozu Menschen fähig sind, einen Platz zu geben und benötigen die Möglichkeit, Gefühle zuzulassen, sie zu beruhigen und auszuheilen. Zu akzeptieren, dass nichts mehr so ist wie früher, ist ein schmerzhafter Reifeprozess, der dennoch Grundlage von Selbstfürsorge im Umgang mit den Lebensgeschichten der traumatisierten Kinder und Jugendlichen ist. Folgende Möglichkeiten der Selbstfürsorge lassen sich zusammentragen:

- Erhöhte Selbstaufmerksamkeit
- Akzeptanz von Leiden
- Wahrnehmen und Ausagieren der beeinträchtigenden Gefühle
- Regenerieren durch körperliche Aktivitäten
- Urlaub und häufiger Umgebungswechsel

---

[904] „Bei aller Wertschätzung der allseitigen Selbstreflexion allerdings bleiben Spontaneität, Intuition und Authentizität wichtige professionelle und menschliche Verhaltensweisen, die durch permanente Selbstbefragungen nicht in Zweifel gezogen werden. Man/frau darf auch sich selbst vertrauen" (ebd., S. 229f.).

[905] Vgl. ebd.

[906] Für viele ist die Sinnstiftung dann so hoch, dass die PädagogInnen die Belastungen auch als Bereicherung empfinden. So scheint Selbstfürsorge, die nicht auf Trennung von Privatleben und Beruf abzielt, eher Zufriedenheit und Ausgeglichenheit zu sichern (vgl. ebd., S. 231).

- Gegengewicht zur Arbeit mit solch gravierender Schwere wie Lehren, Schreiben, Tätigkeitswechsel
- Darauf achten, sich privat und beruflich nicht zu überlasten
- Physische Selbstfürsorge, Schlaf, Ernährung, Bewegung
- Schöne Umgebung
- Kreativer Ausdruck
- Entspannung, Naturkontakt, Meditation
- Gute Beziehungen
- Professionelle Netzwerke und Entspannungs- und Freizeitmöglichkeiten [907]

Margarete Udolf weist z. B. als Strategien im Umgang mit Sekundärer Traumatisierung darauf hin, dass es nötig ist, „A wie Achtsamkeit" zu zeigen, also auf sich selbst, die eigenen Bedürfnisse, Grenzen und Ressourcen zu achten, um gesund leben zu können; „B wie Balance", also das Gleichgewicht zu finden zwischen Arbeit, Freizeit und Ruhe, denn die Balance zwischen der Vielfalt der Aktivitäten im beruflichen und im persönlichen Leben stellen die wichtigsten „Krafttankstellen" dar; „C wie connection", da es wichtig ist, mit sich selbst und anderen Menschen, der Natur und dem ganzen Leben in Verbindung zu bleiben. Diese Verbundenheit stellt das Gegenstück dar zu den vielfältigen Belastungen und den Einschränkungen im Privatleben, die die Arbeit oft mit sich bringt.[908]

An dieser Stelle möchte ich, anknüpfend an die Tipps in Bezug auf den Umgang mit Kindern, zwei Übungen beschreiben, die den PädagogInnen helfen können, das Gewahrsein zu vertiefen und sich über die inneren und äußeren Ressourcen bewusst zu werden:

1. Übung: Empfindungen wahrnehmen

Beginnen Sie anhand eines Experiments, Ihr Gewahrsein zu vertiefen:
Finden Sie einen bequemen Platz zum Sitzen. Nehmen Sie sich Zeit, um zu spüren, wie Sie sich gerade fühlen. Achten Sie auf Ihre Atmung. Sitzen Sie bequem oder unbequem? An welcher Stelle im Körper bemerken Sie das? Was nehmen Sie wahr? Sind Sie sich Ihres Herzschlags oder Ihrer Atmung bewusst? Vielleicht spüren Sie eher Muskelanspannung oder –entspannung oder die Temperatur Ihrer Haut.
Wenn Sie die Ruhe haben, um weiter zu machen, versuchen Sie es mit folgender Übung:
Stellen Sie sich einen angenehmen Tag vor, an dem Sie auf der Autobahn fahren und Ihre Lieblingsmusik hören. Sie haben keine Eile, weil heute Ihr freier Tag ist. Nehmen Sie sich eine Minute Zeit, um wahrzunehmen, wie Sie sich fühlen, ehe Sie den nächsten Absatz lesen. Beobachten Sie die Empfindungen in unterschiedlichen Teilen Ihres Körpers: Bauch, Gliedmaßen, Atmung, Muskeln und Haut.
Plötzlich schert aus dem Nichts ein Raser mit einem frisierten Wagen vor Ihnen ein und verursacht dadurch beinahe einen verhängnisvollen Unfall auf der Autobahn. Dann wird er auch noch grob und beschimpft Sie, als hätten Sie die gefährliche Situation verursacht. Was fühlen Sie in Ihrem Körper?
Wie haben Sie sich gefühlt, als Sie mit der Übung begannen? Achten Sie auf Veränderungen seitdem. Was fühlt sich anders an? Wo fühlt es sich anders an? Ist Ihnen warm, heiß oder eiskalt? Gibt es Stellen, an denen Sie Anspannung oder Beklemmung spüren? Stellen Sie Veränderungen der Herzfrequenz oder der Atemtätigkeit fest? Wenn Sie die Aufmerksamkeit auf Ihren Körper richten, um Ihre Reaktionen und Empfindungen im gegenwärtigen Moment zu spüren, haben Sie den Bereich des Reptiliengehirns betreten.
Nehmen Sie sich nun ein wenig Zeit, um jedwede Aktivierung zur Ruhe kommen zu lassen. Sehen Sie sich im Raum um und machen Sie sich bewusst, dass Sie in Sicherheit sind und

[907] Ebd., S. 232.
[908] Vgl. Udolf, Margarete. Sekundäre Traumatisierung bei pädagogischen Fachkräften in der Kinder- und Jugendhilfe. 2009. Verfügbar unter: www.traumapaedagogik.de (Stand: 01.09.2013).

dass die Visualisierung nur eine Übung war. Stellen Sie beide Füße auf den Boden und richten Sie Ihre Aufmerksamkeit auf einen Gegenstand im Raum, der Ihnen angenehm ist, wie eine Blume, ein Foto oder ein Lieblingsstück. Stellen Sie fest, wie Sie sich gerade jetzt in Ihrem Körper fühlen![909]

Mit Hilfe dieser Übung und dem Gewahrwerden über die eigenen Gefühle und Körperempfindungen und das Stärken des Ich-Bewusstseins wird es womöglich leichter, intuitiver, instinktiver und vertrauensvoller zu werden und die Sprache der Empfindungen besser verstehen und sprechen zu können.[910]

2. Übung: Äußere und innere Ressourcen

Für diese Übung werden zwei Blatt Papier und ein Stift benötigt.

1. Nehmen Sie ein unliniertes Blatt Papier und falten Sie es längs in der Mitte. Erstellen Sie auf der einen Hälfte des Blattes eine Liste Ihrer äußeren Ressourcen (also z. B. Freunde, Unterstützungen von außen); schreiben Sie auf die zweite Hälfte des Blattes Ihre inneren Ressourcen (also z. B. Begabungen, Charakter etc.). Wenn Sie bei einer Ressource nicht sicher sind, auf welche Seite sie gehört, schreiben Sie sie auf beide Seiten.
2. Notieren Sie, welche Ressourcen auf Ihrer Liste Ihnen als stärkste Stütze in stressreichen Zeiten ins Auge springen. Konzentrieren Sie sich auf jeweils eine und nehmen Sie sich Zeit zu erspüren, welche Empfindungen und Gefühle dabei auftauchen und an welcher Stelle im Körper dies der Fall ist. Stellen Sie fest, ob sie sich als Muskelkraft ausdrücken, als Wärme im Bereich des Herzens, als Energie im Bauch, als ein Geerdetsein im Unterleib oder Becken etc. Notieren Sie Ihre Empfindungen oder schreiben Sie darüber in Ihr Tagebuch, um sie in Ihrem sensorischen Gedächtnis zu verankern.
3. Stellen Sie fest, ob es Bereiche gibt, in denen Sie keine oder nur schwach ausgeprägte Ressourcen haben. Sind beispielsweise Ihre Beziehungen wenig zufriedenstellend oder fehlt Ihnen ein spirituelles Zentrum? Schreiben Sie Möglichkeiten auf, mit denen Sie anfangen können, Ihr Leben zu bereichern. Schließen Sie Ihre Lücken, indem Sie Ressourcen hinzufügen. Wenn Sie sich zum Beispiel körperlich unzulänglich empfinden und wenig Gesellschaft haben, könnten Sie in eine Tai-Chi-Gruppe gehen oder jemanden in Ihrem Bekanntenkreis fragen, ob er/sie Ihre/e „WanderfreundIn" werden möchte. Erweisen sich diese Aktivitäten als eine Quelle, die Ihnen mehr Verbindung zu sich selbst und anderen gibt, setzen Sie sie auf Ihre Liste.[911]

4.5.4) Strukturelle kompensatorische Schutzfaktoren

Ein traumapädagogischer Ansatz berührt mehrere Ebenen einer Institution – die strukturelle Ebene (Leitung, Infrastruktur, Abläufe, Raumgestaltung, Ausstattung, Ressourcen, Dienstpläne), die Ebene der Mitarbeiter und die Ebene der Kinder. Jede Ebene ist für die Gestaltung und Sicherstellung eines sicheren Ortes von großer Bedeutung. Die zentrale Idee des traumapädagogischen Ansatzes ist es, die Mitarbeiter und

---

[909] Levine/ Kline 2013, S. 123f.
[910] Vgl. ebd., S. 124.
[911] Levine/ Kline 2013, S. 181f. Als vierten Punkt geben die Autoren noch an, dass man diese Übung auch mit einem Kind machen kann: „4. Nehmen Sie nun das andere Blatt Papier und erstellen Sie eine Liste der äußeren und inneren Ressourcen [des] Kindes. Wenn es schon älter ist, helfen Sie ihm dabei, den Punkten eins bis drei folgend eine eigene Liste anzulegen. Setzen Sie ein Sternchen neben jene Möglichkeiten, die dem Kind in Stressphasen am meisten Entlastung bringen. Unterstützen Sie [das] Kind darin, sich der Empfindungen bewusst zu werden, die seine Ressourcen begleiten. Achten Sie darauf, nicht Ihre Ideen auf das Kind zu übertragen, sondern offen und empfänglich für seine Ideen und Bedürfnisse zu sein" (ebd.).

die strukturellen Abläufe einer Institution mit in die pädagogische Konzeption aufzunehmen. Dahinter steht die Annahme, dass sowohl die Arbeitsbedingungen, die strukturellen Abläufe einer Institution (Dienstwechsel, Kontinuität in der Betreuung) und die bereitgestellten Ressourcen als auch die Haltung der Leitung sehr bedeutend für das Erleben von Sicherheit der MitarbeiterInnen und der Kinder und Jugendlichen sind. Nur stabile und „sichere" Mitarbeiter können wiederum die Heranwachsenden stabilisieren, weshalb es wichtig ist, nicht nur an der Arbeit mit den Mädchen und Jungen anzusetzen, sondern sehr viel Wert auf die Stabilisierung und Selbstwirksamkeit der PädagogInnen zu legen. Man kann davon ausgehen, dass sie für ihre eigene Stabilisierung in Krisen letztlich dieselben Fertigkeiten wie die Kinder und Jugendlichen einsetzen und erlernen müssen, wenn auch auf anderem Niveau. Auch können vermutlich diejenigen MitarbeiterInnen, die in diesen Fertigkeiten geübt sind, die jeweiligen Techniken wesentlich besser vermitteln.[912] Aus diesem Grund müssen Einrichtungen, die mit traumapädagogischen Konzepten arbeiten wollen, für die spezifische Ausbildung der Angestellten sorgen: Fortlaufend eingeplante und umgesetzte Weiter- und Zusatzausbildungen sowie Klausurtage sollen z. B. dazu dienen, dass die PädagogInnen auf die Besonderheiten und Schwierigkeiten in der Erziehung sowie Betreuung der traumatisierten und biografisch belasteten Kindern und Jugendlichen angemessen reagieren können. „Traumapädagogik sollte im Fundament einer Einrichtung verankert sein und nicht als Modebezeichnung und Etikett ohne wirklichen Inhalt verwendet werden".[913]

Für die fachliche Unterstützung der MitarbeiterInnen in der Wohngruppe gibt z. B. das Supervisionskonzept von Schmelzer, das auf dem Selbstmanagement-Konzept beruht, eine gute Orientierung. Nach diesem ist Supervision allgemein als ein Mittel zum Gewährleisten des adäquaten Umgangs mit professionellen Anforderungen (bei psychosozial Tätigen) anzusehen. Die „Selbstmanagement"-Perspektive meint hierbei Personen zu befähigen, ihr Leben (wieder) selbst zu gestalten und möglichst bald von Therapie und Therapeuten unabhängig zu werden.[914] Der fachliche Unterstützungsprozess (Supervision) umfasst hiernach drei Ebenen, die je nach Beratungssituation unterschiedlich gewichtet werden: 1) Supportive Ebene (emotionale Entlastung und Unterstützung, Verständnis für die belastende Situation, Versorgung der Gegenübertragungsgefühle), 2) Edukative Ebene (Vermittlung von Wissen, pädagogische Interven-

---

[912] Vgl. Schmid 2010, S. 49. Für das Konzept einer Versorgungskette vgl. *Abb. 26) Versorgungskette* im Anhang, S. 278.

[913] Vgl. Biberacher 2013, S. 291.

[914] Vgl. Schmelzer, Dieter. Verhaltenstherapeutische Supervision: Mein Konzept URL: http://www.dr-schmelzer.de/sup_konz.htm (Stand: 02.09.2013).

tionen, Erarbeitung von Lösungsvorschlägen), 3) Administrative Ebene (Führung, Entscheidung, Rahmenbedingungen, Fachaufsicht).[915]

Um jedoch nicht nur allgemeine Unterstützung zu leisten, sondern auch, um spezielle Situationen zu reflektieren und die Stabilisierung der MitarbeiterInnen nach schwierigen Situationen mit Kindern und Jugendlichen gewährleisten zu können, hat sich die traumapädagogische Interaktionsanalyse im Rahmen von Teamgesprächen bewährt. Diese orientiert sich ebenfalls an Selbstmanagementansätzen und fokussiert dabei aber die Bedürfnisse sowie die emotionale Reaktionen des Kindes bzw. Jugendlichen als auch die der PädagogInnen. Eine traumapädagogische Interaktionsanalyse bedeutet somit die detaillierte Beschreibung und Suche nach der auslösenden Situation, wobei man hier gezielt nach potentiellen Auslösern für die jeweilige Krisensituation sucht und analysiert, inwiefern diese durch traumatische Erlebnisse und frustrierte Beziehungsbedürfnisse ausgelöst worden sein könnte. Die Suche nach der emotionalen Reaktion kann unterstützt werden durch eine detaillierte Beschreibung der Gedanken sowie der Körperhaltung und -empfindungen aller Beteiligten und innerer Bilder. Hierüber kann das Beziehungsbedürfnis des Kindes/ Jugendlichen sowie das Sicherheitsbedürfnis der Mitarbeiterin/ des Mitarbeiters[916] erkannt und miteinander in Einklang gebracht und somit letztendlich beide „versorgt" werden.[917]

4.5.4.1) Das Team als Kraftquelle

Durch gute Teams können potentielle spezifische Belastungen eingegrenzt werden: Hierzu gehört eine Teamkultur, in der über die Belastungen sowie Schwierigkeiten des pädagogischen Alltags gesprochen werden kann, denn eine offene und direkte Kommunikation sowie Transparenz sind ein Korrektiv zu Geheimhaltung, Tabuisierung, Verwirrung und Spaltung und damit ein wünschenswertes Ziel von Teamkultur. Wenn

---

[915] Vgl. Schmid 2010, S. 50.

[916] Grundprinzip dieser Krisenanalyse ist es somit, das Verhalten als normale Reaktion auf unnormale Erlebnisse zu verstehen und somit Erklärungen für das Fehlverhalten oder die Eskalation zu finden und auf der Hand liegende Erklärungen zu hinterfragen. Durch ein solches „Reframing" wird die Fähigkeit eines Teams, ein solches Kind bzw. einen solchen Jugendlichen mit seinen belastenden Verhaltensweisen auszuhalten, deutlich erhöht. Eine solche Interaktionsanalyse kann direkt die Selbstsicherheit eines Teams im Umgang mit schwierigen Kindern stärken und dadurch auch zu einem besseren Gefühl der Selbstwirksamkeit im Team beitragen (vgl. ebd., S. 51).

[917] Auch wird analysiert, welchen Sinn das Verhalten des Kindes/ des Jugendlichen hatte, um bestimmte grundlegende Bedürfnisse in dieser Krisensituation zu erfüllen und wie die Ausführung des Problemverhaltens auf Basis seiner Überlebensstrategie in seinem traumatisierten Umfeld erklärt werden kann. Auf Grundlage der Bedürfnisse des Heranwachsenden und des Wissens über dessen vergangene traumatische Beziehungserfahrungen kann erarbeitet werden, wie diese unbefriedigten Bedürfnisse im Alltag womöglich besser aufgenommen und befriedigt werden können. Des Weiteren kann darüber nachgedacht werden, welche Fertigkeiten ein Kind oder Jugendlicher erlernen muss, damit es künftig mit dieser Situation anders umgehen kann (vgl. ebd.).

z. B. Auswirkungen von Übertragungen sowie Gegenübertragungen auf das Team reflektiert werden, können Spaltungen und Schuldzuweisungen verhindert werden und die fortlaufende Handlungsfähigkeit der einzelnen PädagogInnen als Team ermöglicht werden. Ein offenes Team kann auch hier wieder im übertragenen Sinn als eine Art Schutzraum sowohl für die Kinder und Jugendlichen also auch für die Bezugspersonen fungieren. Damit das Team jedoch professionell mit traumatisierten Kindern und Jugendlichen, die unter Entwicklungsstörungen leiden, komplexe Übertragungsreaktionen zeigen und entsprechende Gegenreaktionen provozieren, arbeiten kann und hierbei handlungsfähig ist, sind innere Grundlagen wie Vertrauen, Fachwissen und Handlungskompetenz, aber auch äußere Grundlagen wie Teamzeiten und eben die bereits angesprochenen Möglichkeiten zur Reflexion im Rahmen von Supervision und von Fort- und Weiterbildung vonnöten.[918] Ein interdisziplinäres Team, in dem Sozialpädagogik, Heilpädagogik und die psychoanalytische Pädagogik vertreten sind, hat insgesamt ein großes Spektrum an Handlungsmöglichkeiten. Hierbei ist jedoch zu bedenken, dass die kooperative Teamarbeit natürlich Zeit benötigt. Ein Team als Kraftquelle muss ein Ort sein, in dem sich die MitarbeiterInnen angenommen fühlen, in dem zugleich aber Konflikte angesprochen und ausgetragen werden können. Was in einem funktionierenden Team auch immer gegeben sein sollte, ist, dass sich überforderte KollegInnen immer wieder an die eigenen Grenzen erinnern sollten. Sie laufen ansonsten, aufgrund der Konfrontation mit den Kindern und Jugendlichen, die besonders viel Zuwendung brauchen, Gefahr, sich noch mehr zu belasten.[919]

Die folgende Tabelle macht deutlich, worauf und womit ein offenes Team als Korrektiv reagiert bzw. reagieren sollte: „Das offene Team als Korrektiv...

...reagiert auf...	mit...
Verwirrung	Fachwissen
Misstrauen	Vertrauen
Ohnmacht	Handlungswirksamkeit
Tabuisierung	Enttabuisierung
Geheimhaltung	offener, direkter Kommunikation
Willkür	Transparenz, klaren Strukturen
Verwirrung	Klärung von unterschiedlichen Sichtweisen
Rollenkonfusion	klaren Arbeitsaufträgen
Spaltung	gemeinsamer Sichtweise
Traumatische Übertragung	Erkenntnis und Selbstfürsorge
Grenzenlosigkeit	Grenzen[920]

---

[918] Vgl. Weiß. Philipp sucht sein Ich. 2013, S. 237.
[919] „Diesem nötigen Korrektiv widerspricht oft die unter dem realen Druck aufgestellte, unausgesprochene Norm, jeder möge ungefragt möglichst viel für die Arbeit tun" (ebd.).
[920] Ebd., S. 238.

4.5.5) Leitungsebene

Die genannten Kompetenzen bzw. Schutzfaktoren verweisen auf eine bedeutende Rolle der Leitungsebene. Für die Psychohygiene von PädagogInnen ist die Bedeutung von Unterstützung durch Vorgesetzte und die Leitung unabdingbar. Die PädagogInnen erwarten Transparenz, Partizipation und Wertschätzung – Wertschätzung von Trauma-Arbeit und Schutz durch die Übernahme und Verantwortung. Sie fordern einen größeren Handlungsspielraum und weniger Druck, kleinere Gruppen und die Erhöhung der Mitarbeiterzahl. Auch wünschen sie sich therapeutische Begleitung der Kinder und Jugendlichen sowie Supervision und Fachwissen für sich selbst.[921]

Einrichtungsleitungen sind gefordert, in der Institution ein Klima von Respekt und Sicherheit zu schaffen, denn erst dann ist eine wichtige Grundlage zur Erhaltung von stabilen, transparenten und zuverlässigen Beziehungen sowohl im Interesse der Kinder und Jugendlichen, als auch im Interesse der PädagogInnen gegeben. Folgende Aspekte sollten also unbedingt präsent sein:

- Ich habe Respekt vor deiner Arbeitsleistung
- Störende Verhaltensweisen (Abwehr, Ignoranz, Rückzug, unverständliche pädagogische Entscheidungen etc.) sind Ausdruck von erlebter Unsicherheit und dienen dem Erhalt von Sicherheit
- Ich bin mit meiner Stabilität und Sicherheit Teil des sicheren Ortes der MitarbeiterInnen
- Jeder hat jederzeit ein Recht auf Klarheit, Transparenz heißt v. a. D. auch den guten Grund des eigenen Handelns zu kennen und zu erklären[922]

PädagogInnen haben ein Recht auf konzeptionelle Sicherheiten, sodass die Entwicklung von Handlungssicherheit der MitarbeiterInnen auch die Diskussion über den Umgang mit chronisch traumatisierten Mädchen und Jungen in Erziehungshilfen beinhaltet.[923] Hier ist es die Aufgabe der Einrichtungsleiter, entsprechende Rahmenbedingungen zu fördern und zu fordern um den traumatisierten Kindern und Jugendlichen eine bestmögliche Hilfe garantieren zu können: Förderliche Rahmenbedingungen sind:

- Unterstützung der Teamprozesse und der Förderung eines Arbeitsklimas, das Selbstkontrolle und Verantwortlichkeit der Fachkräfte beinhaltet
- Überprüfung der Einstellungspraxis
- Die fortlaufende Qualifizierung durch Fortbildung und kontinuierliche Supervision
- Aktivitäten zur Unterstützung der Berufs- und Laufbahnplanung
- Handlungssicherheit durch Richtlinien in der Hilfe bei sexueller Gewalt
- Bereitstellung eines organisatorischen Rahmens z. B. eines Qualitätszirkels für die Konzeptualisierung und Überprüfung der Hilfe für traumatisierte Mädchen und Jungen
- Die Unterstützung in Krisen und der Schutz vor Überlastung
- Sicherstellung von Kooperationsstrukturen und Netzwerkarbeit

---

[921] Vgl. ebd., S. 240ff.
[922] Vgl. ebd., S. 242.
[923] „Die Anbindung an die lokale Jugendhilfestruktur wird aufgrund knapper Ressourcen immer dringlicher, weswegen der Verbesserung der Kooperationsstrukturen und der interdisziplinären Zusammenarbeit ein hoher Stellenwert zuzuerkennen ist. Dem muss gerade in Kinderschutzbelangen durch die Bereitstellung zeitlicher Ressourcen für Netzwerkarbeit Rechnung getragen werden" (ebd., S. 243).

- Die Entwicklung von geeigneten Strukturen und Gestaltung auf den individuellen Bedarf zugeschnittener, geeigneter Hilfeangebote[924]

Die schwierigen Bereiche wie Wahlmöglichkeiten und Kontinuität von Beziehungen, Kinderschutz und Partizipation sollten im Interesse der Kinder und Jugendlichen ein weiterer Mittelpunkt von Leitungsarbeit sein (vgl. Kapitel 4.4.2 und 4.4.4). Auch die Berücksichtigung von geschlechtsspezifischen Lebenswelten (vgl. Kapitel 4.4.5) im Gegensatz zur gesetzlichen Verpflichtung ist nach wie vor keine selbstverständliche Basis – auch dies muss Aufgabe von Leitungen werden.[925]

Die Haltung und der Umgang von Leitungspersonen und Fachdiensten mit den BetreuerInnen sind insgesamt durch zahlreiche Prinzipien geprägt, die auch die Haltung und den pädagogischen Umgang mit den Kindern und Jugendlichen auszeichnen sollen:

- *Transparenz und Einschätzbarkeit*: Dies bewirkt, dass die MitarbeiterInnen sich an ihrem Arbeitsplatz sicher fühlen können. Sie müssen Entscheidungen, Vorgaben, Ideen und Planungen nachvollziehen können und einschätzen können, wer was von ihnen erwartet und was sie wiederum von wem erwarten (können). Doch auch müssen sie wissen, welche Rahmenbedingungen es gibt und wo die Möglichkeiten und Grenzen liegen. Sie benötigen Begründungen und Erklärungen, die ihnen ein Nachvollziehen erst ermöglicht. Hierdurch sind sie im Stande, eine klare Position innerhalb ihrer Arbeit zu beziehen und den Kindern und Jugendlichen eine Orientierung zu bieten, die wiederum für deren Sicherheit maßgeblich ist.

- *Partizipation*: Die partizipative Gestaltung von Prozessen, Konzepten, Handlungsleitfäden, pädagogischen Prinzipien usw. erhöht ebenfalls die Transparenz und hierüber hinaus die Handlungsmöglichkeiten sowie die Selbstwirksamkeit der PädagogInnen. Auch prägt ein partizipativer Umgang die Haltung der MitarbeiterInnen und gibt Beispiele für den pädagogischen Umgang mit den Mädchen und Jungen, denn die Erfahrung von Partizipation ist notwendig, damit auch die Kinder und Jugendlichen ihre traumatischen, von Selbstunwirksamkeit geprägten Lebenserfahrungen korrigieren können (vgl. Punkt 4.4.4).

- *Individualisierung*: Individuelle Unterstützung, kreative Ideen und neue Wege sind für die Begegnung mit besonderen Belastungen wichtig. Die BetreuerInnen benötigen die Gewissheit, neue Wege gehen zu können, um auf entsprechende überraschende Situationen im pädagogischen Alltag kreativ und hilfreich zu reagieren und sich hierbei auch handlungsfähig zu fühlen. Doch auch auf Seiten der Leitung heißt

---

[924] Vgl. ebd.
[925] Vgl. ebd., S. 244.

das, auch mal von üblichen Wegen abzuweichen und ggf. sonst gültige Regeln aus-zusetzen. Wie bereits angesprochen, kann die Stabilisierung der MitarbeiterInnen zur besseren Stabilisierung der Kinder und Jugendlichen führen. Somit ist eine Reflexion von professionellen Handlungen, die ein besonderes Augenmerk auf Gründe und Nutzen einer Handlung legt, unabdingbar. Durch diese individuelle Reflexion wird betroffenen BetreuerInnen ihr eigenes Handeln verständlich – ähnlich dem Interagie-ren mit den traumatisierten Heranwachsenden (vgl. Punkt 4.4.4).

- *Wertschätzung der Individualität*: Individualität kann für das Team und den Team-prozess gewinnbringend sein, wenn hierdurch nämlich unterschiedliche Handlungs-ansätze als Ressourcen herausgearbeitet und erlebbar werden. Durch die individuelle Note eines jeden Einzelnen werden die Perspektiven und Handlungsressourcen des Teams erweitert. Für Fachdienste und Leitungen bedeutet dies, Nutzen und Qualitä-ten der individuellen persönlichen fachlichen Haltungen, Ansatzpunkte und Eigen-heiten der einzelnen MitarbeiterInnen gemeinsam mit ihnen herauszuarbeiten und in die Arbeit mit den Kindern zu integrieren.[926]

Gerade in Bezug auf die zuvor genannten potentiellen Belastungsfaktoren für die PädagogInnen, die mit traumatisierten Kindern und Jugendlichen arbeiten, ist zu sagen, dass der Arbeitgeber diese MitarbeiterInnen besonders schützen sollte. Daher empfiehlt es sich, dass der er vermehrt darauf achtet, ob seine MitarbeiterInnen unter psychischen Belastungen leiden, die durch ihre Arbeit ausgelöst sein könnten, z. B. indem Verände-rungen im Agieren der MitarbeiterInnen beobachtet werden, die als Hinweise auf Burnout zu interpretieren sein könnten.[927] Die Möglichkeiten von Leitungspersonen, die Stabilität der PädagogInnen im Alltag mit den Kindern und Jugendlichen zu fördern, entsprechen den vier Elementen, die auch traumapädagogische Konzepte auszeichnen und bereits in Bezug auf die Arbeit mit den Kindern und Jugendlichen selbst betrachtet wurden: Förderung der Sinnes- und Körperwahrnehmung, Förderung der Emotionsregu-lation, Resilienzförderung, Förderung der Selbstwirksamkeit.[928]

Damit man seine Umgebung und sein Umfeld einschätzen und einordnen kann, ist eine gute *Sinneswahrnehmung* vonnöten: Hiermit ist z. B. die Wirkung der Räume, die Gruppenatmosphäre, die Befindlichkeit der KollegIn, der Duft des Essens, die Ge-räuschkulisse beim Mittagessen etc. gemeint. Um eine ganzheitliche und ausgewogene

---

[926] Vgl. Lang, Birgit. Stabilisierung und (Selbst-)Fürsorge für pädagogische Fachkräfte als institutioneller Auftrag (S. 220-228), in: Bausum u. a. 2013, S. 222.
[927] Vgl. Fegert, Jörg M. u. a. Einleitung: Traumatisierte Kinder und Jugendliche in Deutschland. Aktuelle Situation, Problembereiche, Versorgung (S. 9-26), in: Fegert u. a. 2010, S. 25.
[928] Vgl. Lang 2013, S. 224.

Wahrnehmung zu fördern, muss die Förderung hiervon sowohl in den pädagogischen Alltag integriert sein, als auch durch regelmäßige Übungen (z. B. Imaginationsübungen, Spiele, Körperübungen, Yoga, etc.) gefördert werden. Für den Alltag eignen sich die schon für Kinder bewährten Möglichkeiten wie angenehme Düfte in den Räumlichkeiten, Duftöllampen im Büro, Klangkörper in der Gruppe und im ErzieherInnenzimmer, leckere Gewürz- und Kräuterauswahl beim Kochen, gemeinsames Musizieren etc. Übungen können im Rahmen der Teamsitzungen oder von Teamtagen und Klausurtagen angeboten werden. Insgesamt sollten die BetreuerInnen die Möglichkeit haben, ihren speziellen, auf sie ausgerichteten Bereich (z. B. Büro oder Nachtbereitschaftszimmer) zu einem für sie sicheren Wohlfühlort zu gestalten. Das hierdurch erhöhte eigene Sicherheitsgefühl bringt Entspannung sowie Rückzugs- und Auftankmöglichkeiten. Im gleichen Zug kann die Pädagogin/ der Pädagoge dann auch als Vorbild für die Kinder und Jugendlichen fungieren, wenn sie/ er nämlich die Wirkung eines solch gestalteten sicheren Wohlfühlortes erlebt und so ein Beispiel für die Wirklichkeit der Zimmer und deren Gestaltung für die Heranwachsenden gibt. Die *Emotionsregulation* ist einer der wichtigsten Ansatzpunkte in der pädagogischen Arbeit mit traumatisierten Kindern und Jugendlichen. Damit sie für diese ein einschätzbares Gegenüber sein können, müssen die BetreuerInnen ihre eigenen Emotionen erkennen, verstehen und einordnen können. Doch hierzu benötigen sie zuverlässige Unterstützung, damit sie lernen können, wie sie ihre aufkommenden Emotionen verstehen und zuordnen können und welche Möglichkeiten es gibt, Gefühle, denen man sich ausgeliefert fühlt, zu versorgen. Die Versorgung der Emotionen orientiert sich zuallererst an der Betreuerin/ dem Betreuer. Doch hier ist wieder Offenheit und Mut für neue Wege auf Seiten der Vorgesetzten oder Fachdienste gefordert: „So kann ein Judotraining zur Fortbildung werden oder das abendliche Telefonat mit Freund oder Freundin aus dem Nachtdienst eine dienstliche Absprache".[929] Andere Methoden zur Förderung der Emotionsregulation der MitarbeiterInnen sind Übungen, Spiele, Trainingseinheiten und erlebnispädagogische Einheiten zur Emotionswahrnehmung. Diese tragen zur Stabilisierung des Teams durch erlebte Sicherheit und Gemeinschaft bei. Viele dieser Spiele und Übungen lassen sich ebenso gut mit Kindern und Jugendlichen umsetzen.[930]

Wie dargestellt werden konnte, gibt es insgesamt zahlreiche Eigenschaften, die Menschen im Leben widerstandsfähiger machen (wie Intelligenz, Humor, der Glaube an das Gute, Mut, Loslassen können, Phantasie, Lösungsorientierung etc.) und es, sowohl Kindern und Jugendlichen als auch BetreuerInnen möglich machen, mit Belastungssituationen besser

---

[929] Ebd., S. 225.
[930] Vgl. ebd.

fertig zu werden. Zur *Resilienzförderung* eines Teams eignen sich erlebnispädagogische Einheiten, Spiele sowie Übungen. Eine ganz simple Veränderung hierfür kann es auch sein, wenn allgemein der Blick auf das Gute durch Rituale verstärkt wird, wie z. B., dass zu Beginn von Besprechungen oder Teamsitzungen zunächst schöne Erlebnisse in der Arbeit genannt werden. Dies erweitert den Blick, erheitert die Runde, bringt Leichtigkeit und vergrößert das Handlungsspektrum, zudem können hierdurch die Fantasie und der Mut gestärkt und hilfreiche neue Wege gefunden werden. Da mitunter Humor als der bedeutsamste Resilienzfaktor für MitarbeiterInnen gilt, sollte auch dieser Einzug halten. Darüber lachen zu können, überrascht zu werden, erschrocken zu sein, etwas Ungeschicktes zu tun, einen Fehler zu begehen oder von einem Kind oder Jugendlichen ertappt zu werden, erleichtert die Transparenz gegenüber den Heranwachsenden aber auch den Teammitgliedern und anderen. Auch erhöht es die Bereitschaft zur eigenen Ehrlichkeit und Offenheit und lässt einen offener und gelassener im Umgang mit dem Verhalten der Mädchen und Jungen und der entsprechenden Bewertung werden.[931]

Auch testen traumatisierte Kinder und Jugendliche die *Selbstwirksamkeit* der Betreuungspersonen auf das Äußerste, auf der Suche nach jemandem, der sie (aus-)hält. Die Förderung der Selbstwirksamkeit der Betreuungsperon ist daher eine dringende Korrektur.[932] Gute Möglichkeiten zur Förderung der Selbstwirksamkeit eines Teams oder einzelner Mitarbeiter sind Selbstfürsorgelisten, Judotraining, Haltetechniken, Rollenspiele, Erlebnispädagogik, Notfallkoffer u. v. m.[933]

4.6) Strukturelle Anforderungen

> *„Die Wandlungsprozesse sozialer Zusammenhänge und die gesellschaftliche Komplexität erhöhen die Anforderungen an die Sozialpädagogik im Allgemeinen und in den Erziehungshilfen im Besonderen."*[934]

Rahmenbedingungen bestimmen in entscheidendem Ausmaß bspw. in Form von Aus- und Weiterbildung und institutionellen Standards oder Verfahren, ob die KollegInnen dazu im Stande sind, selbstreflektiert und mit dem nötigen Wissen ausgestattet, ihre

---

[931] Vgl. ebd.

[932] Von Seiten der begleitenden Fachdienste ist es natürlich unabdingbar, über traumapädagogische oder traumatherapeutische Kenntnisse zu verfügen, um entsprechende „Instrumente" anbieten bzw. einbringen zu können. Die eigene Wirksamkeit hat einen großen Einfluss auf die eigene Sicherheit. Hier sei nochmals festgehalten, dass ohne eine selbstwirksame Betreuerin/ einen selbstwirksamen Betreuer kein sicherer Ort für die Kinder und Jugendlichen glaubhaft umgesetzt werden kann (vgl. ebd., S. 226).

[933] Vgl. ebd., S. 225f. Für elf Anregungen, die unter dem Fürsorgeaspekt gegenüber Betreuungspersonen von Leitungspersonen und Fachdiensten zu beachten sind, um eine konsequente glaubhafte und stabilisierende Haltung zu unterstreichen vgl. *Abb. 27) Fürsorge gegenüber Betreuungspersonen* im Anhang, S. 278f.

[934] Weiß. Philipp sucht sein Ich. 2013, S. 233.

pädagogischen Möglichkeiten entsprechend nutzen zu können. Während die dargestellten protektiven Faktoren entweder vor Beeinträchtigungen schützen oder das Ausmaß der Beeinträchtigungen mildern können, so können die PädagogInnen auch (bereits vorab) durch kompensatorische Schutzfaktoren in Form von Veränderung der Rahmenbedingungen geschützt werden.[935]

4.6.1) Ausbildungsprofil

Wie bereits unter Kapitel 4.5.3) angedeutet, ist die Ausbildung von PsychotherapeutInnen sowie SozialarbeiterInnen derzeit als dahingehend unzureichend zu bewerten, dass traumaspezifische Inhalte einen vergleichbaren geringen Anteil einnehmen. Während der Berufsausbildung bzw. dem Studium sollten aber unbedingt grundlegende Qualifikationen wie Analyse- und Reflexionsfähigkeit, Sensibilisierung für Fremdheitssituationen sowie Techniken, die das Handeln erleichtern, entwickelt werden. Es lassen sich Defizite bzgl. sämtlicher Grundlagenkenntnisse, sowie des spezifischen Fachwissens über alle Kinderschutzbelange ausmachen. Aufgrund der dargestellten Notwendigkeit hiervon und dem beschriebenen Defizit ist es unabdingbar, dass die Ausbildungsgänge besser auf die Arbeit mit traumatisierten Kindern und Jugendlichen in den Erziehungshilfen vorbereiten. Voraussetzung ist die Bereitschaft der TheoretikerInnen, der Lehrenden an Fachschulen, Fachhochschulen und Universitäten, sich auf die Praxis einzulassen.[936]

4.6.2) Weiterbildung und Supervision

Die Berufsausbildung ist keineswegs mit dem Ende der Ausbildungszeit abgeschlossen; vielmehr tragen zum Erwerb von beruflicher Identität zusätzlich die Berufserfahrung, das Erleben gelingender und misslingender Handlungsprozesse sowie die Reflexion in Supervisionen und kollegiale Besprechungen bei. Durch die ständig anwachsenden und sich verändernden Kenntnisse sind die berufsbegleitende Fortbildung und Supervision zur Integration des Wissens in die Handlungskompetenz unabdingbar für die Sicherung von Professionalität. Bis jedoch die Ausbildungsgänge in ausreichendem Maß Grundwissen der Traumatheorie sowie die notwendigen Fachkenntnisse über Kinderschutzbelange integrieren, muss dieses Manko zusätzlich in der Fort- und Weiterbildung

---

[935] „Über das Wissen und die persönlichen Grundkompetenzen hinaus haben Menschen in Einrichtungen der Jugendhilfe Strukturen geschaffen bzw. Erfahrungen gesammelt, die darauf hinweisen, wie diese Arbeit unterstützt werden kann. Auf die Leitungen kommt hierbei eine zentrale Gestaltungsaufgabe zu. Die gesellschaftlichen Bedingungen und Werte sind der zentrale Rahmen, der Grenzen und Möglichkeiten der Hilfestellung für Kinder" mit traumatischem Hintergrund (ebd., S. 233).

[936] Vgl. Fegert u. a. Einleitung. 2010, S. 23; vgl. Weiß. Philipp sucht sein Ich. 2013, S. 233ff.

aufgehoben werden. Dies beinhaltet zudem die Vermittlung von methodischen Qualifikationen. Auch ist, aufgrund der ständigen Weiterentwicklung der Forschung, eine regelmäßige Beschäftigung mit den neusten Erkenntnissen unabdingbar. Langfristig bedarf es somit einer Reformierung der Curricula sowie der formalen Aus- und Weiterbildungszugänge. Den institutions- bzw. professionsübergreifenden Arbeitskreisen, Fortbildungsangeboten und Tagungen sollte man sich mit größter Aufmerksamkeit zuwenden.[937]

Die Fortbildungen können aber dennoch keine kontinuierliche Praxisbegleitung ersetzen, die unabdingbar ist, um die Professionalität im Umgang mit traumatisierten Kindern und Jugendlichen sicherstellen zu können. Doch auch hier ist zu beachten, dass die Supervidierung der Arbeit mit den Betroffenen ebenfalls Feld- und Grundkenntnisse erfordert um überhaupt z. B. eine stellvertretende Traumatisierung thematisieren zu können. Zudem ist zu fragen, ob die PädagogInnen die Möglichkeit haben und dazu in der Lage sind, tabuisierte Gegenübertragungsgefühle und Belastungen (stellvertretende Traumatisierung und Verwicklungen in das eigene Kinderschicksal) im Rahmen der Teamsupervision innerhalb der Institution zu thematisieren.[938]

4.6.3) Gesellschaft

„Traumaarbeit gelingt nicht, ohne die gesellschaftliche Dimension der Hilfe zu berücksichtigen."[939]

Bereits Kapitel 2 konnte ansatzweise deutlich machen, dass gesellschaftliche Veränderungen einen tiefgreifenden Einfluss auf die Situation von Kindern und Jugendlichen haben. Die Auflösung von herkömmlichen Strukturen wie die verwandtschaftlichen Bezüge, die Veränderung der Familie und die wachsende Gewalt gegen Kinder und Jugendliche in der Familie stellen Eckpunkte dar, in denen Kindheit und Jugend neu definiert werden muss.[940]

Auch konnte durch die aufgezeigte Bedürftigkeit und Hilflosigkeit dieser ungeschützten Kinder und Jugendlichen deutlich werden, dass diese umso mehr auf öffentliche Hilfe angewiesen sind. In diesem Kontext kommt der Heimerziehung eine weitaus größere

---

[937] Vgl. Weiß. Philipp sucht sein Ich. 2013, S. 235.
[938] Vgl. ebd., S. 236. „Sie haben einen Anspruch auf Schutz ihrer Intimität. Wenn auch in einigen Teams das Vertrauen so groß und die Bewertung der beruflichen Tätigkeit so weitreichend sind, dass persönliche Erlebnisse und/ oder tabuisierte Gegenübertragungsgefühle in der Teamsupervision thematisiert werden können, sollten ergänzend einrichtungsfremde Formen von Supervision für PädagogInnen in Erziehungshilfen – ähnlich der Balintgruppen für PädagogInnen an Schulen – angeboten werden" (ebd.).
[939] Vgl. Weiß. Wer macht Jana wieder ganz? 2013, S. 20.
[940] Vgl. Weiß. Philipp sucht sein Ich. 2013, S. 244.

Bedeutung zu, als dies bislang in der Öffentlichkeit wahrgenommen wurde. Unzweifelhaft ist, dass Kinder und Jugendliche, die Gewalt, Misshandlung oder Vernachlässigung ausgesetzt waren bzw. sind, wenn überhaupt, nur in stationären Einrichtungen der Jugendhilfe und fachlich gut unterstützen Pflegefamilien betreut und auch geschützt werden können. Noch viel zu selten wird diese Option als Schutzraum für die Betroffenen wahrgenommen und Heimerziehung stattdessen häufig im ordnungspolitischen Kontext (im Zusammenhang mit der Unterbringung von auffälligen Mädchen und Jungen in geschlossenen Einrichtungen) thematisiert. Auch ist die (teil-)stationäre Heimerziehung innerhalb der Jugendhilfe eher aus dem Blickfeld geraten und kommt in der fachöffentlichen Diskussion beinahe ausschließlich unter dem Aspekt von Kostenersparnis vor. Die Einsparungen auf dem sozialen Sektor führen jedoch dazu, dass oft alle möglichen Maßnahmen „probiert" werden, bevor Heimerziehung als Alternative überhaupt in Betracht genommen wird (vgl. Kapitel 4.3.1). Aber auch der zu beobachtende Personalnotstand und die dargestellte mangelnde Professionalisierung verweisen auf fehlende gesellschaftliche Wertschätzung und auf zu geringe Förderung dieses Arbeitsbereiches.[941] Unter all diesen gegebenen institutionellen und konzeptionellen Bedingungen kann den Bedürfnissen der chronisch traumatisierten Mädchen und Jungen zum Großteil nicht Rechnung getragen werden.[942]

Wir leben in einer Welt und in gesellschaftlichen Bezügen, die unsere sozialen Bedürfnisse ignorieren, sodass in der öffentlichen Diskussion selten deutlich wird, wie sehr Menschen belastet sind und die Kinder beschädigt wurden. Die Auswirkungen der belasteten Erfahrungen auf die Lebensbeziehungen werden nicht erfasst, das gesellschaftliche Mitgefühl verweigert (vgl. Kapitel 1). Dies wirkt sich auch auf die Hilfesysteme, die Kinder- und Jugendhilfe etc. aus.[943] Die Erziehungshilfen sind von gesellschaftlichen Normen abhängig und auch von ihren ideologischen sowie materiellen Bedingungen. Die Heimarbeit unterliegt den Auswirkungen der Einschränkung von Sozialausgaben und den restriktiven jugendpolitischen Tendenzen.[944]

Bei all diesen Einschränkungen darf die Gesellschaft aber nicht aus den Augen verlieren, wofür dies letztendlich nötig ist: Traumatisierte Kinder und Jugendliche sind darauf angewiesen, dass sie vor weiteren Traumatisierungen geschützt werden und die best-

---

[941] Vgl. ebd., S. 244f.
[942] Vgl. ebd., S. 245.
[943] „Wie können Einrichtungen der Jugendhilfe arbeiten, die in erster Linie mit Evaluationsbögen ihre Effizienz beweisen müssen? Wie können Programme (z. B. frühe Hilfen) Eltern bei der Entwicklung von Empathie unterstützen, wenn diese möglicherweise gleichzeitig vom Generalverdacht der Kindesmisshandlung ausgehen?" (Weiß. Wer macht Jana wieder ganz? 2013, S. 21).
[944] Vgl. Weiß. Philipp sucht sein Ich. 2013, S. 246.

mögliche Hilfe und Unterstützung zur Verarbeitung bzw. Korrektur ihrer Erlebnisse und beeinträchtigenden Auswirkungen bekommen. Eine selbstbewusste Standortbestimmung sowie Perspektivenentwicklung sind somit eine Grundlage für eine professionelle Unterstützung, auf die diese Mädchen und Jungen einen berechtigten Anspruch haben.[945]

Wilma Weiß gibt zusammenfassend einige Empfehlungen für diese gesellschaftlichen Fragen und Belange:

- Die Garantenpflicht des Staates erfordert die Berücksichtigung des Kinderschutzes im Rahmen der Diskussion um Sparmaßnahmen.
- Die bislang unaufgelöste Idealisierung der Familie sollte durch wissenschaftliche Erkenntnisse mehr Realitätsbezug erhalten
- Ungeklärte Normen im Spannungsfeld Kinderschutz/ Elternrecht, die weitgehende Rechtlosigkeit der Kinder und Jugendlichen bei gerichtlichen und verwaltungsrechtlichen Verfahren etc. bedürfen der Diskussion und der Überprüfung anhand vorhandener und noch zu erbringender Forschungsarbeiten
- Die Jugendhilfe muss sich mit den Ergebnissen der gesellschaftlichen Prozesse wie Arbeitslosigkeit, Auflösung der familiären Strukturen und der voranschreitenden Individualisierung auseinander setzen
- Da die Heimerziehung als Träger öffentlicher Erziehung einen im KJHG formulierten Auftrag hat und dieser im Rahmen des Umbaus Richtung Marktorientierung von der Heimerziehung zum Teil selbst eingeschränkt wird, ist es durchaus denkbar, weitaus offensiver mit den im KJHG formulierten Aufträgen und den Möglichkeiten der Erziehungshilfen umzugehen und „die zunehmende Diskussion um eine Qualitätssicherung in der Jugendliche ... vielleicht zuallererst im Bereich der Gefährdung des Kindeswohls"[946] zu führen[947]

Es ist an der Gesellschaft, die Bevölkerung über psychische Traumafolgen aufzuklären und sie hierfür zu sensibilisieren, was von hoher gesundheits- und sozialpolitischer Bedeutung wäre. Bislang ist leider noch ein sehr großes Dunkelfeld nicht erkannter Kindheitstraumata und falsch oder unterdiagnostizierter posttraumatischer Stressbelastungen festzumachen. Wie dargestellt, rückt erst in jüngster Zeit die Diskussion in den öffentlichen Massenmedien das Thema stärker in den Mittelpunkt, doch hier ist noch einiges zu leisten. So müssen z. B. engagierte Forscher an Universitäten sich intensiver mit Fragestellungen zu Folgen von Vernachlässigung, Kindesmisshandlung oder Traumatisierung wissenschaftlich auseinandersetzen und somit eine wesentliche Innovation in der Lehre möglich machen.[948] Auch müsste weiterhin eine Offenheit für die Methoden in der Grundlagenforschung vorherrschen um weiteres Verständnis von Traumawirkungen zu erhalten: „Zelluläre Mechanismen von traumabedingten Verände-

---

[945] Vgl. ebd.
[946] Fegert, Jörg M. u. a. Umgang mit sexuellem Missbrauch. Institutionelle und individuelle Reaktionen. Forschungsbericht. Münster 2001, S. 20.
[947] Vgl. ebd., S. 244ff.
[948] „Um entsprechende Veränderungen der Praxis zu erreichen, kann nicht allein auf Modellprojekte in der Praxis gesetzt werden, sondern akademische Lehre und Forschung in diesem Bereich müssen durch gezielte Förderung verändert werden. Dies kann mit den bekannten Instrumenten des Bundes geschehen, welche hier eine wichtige Signalfunktion haben" (Fegert, Jörg M. u. a. Schlussfolgerungen (S. 301-314), in: Fegert/ Ziegenhain/ Goldbeck 2010, S. 310).

rungen, Fragen der Neuroprotektion, welche auch in biologischen Modellen erforscht werden müsste, beschreiten wichtige Zukunftsbereiche in der biomedizinischen Grundlagenforschung."[949] Auch die bereits gewonnen und gewinnbringenden psychologischen Forschungen zu Gedächtnis und Traumaverarbeitung hat sich in den letzten Jahren erheblich weiterentwickelt und bedarf neuer Impulse aus der Wissenschaft auch in Deutschland, die dann auch in der forensischen Applikation dieses Grundlagenwissens Fortschritte möglich machen.[950] Neben der Identifikation von bestimmten Risikogruppen sollte sich die Forschung jedoch auch zunehmend darauf beziehen, für diese Gruppen spezifische Präventions- und Interventionsmaßnahmen zu entwickeln und zu evaluieren.[951] Ein Zuschnitt der Behandlungsprogramme und Versorgungsangebote auf die speziellen Bedürfnisse der genannten Risikogruppen und eine stärkere interdisziplinäre Ausrichtung der psychotraumatologischen Versorgung könnte ihre Wirksamkeit entscheidend verbessern. Doch auch sollten z. B. Studien, die die Belastungen der MitarbeiterInnen beim Umgang mit traumatisierten Kindern und Jugendlichen erfassen, durchgeführt werden. Hierauf aufbauend sollten Präventions- und Interventionsangebote auch bei Mitarbeiter-Burnout speziell im Hinblick auf die Arbeit mit traumatisierten Kindern und Jugendlichen entwickelt und evaluiert werden. Somit kann langfristig womöglich eine „Eskalation der Hilfen" und eine Personalfluktuation und somit auch das Retraumatisierungsrisiko bei den betroffenen Kindern und Jugendlichen durch weitere Beziehungsabbrüche und Bezugspersonenwechsel minimiert werden.[952]

Ein weiterer Aspekt, der einer Reformierung innerhalb der Gesellschaft bedarf, ist die Tatsache, dass das Schulsystem und Kindertagesstätten als wichtige Instanzen zur Vermittlung von Lebenschancen unzureichend auf die Bedürfnisse von seelisch belasteten Kindern vorbereitet sind. Zwar sind durch Veröffentlichungen, Fortbildungen und Qualitätsentwicklungsprozesse durchaus Fachwissen und Handlungsfähigkeit in der

---

[949] Ebd., S. 311.
[950] „Beispielsweise sind psychophysiologische Mechanismen der Stressverarbeitung im Kindes- und Jugendalter unter Einbeziehung von biologischen Markern wie Herzfrequenz, Hauleitwiderstand, Startle-Reflex oder Cortisol noch nicht hinreichend erforscht, eröffnen jedoch klinische Anwendungsmöglichkeiten, die künftig zu einer Optimierung der Erkennung behandlungsbedürftiger Kinder und Jugendlicher und der Behandlung selbst beitragen können" (ebd., S. 311). „Dies geschieht durch Reviews, Metaanalysen, durch wissenschaftlich begleitete Implementierung internationaler evidenzbasierter Methoden in Diagnostik und Therapie, und durch die fachliche Einigung auf gemeinsam akzeptierte Standards)." Auch wäre der Aufbau einer Forschungsdatenbank zur Misshandlungsepidemiologie entsprechend internationalen Vorbildern und einer Datenbasis mit einer themenspezifischen Risikokartographie wünschenswert (ebd.).
[951] „Beispielsweise sind moderne, inzwischen international anerkannte evidenzbasierte, hoch wirksame psychotherapeutische Behandlungsprogramme für traumatisierte Kinder und Jugendliche wie die traumafokussierte kognitive Verhaltenstherapie in Deutschland praktisch kaum verfügbar, ihre kontrollierte Implementierung könnte jedoch innerhalb des bestehenden deutschen Systems zu einer mittelfristig deutlichen Verbesserung der psychotherapeutischen Versorgung von minderjährigen Opfern beitragen" (ebd., S. 312).
[952] Vgl. ebd.

Jugendhilfe im Umgang mit traumatisierten Kindern, speziell von sexuell traumatisierten, gestiegen. Doch solange die institutionelle Antwort auf dieses Wissen ausbleibt, wenn es in den Einrichtungen keine Konzepte gibt, die Handlungssicherheit vermitteln, so bleibt es den einzelnen PädagogInnen überlassen, wie sie bspw. die Erfahrungen von körperlicher und sexueller Gewalt, das Thema häusliche Gewalt und die Trennungserfahrungen der Mädchen und Jungen in Hilfeplanung und Pädagogik etc. umsetzen.[953]

Auch müssten diese Kinder und Jugendlichen reale Bildungschancen erhalten und ihre Chancen auf soziale Teilhabe nicht bereits dadurch eingeschränkt werden, dass sie Haupt- oder Förderschulen besuchen müssen.[954]

Insgesamt liegen, aufgrund der noch jungen Disziplin, auch noch keine empirischen Untersuchungen zur Wirksamkeit von Traumapädagogik vor. Dies könnte eine lohnenswerte Aufgabe von zukünftigen Master- und Promotionsarbeiten sein.[955]

---

[953] Vgl. Weiß. Philipp sucht sein Ich. 2013, S. 220.
[954] Vgl. ebd., S. 138.
[955] Vgl. Biberacher 2013, S. 291.

5) Schluss

Wurde den Lebensphasen Kindheit und Jugend lange Zeit keinerlei bzw. kaum Bedeutung zugeschrieben und sie als defizitär angesehen, so schätzt man mittlerweile jeden einzelnen Lebensabschnitt. Glaubte man früher, dass Kinder kleine Erwachsene sind, so weiß man heute, dass Kinder von Anfang an, bereits vor der eigentlichen Geburt, präsent sind, ihre Umwelt wahrnehmen, lernen und mit all ihren Sinnen arbeiten, jedoch nach ihrer Geburt unzweifelhaft abhängig und auf Hilfe von außen angewiesen sind.

Die sich zunehmende Entwicklung der inneren Organe sowie des Gehirns, lassen sowohl Motorik, als auch Sinnesentwicklung sowie Gedächtnis reifen und schon intrauterin funktionieren. Auch weiß man mittlerweile, dass durch diese pränatale Reifung bereits eine Bindung an die engsten Bezugspersonen geschieht und der Fetus Empfindungen, Einstellungen etc. von Seiten der Mutter wahrnehmen kann, weswegen auch schon in dieser Phase eine hohe Vulnerabilität für schädigende Einflüsse vorliegt. Auch die angeborene Ausstattung mit grundlegenden affektiven Mustern sowie erstes Kommunikations- und soziale Interaktionsmuster, lassen erkennen, dass die Bindung und die Auseinandersetzung mit der Umwelt in der Neugeborenenzeit weiter voranschreiten. In der frühen Kindheit ist das Kind dann damit beschäftigt, ein emotionales Urvertrauen zu seiner Bindungsperson aufzubauen und zu dieser eine sichere, unsichere, desorganisierte, oder unsicher-ambivalente Bindung aufzubauen und in Abhängigkeit hiervon seine Umwelt zu erkunden und zu lernen, zunehmend unabhängiger zu werden und sich selbst zu regulieren; was wiederum durch wachsende sensorische und körperlich-motorische Fertigkeiten ausgebaut und ermöglicht wird. Je mehr auch die Sprachentwicklung voranschreitet, ist es möglich, in Wechselwirkung mit der Umwelt, die eigene Kommunikationsfähigkeit sowie soziales Bindungsverhalten auszubauen, was wiederum die Handlungsaktivität vergrößert. Das aktive Kind hat nun motorisch immer mehr den Drang, sich Dingen zu bemächtigen und besitzt ein Autonomiestreben. Nicht zuletzt hängen diese Veränderungen auch mit der voranschreitenden Gehirnentwicklung und der Myelinisierung der Nervenfasern zusammen, die auch die intellektuellen und kognitiven Fähigkeiten steigern lassen und es somit auch immer mehr zum Nachdenken über sich selbst und irgendwann über andere und deren Intentionen kommt. Auch das einsetzende Bewusstsein über das eigene Selbst in der frühen Kindheit führt dazu, dass Beziehungen zu anderen besser aufgenommen und vertieft werden können. Die Fähigkeit, sich auf andere einzustellen und mit ihnen zu kooperieren, führt immer mehr zu gemeinsamen Spielsituationen und dem Schließen von Freundschaften. Auch wächst die Moral immer weiter an, die in den dann folgenden Schuljahren immer ausgeprägter wird und Gewissen und Wertprioritäten, bedingt durch kognitive Konzepte und Denkschemata, ausgebaut werden. Immer mehr ist das Kind nun auch mit der Auseinandersetzung von Geschlechtsrollen beschäftigt, was durch die Gesellschaft und den Schuleintritt noch gesteigert wird. Hier lernt das Kind auch Beziehungen zu Gleichaltrigen und Freundschaften zu stärken und grundlegende Fertigkeiten im Lesen, Schreiben und Rechnen zu entwickeln. Auch steigen Selbststeuerung und Selbstverständnis des Kindes an. In dieser Phase entwickeln sich Sprache und die Kommunikationsfähigkeit stetig weiter und die verbesserte Fähigkeit zur Perspektivenübernahme ermöglicht es dem Kind, die Vorstellungen und Bedürfnisse der anderen genügend mit einzubeziehen. Der Jugendliche geht dann noch vermehrt Beziehungen zu Gleichaltrigen ein, womit automatisch eine zunehmende Ablösung vom Elternhaus einhergeht. Die Geschlechtsreife wird, rein körperlich, bewältigt, ebenso wie die damit einhergehende Entwicklung der psychischen und sozialen Identität, sowie des Aufbaus und der Entwicklung von Zukunftsperspektiven, einem stabilen Selbstbild und einer Ich-Identität. In dieser Zeit beginnen die Heranwachsenden, systematisch über sich selbst nachzudenken und finden Eigenschaften bei sich, die sie wertschätzen oder auch ablehnen. Das Selbstwertgefühl hat somit entscheidenden Einfluss auf die Persönlichkeit.

Deutlich werden konnte bei der Betrachtung der Entwicklung in Kindheit und Jugend, dass jenseits der einzelnen Entwicklungsstränge (kognitiv, sozial etc.) die Beziehungen mit anderen Menschen das zentrale übergeordnete Thema der Entwicklung in der Kindheit darstellen. Die Beziehungserfahrungen, die Kinder mit ihren Bezugspersonen machen, stärken sie und vermitteln ihnen ein Grundgefühl von Akzeptanz und Wertschätzung, was nicht zuletzt in und durch die Qualität der Bindung sowie das Erziehungsverhalten manifestiert wird. Doch auch konnte das Kapitel zeigen, dass Kinder und Jugendliche vor vielen Entwicklungsaufgaben stehen, die für sie womöglich oft schwierig sind und vor große Herausforderungen stellt. Nicht zuletzt deshalb leuchtet ein, dass wenn Heranwachsende ein Trauma erfahren müssen bzw. z. B. Eltern haben, die aus diversen Gründen nicht in der Lage sind, die kindlichen Bedürfnisse wahrzunehmen und diese adäquat zu beantworten, sie in ihrer gesamten Entwicklung negativ beeinflusst und extrem gehemmt werden können. Gerade diese Bedeutung der Bindungsrepräsentationen und die anfängliche Abhängigkeit und das Ausgeliefertsein machen deutlich, welch gravierenden Einfluss es haben kann, wenn in den ersten Jahren ein traumatisches Erlebnis, v. a. D. durch die Bezugsperson, erfolgt. Doch obwohl bspw. ältere Kinder auf den ersten Blick vermeintlich mehr Möglichkeiten haben, mit einem traumatischen Erlebnis umzugehen, da sie in dieser Lebensphase ihre Affekte besser verstehen und selbstständiger steuern können und sie durch ihre Phantasie und die Möglichkeit zu Reinszenierungen im Spiel die Möglichkeiten zur Bewältigung haben, kann diese Phase in sich bergen, dass falsche Erklärungen herangeführt werden, was mit zunehmender Entwicklung von Moral die Gefahr der Schuld und Scham in sich birgt. Jugendliche haben oft die größten Möglichkeiten, die Bearbeitung eines Traumas als eine zweite Chance zu nutzen, dadurch, dass sie sich ihr eigenes Wertesystem aufbauen, sozial verantwortliches Verhalten gewinnen und immer mehr wissen, wer sie sind etc. Die sich weitestgehend fertig entwickelten kognitiven Fertigkeiten, machen es dem Jugendlichen somit möglich, die eigene Rolle und Bedeutung einer traumatischen Situation realistisch einzuschätzen. Doch gerade das Bewusstheit und der Überblick über die Konsequenzen für die Jugendlichen bzgl. Vulnerabilität kann auch hier einen Nachteil darstellen.

Unzweifelhaft ist, dass traumatische Erlebnisse weitreichende Folgen für, insbesondere junge, Kinder und Jugendliche haben können, da sie in ihrer sich noch entwickelnden Persönlichkeit angegriffen werden, was auch neurobiologisch nachvollziehbar ist. So werden Reaktionen wie Flucht oder Kampf und wenn dies nicht möglich ist, Erstarrung und Dissoziation gezeigt. Auch Symptomatiken wie Übererregung, Wiedererleben und Vermeidung tauchen auf, aber auch viele andere Symptome und Reaktionsfolgen auf traumatische Situationen können die Kinder und Jugendlichen zeigen.

Insgesamt ist sowohl bei der Beschäftigung mit der Entwicklung, als auch bei der von Traumata an sich und deren Auswirkungen, als auch letztendlich beim Umgang mit den traumatisierten Kindern und Jugendlichen nicht zu vergessen, dass wir es mit Individuen, mit ihren ganz individuellen Charakteren, Persönlichkeiten, Temperamenten und auch Schutzfaktoren zu tun haben, weswegen weder von *dem* einen Entwicklungsschritt, noch von *dem* traumatischen Erlebnis oder *der* Folge von Traumata gesprochen werden kann. Der Mensch ist ein komplexes Wesen und dies sollte immer im Hinterkopf behalten werden.

Die umfangreiche Beschäftigung mit der „normalen" Entwicklung war deshalb so wichtig und gewinnbringend, um die Vulnerabilität bzgl. einiger Aspekte, die sich noch in der Entwicklung befinden (z. B. Gehirn), aufzuzeigen. Die Tatsache, dass das Trauma sich in die Gehirnstrukturen und Gedächtnisvorgänge des Kindes eingräbt und die Gehirnentwicklung ein komplexer Prozess ist, der sich pränatal bis weit in das Leben hineinzieht, ließ eine Beschäftigung hiermit nicht umgehen.

Doch auch, um nachvollziehen zu können, in welcher Entwicklungsphase sich ein betroffenes Kinde entwickelt, wie es sich ggf. „normal" entwickeln müsste, um so erkennen zu können, wie sich Traumata auf dieser Stufe auswirken (können), ließ das Wissen hierüber notwendig erscheinen. Dass sowohl die Möglichkeiten und die Art einer Traumatisierung, wie auch die Folgen und Bewältigungsstrategien von dem jeweiligen Entwicklungsstand des Kindes abhängen, konnte die Notwendigkeit dieser Beschäftigung noch mehr hervorheben.

Fraglich bleibt jedoch, warum zahlreiche Literatur zwar hervorhebt, dass Kenntnisse über die Entwicklungsschritte für eine effiziente Traumabegleitung notwendig sind, diese jedoch oft nur am Rande betrachtet wird oder im Stummen vorausgesetzt wird. Mir war es ein Anliegen, diese Aspekte in meiner Arbeit nicht zu kurz kommen zu lassen und eben diese Aspekte auch i. B. auf Traumata mit einzubeziehen, auch wenn es sich hierbei oft nur um Thesen oder etwaige Einschätzungen handeln konnte. Schade ist, dass die Bedeutsamkeit und der durchgängige Bezug zu den Entwicklungsphasen in Kapitel 3 zwar mit einfließen konnte, jedoch nicht in dem Umfang bearbeitet werden konnte, wie gewollt, da die Forschung hier noch in den Kinderschuhen steckt und weiterer Forschungsbedarf nötig ist – eine Konsequenz daraus, dass die aktuelle Traumaforschung eine recht junge Disziplin ist, die erst seit Mitte des 20. Jahrhunderts das Interesse der Wissenschaft weckt. Gerade in Bezug auf Kinder und Jugendliche steht die Traumaforschung gemessen an der Anzahl an Veröffentlichungen noch recht am Anfang. Glücklicherweise konnte jedoch sowohl die neurobiologische Erkenntnis, dass Gehirnstrukturen noch bis ins Alter umzustrukturieren sind und letztendlich der „Aufruf" vieler PädagogInnen, eine Disziplin zu entwickeln, die es möglich macht, die traumatisieren Kinder und Jugendlichen, die sich eben auch in jeglichem Umfeld und im Alltag „auffällig" verhalten, begleiten zu können. Die hieraus entstandene noch sehr junge Disziplin der Traumapädagogik kann zeigen, wie lange die Augen verschlossen wurden, was v. a. D. an der übersichtlichen Zahl an Literatur zum Thema Traumapäda-gogik deutlich wird, aber wie unbedingt notwendig dieser Schritt schon lange war – was auch der historische Exkurs zum Thema Trauma beweisen konnte.

Die neue Fachdisziplin der Traumapädagogik mit ihren Ansätzen und Methoden, bietet PädagogInnen eine Hilfestellung, Traumaarbeit in der alltäglichen Lebenswelt betroffe-ner Kinder und Jugendlichen umzusetzen. Die Einblicke in diesen Fachbereich konnte deutlich machen, wie wichtig es für die Kinder ist, ihnen eine kontinuierliche innere sichere Basis in einem äußeren Schutzraum zu bieten und ihnen eine neue sichere Bindung zu ermöglichen. Gemeinsam kann, mithilfe verschiedener Übungen, Spiele etc. ihr Selbst dahingehend aufgebaut und gestärkt werden, dass sie zu mehr Selbstverstehen, Selbstwahrnehmung, Körperschema und zu Selbstregulation gelangen können, aber auch sich mit sich selbst und ihrer Vergangenheit und ihrer Zukunft auseinandersetzen und diese reflektieren können. Doch leider steht die Etablierung der Traumapädagogik noch sehr am Anfang. In der Vergangenheit und leider immer noch allzu oft scheitern schwer traumatisierte Kinder und Jugendliche mit ihren schwierigen Verhaltensweisen im Hilfesystem an der Unwissenheit um ihre Problematik. Nach wie vor verweisen viele Einrichtungen, die unwissend und machtlos einer schwierigen Situation gegenüberstehen, auf die Psychotherapie oder Psychiatrie, brechen die Beziehungen zu den Kindern ab, die in der Folge von Einrichtung zu Einrichtung weitergereicht werden.

Doch das Unwissen auf Seiten der Professionellen, die erschreckend hohen Zahlen bzgl. der Inobhutnahmen sowie die große Komplexität des Themas Trauma lässt erkennen, dass eine spezifische Wissensvermittlung bzgl. relevanter Fakten und Kenntnisse der Traumapsychologie unbedingt vonnöten ist, damit eine adäquate pädagogische Begleitung und Betreuung der traumatisierten Kinder und Jugendlichen im Alltag gewährleistet werden kann. Die intensive Arbeit mit dieser Zielgruppe verlangt den Fachkräften viel Kraft und Engagement ab und führt sie auch immer wieder an ihre Grenzen. Doch eben hier müssen die PädagogInnen unterstützt werden, um eine Ausgrenzung der Betroffenen zu vermeiden, sie in ihrer Ganzheit wahrnehmen zu können, aber letztendlich auch, um selbst nicht handlungsunwirksam zu werden oder gar an den Belastungen zu zerbrechen. Ein Basiswissen der Psychotraumatologie aller PädagogInnen, ist somit unabdingbar. Ebenso wichtig ist das fachspezifische Wissen einer traumazentrierten Pädagogik, um diesen jungen Menschen ihre Selbstwirksamkeit und Selbstbemächtigung in ihrem eigenen Leben zu ermöglichen und ihnen zur Wiederherstellung von Lebensqualität zu verhelfen. Auch erachte ich es für relevant, PädagogInnen in den Bereichen der Sexualpädagogik und Elternarbeit zu schulen, da dies, wie gezeigt werden konnte, sehr sensible aber ebenso wichtige Thematiken sind. Um sich auch hier kompetent zu fühlen und einer weiteren Verletzung oder einem Beziehungsabbruch vorzubeugen, sollte entsprechendes Handlungswissen auch hierbei vermittelt werden.

Sowohl die PädagogInnen selbst müssen ihren Beitrag hierfür leisten und z. B. ihre eigene Kindheit und ihre Bindung, ihre Werte sowie Sexualität reflektieren, doch oft ist es an der Leitung oder gar Gesellschaft, entsprechende Rahmenbedingungen zu liefern. So müssen bereits frühzeitig die Ausbildungen ein Basiswissen über Entwicklung, Traumata und Traumafolgen liefern und somit die Psychotraumatologie Einzug hierin halten. Doch auch die Psychohygiene der MitarbeiterInnen muss von Seiten der Leitung dahingehend gesichert sein, dass sie in etwa denselben Bereichen, wie die Kinder selbst gestärkt werden – Selbstwirksamkeit, Selbstreflexion und letztendlich der gesamte Psychohygiene. Doch hierfür bedarf es auch zeitlicher Ressourcen und entsprechender Rahmenbedingungen wie Kooperationen, Supervisionen, Fort- und Weiterbildung sowie ausgefeilte Dienst- und Krisenplänen, die einen kompetenten Umgang mit traumabedingten Verhaltensweisen überhaupt erst möglich machen. Damit die PädagogInnen vor Burn-Out, Überlastung und Überforderung geschützt werden können, muss auch hier die Persönlichkeit des Menschen im Fokus der Aufmerksamkeit stehen.

Die PädagogInnen müssen durch einen (interdisziplinären) Diskurs darin angeleitet werden, Wissen um den Einfluss von Übertragungsmechanismen und sekundären Traumatisierungen und Selbstfürsorge zu erhalten. Doch auch Kenntnisse über die normale oder pathologische, traumabedingte Entwicklung und entsprechende Folgeerscheinungen sind nötig, um adäquat vorgehen zu können. Ein weiteres Defizit, das im Laufe der Bearbeitung dieser Thematik erkannt wurde, ist die Tatsache, dass zwar Ansätze zur Traumapädagogik geliefert werden, jedoch nur sehr spärlich Handlungsanleitungen, die sich in die Praxis umsetzen lassen. So mag womöglich der sehr theoretische Tipp, dass eine Bindung aufgebaut werden soll, nur bedingt helfen, wenn nur unzulänglich Möglichkeiten bekannt sind, wie man z. B. spielerisch eine Beziehung und Bindung zu einem desorganisiert gebundenen Kind aufbauen kann. Auch hier sollten Möglichkeiten geliefert werden – die vorliegende Arbeit hat hoffentlich einen Beitrag in dieser Richtung geleitstet.

In den letzten Jahren wurde erfreulicherweise schon ein positiver Schritt in diese Richtung gegangen, doch es ist noch ein viel weiterer Schritt. Es ist unbedingt notwendig, dass die Forschung in diesem Bereich intensiviert wird, sodass Ergebnisse festgehalten werden, die dazu beitragen, dass die Entwicklung von diesen Kindern und Jugendlichen wieder einen positiven Weg gehen kann. Sowohl die Behandlungs- und Betreuungskonzepte, als auch die Erarbeitung und Verankerung von Standards im Umgang mit diesen Kindern und Jugendlichen an verschiedenen Institutionen sind unbedingt notwendig. Auch das Gesundheitssystem, Kindergärten, Schulen und weitere

Einrichtungen der Kinder- und Jugendhilfe müssen zu einer höheren Sensibilität für Erscheinungen und Folgen von Traumata entwickeln.

Da traumatisierte Kinder und Jugendliche eben überall so agieren, müssen auch die jeweiligen Aus- und Fortbildung der in diesen Institutionen tätigen Berufsgruppen verstärkt Einblicke in die Entwicklungs- und Psychotraumatologie beinhalten (z. B. LehrerInnen). Weiterhin müssten vermehrt die Folgen von Traumatisierungen, auch im Hinblick auf die Entwicklung, wissenschaftlich stärker beachtet werden und somit eine wesentliche Innovation in der Lehre möglich machen. Auch die psychologische Forschung zu Gedächtnis und Traumaverarbeitung hat sich in den letzten Jahren erheblich weiterentwickelt und bedarf neuer Impulse aus der Wissenschaft auch in Deutschland.

Ein weiterer dringender Schritt ist in Richtung der Sensibilisierung der Gesellschaft und Bevölkerung zu gehen, da nach wie vor oft die sozialen Bedürfnisse vermeintlich ignoriert werden. Gerade in der heutigen G8- und Leistungsgesellschaft besteht die Gefahr, dass Kinder und Jugendliche auch immer früher und immer besser funktionieren müssen. Doch die Augen dürfen sich nicht verschließen, sondern müssen sich hingegen öffnen, um ihnen zu helfen und es bedarf v. a. D. Zeit und Geduld, dass sich diese Entwicklungsschritte und Selbstanteile, die ihnen womöglich schon sehr früh genommen wurden, langsam wieder aufbauen, Vertrauen gefasst und Beziehungen eingegangen werden können. Die Befürchtung ist groß, dass auch diese Kinder, wie einleitend betrachtet, auf eine doppelte Mauer stoßen, da sie selbst das Gefühl haben, funktionieren zu müssen, sich eben aber auch nicht als schwach und verletzt geben können, da an sie oft ein viel zu hoher Anspruch gestellt wird. Doch da in der heutigen Gesellschaft leider oft erst gehandelt wird, wenn „das Kind bereits in den Brunnen gefallen" ist, sollten auch vermehrt spezifische Präventions- und Interventionsmaßnahmen entwickelt und evaluiert werden – und das sowohl für die Opfer und Eltern, als auch für die PädagogInnen.

Es gilt noch viele offene Fragen zu klären und sich Gehör zu verschaffen. Denn letztendlich ist die Auseinandersetzung mit traumatisierten Kindern und Jugendlichen immer auch ein politisches Unterfangen. Vermutlich bedarf es einer breiteren Wertschätzung und Unterstützung der pädagogischen Arbeit in den stationären Jugendhilfen durch die gesamte Gesellschaft – „Durch die Verknüpfung von Integrität und Vertrauen in fürsorgliche Beziehungen wird nicht nur der Kreis der Generationen geschlossen, sondern es wird auch das Bewusstsein wiederhergestellt, Teil einer menschlichen Gemeinschaft zu sein, dass durch das Trauma zerstört wurde."[956]

Mir selbst hat die Beschäftigung mit dieser Thematik sehr weitergeholfen, da der Einblick in die „normale" sowie „pathologische" Entwicklung gewinnbringend ist und auch die Einblicke in die Traumapädagogik wichtige, praktische Möglichkeiten liefert. Das Gefühl, nicht mehr allzu ohnmächtig zu sein und im Hinterkopf zu haben, dass es durchaus Handlungsmöglichkeiten gibt, erleichtert den Umgang mit diesen Kindern.

So könnte ich jetzt mit einer Situation, wie sie Marius (vgl. Kapitel 1) gezeigt hat, dahingehend viel eher umgehen, weil ich wüsste, dass er mit seinen vier Jahren noch in einer sehr wichtigen Bindungsphase ist und gerade in dem Alter, wo er eine sichere Bindung aufbauen muss, den Bezug zu seiner Mutter verloren hat und hin- und hergeschoben wurde. Für ihn wäre es wichtig, da er Symptome wie Schuld und schlechten Selbstwert zeigte, mit ihm gemeinsam an einem Aufbau einer Beziehung zu arbeiten und mit Übungen seine Emotionen zu reflektieren. Unabdingbar, auch das konnte die Arbeit aufzeigen, ist die durchgängige Reflexion hierüber im Team, das „Zusammenhalten" und offene Ansprechen von eigenen Gefühlen. Gewinnbringend war auch, dass ich nun besser einschätzen kann, wie wichtig es ist, die Kinder selbst über ihre Gefühle und den Vorgängen in ihrem Körper und Kopf aufzuklären und sie an dem eigenen Wissen um die Auswirkungen von Traumata teilhaben zu lassen. Schön ist es, hier die Kenntnis zu haben, dass es entsprechende Übungen und Anleitungen gibt, die bei so einer doch sehr sensiblen Thematik weiterhelfen können.

An dieser Stelle möchte ich mich auch noch dafür aussprechen, dass ich es für wichtig halte, dass diese Kinder und Jugendlichen, die meist unverschuldet schwer traumatisiert wurden und ohnehin „ihr Päckchen zu tragen haben", nicht als defizitär und pathologisch betrachtet werden sollten, da sie hierdurch automatisch als „Opfer" und „anders" etikettiert werden. Doch genau aus dieser Rolle sollen sie hinausgeraten, sodass ein wertschätzender und respektvoller Umgang mit ihnen unabdingbar ist. Durchaus ist nachvollziehbar, dass diese Kinder sich nicht so normal entwickeln konnten, wie Kinder, die womöglich kein Trauma erfahren mussten, dennoch sehe ich die Einschätzung als unbedingt notwendig an, dass dies völlig normale und nachvollziehbare und für den eigenen Schutz aufgezeigte Verhaltensweisen sind. Ich halte es dafür für sehr gewinnbringend, auch dies den Kindern und Jugendlichen zu vermitteln und so etwas

---

[956] Herman, Judith Lewis. Die Narben der Gewalt: traumatische Erfahrungen verstehen und überwinden. München 1994, S. 213.

wie Anerkennung hierfür zu zeigen und deutlich zu machen, dass sie stolz darauf sein können, dass sie ihr bisheriges schweres Leben den Umständen entsprechend gemeistert haben. Auch könnte man womöglich noch einen Schritt weitergehen und darauf hinweisen, dass sie Stärken entwickelt haben und an den Geschehnissen gereift und nun gestärkt das Leben bestreiten können. Zwar stellt eine Traumatisierung unweigerlich zunächst eine Zerstörung der Identität eines Kindes oder Jugendlichen dar, womöglich kann ihr Leben aber auch dadurch bereichert werden, indem sie Fähigkeiten, Fertigkeiten und Widerstandskräfte entwickeln, die ein anderer Mensch ohne ein solches Ereignis wahrscheinlich nie haben wird.

Letztendlich ist es wichtig, dass sinnbildlich – hier möchte ich auf die Graphik und das Gedicht auf der nächsten Seite verweisen – jedes Kind als eine kleine Pflanze gesehen wird: Jede dieser Pflanze hat unterschiedlich viele Blätter, ist unterschiedlich groß und variiert in der Farbe. Jede dieser Pflanzen wirkt (*nach einer Traumatisierung*) zu Beginn womöglich etwas vertrocknet, lässt die Blüte hängen und hat die Blätter abgeworfen. Doch betrachtet man die Wurzeln, erkennt man, dass diese noch frisch aussehen und die Blume wieder gesund werden kann. Ein bisschen frische Erde, das Gefäß aus den eigenen schützenden Händen geformt und gegen das Licht gestreckt, erholt sich die Pflanze bald wieder, wirft neue Triebe, ergrünt wieder und streckt eines Tages den Kopf wieder in die Höhe gen Himmel, der Sonne entgegen.

„Keine Katze mit sieben Leben,
keine Eidechse und kein Seestern,
denen das verlorene Glied nachwächst,
kein zerschnittener Wurm
ist so zäh wie der Mensch,
den man in die Sonne
von Liebe und Hoffnung legt.
Mit den Brandmalen auf seinem Körper
und den Narben der Wunden
verblasst ihm die Angst.
Sein entlaubter Freudenbaum
treibt neue Knospen,
selbst die Rinde des Vertrauens
wächst langsam nach."958

---

957 © RFsole - Fotolia.com
958 Aus dem Gedicht „Wen es trifft" von Hilde Domin, in: Beckrath-Wilking, Ulrike. Einleitung (S. 19-24), in: Beckrath-Wilking/ Biberacher/ Dittmar/ Wolf-Schmid 2013, S. 19.

6) Literaturverzeichnis

Abt, Volkmar. Elternarbeit – Ein Aspekt unseres Selbstverständnisses (S. 11-15), in: Katholisches Kinderheims Augsburg-Hochzoll (Hrsg.). Jahresbericht 1994.

Ainsworth, Mary D./ Blehar, Mary C./ Waters, Everett/ Wall, Sally. Patterns of Attachment. A psychological study of the strange situation. Erlbaum: Hillsdale, NJ 1978.

Allen, Joseph P./ Land, Deborah. Attachment in Adolescence (pp. 319-335), in: Cassidy, Jude/ Shaver, Phillip R. (eds.). Handbook of attachment theory and research and clinical applications. Guilford: New York 1999.

Allroggen Marc/ Spröber Nina/ Rau Thea/ Fegert Jörg M. (Hrsg.). Sexuelle Gewalt unter Kindern und Jugendlichen. Ursachen und Folgen. Eine Expertise der Klinik für Kinder- und Jugendpsychiatrie/Psychotherapie. Universitätsklinikum Ulm [2]2011.

Andresh, Jasmin. Was Kinder mit seelisch kranken Eltern erleiden (18.09.2011), in: Welt.de. URL: http://www.welt.de/gesundheit/article13608440/Was-Kinder-mit-seelisch-kranken-Eltern-erleiden.html (Stand: 16.07.2013).

Angele, Claudia. Kompetenzen zur Alltagsbewältigung im privaten Haushalt. Ein Desiderat lebensnaher Allgemeinbildung. Waxmann: Münster 2008.

Assmann, Aleida. Der lange Schatten der Vergangenheit. Erinnerungskultur und Geschichtspolitik. C. H. Beck: München 2006.

BAG Traumapädagogik. Standards für traumapädagogische Konzepte in der stationären Kinder- und Jugendhilfe. Positionspapier. 2011.

Baier, Dirk. Entwicklung der Jugenddelinquenz und ausgewählter Bedingungsfaktoren seit 1998 in den Städten Hannover, München, Stuttgart und Schwäbisch Gmünd 2008. KFN- Forschungsbericht Nr. 104. Hannover 2008.

Baierl, Martin. Herausforderung Alltag. Praxishandbuch für die pädagogische Arbeit mit psychisch gestörten Jugendlichen. Vandenhoeck & Ruprecht: Göttingen [2]2010.

Bange, Dirk. Sexueller Missbrauch an Jungen: Die Mauer des Schweigens. Hogrefe: Göttingen 2007.

Barche, Sabrina. Frühkindliche Traumatisierungen: Auswirkungen sowie Präventions- und Interventionsangebote aus Sicht der Bindungstheorie. Diplomica Verlag: Hamburg 2013.

Bauer, Karl-Oswald. Pädagogische Basiskompetenzen. Theorie und Training. Juventa: Weinheim/ München 2005.

Bausum, Jacob/ Besser, Lutz Ulrich/ Kühn, Martin/ Weiß, Wilma (Hrsg.). Traumapädagogik. Grundlagen, Arbeitsfelder und Methoden für die pädagogische Praxis. Beltz Juventa: Weinheim/ Basel ³2013.

Bayerischer Jugendring (Hrsg.). Prävention vor sexueller Gewalt in der Kinder- und Jugendarbeit. München 2006.

Becker, Heidrun. Pränatale Entwicklung und erstes Lebensjahr (S. 10-18), in: Becker, Heidrun/ Steding-Albrecht, Ute (Hrsg.). Ergotherapie im Arbeitsfeld Pädiatrie. Thieme: Stuttgart 2006.

Beckrath-Wilking, Ulrike. Einleitung (S. 19-24), in: Beckrath-Wilking, Ulrike/ Biberacher, Marlene/ Dittmar, Volker/ Wolf-Schmid, Regina (Hrsg.). Traumafachberatung, Traumatherapie & Traumapädagogik. Ein Handbuch für Psychotraumatologie im beratenden, therapeutischen & pädagogischen Kontext. Junfermann Verlag: Paderborn 2013.

Behrends, Jan C./ Bischofberger, Josef/ Deutzmann, Rainer/ Ehmke, Heimo/ Frings, Stephan/ Grissmer, Stephan/ Hoth, Markus/ Kurtz, Armin/ Leipziger, Jens/ Müller, Frank/ Pedain, Claudia/ Rettig, Jens/ Wagner/ Charlotte/ Wischmeyer, Erhard (Hrsg.). Physiologie. Thieme: Stuttgart 2010.

Beise, Uwe/ Heimes, Silke/ Schwarz, Werner. Gesundheits- und Krankheitslehre. Das Lehrbuch für die Pflegeausbildung. Springer Medizin: Heidelberg ²2009.

Bender, Doris/ Lösel, Friedrich. Risiko- und Schutzfaktoren in der Ätiologie und Bewältigung von Misshandlung und Vernachlässigung (S. 493-501), in: Bange, Dirk/ Körner, Wilhelm (Hrsg.). Handwörterbuch Sexueller Missbrauch. Hogrefe: Göttingen 2002.

Benz, Marisa/ Scholtes, Kerstin. Von der normalen Entwicklungskrise zur Regulationsstörung (S. 159-170), in: Cierpka, Manfred (Hrsg.). Frühe Kindheit 0-3 Jahre. Springer: Berlin/ Heidelberg 2012.

Berk, Laura E. Entwicklungspsychologie. Pearson Studium: München ⁵2011.

Biberacher, Marlene. Traumapädagogik (S. 283-308), in: Beckrath-Wilking, Ulrike/ Biberacher, Marlene/ Dittmar, Volker/ Wolf-Schmid, Regina (Hrsg.). Traumafachberatung, Traumatherapie & Traumapädagogik. Ein Handbuch für Psychotraumatologie im beratenden, therapeutischen & pädagogischen Kontext. Junfermann Verlag: Paderborn 2013.

Bilgeri, Robert. Denn sie wissen nicht, was sie tun…Oder wissen sie es doch? (S. 149-186), in: Perner, Rotraud A. (Hrsg.). Missbrauch: Kirche – Täter – Opfer. LIT-Verlag: Wien 2010.

Bindt, Carola/ Huber, Adam/ Hecher, Kurt. Vorgeburtliche Entwicklung (S. 89-117), in: Herpertz-Dahlmann, Beate/ Resch, Franz/ Schulte-Markwort, Michael (Hrsg.). Entwicklungspsychiatrie: Biopsychologische Grundlagen und die Entwicklung psychischer Störungen: Schattauer: Stuttgart [2]2008.

Blanz, Bernhard/ Remschmidt, Helmut/ Schmidt, Martin H./ Warnke, Andreas. Psychische Störungen im Kindes- und Jugendalter. Ein entwicklungspsychopathologisches Lehrbuch. Schattauer: Stuttgart 2006.

Block, Britta. Kindheit im Wandel – Veränderte Bedingungen des Kindseins seit dem Ende des zweiten Weltkrieges (Vordiplomarbeit). Vechta 2006.

Böhme, Gerhard. Sprach-, Sprech-, Stimm- und Schluckstörungen. Band 1: Klinik. Urban & Fischer: München/ Jena [4]2003.

Bong, Jin Ban. Selbständerung und Selbstentwicklung im Rahmen von Pädagogik, Training und Beratung – Von der Wissenschaft zur Praxis (Dissertation). Köln 2011.

Bowlby, John. Elternbindung und Persönlichkeitsentwicklung. Therapeutische Ansätze der Bindungstheorie. Dexter: Heidelberg 1995.

Brisch Karl Heinz. „Schütze mich, damit ich mich finde". Bindungspädagogik und Neuerfahrungen nach Traumata (S. 150-166), in: Bausum, Jacob/ Besser, Lutz Ulrich/ Kühn, Martin/ Weiß, Wilma (Hrsg.). Traumapädagogik. Grundlagen, Arbeitsfelder und Methoden für die pädagogische Praxis. Beltz Juventa: Weinheim/ Basel [3]2013.

Brisch, Karl Heinz. Bindungsstörungen – Grundlagen, Diagnostik und Konsequenzen für sozialpädagogisches Handeln (S. 43-55), in: Blickpunkt Jugendhilfe, 3. 2006.

Brisch, Karl Heinz. Bindungsstörungen und Trauma. Grundlagen für eine gesunde Bindungsentwicklung (S. 105-135), in: Brisch, Karl Heinz/ Hellbrügge, Theodor (Hrsg.). Bindung und Trauma. Risiken und Schutzfaktoren für die Entwicklung von Kindern. Klett-Cotta: Stuttgart 2003.

Browne, Angela/ Finkelhor, David. Impact of childhood sexual abuse: A review of the research (pp. 66-77), in: Psychological Bulletin, 99(1). 1986.

Browne, Angela/ Finkelhor, David. The Traumatic Impact of Child Sexual Abuse: A Conzeptualization (pp. 530-541), in: American Journal of Orthopsychiatry, 55. 1985.

Bründel, Heidrun/ Hurrelmann, Klaus. Einführung in die Kindheitsforschung. Beltz: Weinheim/ Basel 1996.

Bundesärztekammer (Hrsg.). Zum Problem der Mißhandlung Minderjähriger aus ärztlicher Sicht (Diagnostik und Interventionsmöglichkeiten) – Konzept der Bundesärztekammer. Köln 1998.

Bürgin, Dieter. Adoleszenz und Trauma. Grundsätzliche und spezifische Aspekte der Behandlung von Jugendlichen mit traumatischen Erfahrungen (S. 128- 160), in: Streeck-Fischer, Annette (Hrsg.). Adoleszenz und Trauma. Vandenhoeck & Ruprecht: Göttingen [2]1999.

Bürgin, Dieter/ Rost, Barbara. Psychische und psychosomatische Erkrankungen bei Kindern und Jugendlichen (S. 247-266), in: Egle/ Hoffmann/ Joraschky (Hrsg.). Sexueller Missbrauch, Misshandlung, Vernachlässigung. Schattauer: Stuttgart [3]2005.

Butcher, James N./ Hooley, Jill M./ Mineka. Susan. Klinische Psychologie. Pearson Studium: München [13]2009.

Chess, Stella/ Thomas, Alexander. Origins and evolution of behavior disorders. From infancy to early adult life. Bruner/ Mazel: New York 1984.

Cleveland, Emily S./ Reese, Elaine. Maternal structure and autonomy support in conversations about the past: Contributions to children's auto-biographical memory (pp. 376-388), in: Development Psychology, 41. 2005.

Coelen, Thomas/ Otto, Hans-Uwe (Hrsg.). Grundbegriffe Ganztagsbildung. Das Handbuch. VS Verlag für Sozialwissenschaften: Wiesbaden 2008.

De Klerk, Adriaan. Kastrationsangst und die Beschneidung Neugeborener. Anmerkungen zu Franz Maciejewski: „Zu einer „dichteren Beschreibung" des kleinen Hans. Über das vergessene Trauma der Beschneidung" (S. 464-470), in: Psyche, Zeitschrift für Psychoanalyse und ihre Anwendungen, 58(5). Stuttgart 2004.

DeCasper, Anthony J./ Fifer, William P. Of human bonding: Newborns prefer their mother's voices (pp. 1174-1176), in: Science, New Series, 208. 1980.

DeCasper, Anthony J./ Spence, Melanie J. Prenatal maternal speech influencees newborns' perception of speech sounds (pp. 133-150), in: Infant Behaviour and Development, 9. 1986.

Deegener, Günther. Kindesmissbrauch – erkennen, helfen, vorbeugen. Beltz: Weinheim [4]2009.

Deitersen-Wieber. Sport und Persönlichkeit unter besonderer Berücksichtigung der arbeitsbezogenen Persönlichkeitsforschung. Lit-Verlag: Münster/ Hamburg/ London 2003.

Deutsch, Johann/ Schnekenburger, Franz Georg. Kinderchirurgie für Pflegeberufe. Thieme: Stuttgart 2009.

Deutscher Kinderschutzbund Landesverband Niedersachsen e. V./ Niedersächsisches Ministerium für Soziales, Frauen, Familie, Gesundheit und Integration (Hrsg.). Kindesvernachlässigung. Erkennen – Beurteilen - Handeln. Hannover 2011.

Die Zeit (Hrsg.). Niemand lebt im Augenblick (03.12.1998). URL: http://www.zeit.de/1998/50/199850.assmann_.xml (Stand: 16.05.2013).

Diepold, Barbara. „Diese Wut hört niemals auf". Zum Einfluß realer Traumatisierungen auf die Entwicklung von Kindern (S. 73-85), in: Analytische Kinder- und Jugendlichenpsychotherapie (AKJP), 27. 1997.

Dietz, Franziska. Psychologie. Band 2: Grundlagen, Krankheitsmodelle und Psychotherapie. MEDI-LEARN Verlag: Marburg 2006.

Drude, Carsten. Geistes- und Sozialwissenschaften. Elsevier Verlag: München 2008.

Duden. Das Fremdwörterbuch. Dudenverlag: Mannheim [9]2009.

Ebel, Alice. Traumatisierte Kinder erziehungsunfähiger Eltern. Ursachen und Folgen von Traumatisierung im Kindesalter und der Umgang damit in der Pflegefamilie. In: Arbeitsgemeinschaft für Sozialberatung und Psychotherapie (AGSP). 2004. URL: http://www.agsp.de/html/a43.html (Stand: 15.07.2013).

Eckstein, Sophia Dominique. Traumafolgen und Traumafolgestörungen bei Kindern und Jugendlichen nach psychischen Belastungsereignissen (Dissertation). Heidelberg 2013.

Eggers, Christian. Die somatische Entwicklung und ihre Varianten (S. 3-26), in: Fegert, Jörg M./ Eggers, Christian/ Resch, Franz (Hrsg.). Psychiatrie und Psychotherapie des Kindes- und Jugendalters. Springer: Berlin/ Heidelberg 2004.

Egle, Ulrich Tiber. Frühe Stresserfahrungen in der Kindheit haben gesundheitliche Folgen (S. 73-96), in: Stiftung zum Wohl des Pflegekindes (Hrsg.). Traumatische Erfahrungen in der Kindheit – langfristige Folgen und Chancen der Verarbeitung in der Pflegefamilie. Tagesdokumentation der 15. Jahrestagung. Schulz-Kirchner Verlag: Idstein [2]2005.

Egle, Ulrich Tiber/ Hoffmann, Sven Olaf/ Joraschky, Peter. Sexueller Missbrauch, Misshandlung, Vernachlässigung. Erkennung, Therapie und Prävention der Folgen früher Stresserfahrungen. Schattauer: Stuttgart [3]2005.

Egloff, Birte. Praxisreflexion (S. 211-219), in: Kade, Jochen/ Helsper, Werner/ Lüders, Christian/ Egloff, Birte/ Radtke, Frank-Olaf/ Thole, Werner (Hrsg.). Pädagogisches Wissen. Erziehungswissenschaft in Grundbegriffen. Kohlhammer: Stuttgart 2011.

Eidmann, Freda. Trauma im Kontext. Integrative Aufstellungsarbeit in der Traumatherapie. Vandenhoeck & Ruprecht: Göttingen 2009.

Eliot, Lise. Was geht da drinnen vor? Die Gehirnentwicklung in den ersten fünf Lebensjahren. Verlag Berlin: Berlin [4]2003.

Erichsen, John Eric. On railway and other injuries of the nervous system. Henry C. Lea: Philadelphia 1867.

Faix, Wilhelm. Bindung als anthropologisches Merkmal. Die Bedeutung der Eltern-Kind-Beziehung (S. 260-291), in: Hille, Rolf/ Klement, Herbert H. (Hrsg.). Ein Mensch – was ist das? Brockhaus Verlag: Wuppertal 2004.

Faller, Herrmann/ Lang, Hermann. Psychodynamische Modelle (S. 31-39), in: Faller, Hermann/ Lang, Hermann (Hrsg.). Medizinische Psychologie und Soziologie. Springer: Berlin/ Heidelberg [3]2010.

Famipoint (Hrsg.). Die emotionale und soziale Entwicklung in der frühen Kindheit. 2011. URL: http://www.famipoint.de/p.die_emotionale_und_soziale_ entwicklung_2_bis_6.html (Stand: 20.05.2013).

Fegert, Jörg M. Umfeldbezogene Maßnahmen (S. 81-88), in: Remschmidt, Helmut/ Mattejat, Fritz/ Warnke, Andreas (Hrsg.). Therapie psychischer Störungen bei Kindern und Jugendlichen. Ein integratives Lehrbuch für die Praxis. Thieme: Stuttgart 2008.

Fegert, Jörg M./ Berger, Christina/ Klopfer, Uta/ Lehmkuhl, Ulrike/ Lehmkuhl, Gerd. Umgang mit sexuellem Missbrauch. Institutionelle und individuelle Reaktionen. Forschungsbericht. Votum: Münster 2001.

Fegert, Jörg M./ Besier, Tanja/ Kölch, Michael/ Schmid, Marc. Kooperation zwischen Jugendhilfe sowie Kinder- und Jugendpsychiatrie (S. 1396-1418), in: Lehmkuhl, Gerd/ Poustka, Fritz/ Holtmann, Martin/ Steiner, Hans (Hrsg.). Lehrbuch der Kinder- und Jugendpsychiatrie. Grundlagen und Störungsbilder. Hogrefe: Göttingen 2013.

Fegert, Jörg M./ Diluweit, Ute/ Thurn, Leonore/ Kemper, Andrea/ Ziegenhain, Ute/ Goldbeck, Lutz. Schlussfolgerungen (S. 301-314), in: Fegert, Jörg M./ Ziegenhain, Ute/ Goldbeck, Lutz (Hrsg.). Traumatisierte Kinder und Jugendliche in Deutschland. Analysen und Empfehlungen zu Versorgung und Betreuung. Juventa: Weinheim/ München 2010.

Fegert, Jörg M./ Diluweit, Ute/ Thurn, Leonore/ Ziegenhain, Ute/ Goldbeck, Lutz. Einleitung: Traumatisierte Kinder und Jugendliche in Deutschland. Aktuelle Situation, Problembereiche, Versorgung (S. 9-26), in: Fegert, Jörg M./ Ziegenhain, Ute/ Goldbeck, Lutz (Hrsg.). Traumatisierte Kinder und Jugendliche in Deutschland. Analysen und Empfehlungen zu Versorgung und Betreuung. Juventa: Weinheim/ München 2010.

Fegert, Jörg M./ Eggers, Christian/ Resch, Franz. Psychiatrie und Psychotherapie des Kindes- und Jugendalters. Springer: Berlin/ Heidelberg [2]2012.

Fegert, Jörg M./ Spröber, Nina. Kindesmisshandlung und sexueller Missbrauch (S. 569-596), in: Fegert, Jörg M./ Eggers, Christian/ Resch, Franz (Hrsg.). Psychiatrie und Psychotherapie im Kindes- und Jugendalter Springer: Berlin/ Heidelberg [2]2012.

Fiedler, Peter. Dissoziative Störungen und Konversion: Trauma und Traumabehandlung. Beltz PVU: Weinheim/ Basel [3]2008.

Fischer, Gottfried/ Riedesser, Peter. Lehrbuch der Psychotraumatologie. UTB: Stuttgart [4]2009.

Flehmig, Inge. Normale Entwicklung des Säuglings und ihre Abweichungen. Früherkennung und Frühbehandlung. Thieme: Stuttgart [7]2007.

Fooken, Insa/ Zinnecker, Jürgen. Trauma und Resilienz. Chancen und Risiken lebensgeschichtlicher Bewältigung von belasteten Kindheiten. Juventa: Weinheim/ München [2]2009.

Fritsch, Gerlinde Ruth. Der Gefühls- und Bedürfnisnavigator. Gefühle und Bedürfnisse wahrnehmen. Junfermann: Paderborn 2010.

Fuchs, Thomas. Das Gehirn – ein Beziehungsorgan: Eine phänomenologisch-ökologische Konzeption. Kohlhammer: Stuttgart [2]2009.

Furst, Sidney S. Psychich trauma: A survey (pp. 3-50), in: Furst, Sidney S. (ed.). Psychic Trauma. Basic Books: New York 1967.

Gahleitner, Silke Birgitta. Biografiearbeit und Trauma (S. 142-152), in: Miethe, Ingrid (Hrsg.). Biografiearbeit – Lehr- und Handbuch für Studium und Praxis. Juventa: Weinheim/ München 2011.

Galm, Beate/ Herzig, Sabine. Kindesvernachlässigung und –misshandlung. Problembeschreibung und Hinweise zur Gefährdungseinschätzung (o. J.). URL: http://www.kindergartenpaedagogik.de/1732.html (Stand: 10.07.2013).

Gassen, Hans-Günther/ Minol, Sabine. Die Menschen Macher. Wiley-VCH Verlag: Weinheim 2006.

Gesundheits- und Kinderkrankenpflege: EXPRESS Pflegewissen (o. A.). Thieme: Stuttgart 2009.

Gloger-Tippelt, Gabriele. Eltern-Kind und Geschwisterbeziehung (S. 157-178), in: Ecarius, Jutta (Hrsg.). Handbuch Familie. VS Verlag: Wiesbaden 2007.

Goldbeck, Lutz. Diagnostik von Traumafolgestörungen bei Kindern und Jugendlichen. Internationale Perspektiven und Konsequenzen für die Praxis (S. 71-76), in: Fegert, Jörg M./ Ziegenhain, Ute/ Goldbeck, Lutz (Hrsg.). Traumatisierte Kinder und Jugendliche in Deutschland. Analyse und Empfehlungen zu Versorgung und Betreuung. Juventa: Weinheim/ München 2010.

Goldbeck, Lutz. Häusliche Gewalt. Psychische Folgen für Kinder (S. 131-142), in: Walper, Sabine/ Fichtner, Jörg/ Normann, Katrin (Hrsg.). Hochkonflikthaft Trennungsfamilien. Forschungsergebnisse, Praxiserfahrungen und Hilfen für Scheidungseltern und ihre Kinder. Juventa: Weinheim/ München 2011.

Grob, Alexander/ Jaschinski, Uta. Erwachsen werden: Entwicklungspsychologie des Jugendalters. Beltz: Weinheim/ Basel/ Berlin 2003.

Groen, Gunter. Der Verlauf depressiver Störungen im Jugendalter. Books on Demand: Norderstedt 2002.

Grossmann, Karin/ Grossmann, Klaus E. Bindungen – das Gefüge psychischer Sicherheit. Klett-Cotta: Stuttgart [5]2012.

Gudjons, Herbert. Pädagogisches Grundwissen. Klinkhardt: Bad Heilbrunn [10]2008.

Günther, Herbert. Sprache hören – Sprache verstehen. Sprachentwicklung und auditive Wahrnehmung. Beltz Verlag: Weinheim/ Basel 2008.

Haase, Claudia M./ Silbereisen, Rainer K. Effects of positive affect on risk perceptions in adolescence and younger adulthood (pp. 29-37), in: Journal of Adolescence, 34. 2011.

Hamilton, Laurell K. Mistral's Kiss. Ballantine Books: New York 2007.

Hampel, Petra/ Petermann, Franz. Anti-Stress-Training für Kinder. Beltz: Weinheim/ Basel/ Berlin [2]2003.

Hanusch, Birgit C. Anatomie (S. 151-402), in: Emminger, Hamid (Hrsg.). Physikum EXAKT. Das gesamte Prüfungswissen für die 1. ÄP. Thieme: Stuttgart [4]2005.

Harder, Jörg. Traumapädagogik in familienanalogen Einrichtungen der stationären Jugendhilfe. Koblenz 2010.

Hausmann, Clemens. Einführung in die Psychotraumatologie. Facultas UTB: Wien 2006.

Haywood, Kathleen M./ Getchell, Nancy. Life span motor development. Human Kinetics: Champaign, IL [5]2009.

Hebebrand, Johannes. Riechen, Schmecken und Essen (S. 154-160), in: Herpertz-Dahlmann, Beate/ Resch, Franz/ Schulte-Markwort, Michael/ Warnke, Andreas (Hrsg.). Entwicklungspsychiatrie. Biopsychologische Grundlagen und die Entwicklung psychischer Störungen. Schattauer: Stuttgart [2]2008.

Heindl, Ines. Studienbuch Ernährungsbildung – Ein europäisches Konzept zur schulischen Gesundheitsförderung. Julius Klinkhardt: Bad Heilbrunn 2003.

Heinrichs, Nina/ Lohaus, Arnold. Klinische Entwicklungspsychologie. Beltz: Weinheim/ Basel 2011.

Heinz, Claudia/ Jung-Heintz, Heike/ Straub-Westphal, Tanja. ATL Kind, Frau, Mann sein (S. 420-433), in: Kellnhauser, Edith/ Juchli, Liliane (Hrsg.). Pflege. Professionalität erleben. Thieme: Stuttgart [10]2004.

Heller, Angela. Nach der Geburt: Wochenbett und Rückbildung. Thieme: Stuttgart 2002.

Heller, Barbara. Schulkinder (S. 34-39), in: Becker, Heidrun/ Steding-Albrecht, Ute (Hrsg.). Ergotherapie im Arbeitsfeld Pädiatrie. Thieme: Stuttgart 2006.

Herman, Judith Lewis. Die Narben der Gewalt: traumatische Erfahrungen verstehen und überwinden. Kindler Verlag: München 1994.

Herman, Judith Lewis. Die Narben der Gewalt. Traumatische Erfahrungen verstehen und überwinden. Junfermann: Paderborn [3]2010.

Herpertz, Sabine C./ Saß, Henning/ Herpertz-Dahlmann, Beate. Temperament und Persönlichkeit (S. 208-220), in: Herpertz-Dahlmann, Beate/ Resch, Franz/ Schulte-Markwort, Michael/ Warnke, Andreas (Hrsg.). Entwicklungspsychiatrie. Biopsychologische Grundlagen und die Entwicklung psychischer Störungen. Schattauer: Stuttgart [2]2008.

Herrmann, Bernd/ Dettmeyer, Reinhard B./ Banaschak, Sibylle/ Thyen, Ute. Kindesmisshandlung. Medizinische Diagnostik, Intervention und rechtliche Grundlagen. Springer Medizin Verlag: Heidelberg 2008.

Hidas, György/ Raffai, Jenö. Nabelschnur der Seele. Psychoanalytisch orientierte Förderung der vorgeburtlichen Bindung zwischen Mutter und Baby. Psychosozial Verlag: Gießen 2006.

Hinz, Arnold/ Wagner, Rudi F. Entwicklung (S. 57-90), in: Wagner, Rudi F./ Hinz, Arnold/ Rausch, Adly/ Becker, Brigitte (Hrsg.). Modul Pädagogische Psychologie. UTB: Stuttgart 2009.

Hirsch, Mathias. Psychoanalytische Traumatologie – das Trauma in der Familie. Schattauer: Stuttgart 2004.

Hochauf, Renate. Zur Spezifik pränataler Traumatisierungen und deren Bearbeitung in der Therapie erwachsener Patienten (pp. 269-282), in: Int. J. Prenatal and Perinatal Psychology and Medicine. Vol. 20, No. ¾. 2008.

Hofmann, Arne/ Besser, Lutz-Ulrich. Psychotraumatologie bei Kindern und Jugendlichen (S. 172-202), in: Brisch, Karl Heinz/ Hellbrügge, Theodor (Hrsg.). Bindung und Trauma. Risiken und Schutzfaktoren für die Entwicklung von Kindern. Klett-Cotta: Stuttgart 2003.

Hofmann, Regina. Der kindliche Ich-Erzähler in der modernen Kinderliteratur. Eine erzähltheoretische Analyse mit Blick auf aktuelle Kinderromane. Peter Lang: Frankfurt am Main 2010.

Holodynski, Manfred/ Friedlmeier, Wolfgang. Emotionen – Entwicklung und Regulation. Springer Medizin Verlag: Heidelberg 2006.

Honig, Michael-Sebastian/ Leu, Hans-Rudolf/ Nissen, Ursula. Kindheit als Sozialisationsphase und als kulturelles Muster. Zur Strukturierung eines Forschungsfeldes (S. 9-29), in: Honig, Michael-Sebastian/ Leu, Hans-Rudolf/ Nissen, Ursula (Hrsg.). Kinder und Kindheit. Soziokulturelle Muster – sozialisationstheoretische Perspektiven. Juventa: Weinheim/ München 1996.

Hopf, Hans. Wann findet ein Trauma im Kindesalter statt? (o. J.). URL: http://www.hans-hopf.de/opencms/export/sites/default/files/Trauma-gesamt.pdf (Stand: 10.07.2013).

Huber, Michaela. Trauma und die Folgen. Trauma und Traumabehandlung. Teil 1. Junfermann: Paderborn [2]2005.

Huber, Michaele. „Die Phobie vor dem Trauma überwinden". Ein Gespräch mit Onno van der Hart. Verfügbar unter: http://www.traumaundgewalt.de/seiten/ InterviewmitOnnovanderHart.htm (Stand: 18.08.2013).

Huber-Zeyringer, Andrea/ Weinberg, Annelie-Martina. Kindesmisshandlung (S. 37-48), in: Weinberg, Annelie-Martina/ Schneidmüller, Dorien (Hrsg.). Unfallchirurgie bei Kindern. Kompendium der Kindertraumatologie. Deutscher Ärzte-Verlag: Köln 2010.

Hurrelmann, Klaus. Lebensphase Jugend. Eine Einführung in die sozialwissenschaftliche Jugendphase. Juventa: Weinheim/ München [6]1999.

Hüsson, Dorethea. Traumatisierte Kinder im pädagogischen Alltag. Leitartikel aus dem Jahresbericht 2010 von Wildwasser Esslingen e.V.

Hüther, Gerald. Bedienungsanleitung für ein menschliches Gehirn. Vandenhoeck & Ruprecht: Göttingen [11]2012.

Hüther, Gerald. Die Auswirkungen traumatischer Erfahrungen im Kindesalter auf die Hirnentwicklung S. 94-104, in: Brisch, Karl Heinz/ Hellbrügge, Theodor (Hrsg.). Bindung und Trauma. Risiken und Schutzfaktoren für die Entwicklung von Kindern. Klett-Cotta: Stuttgart 2003.

Hüther, Gerald. und nichts wird fortan sein wie bisher. Die Folgen traumatischer Kindheitserfahrungen für die weitere Hirnentwicklung (S. 20-34), in: PAN Pflege- und Adoptivfamilien NRW e. V. (Hrsg.). Traumatisierte Kinder in Pflegefamilien und Adoptivfamilien PAN. Ratingen 2002.

Hüther, Gerald/ Krens, Inge. Das Geheimnis der ersten neun Monate. Unsere frühesten Prägungen. Beltz: Weinheim/ Basel [4]2008.

Jacubeit, Tamara. Misshandlung und Vernachlässigung im Säuglings- und Kleinkindesalter. Präventive und therapeutische Möglichkeiten auf der Basis der frühen Eltern-Säuglings-Interaktion (S. 91-103), in: von Schlippe, Arist/ Lösche, Gisela/ Hawallek, Christian (Hrsg.). Frühkindliche Lebenswelten und Erziehungsberatung. Die Chancen des Anfangs. Beltz: Weinheim 2001.

Janet, Pierre. L`amnésie et la dissociation des souvenirs par l`emotion (pp. 417-453), in: Journal de psychologie, 1. Paris 1904.

Jaritz, Wiesinger, Schmid. Traumatische Lebensereignisse bei Kindern und Jugendlichen in der stationären Jugendhilfe, in: Trauma und Gewalt, 4. 2008.

Joswig, Helga. Phasen und Stufen in der kindlichen Entwicklung (14.02.2003/ geändert am 23.05.2011). URL: https://www.familienhandbuch.de/kindliche-entwicklung/allgemeine-entwicklung/phasen-und-stufen-in-der-kindlichen-entwicklung (Stand: 10.06.2013).

Jungbauer, Johannes. Familienpsychologie kompakt. Beltz: Weinheim/ Basel 2009.

Junglas, Jürgen. Begleitende Elternarbeit im therapeutischen Prozess. Seminar KJ07-REI 2.2.2010.

Junglas, Jürgen. Gesprächsführung in der Behandlung von Traumata. Institut für Psychotherapie und Psychoanalyse Rhein-Eifel, Sinzig. 2006.

Kardiner, Abram. The traumatic neuroses of war. Paul. B. Hoeber: New York 1941.

Kaukoreit, Volker/ Wagenbach, Klaus. Erich Fried. Gesammelte Werke. Wagenbach: Berlin 2006.

Keller, Heidi. Motorische Entwicklung im Kindes- und Jugendalter (S. 1-14), in: Hebestreit, Helge/ Ferrari, Rudolf/ Meyer-Holz, Joachim/ Lawrenz, Wolfgang/ Jüngst, Bodo-Knut (Hrsg.). Kinder- und Jugendsportmedizin. Grundlagen, Praxis, Trainingstherapie. Thieme: Stuttgart 2002.

Keller, Monika. Moral in Beziehungen: Die Entwicklung des frühen moralischen Denkens in Kindheit und Jugend (S. 111-140), in: Edelstein, Wolfgang/ Oser, Fritz/ Schuster, Peter (Hrsg.). Moralische Erziehung in der Schule: Entwicklungspsychologische und pädagogische Praxis. Beltz: Weinheim/ Basel 2001.

Killinger, Jörn/ Hagl, Elisabeth. Das traumatische Erlebnis im Kontext von Entwicklung - Die Auseinandersetzung mit der Verarbeitung eines traumatischen Erlebnisses unter besonderer Berücksichtigung der Wechselwirkung zwischen Psychotrauma und Entwicklung im Kinder und Jugendalter. München 2005.

Kohler, Richard. Jean Piaget. UTB: Stuttgart 2008.

Köhler, Thomas. Freuds Psychoanalyse: Eine Einführung. Kohlhammer: Stuttgart [2]2007.

Korczak, Janusz. Wenn ich wieder klein bin und andere Geschichten von Kindern. Vandenhoeck & Ruprecht: Göttingen 1973.

Köster, Hella/ Schwarz, Clarissa. Das Risikoneugeborene (S. 127-169), in: Deutscher Hebammenverband (Hrsg.). Das Neugeborene in der Hebammenpraxis. Hippokrates-Verlag: Stuttgart [2]2010.

Krall, Hannes. Sozialpädagogische Arbeit mit beeinträchtigten Kindern und Jugendlichen. Biografische Belastung, Traumatisierung und Gewalt (S. 449-460), in: Heinrich, Martin/ Greiner, Ulrike (Hrsg.). Schauen, was 'rauskommt. Kompetenzförderung, Evaluation und Systemsteuerung im Bildungswesen. Lit-Verlag: Wien 2006.

Krall, Hannes. Trauma bei Kindern und Jugendlichen. Szenische Arbeit in Psychotherapie und Pädagogik. Pädagogik und Gesellschaft, Band 6. LIT-Verlag: Wien u. a. 2007.

Krampen, Günter. Interventionsspezifische Diagnostik und Evaluation beim Einsatz systematischer Entspannungsmethoden bei Kindern und Jugendlichen (S. 182-205), in: Report Psychologie, 25. 2000.

Krautkrämer-Oberhoff, Maria. Traumapädagogik in der Heimerziehung. Biografiearbeit mit dem Lebensbuch „Meine Geschichte" (S. 126-137), in: Bausum, Jacob/ Besser, Lutz Ulrich/ Kühn, Martin/ Weiß, Wilma (Hrsg.). Traumapädagogik. Grundlagen, Arbeitsfelder und Methoden für die pädagogische Praxis. Beltz Juventa: Weinheim/ Basel [3]2013.

Krüger, Andreas. Akute psychische Traumatisierung bei Kindern und Jugendlichen. Ein Manual zur ambulanten Versorgung. Klett-Cotta: Stuttgart 2008.

Krüger, Andreas. Erste Hilfe für traumatisierte Kinder. Patmos Verlag: Düsseldorf 2007.

Krüger, Andreas. Powerbook. Erste Hilfe für die Seele. Trauma-Selbsthilfe für junge Menschen. Elbe & Krüger: Hamburg 2011.

Krüger, Andreas/ Reddemann, Luise. Psychodynamisch Imaginative Traumatherapie für Kinder und Jugendliche. PITT-KID – Das Manual. Klett-Cotta: Stuttgart 2007.

Krutzenbichler, Sebastian. Sexueller Missbrauch als Thema der Psychoanalyse von Freud bis zur Gegenwart (S. 170-179), in: Egle, Ulrich Tiber/ Hoffmann, Sven Olaf/ Joraschky, Peter (Hrsg.). Sexueller Missbrauch, Misshandlung, Vernachlässigung: Erkennung, Therapie und Prävention. Schattauer: Stuttgart [3]2005.

Kühn, Martin. „Macht Eure Welt wieder mit zu meiner!". Anmerkungen zum Begriff der Traumapädagogik (S. 24-37), in: Bausum, Jacob/ Besser, Lutz/ Kühn, Martin/ Weiß, Wilma (Hrsg.). Traumapädagogik. Grundlagen, Arbeitsfelder und Methoden für die pädagogische Praxis. Juventa: Weinheim/ München [3]2013.

Kühn, Martin. „Wir können auch anders!" – Anmerkungen zu einem interdisziplinären Verständnis von Trauma und Kindheit in der Pädagogik. Manuskript des Seminar „Traumata und die Folgen – posttraumatische Belastungsstörungen als Herausforderung für die Jugendhilfe an der Schnittstelle zur Psychiatrie". Vortrag Sozialakademie Silberbach, 2007. Verfügbar unter: www.traumapaedagogik.de (Stand: 10.07.2013).

Kühn, Martin. Bausteine einer „Pädagogik des Sicheren Ortes". Fachtagung „(Akut)traumatisierte Kinder und Jugendliche in Pädagogik und Jugendhilfe". Merseburg, 17./18.02.2006. URL: http://www.hs--merseburg.de/~ bene-cken/publikationen/martin_kuehn.pdf (Stand: 20.07.2013).

Künkel, Almuth. Die Psychologie der zahnärztlichen Gruppenprophylaxe. Schlütersche: Hannover 2003.

Künkel, Almuth. Kinder- und Jugendpsychologie in der zahnärztlichen Praxis. Schlüch-tersche: Hannover 2000.

Lackner, Regina. Wie Pippa wieder lachen lernte. Fachliche Hilfe für traumatisierte Kinder. Springer: Wien 2004

Lamprecht, Friedhelm. Die posttraumatische Belastungsstörung (S. 65-72), in: Stoffels, Hans (Hrsg.). Soziale Krankheit und soziale Gesundung. Königshausen & Neumann: Würzburg 2008.

Landolt, Markus A. Psychotraumatologie des Kindesalters. Grundlagen, Diagnostik und Interventionen. Hogrefe: Göttingen [2]2012.

Landolt, Markus A. Trauma-fokussierte kognitiv-behaviorale Therapie (S. 77-94), in: Landolt, Markus A./ Hensel, Thomas (Hrsg.). Traumatherapie bei Kindern und Jugendlichen. Hogrefe: Göttingen [2]2012.

Lang, Birgit. Stabilisierung und (Selbst-)Fürsorge für pädagogische Fachkräfte als institutioneller Auftrag (S. 220-228), in: Bausum, Jacob/ Besser, Lutz/ Kühn, Martin/ Weiß, Wilma (Hrsg.). Traumapädagogik. Grundlagen, Arbeitsfelder und Methoden für die pädagogische Praxis. Juventa: Weinheim/ München [3]2013.

Laucht, Manfred. Vulnerabilität und Resilienz in der Entwicklung von Kindern. Ergebnisse der Mannheimer Längsschnittstudie (S. 53-71), in: Brisch, Karl Heinz/ Hellbrügge, Theodor (Hrsg.). Bindung und Trauma. Risiken und Schutz-faktoren für die Entwicklung von Kindern. Klett-Cotta: Stuttgart 2003.

LeDoux, Joseph E. Das Gedächtnis für Angst (S. 96-103), in: Güntürkün, Onur (Hrsg.). Biopsychologie. Spektrum Akademischer Verlag: Heidelberg/ Berlin 1998.

Lennertz, Ilka. Trauma und Bindung bei Flüchtlingskindern. Erfahrungsverarbeitung bosnischer Flüchtlingskinder in Deutschland. Vandenhoeck & Ruprecht: Göttin-gen 2011.

Levine, Peter A./ Kline, Maggie. Kinder vor seelischen Verletzungen schützen: Wie wir sie vor traumatischen Erfahrungen bewahren und im Ernstfall unterstützen können. Kösel: München 2008.

Levine, Peter A./ Kline, Maggie. Verwundete Kinderseelen heilen. Wie Kinder und Jugendliche traumatische Erlebnisse überwinden können. Kösel: München [7]2013.

Liem, Torsten/ Schleupen, Angela/ Altmeyer, Peter/ Zweedijk, René. Osteopathische Behandlung von Kindern. Haug Verlag: Stuttgart [2]2012.

Lohaus, Arnold/ Vierhaus, Marc/ Maass, Asja. Entwicklungspsychologie des Kindes- und Jugendalters für Bachelor. Springer: Berlin/ Heidelberg 2010.

Lohmer, Mathias. Borderline-Therapie. Schattauer: Stuttgart 2005.

Lutz, Thomas (Zentrum für Traumapädagogik). Arbeit an der Selbstwahrnehmung. URL: http://ztp.welle.net/infomaterial/theorie-und-praxis/arbeit-an-der-selbstwahrnehmung/ (Stand: 29.07.2013).

Lutz, Thomas. ICH BIN. Arbeitsmaterial zur Unterstützung der SELBSTentwicklung (S. 182-188), in: Bausum, Jacob/ Besser, Lutz/ Kühn, Martin/ Weiß, Wilma (Hrsg.). Traumapädagogik. Grundlagen, Arbeitsfelder und Methoden für die pädagogische Praxis. Juventa: Weinheim/ München [3]2013.

Maier, Erne. Die Reifung des Kinderfußes (S. 33-41), in: Baumgartner, René/ Stinus, Hartmut (Hrsg.). Die orthopädietechnische Versorgung des Fußes. Thieme: Stuttgart [3]2001.

Mancia, Mauro. Die Psychoanalyse im Dialog mit den Neurowissenschaften (S. 19-31), in: Leuzinger-Bohleber, Marianne/ Roth, Gerhard/ Buchheim, Anna (Hrsg.). Psychoanalyse – Neurobiologie – Trauma. Schattauer: Stuttgart 2008.

Markowitsch, Hans J./ Welzer, Harald. Das autobiographische Gedächtnis. Hirnorganische Grundlagen und biosoziale Entwicklung. Klett-Cotta: Stuttgart 2005.

Martin, Beate. Jugendsexualität im Spannungsfeld zwischen Grenzerprobung und Grenzverletzung (S. 6-9), in: pro familia dokumentation. Sexualpädagogische Bildungsarbeit mit sexuell grenzverletzenden Kindern und Jugendlichen. ExpertInnen-Workshop. Verletzt du schon oder erprobst du nur? Frankfurt am Main 2012.

Mattejat, Fritz. Kinder mit psychisch kranken Eltern (S. 66-78), in: Mattejat, Fritz/ Lisofsky, Beate (Hrsg.). Nicht von schlechten Eltern. Kinder psychisch Kranker. Psychiatrie-Verlag: Bonn [3]2001.

Max-Planck-Gesellschaft (o. A.). Kindliches Trauma hinterlässt bei manchen Opfern Spuren im Erbgut (02.12.2012). URL: http://www.mpg.de/6642993/ (Stand: 13.05.2013).

Mayatepek, Ertan. Pädiatrie. Elsevier: München 2007.

McFarlane, Alexander C./ van der Kolk, Bessel A. Trauma und seine Herausforderung an die Gesellschaft (S. 47-70), in: van der Kolk, Bessel A./ McFarlane, Alexander C./ Weisaeth, Lars (Hrsg.). Traumatic stress. Grundlagen und Behandlungsansätze: Theorie, Praxis und Forschung zu posttraumatischem Streß sowie Traumatherapie. Junfermann: Paderborn 2000.

Meierotto, Johann Heinrich Ludwig. Über Sitten und Lebensart der Römer in verschiedenen Zeiten der Republik. Mylius: Berlin 1776.

Meinel, Kurt/ Schnabel, Günter. Bewegungslehre Sportmotorik. Abriss einer Theorie der sportlichen Motorik unter pädagogischem Aspekt. Meyer & Meyer: Aachen 2007.

Menche, Nicole. Pflege heute. Urban & Fischer/ Elsevier: München [5]2011.

Mennella Julie. A./ Jagnow, Coren P./ Beauchamp, Gary. K. Prenatal and postnatal flavor learning by human infants. Pediatrics, 107(6): E88. 2001.

Merkens, Hans. Wie viel Forschung verträgt ein berufsqualifizierendes Studium? (S. 119-126), in: Otto, Hans-Uwe/ Rauschenbach, Thomas/ Vogel, Peter. (Hrsg.). Erziehungswissenschaft. Lehre und Studium. Leske + Budrich: Opladen 2002.

Michaelis, Richard. Entwicklungsneurologie (S. 5-152), in: Michaelis, Richard/ Niemann, Gerhard (Hrsg.). Entwicklungsneurologie und Neuropädiatrie. Grundlagen und diagnostische Strategien. Thieme: Stuttgart [4]2010.

Mierendorff, Johanna. Kindheit und Wohlfahrtsstaat. Entstehung, Wandel und Kontinuität des Musters moderner Kindheit. Juventa: Weinheim/ München 2010.

Mietzel, Gerd. Wege in die Entwicklungspsychologie. Kindheit und Jugend. Beltz: Weinheim 2002.

Mietzel, Gerd. Wege in die Psychologie. Klett-Cotta: Stuttgart [7]1994.

Möckel, Eva/ Mitha, Noori (Hrsg.). Handbuch der pädiatrischen Osteopathie. Urban & Fischer/ Elsevier: München ²2009.

Möller, Hans-Jürgen. Untersuchung psychiatrischer Patienten (S. 28-55), in: Möller, Hans-Jürgen/ Laux, Gerd/ Deister, Arno (Hrsg.). Duale Reihe Psychiatrie, Psychosomatik und Psychotherapie. Thieme: Stuttgart ⁵2013.

Morschitzky, Hans. Angststörungen: Diagnostik, Konzepte, Therapie, Selbsthilfe. Springer: Wien/ New York ⁴2009.

Münker-Kramer, Eva. <F43.0> Akute Belastungsreaktion <F43.1> Posttraumatische Belastungsstörung (S. 293-322), in: Beiglböck, Wolfgang/ Feselmayer, Senta/ Honemann, Elisabeth (Hrsg.). Handbuch der klinisch-psychologischen Behandlung. Springer: Wien ²2006.

Munz, Dorothee. Die pränatale Mutter-Kind-Beziehung (S. 162-172), in: Strauß, Bernhard/ Buchheim, Anna/ Kächele, Horst (Hrsg.). Klinische Bindungsforschung. Schattauer: Stuttgart 2002.

Muri, Gabriela/ Friedrich, Sabine. Stadt(t)räume – Alltagsräume? Jugendkultur zwischen geplanter und gelebter Urbanität. VS Verlag: Wiesbaden 2009.

Mussen, Paul H./ Conger, John J./ Kagan, Jerome/ Huston, Aletha C. Lehrbuch der Kinderpsychologie (Band 2). Klett-Cotta: Stuttgart 1993.

Myers, Davig G. Psychologie. Springer Medizin Verlag: Heidelberg ²2008.

National Child Traumatic Stress Network and National Center for PTSD (eds.). Psychological First Aid: Field Operations Guide. 2nd edition. July 2006. Available on: www.nctsn.org and www.ncptsd.va.gov (Effective: 10-07-2013).

Neurologen & Psychiater im Netz (Hrsg.). Kinder psychisch kranker Eltern benötigen therapeutische Unterstützung (06.08.2008). URL: http://www.neurologen-und-psychiater-im-netz.de/npin/npinaktuell/show. php3?id=1014&nodeid=4 (Stand: 16.07.2013).

Oerter, Rolf. Kultur, Ökologie und Entwicklung (S. 85-116), in: Oerter, Rolf/ Montada, Leo (Hrsg.). Entwicklungspsychologie. Beltz: Weinheim/ Basel ⁶2008.

Oerter, Rolf/ Montada, Leo. Entwicklungspsychologie. Beltz: Weinheim ⁵2002.

Ossowski, Ekkehard/ Rösler, Winfried (Hrsg.). Kindheit. Interdisziplinäre Perspektiven zu einem Forschungsgegenstand. Schneider: Stuttgart 2002.

Oswald, Sylvia/ Goldbeck, Lutz. Traumata bei Pflegkindern (S. 203-209), in: Fegert, Jörg M./ Ziegenhain, Ute/ Goldbeck, Lutz (Hrsg.). Traumatisierte Kinder und Jugendliche in Deutschland. Analysen und Empfehlungen zu Versorgung und Betreuung. Juventa: Weinheim/ München 2010.

Otto, Johannes. Volksmund ausgewählter Länder der Erde. Books on Demand GmbH: Norderstedt 2010.

Pauen, Sabina/ Vonderlin, Eva. Entwicklungspsychologische Grundlagen (S. 3-22), in: Schneider, Silvia/ Margraf, Jürgen (Hrsg.). Lehrbuch der Verhaltenstherapie (Band 3: Störungen im Kindes- und Jugendalter). Springer Medizin Verlag: Heidelberg 2009.

Perren-Klingler, Gisela. Trauma – vom Schrecken des Einzelnen zu den Ressourcen der Gruppe. Paul Haupt: Bern 1995.

Petermann, Franz/ Nieband, Kay/ Scheithauer, Herbert. Entwicklungswissenschaft. Springer: Berlin/ Heidelberg 2004.

Pfeiffer, Elisabeth/ Schnitzhofer, Sabine. Rollenspiel in der schulischen Bindungsarbeit. Handout Peter Petersen Landesschule St. Isidor. Januar 2012.

Ploog, Darius. Kinder, Miasmen, Traumata. Books on Demand: Norderstedt 2012.

Pöhlmann, K. Entwicklungspsychologie aus psychologischer Sicht (S. 71-75), in: Janssen, Paul L./ Joraschky, Peter/ Tress, Wolfgang (Hrsg.). Leitfaden Psychosomatische Medizin und Psychotherapie. Deutscher Ärzte-Verlag: Köln 2009.

Poser, Märle. Identitätsentwicklung, Reifungsprozesse und Lebenszyklus (S. 271-292), in: Schneider, Kordula/ Brinker-Meyendriesch, Elfriede/ Schneider, Alfred (Hrsg.). Pflegepädagogik. Springer: Heidelberg [2]2005.

Posth, Rüdiger. Gefühle regieren den Alltag. Schwierige Kinder zwischen Angst und Aggression. Mit Anmerkungen zur frühen Fremdbetreuung. Waxmann: Münster 2010.

Purtscher, Katharina/ Dick, Gunter. Trauma im Kindesalter (S. 127-140), in: Friedmann, Alexander/ Hofmann, Peter/ Lueger-Schuster, Brigtitte/ Steinbauer, Maria/ Vyssoki, David (Hrsg.). Psychotrauma. Die posttraumatische Belastungsstörung. Springer: Wien 2004.

Pynoos, Robert S./ Steinberg, Alan M./ Goenjian, Armen. Traumatische Belastungen in Kindheit und Jugendalter. Neuere Entwicklungen und aktuelle Kontroversen (S. 265-288), in: van der Kolk, Bessel A./ McFarlane, Alexander C./ Weisaeth, Lars (Hrsg.). Traumatic Stress. Grundlagen und Behandlungsansätze. Junfermann: Paderborn 2000.

Raithel, Jürgen/ Dollinger, Bernd/ Hörmann, Georg. Einführung Pädagogik: Begriffe, Strömungen, Klassiker, Fachrichtungen. VS Verlag für Sozialwissenschaften: Wiesbaden [2]2007.

Reddemann, Luise/ Dehner-Rau, Cornelia. Trauma: Folgen erkennen, überwinden und an ihnen wachsen. Trias: Stuttgart 2004.

Reh-Bergen, Thorgund. Entwicklungspsychologie – die gesunde Entwicklung eines Menschen (S. 2-43), in: Bund Deutscher Hebammen (Hrsg.). Psychologie und Psychopathologie für Hebammen. Die Betreuung von Frauen mit psychischen Problemen. Hippokrates-Verlag: Stuttgart 2007.

Remschmidt, Helmut. Sexueller Missbrauch und sexuelle Misshandlung (S. 343-348), in: Remschmidt, Helmut (Hrsg.). Kinder- und Jugendpsychiatrie. Eine praktische Einführung. Thieme: Stuttgart [6]2011.

Richter, Hans-Günther. Imagination und Trauma. Bilder und Träume von traumatisierten Menschen. Peter Lang: Frankfurt am Main 2006.

Riedesser, Peter. Entwicklungspsychopathologie von Kinder mit traumatischen Erfahrungen (S. 160-171), in: Brisch, Karl Heinz/ Hellbrügge, Theodor (Hrsg.). Bindung und Trauma. Risiken und Schutzfaktoren für die Entwicklung von Kindern. Stuttgart 2003.

Riedesser, Peter/ Resch, Franz/ Adam, Hubertus. Entwicklungspsychotraumatologie (S. 279-290), in: Herpertz-Dahlmann, Beate/ Resch, Franz/ Schulte-Markwort, Michael/ Warnke, Andreas (Hrsg.) Entwicklungspsychiatrie: biopsychologische Grundlagen und die Entwicklung psychischer Störungen. Schattauer: Stuttgart [2]2008.

Riedesser, Peter/ Schulte-Markwort, Michael/ Walter, Joachim. Entwicklungspsychologische und psychodynamische Aspekte psychischer Traumatisierung von Kindern und Jugendlichen (S. 9-24), in: Koch-Kneidl, Lisa/ Wiesse, Jörg (Hrsg.). Entwicklung nach früher Traumatisierung. Vandenhoeck & Ruprecht: Göttingen 2003.

Rießinger, Simone. Traumapädagogik und Sekundäre Traumatisierung (Abschlussarbeit). Bremen 2011.

Rohde, Anke/ Schaefer, Christof. Psychopharmakotherapie in Schwangerschaft und Stillzeit. Thieme: Stuttgart [3]2006.

Romahn, Mechthild. Physiologische Entwicklung der Schwangerschaft (S. 83-112), in: Mändle, Christine/ Opitz-Kreuter, Sonja/ Wehling, Andrea (Hrsg.). Das Hebammenbuch. Lehrbuch der praktischen Geburtshilfe. Schattauer: Stuttgart [4]2007.

Romer, Georg. Psychische Traumatisierungen im Kindesalter. Vorlesung Klinik für Kinder- und Jugendpsychiatrie und Psychotherapie. 2008.

Rosna, Rita. Posttraumatische Belastungsstörung (S. 405-422), in: Petermann, Franz (Hrsg.). Lehrbuch der Klinischen Kinderpsychologie. Hogrefe: Göttingen [7]2013.

Rossmann, Peter. Einführung in die Entwicklungspsychologie des Kindes- und Jugendalters. Verlag Hans Huber: Bern 1996.

Rothgangel, Simone. Kurzlehrbuch Medizinische Psychologie und Soziologie. Thieme: Stuttgart [2]2010.

Rüegg, Johann Caspar. Gehirn, Psyche und Körper: Neurobiologie von Psychosomatik und Psychotherapie. Schattauer: Stuttgart [4]2007.

Ruppert, Franz. Trauma, Bindung und Familienstellen. Seelische Verletzungen verstehen und heilen. Klett-Cotta: Stuttgart [4]2010.

Sachsse, Ulrich/ Schilling, Lars/ Eßlinger, Katja. Ein stationäres Behandlungsprogramm für Patientinnen mit selbstverletzendem Verhalten (SVV) (S. 213-223), in: Streeck-Fischer, Annette (Hrsg.). Adoleszenz und Trauma. Vandenhoeck & Ruprecht: Göttingen [2]1999.

Salisch, Maria von. Peer-Einflüsse auf die Persönlichkeitsentwicklung (S. 345-405), in: Amelang, Manfred (Hrsg.). Differentielle Psychologie in der Enzyklopädie der Psychologie. Band 4: Determinanten individueller Differenzen. Hogrefe: Göttingen 2000.

Schäfer, Ingo. Die Bedeutung von Traumatisierungen für die Entwicklung und den Verlauf von Suchterkrankungen (S. 11-32), in: Schäfer, Ingo/ Krausz, Michael (Hrsg.). Trauma und Sucht. Konzepte – Diagnostik - Behandlung. Klett-Cotta: Stuttgart 2006.

Schaible, Ira. Heim als letzter Ausweg. In: Offenbach Post vom 08.08.2013.

Scharfetter, Christian. Allgemeine Psychopathologie: Eine Einführung. Thieme: Stuttgart [5]2002.

Schauer, Maggie/ Elbert, Thomas/ Gotthardt, Silke/ Rockstroh, Brigitte/ Odenwald, Michael/ Neuner, Frank. Wiedererfahrung durch Psychotherapie modifiziert Geist und Gehirn (S. 96-103), in: Hellhammer, Dirk (Hrsg.). Verhaltenstherapie. Band 16/2: Neuropsychotherapie. Karger: Freiburg im Breisgau 2006.

Scherr, Albert. Jugendsoziologie. Einführung in Grundlagen und Theorien. VS Verlag für Sozialwissenschaften: Wiesbaden [9]2009.

Scheufler, Simone. Die besten Strategien gegen Stress (26.04.2013). URL: http://www.focus.de/schule/lernen/lernhilfen/tid-11820/denkblockade-wenn-ein-blackout-alles-vermasselt-wenn-stress-das-gedaechtnis-ausschaltet_aid_ 332827.html (Stand: 30.06.2013).

Schmelzer, Dieter. Verhaltenstherapeutische Supervision: Mein Konzept. URL: http://www.dr-schmelzer.de/sup_konz.htm (Stand: 10.09.2013).

Schmid, Marc. Umgang mit traumatisierten Kindern und Jugendlichen in der stationären Jugendhilfe: „Traumasensibilität" und „Traumapädagogik" (S. 36-60), in: Fegert, Jörg M./ Ziegenhain, Ute/ Goldbeck, Lutz (Hrsg.). Traumatisierte Kinder und Jugendliche in Deutschland. Analysen und Empfehlungen zu Versorgung und Betreuung. Juventa: Weinheim/ München 2010.

Schmid, Marc/ Wiesinger, Detlev/ Lang, Birgit/ Jaszkowic, Karol/ Fegert, Jörg M. Ein Plädoyer für die Entwicklung und Evaluation von traumapädagogischen Handlungskonzepten in der stationären Jugendhilfe (S. 330-357), in: KONTEXT 37, 4. Vandenhoeck & Ruprecht: Göttingen 2007.

Schmidt, Diana. Sexueller Missbrauch an Kindern: Ein Leitfaden für Pädagogen des Elementarbereichs. Diplomica: Hamburg 2011.

Schmidt, Iris. Die Folgen früher Gewalterfahrungen. Eine Untersuchung der Schreck-reiz-Reaktivität bei lebensgeschichtlich früh traumatisierten Frauen. Cuvillier: Göttingen 2004.

Schneider, Wolfgang/ Lindenberger, Ulman (Hrsg.). Entwicklungspsychologie. Beltz: Weinheim/ Basel [7]2012.

Schowalter, Marion. Entwicklung und primäre Sozialisation (Kindheit) (S. 158-167), in: Faller, Hermann/ Lang, Hermann (Hrsg.). Medizinische Psychologie und Soziologie. Springer: Berlin/ Heidelberg [3]2010.

Schrader, Sabine. Psychologie. Allgemeine Psychologie, Entwicklungspsychologie, Sozialpsychologie. Compact: München 2008.

Schultheis, Franz/ Perrig-Chiello, Pasqualina/ Egger, Stephan (Hrsg.). Kindheit und Jugend in der Schweiz. Beltz: Weinheim/ Basel 2008.

Schüssler, Gerhard. Psychologische Grundlagen psychiatrischer Krankheiten (S. 178-207), in: Möller, Hans-Jürgen/ Laux, Gerd/ Kapfhammer, Hans-Peter (Hrsg.). Psychiatrie und Psychotherapie. Springer: Heidelberg [2]2005.

Schwichtenberg, Nina. Trauma und Sucht – Zusammenhänge und therapeutische Möglichkeiten (Bachelorarbeit). Hamburg 2012.

Seiffge-Krenke, Inge. Adoleszenzentwicklung und Bindung (S. 156-175), in: Streeck-Fischer, Annette (Hrsg.). Adoleszenz – Bindung – Destruktivität. Klett-Cotta: Stuttgart 2004.

Selman, Robert L. Die Entwicklung des sozialen Verstehens. Entwicklungspsychologische und klinische Untersuchungen. Suhrkamp: Frankfurt am Main 1984.

Senckel, Barbara. Mit geistig Behinderten leben und arbeiten. C. H. Beck· München [8]2006.

Siol, Torsten/ Flatten, Guido/ Wöller, Wolfgang. Epidemiologie und Komorbidität der Posttraumatischen Belastungsstörung (S. 51-69), in: Flatten, Guido/ Gast, Ursula/ Hofmann, Arne/ Liebermann, Peter/ Reddemann, Luise/ Siol, Torsten/ Wöller, Wolfgang/ Petzold, Ernst R. (Hrsg.). Posttraumatische Belastungsstörung. Schattauer: Stuttgart [2]2004.

Sitzmann, Friedrich Carl. Pädiatrie. Thieme: Stuttgart [3]2007.

Sodian, Beate/ Ziegenhain, Ute. Die normale psychische Entwicklung und ihre Varianten (S. 35-60), in: Fegert, Jörg M./ Eggers, Christian/ Resch, Franz (Hrsg.). Psychiatrie und Psychotherapie des Kindes- und Jugendalters. Springer: Berlin/ Heidelberg [2]2012.

Sonneck, Gernet/ Kapusta, Nestor/ Tomandl, Gerald/ Voracek, Martin (Hrsg.). Krisenintervent-ion und Suizidverhütung. UTB facultas.wuv: Wien [2]2012.

Spear, Linda P. The adolescent brain and age-related behavioural manifestations (pp. 417-463), in: Neuroscience and Biobehavioral Review, 24. 2000.

Steil, Regina/ Rosner, Rita. Posttraumatische Belastungsstörung. Hogrefe: Göttingen 2009.

Steil, Regina/ Straube, Eckart R. Posttraumatische Belastungsstörung bei Kindern und Jugendlichen (S. 1-13), in: Zeitschrift für Klinische Psychologie und Psychotherapie, 31(1). 2002.

Steinebach, Christoph. Entwicklungspsychologie. Klett-Cotta: Stuttgart 2000.

Steiner, Beate/ Krippner, Klaus. Psychotraumatherapie: Tiefenpsychologisch-imaginative Behandlung von traumatisierten Patienten. Schattauer: Stuttgart 2006.

Steinhage, Rosemarie. Sexual Abuse – No Excuse. Bilanz einer parteilichen Arbeit gegen sexualisiert Gewalt (S. 139-155), in: Özkan, Ibrahim (Hrsg.). Trauma und Gesellschaft: Vergangenheit in der Gegenwart. Vandenhoeck & Ruprecht: Göttingen 2002.

Strauß, Bernhard. Entwicklungspsychologische Aspekte (S. 634-639), in: Jorch, Gerhard/ Hübler, Axel (Hrsg.). Neonatologie. Die Medizin des Früh- und Reifgeborenen. Thieme: Stuttgart 2010.

Streeck-Fischer, Annette. Adoleszenz – Delinquenz, Drogenmissbrauch (S. 168-187), in: Möller, Christoph (Hrsg.). Drogenmissbrauch im Jugendalter. Ursachen und Auswirkungen. Vandenhoeck & Ruprecht: Göttingen [2]2009.

Streeck-Fischer, Annette. Mißhandelt – Mißbraucht: Probleme der Diagnostik und Psychotherapie traumatisierter Jugendlicher (S. 174-196), in: Streeck-Fischer, Annette (Hrsg.). Adoleszenz und Trauma. Vandenhoeck & Ruprecht: Göttingen [2]1999.

Streeck-Fischer, Annette. Trauma und Entwicklung. Frühe Traumatisierungen und ihre Folgen in der Adoleszenz. Schattauer: Stuttgart 2006.

Streeck-Fischer, Annette. Über die Seelenblindheit im Umgang mit schweren Traumatisierungen (S. 13-20), in: Streeck-Fischer, Annette (Hrsg.). Adoleszenz und Trauma. Vandenhoeck & Ruprecht: Göttingen [2]1999.

Strüber, Nicole/ Roth, Gerhard. Die Entwicklung von Gehirn und Psyche bei Kindern: Normalität und traumatische Störung. 2012. URL: http://neurologie-psychiatrie.universimed.com/artikel/die-entwicklung-von-gehirn-und-psyche-bei-kindern-normalit%C3%A4t-und-tra (Stand: 20.08.2013).

Studach, Jolanda. Das Soziale Nervensystem und seine Bedeutung für eine Behandlung im Rahmen der Craniosacralen Osteopathie (Diplomarbeit). Altstätten 2007.

Terr, Lenore C. Childhood traumas: on outline and overview (pp. 10-20), in: American Journal of Psychiatry, 148. 1991.

Textor, Martin R. Gehirnentwicklung im Kleinkindalter – Konsequenzen für die Erziehung, in: Staatsinstitut für Frühpädagogik. URL: http://www.ifp.bayern.de/veroeffentlichungen/infodienst/textor-gehirnentwicklung.html (Stand: 05.08.2013).

Thanner, Moritz. Kinderheilkunde für Heilpraktiker und Heilberufe. Lehr-, Lern- und Praxisbuch. Sonntag Verlag: Stuttgart 2004.

Thill, Régis. Trennung als Trauma, Beziehung als Therapie (S. 103-116), in: Hilweg, Werner/ Ullmann, Elisabeth (Hrsg.). Kindheit und Trauma. Trennung, Miß-brauch, Krieg. Vandenhoeck & Ruprecht: Göttingen [2]1998.

Thomas, R. Murray/ Feldmann, Birgitt. Die Entwicklung des Kindes. Ein Lehr- und Praxisbuch. Beltz: Weinheim/ Basel 2002.

Trautmann-Voigt, Sabine/ Voigt, Bernd. Grammatik der Körpersprache. Ein integrati-ves Lehr- und Arbeitsbuch zum Embodiment. Schattauer: Stuttgart [2]2012.

Trautner, Hanns Martin. Lehrbuch der Entwicklungspsychologie. Band 1: Grundlagen und Methoden. Hogrefe: Göttingen [2]1992.

Udolf, Margarete. Sekundäre Traumatisierung bei pädagogischen Fachkräften in der Kinder- und Jugendhilfe. 2009. Verfügbar unter. www.traumapaedagogik.de (Stand: 20.07.2013).

Uhde-Vogt, Birgit/ Vogt, Volker. Traumapädagogik (2009). Verfügbar unter www.traumapaedagogik.de (Stand: 25.07.2013).

Ullrich, Heiner. Das Kind als schöpferischer Ursprung – Studien zur Genese des romantischen Kindbildes und zu seiner Wirkung auf das pädagogische Denken. Julius Klinkhardt: Bad Heilbrunn 1999.

Universität Köln (Hrsg.). Trauma. Lehrbuch Skript. 1998.

Unzner, Lothar: BezugserzieherIn im Heim – eine Beziehung auf Zeit (S. 347-356), in: Suess, Gerhard J./ Scheuerer-Englisch, Hermann/ Pfeifer, Walter-Karl P. (Hrsg.). Bindungstheorie und Familiendynamik. Anwendung der Bindungstheorie in Beratung und Therapie. Psychosozial-Verlag: Gießen 2001.

Uttendörfer, Jochen. Traumazentrierte Pädagogik (2006), Verfügbar unter: www.traumapädagogik.de (Stand: 10.06.2013).

Van der Kolk, Bessel A. Zur Psychologie und Psychobiologie von Kindheitstraumata (Development Trauma) (S. 32-56), in: Streeck-Fischer, Annette (Hrsg.). Adoleszenz und Trauma. Vandenhoeck & Ruprecht: Göttingen [2]1999.

Van der Kolk, Bessel A./ Streeck-Fischer, Annette. Trauma und Gewalt bei Kindern und Heranwachsenden (S. 1020-1040), in: Heitmeyer, Wilhelm/ Hagan John (Hrsg.). Internationales Handbuch der Gewaltforschung. Westdeutscher Verlag: Wiesbaden 2002.

Verdult, Rien. Die Neuverdrahtung des Gehirns. Zerebrale Entwicklung, pränatale Bindung und ihre Konsequenzen für die Psychotherapie (S. 47-80), in: Schindler, Peter (Hrsg.). Am Anfang des Lebens. Neue körperpsychotherapeutische Erkenntnisse über unsere frühesten Prägungen durch Schwangerschaft und Geburt. Band 7: Körper und Seele. Schwabe: Basel 2011.

Voigt, Bernd/ Trautmann-Voigt, Sabine. Wenn die Augen tanzen – Multimodales zu EMDR und Tanztherapie (S. 93-120), in: Trautmann-Voigt, Sabine/ Voigt, Bernd (Hrsg.). Körper und Kunst in der Psycho-traumatologie. Methodenintegrative Therapie. Schattauer: Stuttgart 2007.

Weiß, Wilma. „Traumapädagogik – eine Definition, die Einordnung in die Traumaarbeit, über Haltung und das Konzept der Selbstbemächtigung." Zentrum für Traumapädagogik. 12th European Conference on Traumatic Stress. Wien, 02.-05. Juni 2011.

Weiß, Wilma. „Wer macht die Jana wieder ganz?" Über Inhalte von Traumabearbeitung und Traumaarbeit (S. 14-23), in: Bausum, Jacob/ Besser, Lutz Ulrich/ Kühn, Martin/ Weiß, Wilma (Hrsg.). Traumapädagogik. Grundlagen, Arbeitsfelder und Methoden für die pädagogische Praxis. Beltz Juventa: Weinheim/ Basel [3]2013.

Weiß, Wilma. Philipp sucht sein Ich. Zum Umgang mit Traumata in den Erziehungshilfen. Beltz Juventa: Weinheim/ Basel [7]2013.

Weiß, Wilma. Selbstbemächtigung – ein Kernstück der Traumapädagogik (S. 167-181), in: Bausum, Jacob/ Besser, Lutz Ulrich/ Kühn, Martin/ Weiß, Wilma (Hrsg.). Traumapädagogik. Grundlagen, Arbeitsfelder und Methoden für die pädagogische Praxis. Beltz Juventa: Weinheim/ Basel [3]2013.

Weitze, Monika/ Battut, Eric. Wie der kleine rosa Elefant einmal sehr traurig war und wie es ihm wieder gut ging. Bohem press: Zürich [6]2008.

Wensierski, Peter. Schläge im Namen des Herrn: Die verdrängte Geschichte der Heimkinder in der Bundesrepublik. Goldmann: München 2007.

Werner, Ulrike (Kinderzentrum St. Vincent). Sexuelle Traumatisierung und Bindung. Die Folgen von sexueller Gewalt für die Persönlichkeitsentwicklung und die Beziehungsgestaltung (Workshop Nr. 8).

Werthmann, Antje/ Wieting, Johannes. Medizinische Psychologie und Soziologie (S. 983-1094), in: Emminger, Hamid (Hrsg.). Physikum EXAKT. Das gesamte Prüfungswissen für die 1. ÄP. Thieme: Stuttgart [4]2005.

Wettig, Jürgen. Eltern-Kind-Bindung: Kindheit bestimmt das Leben), In: Deutsches Ärzteblatt 2006: 103(36), A 2298/ B1992/C1922, URL: http://www.aerzteblatt.de/archiv/52567/Eltern-Kind-Bindung-Kindheit-bestimmt-das-Leben (Stand: 10.06.2013).

Wettig, Jürgen. Schicksal Kindheit. Springer Medizin Verlag: Heidelberg 2009.

Wilhelm, Franziska. Sozialpädagogisches Handeln: Institutionelle Erziehung – Professionalität der Heimerzieher (Anforderung/ Überforderung?!), Handout des Seminars „Heimerziehung unter bindungstheoretischer Perspektive". Jena 2010.

Wille, Sabrina. Psychosoziale Beratung bei der Traumabewältigung im Kindes- und Jugendalter (Masterarbeit). 2012.

Winert, Franz E. Entwicklung im Kindesalter. Beltz PVU: Münster 1998.

Wolff, Friedrich. Geburtshilfe (S. 165-337), in: Baltzer, Jörg/ Friese, Klaus/ Graf, Michael/ Wolff, Friedrich (Hrsg.). Praxis der Gynäkologie und Geburtshilfe. Das komplette Praxiswissen in einem Band. Thieme: Stuttgart 2004.

Wöller, Wolfgang. Trauma und Persönlichkeitsstörungen. Psychodynamisch-integrative Therapie. Schattauer: Stuttgart 2006.

Wöller, Wolfgang. Trauma und Persönlichkeitsstörungen. Ressourcenbasierte Psychodynamische Therapie (RPT) traumabedingter Persönlichkeitsstörungen. Schattauer: Stuttgart [2]2013.

Zahlner, Ulrike. Fachartikel Trauma. O.O., o. J.

Zentner, Katarzyna. Mensch im Dunkel. Eine qualitative Fallstudie zu osteuropäischen Opfern von Frauenhandel. Peter Lang: Frankfurt am Main 2009.

Ziegenhain, Ute. Traumabezogene Aspekte in Kinder- und Jugendgesundheit aus der Sicht der Jugendberichtskommission zum 13. Kinder- und Jugendbericht (S. 27-35), in: Fegert, Jörg M./ Ziegenhain, Ute/ Goldbeck, Lutz (Hrsg.). Traumatisierte Kinder und Jugendliche in Deutschland. Analysen und Empfehlungen zu Versorgung und Betreuung. Juventa: Weinheim/ München 2010.

Zimbardo, Philip G./ Gerrig, Richard J. Psychologie. Pearson: München [16]2008.

Zinnecker, Jürgen/ Silbereisen, Rainer K. Kindheit in Deutschland: Aktueller Survey über Kinder und ihre Eltern. Juventa: Weinheim/ München 1998.

7) Anhang

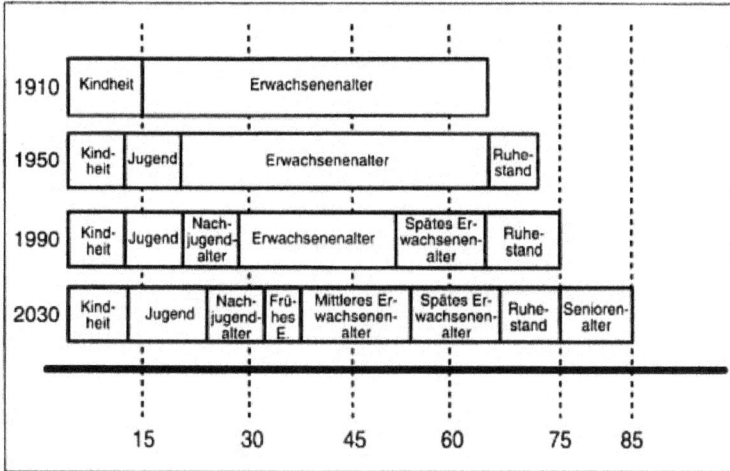

Abb.1) Lebensphasen im historisch-gesellschaftlichen Wandel (nach Hurrelmann 1995)
Quelle: Steinebach, Christoph. Entwicklungspsychologie. Stuttgart 2000, S. 135.

Zeitabschnitt	Ungefähres Alter	Kurzbeschreibung
Pränatal/perinatal	Empfängnis bis Geburt	Der aus einer einzigen Zelle bestehende Organismus wächst heran zu einem Fetus mit erstaunlichen Potenzialen, die die Anpassung an das Leben außerhalb der Gebärmutter erlauben. Vorgänge während der Geburt können in alle Bereiche der Entwicklung eingreifen.
Säuglings- und Krabbelalter	Geburt bis 2 Jahre	Einschneidende Veränderungen im Körper, besonders dem Gehirn, dienen als Grundlage für das Entstehen einer weiten Palette motorischer, perzeptiver und intellektueller Veränderungen sowie erster Bindungen an andere.
frühe Kindheit	2 bis 6 Jahre	Während der „Spieljahre" bilden sich die motorischen Fähigkeiten aus, Denken und Sprache entwickeln sich erstaunlich schnell, es zeigt sich ein Gefühl für Moral und ein Kind baut Bindungen zu Gleichaltrigen auf.
mittlere Kindheit	6 bis 11 Jahre	Die Schulzeit ist geprägt von besseren sportlichen Fähigkeiten, logischeren Denkprozessen, Beherrschung der grundlegenden sprachlichen Fertigkeiten, Fortschritten im Selbstverständnis, ethischem Denken und dem Knüpfen von Freundschaften sowie den Anfängen eines Zugehörigkeitsgefühls zu Peer-Gruppen, (Bezugsgruppen Gleichrangiger bzw. Gleichaltriger).
Adoleszenz	11 bis 18 Jahre	Die Pubertät führt zu einem ausgewachsenen Körper und sexueller Reife. Das Denken wird abstrakter und idealistischer und die schulischen Anforderungen stellen größere Herausforderungen dar. Der Heranwachsende fängt an, sich von seiner Familie zu lösen und persönliche Wertvorstellungen und Ziele zu entwickeln.
frühes Erwachsenenalter	18 bis 40 Jahre	Die meisten jungen Menschen verlassen das Elternhaus, beenden ihre Ausbildung und treten in das Arbeitsleben ein. Wichtige Prioritäten sind nun die berufliche Laufbahn, der Aufbau einer engen Partnerschaft sowie Heirat, Kinder oder die Verwirklichung eines alternativen Lebensstils.
mittleres Erwachsenenalter	40 bis 65 Jahre	Viele Menschen befinden sich nun auf der Höhe ihrer beruflichen Karriere und haben die Führungspositionen erreicht. Dies ist die Phase, in der sie ihren eigenen Kindern helfen, sich ein selbstständiges Leben aufzubauen, und in der sie ihren Eltern helfen, das Alter besser zu bewältigen. Sie werden sich immer mehr ihrer eigenen Sterblichkeit bewusst.
spätes Erwachsenenalter	65 Jahre bis zum Tod	Der Mensch bereitet sich auf das Rentenalter vor, lernt, mit den abnehmenden Körperkräften und der nachlassenden Gesundheit umzugehen. Oft muss das kritische Lebensereignis des Todes des Ehepartners bewältigt werden. Es wird über den Sinn des Lebens reflektiert.

Abb. 2) Die wichtigsten Phasen der menschlichen Entwicklung über die gesamte Lebensspanne
Quelle: Berk, Laura E. Entwicklungspsychologie. München 2011, S. 8.

Mädchen	Jungen	Phasen
0 – 1 Jahr	0 – 1 Jahr	Säugling
1 – 3 Jahre	1 – 3 Jahre	Kleinkind
3 – 8 Jahre	3 – 10 Jahre	Kindheit
8 – 10 Jahre	10 – 12 Jahre	Späte Kindheit
10 – 12 Jahre	12 – 14 Jahre	Vorpubertät
12 – 14 Jahre	14 – 16 Jahre	Pubertät
14 – 15 Jahre	16 – 17 Jahre	Frühe Adoleszenz
15 – 17 Jahre	17 – 19 Jahre	Mittlere Adoleszenz
17 – 19 Jahre	19 – 21 Jahre	Späte Adoleszenz
19 – 25 Jahre	21 – 25 Jahre	Post-Adoleszenz

Abb.3) Kindheit und Jugend – Alters- und Phaseneinteilung
Quelle: Heindl, Ines. Studienbuch Ernährungsbildung – Ein europäisches Konzept zur schulischen Gesundheitsförderung. Bad Heilbrunn 2003, S. 36.

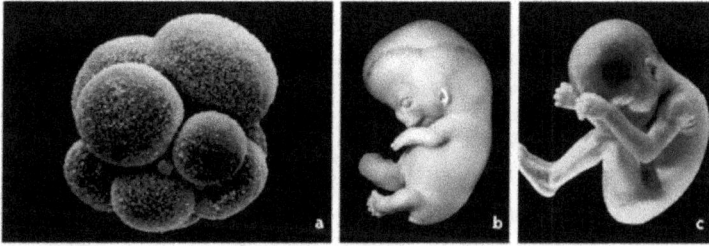

Abb. 4: Drei Stadien der pränatalen Entwicklung mit verschiedenen Bezeichnungen für den menschlichen Keim: a) befruchtete Eizelle oder Zygote (1. Und 2. SSW), b) Embryo (3. bis ca. 8. SSW), c) Fötus (ca. 9 SSW) bis Geburt.
Quelle: Schneider, Wolfgang/ Lindenberger, Ulman (Hrsg.). Entwicklungspsychologie. Weinheim/ Basel 2012, S. 160.

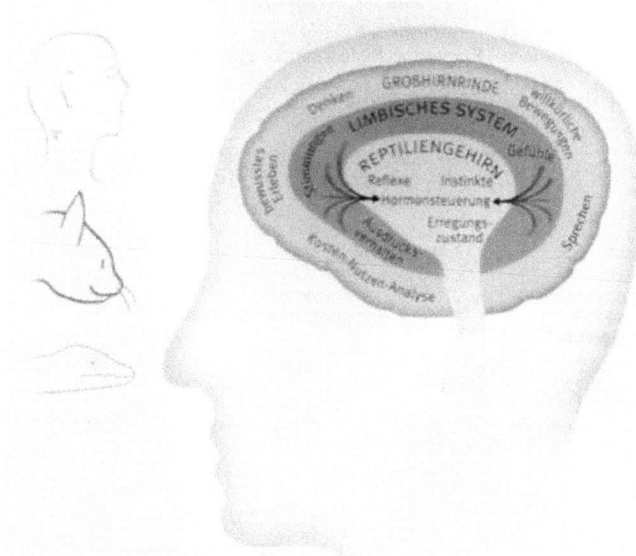

Abb. 5) Dreiteiliges Gehirn
Quelle: Studach, Jolanda. Das Soziale Nervensystem und seine Bedeutung für eine Behandlung im Rahmen der Craniosacralen Osteopathie (Diplomarbeit). Altstätten 2007, S. 6.

Die pränatale Entwicklung	
Gestationswoche	**Entwicklungsschritte**
3. Woche	Einsetzen des Herzschlags
8. Woche	Erste spontane Bewegungen
12.–16. Woche	Erste Atmungsbewegungen, Saugen und Schlucken
ab 14. Woche	Zyklen von Aktivität und Ruhephasen
16.–20. Woche	Bewegungen des Fötus von der Mutter spürbar
25.–28. Woche	Augenbewegungen, unregelmäßige Atembewegungen
29.–32. Woche	Unabhängiges extra-uterines Überleben möglich
37.–42. Woche	Mithören des extrauterinen Geschehens; Abnahme der Bewegung wegen räumlicher Enge

Abb. 6) Wichtige Schritte der vorgeburtlichen Entwicklung
Quelle: Rothgangel, Simone. Kurzlehrbuch Medizinische Psychologie und Soziologie. Stuttgart 2010, S. 110.

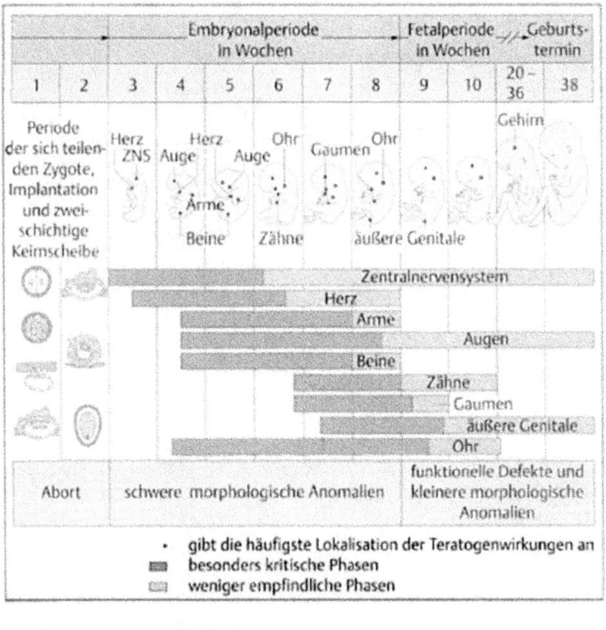

Abb. 7) Empfindliche Phasen der Schwangerschaft
Quelle: Rohde, Anke/ Schaefer, Christof. Psychopharmakotherapie in Schwangerschaft und Stillzeit. Stuttgart 2006, S. 45.

266

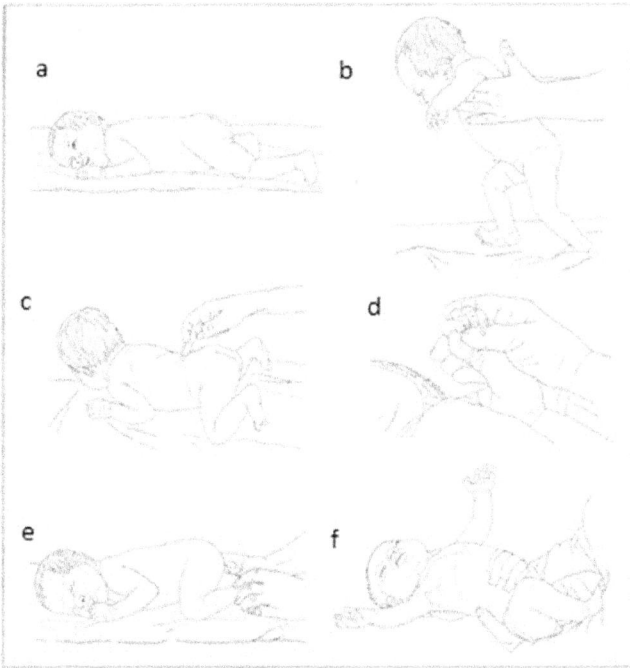

Abb. 8) Untersuchungen zur Früherkennung sensomotorischer Störungen beim Neugeborenen:
a) Automatische Reaktion. Das Neugeborene dreht in Bauchlage den Kopf zur Freihaltung der Atemwege nach einer Seite. Es handelt sich um eine erste Streckung aus Flexion.
b) Schreitreaktion. Das Kind wird leicht nach vorn gebeugt gehalten. Andrücken eines Fußes auf die Unterlage löst eine alternierende Beugung und Streckung der Beine aus. Es entsteht der Eindruck des Schreitens.
c) Galant-Reflex. Paravertebrales Streichen mit dem Finger löst eine bogenförmige Krümmung des Kindes in Richtung auf die stimulierende Seite aus.
d) Greifreflex. Bei Berührung der Handinnenflächen schließt sich die Hand.
e) Bauer-Reaktion. Das Kind liegt in Bauchlage, es werden die Daumen des Untersuchers auf die Fußsohlen gedrückt. Der Säugling versucht zu kriechen.
f) Moro-Reflex. Das Kind wird auf einen Unterarm gelegt und der Kopf unterstützt. Der Säugling öffnet dabei den Mund, die Arme werden nach außen oben bewegt, die Finger gespreizt (erste Phase). Danach schließt sich der Mund, die Arme werden gebeugt, nach vorne zusammengefügt (zweite Phase).

Quelle: Wolff, Friedrich. Geburtshilfe (S. 165-337), in: Baltzer, Jörg u. a. (Hrsg.). Praxis der Gynäkologie und Geburtshilfe. Das komplette Praxiswissen in einem Band. Stuttgart 2004, S. 305.

	Stimulation	Reaktion	Auftreten	Funktion
Saugen	Objekt im Mund	Rhythmisches Saugen	bis ca. 4 Wochen	Nahrungsaufnahme
Suchen (Wange)	Berührung der Wange	Kopf drehen zur berührten Seite	bis ca. 3 Wochen	Kontakt; Nahrungsaufnahme
Moro-Umklammerung	Andeuten des Fallenlassens	Arme ausstrecken und wieder an den Körper führen	bis ca. 6 Monate	Kontakt
Greifen	Berührung der Handfläche	Schließen der Hand	bis 3-4 Monate	Kontakt; Vorbereitung des Greifens
Schreiten	Aufrechte Körperposition; Füße berühren Unterlage	Rhythmische Beinbewegungen	bis ca. 2 Monate	Vorbereitung des Gehens

Abb. 9) Typische Reaktionen von Neugeborenen auf spezifische Reize (Auswahl)
Quelle: Schneider, Wolfgang/ Lindenberger, Ulman (Hrsg.). Entwicklungspsychologie. Weinheim/ Basel 2012, S. 166.

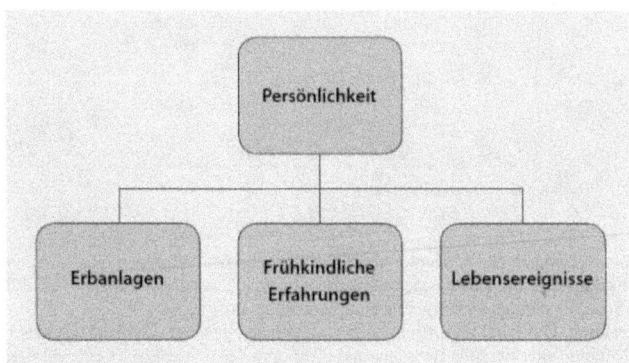

Abb. 10) Persönlichkeit: Temperament und Charakter
Quelle: Wettig, Jürgen. Schicksal Kindheit. Heidelberg 2009, S. 75.

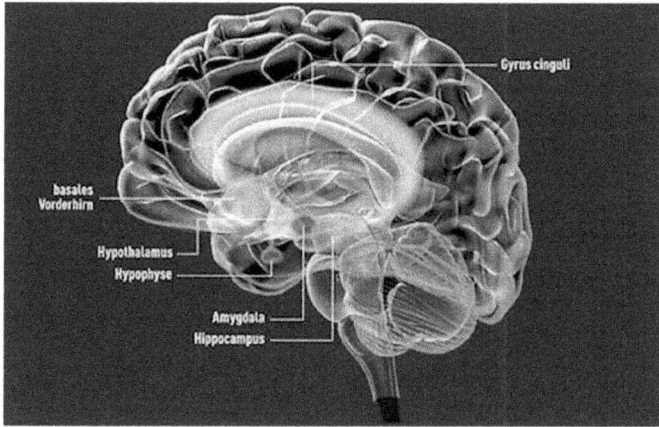

Abb. 11) Längsschnitt des Gehirns
Quelle: Scheufler, Simone. Die besten Strategien gegen Stress (26.04.2013). URL:
http://www.focus.de/schule/lernen/lernhilfen/tid-11820/denkblockade-wenn-ein-blackout-alles-vermasselt-wenn-stress-das-gedaechtnis-ausschaltet_aid_332827.html (Stand: 30.06.2013).

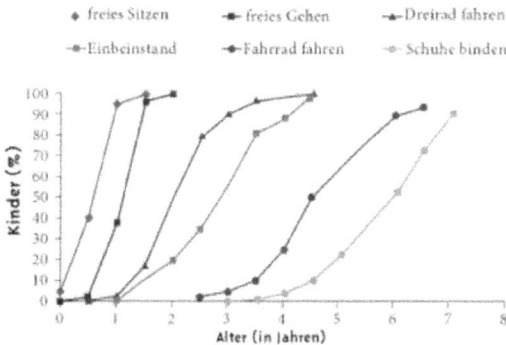

Abb. 12) Erstmaliges Auftreten von motorischen Meilensteinen in der frühen Kindheit
Quelle: Nach Daten aus den Züricher Längsschnittstudien; leicht modifiziert nach Jenni et al.,
2012, aus: Schneider, Wolfgang/ Lindenberger, Ulman (Hrsg.). Entwicklungspsychologie.
Weinheim/ Basel 2012, S. 189.

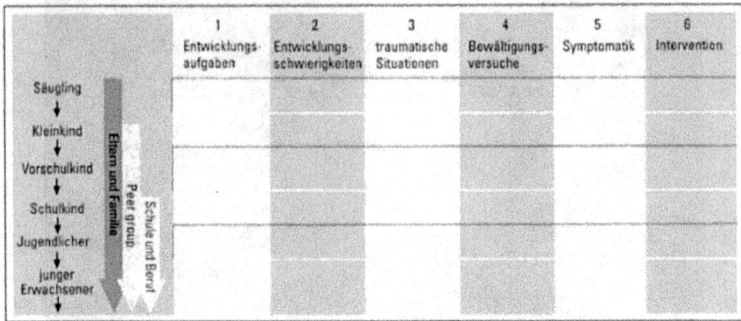

	1 Entwicklungs-aufgaben	2 Entwicklungs-schwierigkeiten	3 traumatische Situationen	4 Bewältigungs-versuche	5 Symptomatik	6 Intervention
Säugling						
Kleinkind						
Vorschulkind						
Schulkind						
Jugendlicher						
junger Erwachsener						

Abb. 13) Entwicklungspsychopathologischer Referenzrahmen
Quelle: Riedesser, Peter. Entwicklungspsychopathologie von Kinder mit traumatischen Erfahrungen (S. 160-171), in: Brisch, Karl Heinz/ Hellbrügge, Theodor (Hrsg.). Bindung und Trauma. Risiken und Schutzfaktoren für die Entwicklung von Kindern. Stuttgart 2003, S. 163.

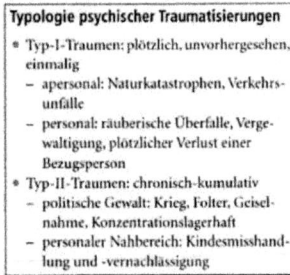

Typologie psychischer Traumatisierungen

- Typ-I-Traumen: plötzlich, unvorhergesehen, einmalig
  - apersonal: Naturkatastrophen, Verkehrs-unfälle
  - personal: räuberische Überfälle, Verge-waltigung, plötzlicher Verlust einer Bezugsperson
- Typ-II-Traumen: chronisch-kumulativ
  - politische Gewalt: Krieg, Folter, Geisel-nahme, Konzentrationslagerhaft
  - personaler Nahbereich: Kindesmisshand-lung und -vernachlässigung

Abb. 14) Typologie psychischer Traumatisierungen
Quelle: Wöller, Wolfgang. Trauma und Persönlichkeitsstörungen. Psychodynamisch-integrative Therapie. Stuttgart 2006, S 13.

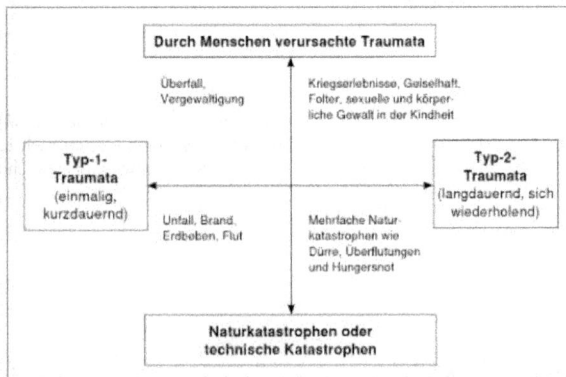

Abb. 15) Klassifikation traumatischer Erlebnisse
Quelle: Rosna, Rita. Posttraumatische Belastungsstörung (S. 405-422), in: Petermann, Franz (Hrsg.). Lehrbuch der Klinischen Kinderpsychologie. Göttingen 2013, S. 406.

Paragraph	Art der Missbrauchs- handlung	Zahl der sexuell miss- brauchten Kinder
§ 176 Absatz 1-3	Sexueller Missbrauch von Kindern. Handlungen mit unmittelbarem Körperkontakt.	15661
§ 176 Absatz 4	Sexueller Missbrauch von Kindern. Ohne unmittelbaren Körperkon- takt.	394
§ 176a	Schwerer sexueller Missbrauch von Kindern	634
§ 176b	Sexueller Missbrauch von Kindern mit Todes- folge.	2
§ 177, 178	Sexuelle Nötigung und Vergewaltigung	100
	Insgesamt	17391

Abb. 16) Sexueller Kindesmissbrauch in Deutschland 2006
Quelle: Schmidt, Diana. Sexueller Missbrauch an Kindern: Ein Leitfaden für Pädagogen des Elementarbereichs. Hamburg 2011, S. 20.

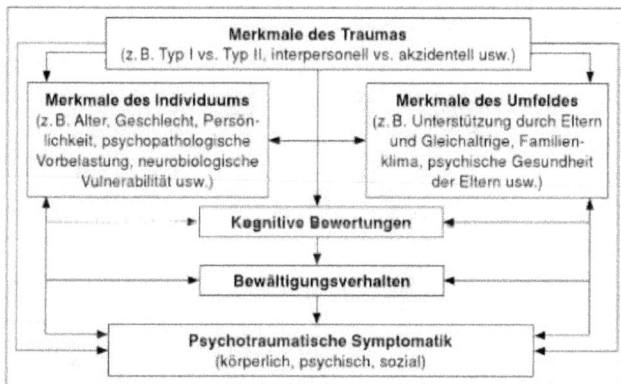

Abb. 17) Transaktionales Traumabewältigungsmodell (adaptiert)
Quelle: Landolt, Markus A. Psychotraumatologie des Kindesalters. Grundlagen, Diagnostik und Interventionen. Göttingen 2012, S. 81.

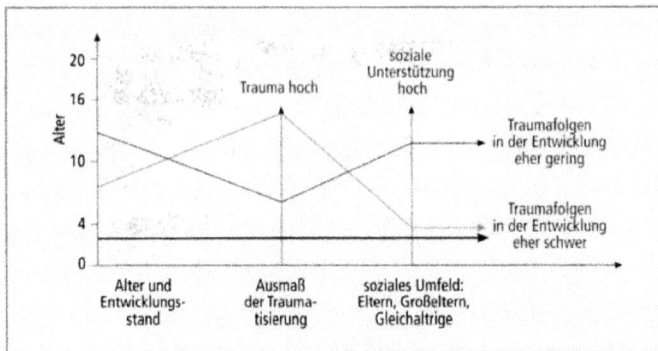

Tendenzielle Folgen eines Traumas in Abhängigkeit von der sozialen Unterstützung, dem Alter und Entwicklungsstand: Eine starke soziale Unterstützung bei bekannter (akuter) Traumatisierung hält die Folgen eher gering. Geringe soziale Unterstützung und scheinbar geringe Traumatisierung (z.B. Vernachlässigung) im frühen Alter führen eher zu schweren Folgen in der Entwicklung.

Abb. 18) Trauma und Entwicklung
Quelle: Streeck-Fischer, Annette. Trauma und Entwicklung. Frühe Traumatisierungen und ihre Folgen in der Adoleszenz. Stuttgart 2009, S. 3.

Säuglingsalter	Kleinkindalter	Schulalter
– Gedeihstörung	– Spielstörung und gestörte Interaktion mit anderen Personen	– Kontaktstörungen
– Apathie (»frozen watchfulness«: leerer Blick, fehlendes soziales Lächeln,	– Freudlosigkeit, Furchtsamkeit	– Schulverweigerung, Abnahme der Schulleistungen, Konzentrationsstörungen
– Regulationsstörungen (»Schreikind«)	– Passivität, Zurückgezogensein	– Mangel an Ausdauer, Initiativverlust, Depression
– Motorische Unruhe, Stereotypien	– Aggressivität, Autoaggressionen	– Hyperaktivität, »Störenfried-Verhalten«
– Nahrungsverweigerung, Erbrechen, Verdauungsprobleme	– Distanzschwäche	– Ängstlichkeit, Schüchternheit, Misstrauen
– Psychomotorische Retardierung	– Sprachstörung	– Suizidgedanken, Versagensängste
– Mangelndes Interesse und Motivation	– Motorische Störungen und Jaktationen	– Narzisstische Größen- und Gewaltphantasien, Tagträumereien
– Ausbleibende Sprachentwicklung	– Stereotypien	– Weglaufen von zu Hause
	– Ausscheidungsstörungen	
	– Sexualisiertes Verhalten	

Abb. 19) Übersicht psychischer Folgen von Gewalterfahrungen in Abhängigkeit vom Alter des Kindes
Quelle: Herrmann, Bernd/ Dettmeyer, R./ Banaschak, Sibylle/ Thyen, Ute. Kindesmisshandlung. Medizinische Diagnostik, Intervention und rechtliche Grundlagen. Heidelberg 2008, S. 200.

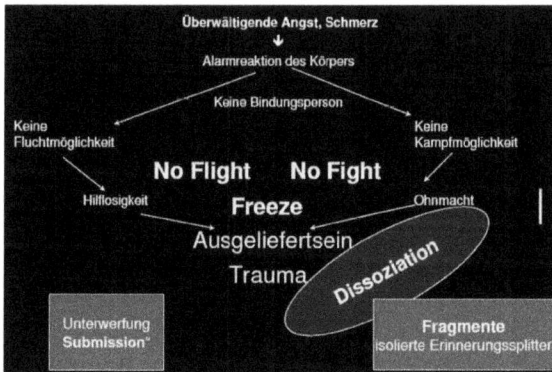

Abb. 20) Traumatische Zange
Quelle: Werner, Ulrike (Kinderzentrum St. Vincent). Sexuelle Traumatisierung und Bindung.
Die Folgen von sexueller Gewalt für die Persönlichkeitsentwicklung und die Beziehungsgestaltung (Workshop Nr. 8), Folie 9.

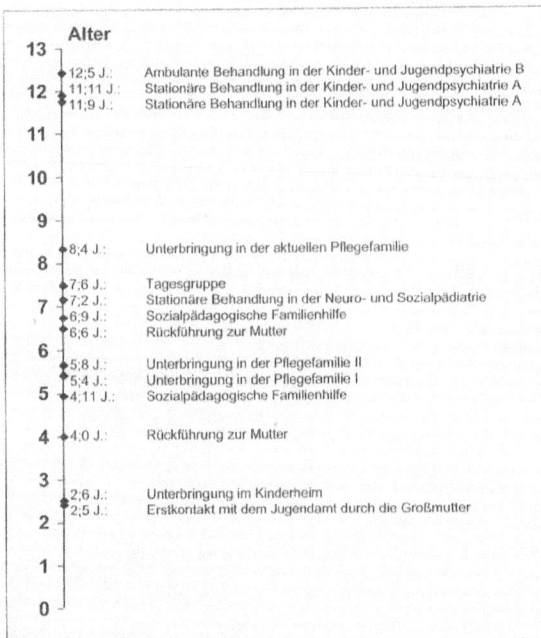

Abb. 21) Fallvignette: ambulante und stationäre Jugendhilfemaßnahmen und kinder- und jugendpsychiatrische Behandlung im Verlauf
Quelle: Oswald, Sylvia/ Goldbeck, Lutz. Traumata bei Pflegkindern (S. 203-209), in: Fegert, Jörg M./ Ziegenhain, Ute/ Goldbeck, Lutz (Hrsg.). Traumatisierte Kinder und Jugendliche in Deutschland. Analysen und Empfehlungen zu Versorgung und Betreuung. Weinheim/ München 2010, S. 205.

1. *Möglichkeiten im Aufnahmeprozess*
    1.1.   Die Dynamik von Rückblenden erklären
    1.2.   Die für jedes Kind individuellen Auslöser der Rückblenden erfragen:
        1.2.1.   Was macht Dir Angst? Was magst Du nicht, und was ist besonders schlimm?
            1. Welche Farbe, Gerüche, Geräusche findest Du schrecklich?
            2. Welche Kinder findest Du unerträglich? Was an dem jeweiligen Kind?
            3. Welche MitarbeiterInnen kannst Du schwer ertragen? Welche Eigenschaften jeweils?
            4. Welche Stellen des Hauses findest Du sehr unangenehm? Was daran?
            5. Welches Essen findest Du schrecklich?
            6. Welche anderen Situationen könnten schwierig werden?
        1.2.2.   Bitte das Mädchen/ den Jungen, in eine Umrisszeichnung seines Körpers diejenigen Stellen einzuzeichnen, an denen sie/ er
            1. nur von bestimmten Personen
            2. nur nachdem es gefragt wurde
            3. auf keinen Fall berührt werden möchte.
        1.2.3.   Notiere die Ergebnisse in einer für alle Bezugspersonen des Kindes zugänglichen Akte.
2. *Stopp-Regeln, das Mädchen, den Jungen herausholen:*
- Anschauen
- Anreden, ggf. anschreien
- Falls Anfassen notwendig, mit Ankündigung
- Zurückführen, in das Hier und Heute je nach Erreichbarkeit durch Kontakt, durch Geräusche, durch Gerüche
- Ruhige Atmosphäre schaffen, Situation erklären, beruhigen, stabilisieren
3. *Möglichkeiten der Selbstkontrolle erproben*
- Schöne Erinnerungen von früher suchen (das Kind, dass sich mit dem Geruch der Schokolade der Oma zurückholt und/ oder mit unserer Unterstützung den Flashback unterbricht)
- Beobachten: was war vorher, wann geht es los?
- Zeichen vereinbaren, ich zeige, ich brauche Hilfe, es geht los.

Abb. 22) Flashbacks/ Rückblenden im Alltag stoppen
Quelle: Weiß, Wilma. Philipp sucht sein Ich. Zum Umgang mit Traumata in den Erziehungshilfen. Weinheim/ Basel 2013, S. 178f.

Körper

• Knochenbau
• Muskeln
  – Anspannung
  – Entspannung
• Herz und Blutkreislauf
• Atmung und Sauerstoffversorgung
	• Körperumrisse zeichnen (Körperschema)
	• Eintragen, wo Berührungen okay sind und wo nicht
	• 2 Sachen eintragen, die am eigenen Körper gefallen und 2 Sachen, die nicht gefallen
	• Bewusst atmen
	• Herzschlag spüren

Gefühle

• Angst • Trauer • Wut • Schuld- und Schamgefühle • Liebe	• 5 Grundgefühle benennen • Gefühle pantomimisch darstellen • Wo werden Gefühle im Körper verortet, wo werden sie zuerst gespürt (Eintragen in Körperschema) • Bisheriger Umgang mit ihnen schildern; was hat bei welchen Gefühlen geholfen (Ressourcen) • Farben den Gefühlen zuordnen • Geräusche den Gefühlen zuordnen

Sinne

• Sehen • Hören • Riechen • Schmecken • Tasten • Gleichgewicht	• Welche Sinne sind stärker entwickelt, welche weniger? • In welchen Situationen werden andere Sinnesreizungen intensiver wahrgenommen? • Was nehmen welche Sinne in Stresssituationen (Hochbelastung, Krise, Gefahr, Bedrohung, Gewalt) wahr? • Wann gibt es Sinnesbeeinträchtigungen?

Verstand

• Denken • Vermitteln, Moderieren • Schaltzentrale	• Erfassen • Erinnern • Vergleichen • Einordnen, Sortieren • Abwägen • Einschätzen • Planen • Berechnen • Überprüfen, Kontrollieren • Orientieren • Grübeln

Stress

• Aufregung • Erregung • Übererregung • Überflutung • Nervosität	• Erregungsniveau auf Skala von 1 bis 10 einstufen • Verschiedene Alltagssituationen nach Erregungsniveau einordnen • Wie steigt das Erregungsniveau in Krisensituationen? • Erregungsniveau absenken (Entspannungsübungen, Bewegung) • Wo im Körper wird Stress gespürt (in Körperschema eintragen)

Energie

• 100% Energie sind vorhanden	• Welche Lebensbereiche gibt es? Z.B. Schule, Familie, Freundeskreis, Sportverein, Ausbildung... • In welchen Lebensbereich stecke ich wie viel Energie (in Prozent angeben)? • Wieviel Energie (in %) verbrauchen Krisen wie familiäre Probleme, Leistungsdruck, Bedrohungen durch Gewalt..... • Wo wird Energie aufgeladen?

Grenzen

• Eigene Begrenztheit • Grenzen anderer	• Abstandsübung (aufeinander zulaufen, wann wird's unangenehm)? • Ausdrucksübungen: Laut werden; die Stimme erheben; Schreien; auf sich aufmerksam machen... • Nein und Stopp (Übungen zum überzeugenden Nein/Stopp) • Kongruenz beim Nein/Stopp erarbeiten • Verschiedene Formen des Nein/Stopp benennen • Nein/Stopp des Gegenübers wahrnehmen und akzeptieren

Gewalt

• Körperliche Gewalt • Seelische Gewalt • Strukturelle Gewalt	Gewaltformen nennen und zuordnen zu: • Angriffe gegen die körperliche Unversehrtheit des Gegenübers • Angriffe gegen die (sexuelle) Selbstbestimmung des Gegenübers • Angriffe gegen die seelische Unversehrtheit des Gegenübers • Angriffe gegen die Würde des Gegenübers • Politische, wirtschaftliche und kulturelle Normierung Welche davon werden/wurden erlebt: • als Opfer • als Täter • als Zeuge

Bindungsstile:	Bezugspersonen in der Familie:
• Kinder sind sicher gebunden: Bezugspersonen begegnen ihnen liebevoll interessiert begleitend, sind in ihren emotionalen Reaktionen zuverlässig und konstant – Kinder entwickeln Vertrauen, Zuversicht und Selbstwertgefühl. • Kinder sind unsicher vermeidend gebunden: Bezugspersonen reagieren abweisend oder gar nicht auf die Kinder – Kinder können sich nicht einbringen, sie haben Angst vor Nähe. • Kinder sind unsicher ambivalent gebunden: Bezugspersonen halten sich die Kinder weitgehend vom Leib, geben aber parallel tröstende Botschaften – Kinder bringen sich emotional sehr stark ein, entwickeln ein Gefühl „ich kann nie genügen, darum muss ich mich noch mehr anstrengen". • Kinder sind hochunsicher desorganisiert gebunden: Bezugspersonen sind in ihrem Verhalten und ihren emotionalen Reaktionen verwirrend, unberechenbar, unzuverlässig, gewalttätig und nicht zu durchschauen – Kinder reagieren vermeidend, entwickeln u.a. dissoziative Persönlichkeitsstörungen. Die desorganisierte Bindung überlagert in Phasen die anderen Bindungsstile.	• Mutter • Vater • Schwester • Bruder • Oma • Opa • Onkel • Tante • Cousinen • Cousins • ...... Bezugspersonen außerhalb der Familie: • Freunde der Familie • Patin • Pate • Erzieherin • Lehrerin • Pfarrerin • Trainerin • Jugendgruppenleiterin • ...... Eventuell gemeinsame Genogrammarbeit. Wie werden die Verbindungen zu o.g. Personen empfunden? Welche Art Verbindung gefällt mir, welche nicht? Welche Kontakte tun mir gut, welche tun mir nicht gut? Mit welchen Personen fühle ich mich wohl, mit welchen unwohl? Bei wem fühle ich mich sicher, geborgen und angenommen, bei wem bin ich unsicher, ängstlich und/oder fühle mich abgelehnt? Wie ist die Kommunikation mit den verschiedenen Personen? Wem würde ich alles erzählen? Wem auf keinen Fall? (Antworten vielleicht auf Karten schreiben lassen)

Abb. 23) Arbeit an der Selbstwahrnehmung
Quelle: Lutz, Thomas (Zentrum für Traumapädagogik). Arbeit an der Selbstwahrnehmung.
URL: http://ztp.welle.net/infomaterial/theorie-und-praxis/arbeit-an-der-selbstwahrnehmung/ (Stand: 29.07.2013).

Schritte	Ziele
1. Kontinuierliche Elternarbeit	• Veränderung der Beziehungsdynamik zwischen Kind-Eltern • Bewusstmachen der elterlichen Sorge • Umdefinition des Problems • Entlastung des Kindes als identifizierter Patient • Erweiterung der Sozialkompetenz der Eltern • Mitverantwortung der Eltern
2. Das Kind fährt so oft wie möglich nach Hause zu den Eltern; regelmäßige Gespräche mit Eltern und Kind	• Analyse der Situation während der Heimfahrtzeit • Klärung und Suche nach Lösungen bei Konflikten • Entwicklung eines neuen Verständnisses für die Beziehungsdynamik Kind-Eltern • Stärkung der Erziehungskraft der Eltern
3. Gemeinsames Gespräch: Heranwachsende/r – Eltern – Team - Heimleitung – Jugendamt	• Festlegung der Rückführung (zeitlich, organisatorisch) • Klare Orientierung für die Eltern und das Kind • Abklärung der Vor- und Nachteile (Gefahren) • Herausarbeiten neuer Regeln im Umgang zwischen Eltern und Kind
4. Abschied aus der Wohngruppe	• Erfahrung von Strategien der Bewältigung von Abschied • Umgang mit den Gefühlen: Freude, Trauer, verlassen, verlassen werden
5. Umzug ins Elternhaus; Angebot von ambulanter Familienberatung	• Die Familie erfährt weitere Unterstützung • Sie ist bei Problemen nicht alleingestellt

Abb. 24) Rückführung
Quelle: Abt, Volkmar. Elternarbeit – Ein Aspekt unseres Selbstverständnisses (S. 11-15), in: Katholisches Kinderheims Augsburg-Hochzoll (Hrsg.). Jahresbericht 1994, S. 13.

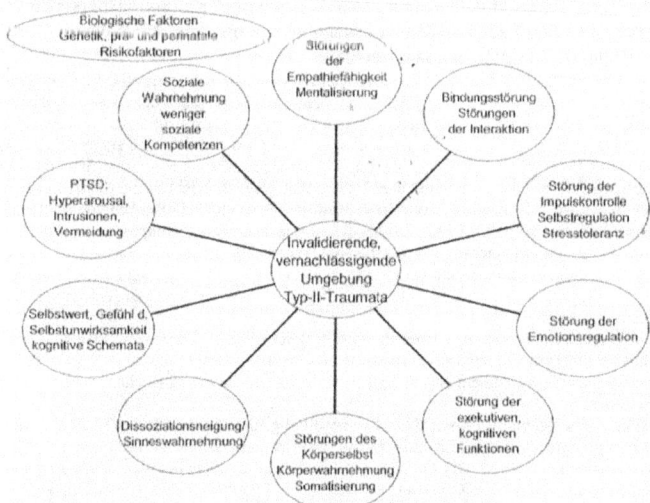

Abb. 25) Folgen von komplexer Traumatisierung für die Pädagogik
Quelle: Schmid Marc. Umgang mit traumatisierten Kindern und Jugendlichen in der stationären Jugendhilfe: „Traumasensibilität" und „Traumapädagogik" (S. 36-60), in: Fegert, Jörg M./ Ziegenhain, Ute/ Goldbeck, Lutz (Hrsg.). Traumatisierte Kinder und Jugendliche in Deutschland. Analysen und Empfehlungen zu Versorgung und Betreuung. Weinheim/ München 2010, S. 43.

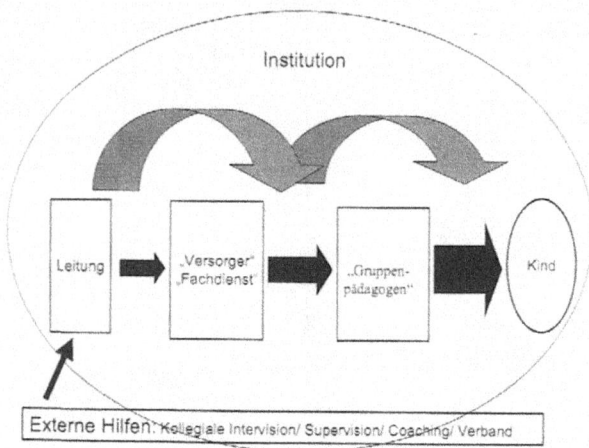

Abb. 26) Versorgungskette
Quelle: Schmid Marc. Umgang mit traumatisierten Kindern und Jugendlichen in der stationären Jugendhilfe: „Traumasensibilität" und „Traumapädagogik" (S. 36-60), in: Fegert, Jörg M./ Ziegenhain, Ute/ Goldbeck, Lutz (Hrsg.). Traumatisierte Kinder und Jugendliche in Deutschland. Analysen und Empfehlungen zu Versorgung und Betreuung. Weinheim/ München 2010, S. 49.

Elf Anregungen, die unter dem Fürsorgeaspekt gegenüber Betreuungspersonen von Leitungspersonen und Fachdiensten zu beachten sind, um eine konsequente glaubhafte und stabilisierende Haltung zu unterstreichen:

1. Die Fürsorge beginnt bei der MitarbeiterInnenauswahl. Die Auswahl sollte nach den Kriterien, *„Welche Aspekte fehlen uns im Team?"* erfolgen und weniger nach dem Aspekt, *„Wer passt zu uns, wer ist, wie wir?"*. Die BewerberInnen erfahren, was auf sie zukommt, was genau von ihnen erwartet wird – persönlich und fachlich. Sie müssen offen für ihre eignen Themenfalle sein, ihre Schwächen und Stärken kennen und benennen können. Humor ist ein bedeutsamer Resilienzfaktor für die Arbeit mit den Kindern und Jugendlichen. Um die MitarbeiterInnen in ihrer neuen Aufgabe keinen Überforderungen auszusetzen und kein Erleben von Hilflosigkeit und Unwirksamkeit zu provozieren, sind bei diesen Aspekten wenig Kompromisse möglich.
2. Alle Frauen und Männer in diesem Arbeitsfeld wissen oder haben eine Idee davon, was die Arbeit mit traumatisierten Kindern und Jugendlichen Positives für sie bringt. Eine entsprechende Themensammlung kann dabei helfen, den Blick immer wieder darauf zu zentrieren und in Erinnerung zu holen.
3. Die BetreuerInnen wissen, an wen sie sich auf welche Weise in Krisen wenden können. Allerdings kann ein heraneilender Vorgesetzter das Gefühl der Unwirksamkeit beim Betreuer erhöhen und dies auch den Kindern gegenüber signalisieren. Unterstützung ist eher intensive Hilfe zur Selbsthilfe.
4. Um gut arbeitsfähig, kreativ und handlungsvielfältig zu sein, benötigt das Team ein ausreichendes Repertoire an Spielen, Literatur und Material zur entsprechenden Umsetzung.
5. Gelassenheit und Humor der Leitungen und Fachdienste wirken deeskalierend und entdramatisierend und schaffen ein Klima des Vertrauens. Die Erlaubnis, Fehler machen zu dürfen, erhöht die Transparenz, Reflexionsbereitschaft und die Bereitschaft zum Erarbeiten neuer Wege.
6. Wertschätzung der BetreuerInnen wird durch Leitung und Fachdienste gelebt. Dies ist z. B. möglich durch Handlungs- und Gestaltungsfreiräume für die Teams, Personalentwicklungsgespräche, kleine persönliche Grüße z. B. an Geburtstagen etc.
7. Regelmäßige Supervisionen, als zuverlässiger Standard und nicht an Krisen orientiert, möglichst durch TraumatherapeutInnen, TraumapädagogInnen oder mit der Thematik vertrauten Fachkräften sind Unterstützungsstandards für ein Betreuungsteam.

8. Die BetreuerInnen besuchen regelmäßig Fachtage und Fortbildungen. Dies fördert das Erleben der eigenen Professionalität, stärkt so das Selbstvertrauen, hält den Blick für Neues offen und erweitert die Handlungskompetenz und –vielfalt.

9. Möglichkeiten, in denen die BetreuerInnen ihre Arbeit präsentieren können, schaffen eine Plattform, sich mit eigenen Haltungen und Handlungsansätzen auseinanderzusetzen und stärken Mut und Stolz.

10. Wenn BetreuerInnen für sich Entwicklungsperspektiven haben, wird ihre Motivation für die Arbeit und die Identifikation mit der Arbeit höher. Entwicklungsperspektiven wirken präventiv gegen Burn Out.

11. *Jeder Ansatz, jede Unterstützung, jede Förderung, jede Haltung, die BetreuerInnen von ihren Leitungen und Fachdiensten entgegenkommt, bietet Handlungsbeispiele für den Umgang mit traumatisierten Kindern und Jugendlichen.*

Abb. 27) Fürsorge gegenüber Betreuungspersonen
Quelle: Lang, Birgit. Stabilisierung und (Selbst-)Fürsorge für pädagogische Fachkräfte als institutioneller Auftrag (S. 220-228), in: Bausum, Jacob/ Besser, Lutz Ulrich/ Kühn, Martin/ Weiß, Wilma (Hrsg.). Traumapädagogik. Grundlagen, Arbeitsfelder und Methoden für die pädagogische Praxis. Weinheim/ Basel 2013., S. 227f.

www.ingramcontent.com/pod-product-compliance
Lightning Source LLC
Chambersburg PA
CBHW060030030426
42334CB00019B/2266